VOB 2002

Das neue Vertrags- und Vergaberecht

Mark von Wietersheim

Claus-Jürgen Korbion

Heinz-Willi Schmitz
(Vertragsmuster)

Inhaltsverzeichnis

Vorwort 5

Teil I
Die Änderungen der VOB in Grundzügen 7
1 Überblick über die Änderungen 7
2 Die Änderungen der VOB/B 7
   2.1 Änderungen in der VOB/B 7
   2.2 Änderung der Rechtslage auch ohne Änderungen der VOB/B? 9
   2.3 Änderungen der VOB/C 10
3 In-Kraft-Treten der Änderungen 11
   3.1 Die VOB/A 11
   3.2 Die VOB/B 11
   3.3 Die VOB/C 11

Teil II
Kommentierung der VOB/B 2002 12
1 Die VOB/B bleibt privilegiert 12
   1.1 Vereinbarung der VOB/B „insgesamt" 12
   1.2 Prüfung der VOB/B als AGB nach den §§ 305 ff. BGB 13
   1.3 Vereinbarung der VOB/B bei Kaufverträgen? 16
2 Regelungen der VOB/B ohne Änderungen 17
   2.1 Kündigung statt Rücktritt 17
   2.2 Kündigungsandrohung bleibt erforderlich 17
   2.3 Bei Mängeln weiterhin kein Rücktrittsrecht 19
   2.4 Keine Änderung bei den Voraussetzungen der Ersatzvornahme 20
   2.5 Beibehalten der beschränkten Minderungsmöglichkeit 20
   2.6 Keine Änderung wegen § 640 Abs. 1 Satz 3 BGB 21
3 Vereinbarung von Änderungen der VOB/B 21
4 Änderungen der VOB/B 22
   4.1 § 10 Nr. 2 Abs. 2 VOB/B 22
   4.2 § 12 Nr. 5 Abs. 2 VOB/B 24
   4.3 Zu den Änderungen des Gewährleistungsrechts 25
   4.4 § 13 Nr. 1 VOB/B 26
   4.5 § 13 Nr. 2 VOB/B 30
   4.6 § 13 Nr. 3 VOB/B 31
   4.7 § 13 Nr. 4 VOB/B 34
   4.8 § 13 Nr. 5 VOB/B 37
   4.9 § 13 Nr. 6 VOB/B 40
   4.10 § 13 Nr. 7 VOB/B 44
   4.11 § 16 Nr. 1, Abs. 3 und 4 VOB/B 47
   4.12 § 16 Nr. 2 VOB/B 49
   4.13 § 16 Nr. 3 VOB/B 50
   4.14 § 16 Nr. 5 VOB/B 52
   4.15 § 16 Nr. 6 VOB/B 55
   4.16 § 17 Nr. 1 VOB/B 57
   4.17 § 17 Nr. 4 VOB/B 58

4.18 § 17 Nr. 8 VOB/B 62
4.19 § 18 Nr. 2 VOB/B 66

Teil III
Checklisten 68
1 Notwendige Regelungen aus Sicht des Auftraggebers 68
2 Sinnvolle Vereinbarungen aus Sicht des Auftragnehmers 69

Teil IV
VOB/A: Neue Formulare 70

Teil V
Vertragsmuster 112
1 Vertragsmuster 112
    1.1 VOB-Bauwerkvertrag 112
    1.2 BGB-Bauwerkvertrag 116
    1.3 Subunternehmervertrag 118
    1.4 Generalunternehmervertrag 123
2 Formulare für den Auftraggeber 130
    2.1 Verspäteter Baubeginn/Nachfristsetzung 130
    2.2 Nachfristsetzung mit Kündigungsandrohung 130
    2.3 Aufforderung zur ausreichenden Besetzung der Baustelle 131
    2.4 Mängelbeseitigungsverlangen nach Abnahme 132
    2.5 Mängelbeseitigungsverlangen vor Abnahme 132
    2.6 Letzte Aufforderung zur Mängelbeseitigung 133
3 Formulare für den Auftragnehmer 134
    3.1 Anforderung einer Sicherheitsleistung 134
    3.2 Nachfristsetzung gemäß § 648a BGB 134
    3.3 Bedenkenanmeldung gemäß § 4 Nr. 3 VOB/B 135
    3.4 Behinderungsanzeige nach Anmeldung von Bedenken 136
    3.5 Behinderungsanzeige 136
    3.6 Fristverlängerung wegen Behinderung 137
    3.7 Ablehnung der Haftung für Mängel 138
    3.8 Anmeldung von Mehrvergütungsansprüchen 138
    3.9 Mahnung hinsichtlich Abschlagszahlung 139
    3.10 Mahnung hinsichtlich Schlusszahlung 139

Teil VI
Beschlüsse des DVA zur Änderung der VOB/B 140

Teil VII
Gesetze und Vorschriften 155
1 Synoptische Darstellung der Änderungen in der VOB/B 155
2 Bürgerliches Gesetzbuch – Auszug – 161
3 Verordnung über die Vergabe öffentlicher Aufträge (Vergabeverordnung – VgV) 164
4 Verdingungsordnung für Bauleistungen (VOB)Teil B:
   Allgemeine Vertragsbedingungen für die Ausführung von Bauleistungen
   (DIN 1961 – Ausgabe 2002) 170

Literaturverzeichnis 178

Stichwortverzeichnis 179

Vorwort

Die VOB regelt mit ihren drei Teilen umfassend die Vergabe, Durchführung und Abwicklung von Bauvorhaben. Dabei steht sie in einem bewegten rechtlichen und technischen Umfeld. Deswegen muss die VOB sich immer wieder anpassen und hinterfragen.

Dieses Jahr wurde die VOB wieder einmal in allen drei Teilen überarbeitet und befindet sich damit rechtlich und technisch auf dem neusten Stand. Sie bietet damit für Auftragnehmer und Auftraggeber eine rechtssichere praxisgerechte Grundlage für ihre Zusammenarbeit.

Die Änderungen der VOB/A beruhen auf den neuen Vorgaben der EU, nach denen neue Formulare zu verwenden sind.

Die VOB/B musste den Änderungen des BGB angepasst werden, außerdem wurde sie im Hinblick auf die Rechtsprechung und Literatur in einigen Punkten geändert oder neu gefasst.

Die VOB/C (die nicht Gegenstand dieses Buchs ist) wird ebenfalls neu erscheinen und den geänderten technischen Anforderungen in einer Reihe von geänderten oder neu aufgenommenen Allgemeinen Technischen Vertragsbedingungen Rechnung tragen.

Die abgedruckten Vertragsmuster hat freundlicherweise Herr Rechtsanwalt Heinz-Willi Schmitz, Köln, beigesteuert. Sie beanspruchen keine Vollständigkeit und sind vor Verwendung zum jeweiligen Bauvorhaben zu überprüfen und ggf. zu ändern oder anzupassen.

Die Darstellung gibt die privaten Meinungen der Verfasser wieder.

Berlin/Düsseldorf, Oktober 2002

Mark von Wietersheim   Claus-Jürgen Korbion

Teil I

Die Änderungen der VOB in Grundzügen

1 Überblick über die Änderungen

Die Vergabe- und Vertragsordnung für Bauverträge (VOB) wird 2002 insgesamt überarbeitet. Alle drei Teile
- VOB/A, betreffend die **Vergabe** von Bauleistungen,
- VOB/B, betreffend die **Durchführung** von Bauvorhaben, und
- VOB/C mit den technisch ausgerichteten Allgemeinen **Technischen** Vertragsbedingungen

werden geändert. In diesem Leitfaden werden im Wesentlichen die Änderungen der **VOB/B** dargestellt. In Teil I werden die **Grundzüge** dieser Änderungen dargestellt und in Teil II finden Sie ausführliche Erläuterungen der neuen Vorschriften. Soweit sinnvoll, werden die Regelungen von BGB und VOB/B nebeneinander gestellt und miteinander verglichen. In Teil VII ist u.a. der Text der VOB/B 2002 abgedruckt.

Die Änderungen der **VOB/A** betreffen ausschließlich die neuen, von der EU vorgegebenen Formulare für Veröffentlichungen. Diese Formulare sind in Teil IV kurz erläutert, außerdem finden Sie Hinweise, wo die Formulare als zu bearbeitendes Dokument zu erhalten sind.

Die **VOB/C** befindet sich noch in der Überarbeitung, Redaktionsschluss ist Dezember 2002. Deshalb wird an dieser Stelle noch nicht auf die Änderungen eingegangen.

2 Die Änderungen der VOB/B

2.1 Änderungen in der VOB/B

Die VOB/B hat in der Baupraxis eine große Bedeutung. Geschaffen wurde die VOB/B für die Abwicklung von Bauvorhaben **öffentlicher Auftraggeber**. Mittlerweile vereinbaren Vertragspartner aus allen Bereichen des Bauwesens die VOB/B, weil sie sich als praxisgerecht erwiesen hat. Anders als das BGB ist die VOB/B speziell für die Abwicklung von Bauvorhaben entwickelt. Das **BGB** regelt die Durchführung von Bauverträgen nur ansatzweise, da es geschaffen wurde, um Rechtsgrundlage für eine Vielzahl von ganz verschiedenartigen Verträgen zu sein. Die VOB/B hingegen dient nur zur Abwicklung von Bauverträgen.

Dennoch besteht ein enges Band zwischen der VOB/B und dem BGB. Die VOB/B ist **kein Gesetz**, sondern nur eine Zusammenstellung von Vertragsbedingungen, die für ein Vertragsverhältnis nur dann gelten, wenn die Vertragspartner dies vereinbart haben. Die VOB/B stellt dabei Allgemeine Geschäftsbedingungen (**AGB**) dar, und wie alle AGB kann sich die VOB/B nicht völlig von der Fortentwicklung des BGB lösen. Daher musste die VOB/B geändert werden, als der Gesetzgeber zum 1.1.2002 zahlreiche Änderungen des BGB erließ. Außerdem hat die VOB/B einige Kritikpunkte aufgegriffen und bei dieser Gelegenheit viele Anregungen aus Rechtsprechung und juristischer Literatur umgesetzt.

Herausgekommen sind dabei insgesamt **18 Änderungen**. Einige bedeuten nur eine rein redaktionelle Neufassung des Textes der VOB/B und haben keine inhaltlichen Folgen. Andere Änderungen betreffen den Inhalt der VOB/B, einige greifen tief in altbekannte Vorschriften ein. Insbesondere die

Mängelansprüche, die Regelungen zu **Zahlungen** und **Verzinsung** sowie zur Rückgabe von **Sicherheiten** wurden geändert.

In der Graphik 1 ist anhand eines schematischen Bauablaufs dargestellt, wo sich die Änderungen bemerkbar machen.

Graphik 1: Zeitlicher Ablauf eines Bauvorhabens mit Markierung der Änderungen bzw. der Punkte, bei denen Änderungen zu betrachten sind

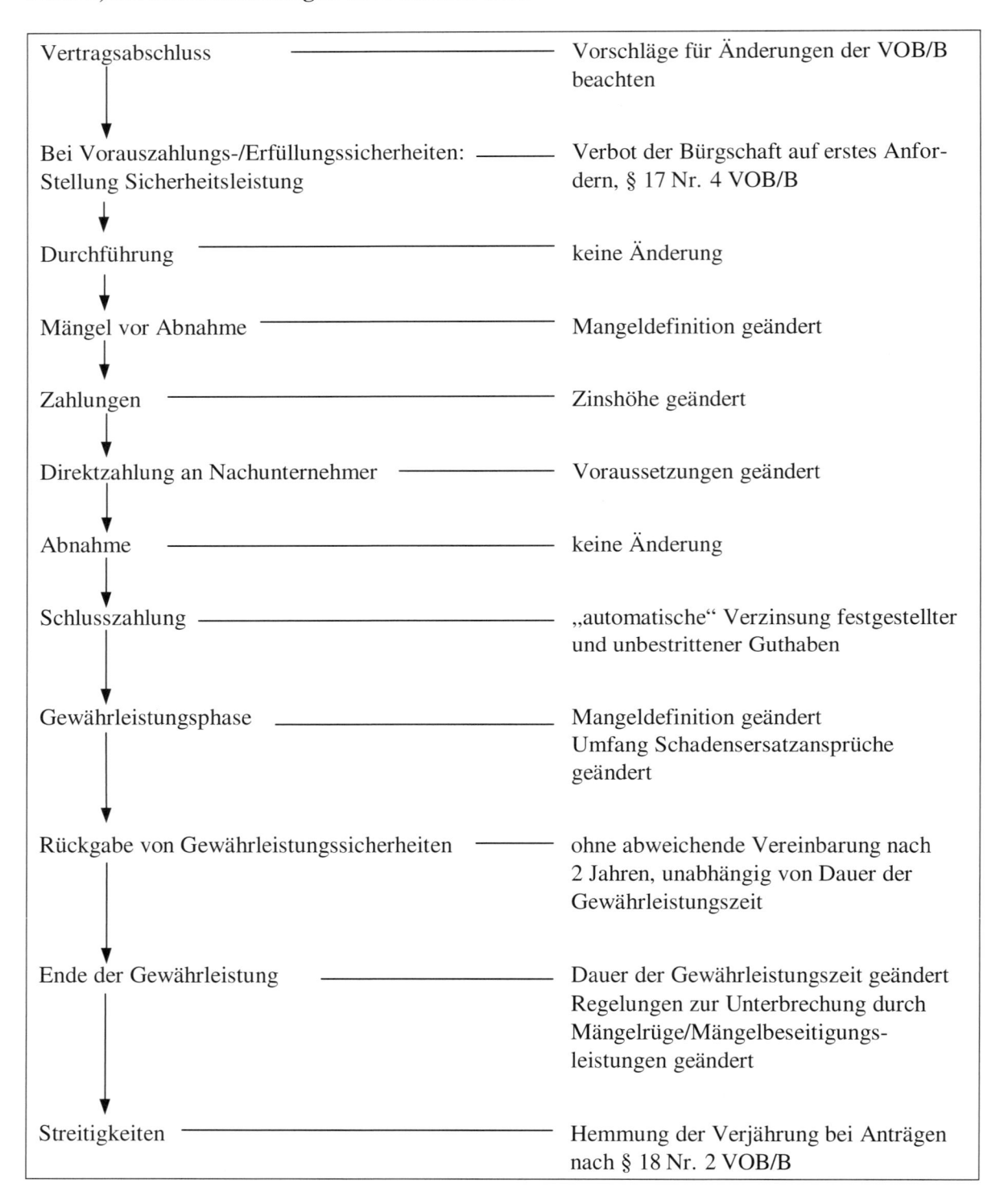

Ablauf	Änderung
Vertragsabschluss	Vorschläge für Änderungen der VOB/B beachten
Bei Vorauszahlungs-/Erfüllungssicherheiten: Stellung Sicherheitsleistung	Verbot der Bürgschaft auf erstes Anfordern, § 17 Nr. 4 VOB/B
Durchführung	keine Änderung
Mängel vor Abnahme	Mangeldefinition geändert
Zahlungen	Zinshöhe geändert
Direktzahlung an Nachunternehmer	Voraussetzungen geändert
Abnahme	keine Änderung
Schlusszahlung	„automatische" Verzinsung festgestellter und unbestrittener Guthaben
Gewährleistungsphase	Mangeldefinition geändert Umfang Schadensersatzansprüche geändert
Rückgabe von Gewährleistungssicherheiten	ohne abweichende Vereinbarung nach 2 Jahren, unabhängig von Dauer der Gewährleistungszeit
Ende der Gewährleistung	Dauer der Gewährleistungszeit geändert Regelungen zur Unterbrechung durch Mängelrüge/Mängelbeseitigungsleistungen geändert
Streitigkeiten	Hemmung der Verjährung bei Anträgen nach § 18 Nr. 2 VOB/B

Überblick 9

Die Änderungen im Überblick:

Geänderte Vorschrift	Art und hauptsächlicher Inhalt der Änderung	dargestellt in
§ 10 Nr. 2 Abs. 2	redaktioneller Art	II 4.1
§ 12 Nr. 5 Abs. 2	überwiegend redaktionell	II 4.2
§ 13 Nr. 1	inhaltlicher Art, Anpassung der Mangeldefinition an BGB	II 4.4
§ 13 Nr. 2	inhaltlicher Art, Anpassung an Mangeldefinition	II 4.5
§ 13 Nr. 3	redaktioneller Art, Klarstellung	II 4.6
§ 13 Nr. 4	inhaltlicher Art, Verlängerung der Verjährungsfristen bis auf 4 Jahre	II 4.7
§ 13 Nr. 5	inhaltlicher Art, Anpassung an verlängerte Verjährungsfristen mit Neubeginn einer 2-jährigen Frist	II 4.8
§ 13 Nr. 6	im Wesentlichen redaktionell	II 4.9
§ 13 Nr. 7	inhaltlicher Art, Anpassung an BGB; Erweiterung der Haftung für Schadensersatzansprüche	II 4.10
§ 16 Nr. 1, Abs. 3 und 4	redaktioneller Art	II 4.11
§ 16 Nr. 2	inhaltlicher Art, Änderung des Zinssatzes	II 4.12
§ 16 Nr. 3	redaktioneller Art	II 4.13
§ 16 Nr. 5	inhaltlicher Art, automatische Verzinsung festgestellter und unbestrittener Guthaben aus Schlussrechnungen	II 4.14
§ 16 Nr. 6	inhaltlicher Art, Einengung der Voraussetzungen für eine Direktzahlung	II 4.15
§ 17 Nr. 1	redaktioneller Art	II 4.16
§ 17 Nr. 4	inhaltlicher Art, Verbot, Bürgschaften auf erstes Anfordern zu verlangen	II 4.17
§ 17 Nr. 8	inhaltlicher Art, Rückgabe von Gewährleistungssicherheiten regelmäßig nach 2 Jahren	II 4.18
§ 18 Nr. 2	inhaltlicher Art, Hemmung der Verjährung durch Antrag auf Verfahren nach § 18 Nr. 2	II 4.19

2.2 Änderung der Rechtslage auch ohne Änderungen der VOB/B?

Mindestens genauso wichtig wie die Änderungen ist aber auch, was sich **nicht** geändert hat. Das klingt im ersten Augenblick seltsam. Man muss sich aber die einzelnen Regelungen von BGB und VOB/B als Boote vorstellen. Idealfall ist, dass diese beiden Boote in dieselbe Richtung fahren. Ändert ein Boot die Richtung, so entfernen sich die beiden Boote voneinander. Nur wenn das zweite Boot die gleiche Kursänderung vollzieht, bleibt es auch nach der gemeinsam durchzogenen Kurve bei dem gleichen Abstand der beiden Boote. Übertragen auf BGB und VOB/B heißt das, dass die VOB/B sich vom Gesetz „**entfernt**", wenn sie gewisse gesetzgeberische Entscheidungen nicht nachvollzieht. Nur wenn die VOB/B die Änderungen des Gesetzes aufnimmt, bewegen sich BGB und VOB/B in die gleiche Richtung. Entscheidet sich also die VOB/B, gewisse Änderungen des

Gesetzgebers nicht mitzumachen, so ist das eine bewusste Entscheidung, die aktiv auf ein Auseinanderdriften von BGB und VOB/B hinwirkt. Die VOB/B hat durchaus nicht alle Änderungen des BGB zum 1.1.2002 nachgeahmt. Viele Regelungen sind im Baubereich einfach sachgerecht und entsprechen dem fairen Umgang der Vertragspartner. Dieser faire Umgang hat spätestens seit der Entscheidung des BGH zur **Kooperationspflicht** der Vertragspartner rechtliche Umrisse bekommen. Soweit die VOB/B die neuen Entscheidungen des Gesetzgebers nicht nachmacht, entfernt sich im Ergebnis die VOB/B vom BGB und den darin enthaltenen Einzelregelungen.

Das Beharren der VOB/B auf **Sonderregelungen** hat eine nicht zu unterschätzende rechtliche Folge. Da die VOB/B ganz eindeutig AGB sind, muss sie sich auch an den Vorschriften über unzulässige AGB-Klauseln messen lassen. Diese Vorschriften waren früher im Gesetz zur Regelung des Rechts der Allgemeinen Geschäftsbedingungen (AGBG) enthalten und finden sich jetzt im BGB, dort in den §§ 305 ff. Wenn die VOB/B **nicht insgesamt** vereinbart ist, muss sich jede Regelung der VOB/B an den wesentlichen Grundgedanken der gesetzlichen Regelungen messen lassen (§ 307 Abs. 2 BGB). Je stärker Gesetz und VOB/B voneinander abweichen, desto größer ist das **Risiko**, dass einzelne Regelungen für unwirksam gehalten werden – immer aber nur dann, wenn die Vertragspartner die VOB/B nicht insgesamt vereinbaren.

Deswegen muss man auch wissen, was sich bei der VOB/B **nicht** geändert hat. Auch diese **Nicht-Änderungen** sind wie dargestellt rechtserheblich und werden daher in diesem Buch unten in II 2 behandelt.

Nicht geändert haben sich u.a. folgende Abweichungen der VOB/B vom BGB:

Art der Nicht-Änderung: Die VOB/B behält bei	dargestellt in
Kündigung statt Rücktritt	II 2.1
Kündigungsandrohung als Voraussetzung für eine Kündigung	II 2.2
kein Rücktrittsrecht bei Mängeln	II 2.3
beschränkte Minderungsmöglichkeit	II 2.5
keine Berücksichtigung von § 640 Abs. 1 Satz 3 BGB	II 2.6

2.3 Änderungen der VOB/C

Die VOB/C besteht aus einer Vielzahl einzelner Allgemeiner Technischer Vertragsbedingungen (ATV). Zuständig für die Fortschreibung und Neuentwicklung solcher ATV sind innerhalb des Deutschen Vergabe- und Vertragsausschusses für Bauleistungen (DVA) die Hauptausschüsse Tiefbau und Hochbau. Der Hauptausschuss Tiefbau betreut die ATV 18300 bis 18325 sowie die ATV 18336 und der Hauptausschuss Hochbau die ATV 18330 bis 18451. Die ATV 18299 ist für Bauleistungen aller Art anwendbar und enthält allgemeine Regelungen. Diese ATV wird von den drei Hauptausschüssen des DVA fortgeschrieben.

Die Fortschreibung und Fortentwicklung von ATV ist relativ zeitaufwendig, da die betroffene Leistung umfassend erfasst und geregelt werden soll. Bei Abschluss dieses Manuskripts waren eine Reihe von ATV fast fertig. Der genaue Umfang der Fortschreibung der VOB/C als Ganzes war jedoch nicht absehbar. Insofern muss auf die im Internet auf der Seite des Bundesministeriums für Bauen, Wohnen und Verkehr veröffentlichten Informationen[1] und den Volltext der VOB/C verwiesen werden.

---

[1] www.bmvbw.de unter dem Stichwort „DVA".

3 In-Kraft-Treten der Änderungen

3.1 Die VOB/A

Öffentliche Auftraggeber sind nach der Vergabeverordnung (VgV) zur Einhaltung der Verdingungsordnungen – also auch der VOB/A – verpflichtet. Die VgV wiederum beruht auf einer Ermächtigungsgrundlage im Gesetz gegen Wettbewerbsbeschränkungen (GWB), § 97 Abs. 6, § 127.

Andere, private Auftraggeber sind normalerweise nicht verpflichtet, ihre Verträge auf der Grundlage der VOB/A zu vergeben. Einzige Ausnahme sind die ganz wenigen Sektorenauftraggeber.

Mit In-Kraft-Treten der neuen **VgV** sind öffentliche Auftraggeber im Sinne des GWB daher verpflichtet, die neue VOB/A zu beachten. Der genaue Termin hierfür steht noch nicht ganz fest. In der Praxis ist es allerdings so, dass die neuen Formulare bei vielen Auftraggebern sowieso schon verwendet werden, da das Amt für Veröffentlichungen gedroht hatte, Veröffentlichungen auf anderen (alten) Formularen nicht auszuführen. Nach Kenntnis der Verfasser ist diese Drohung allerdings ohne Folgen geblieben.

3.2 Die VOB/B

Die VOB/B ist **kein Gesetz**. Diese selbstverständliche Feststellung muss man auch beachten, wenn man die Folgen des In-Kraft-Tretens der VOB/B 2002 betrachten will. Die VOB/B wird nur dann Bestandteil des Vertrages, wenn die Vertragspartner dies **vereinbaren**. Und sie wird nur in der Fassung Bestandteil, die von den Vertragspartnern festgelegt wird.

Fast immer wird die VOB/B „in ihrer bei Vertragsschluss geltenden Fassung" oder kürzer „in ihrer neuesten Fassung" vereinbart. Fehlt ein solcher Zusatz, ist die VOB/B dennoch im Zweifel in der bei **Vertragsschluss** geltenden Fassung vereinbart.

Die Vertragspartner können sich aber auch darauf einigen, die VOB/B in einer älteren Fassung in den Vertrag einzubeziehen. Dies hat natürlich Nachteile, da die VOB/B auf ihrem neuesten Stand für beide Seiten mehr Rechtssicherheit mit sich bringt.

Tritt also während der Laufzeit eines Vertrages eine neue VOB/B in Kraft, hat dies für bereits abgeschlossene Verträge **keinerlei** Auswirkungen.

3.3 Die VOB/C

Die Geltung der VOB/C wird ebenfalls regelmäßig bei Vertragsschluss **vereinbart**. Die VOB/B etwa enthält eine solche Einbeziehung in § 1 Nr. 2. Deswegen gilt für einen Vertrag die VOB/C grundsätzlich in der Fassung, die die Vertragspartner vertraglich festgelegt haben.

Darüber hinaus enthält die VOB/C jedoch auch **anerkannte Regeln der Technik**. Da die Leistung des Auftragnehmers bei Abnahme (!) den anerkannten Regeln der Technik entsprechen muss, ist die geänderte VOB/C auch insoweit zu beachten.

Soweit die VOB/C aber andere Regelungen enthält – etwa hinsichtlich der Abgrenzung von Nebenleistungen und Besonderen Leistungen – gilt immer die ursprünglich in den Vertrag einbezogene Fassung.

Teil II

Kommentierung der VOB/B 2002

Die nachfolgende Erläuterung der VOB/B 2002 geht auf vier Fragen ein:
- Bleibt die VOB/B bei der Prüfung als Allgemeine Geschäftsbedingungen **privilegiert**?
- In wichtigen Bereichen weicht die VOB/B auch **ohne Änderung** zunehmend vom BGB ab, weil sich das Gesetz geändert hat. Welche Bedeutung hat die unterbliebene Änderung der VOB/B?
- Wie vereinbart man **Änderungen** der VOB/B?
- Im letzten und längsten Abschnitt werden die Änderungen der **VOB/B 2002** dargestellt, und zwar je unter Erläuterung der Änderung, ihrer Folgen und mit Vorschlägen für abweichende Regelungen.

1 Die VOB/B bleibt privilegiert

Die VOB/B wird vom Deutschen Vergabe- und Vertragsausschuss für Bauleistungen (**DVA**) fortgeschrieben.[2] Im DVA sind Auftraggeber und Auftragnehmer in gleicher Weise paritätisch vertreten. Änderungen der VOB/B können nur mit einer ¾-Mehrheit beschlossen werden. Damit ist gewährleistet, dass jede Änderung Auftraggeber- wie Auftragnehmer-Interessen berücksichtigt und von Auftraggebern wie Auftragnehmern gebilligt wird.

1.1 Vereinbarung der VOB/B „insgesamt"

Rechtsprechung und Gesetzgeber gehen davon aus, dass die VOB/B in sich **ausgewogen** ist und mit dieser Ausgewogenheit auch fortgeschrieben wird.[3] Wenn daher ein Vertragspartner die VOB/B insgesamt in den Vertrag einbeziehen will, hat dies für beide Seiten Vor- und Nachteile im Vergleich zu den gesetzlichen Rechten und Pflichten der Vertragspartner. Eine einseitige Bevorzugung eines Partners ist jedoch ausgeschlossen. Deswegen ist die VOB/B von Rechtsprechung und Gesetzgeber **privilegiert**. Die Bevorzugung der VOB/B liegt darin, dass sie **nicht** Klausel für Klausel auf ihre Wirksamkeit hin überprüft wird, wenn sie insgesamt in den Vertrag einbezogen wird. Bezieht ein Vertragspartner aber beispielsweise seine eigenen AGB in den Vertrag ein, dann können diese AGB in einem Gerichtsverfahren Klausel für Klausel geprüft werden, ob sie die gesetzlichen Grenzen für AGB einhalten. Dies gilt auch für die Regelungen der VOB/B, wenn sie nicht insgesamt vereinbart wurde. Diese Grenzen waren früher im Gesetz über Allgemeine Geschäftsbedingungen enthalten und sind jetzt in den §§ 305 ff. BGB in das BGB aufgenommen worden.

> Diese Privilegierung der VOB/B greift jedoch nur ein, wenn sie „**insgesamt**" dem Vertrag zugrunde liegt. Die VOB/B wird immer dann „insgesamt" vereinbart, wenn der Vertrag keine ins Gewicht fallenden Abweichungen enthält.

---

[2] Genau gesagt schreibt der Hauptausschuss Allgemeines des DVA die VOB/A und die VOB/B fort. Nur der sprachlichen Einfachheit halber wird nachfolgend davon gesprochen, dass der DVA diese Leistung erbringt.

[3] Dies ist in der Literatur bestritten; vgl. dazu zuletzt z.B. gegen eine Privilegierung Schwenker/Heinze, BauR 2002, S. 1143 ff.; Tempel, NZBau 2002, S. 466; Kiesel, NJW 2002, S. 2068; für den Fortbestand der Privilegierung: Kratzenberg, NZBau 2002, S. 177; Weyer, BauR 2002, S. 857; Motzke, unveröffentlichtes Seminar-Manuskript VOB 2002, S. 37.

Die Privilegierung der VOB/B ist insbesondere für die Auftraggeber entscheidend, die als öffentliche Auftraggeber **gezwungen** sind, die VOB/B zu vereinbaren. Eine solche Pflicht sieht die VOB/A in ihren ersten drei Abschnitten vor. Die gesetzliche Verpflichtung zur Beachtung der VOB/A ergibt sich aus der Vergabeverordnung (VgV) bzw. der Ermächtigungsgrundlage im Gesetz gegen Wettbewerbsbeschränkungen. Man kann daher durchaus von einer gesetzlichen Pflicht der betroffenen öffentlichen Auftraggeber sprechen, die VOB/B anzuwenden. Es wäre widersprüchlich, einerseits diese öffentlichen Auftraggeber zur Vereinbarung der VOB/B zu zwingen, ihnen aber andererseits über den Weg der AGB-rechtlichen Prüfung die Vorteile der VOB/B zu nehmen und ihnen nur die Nachteile zu lassen.

Die Rechtsprechung hat bei folgenden Regelungen entschieden, dass sie zum **Kernbereich** der VOB/B gehören. Eine Änderung dieser Regelungen stellt daher einen schwerwiegenden **Eingriff** in die VOB/B dar und hat zur Folge, dass die VOB/B nicht mehr insgesamt vereinbart wurde. Es ist jedoch in jedem Einzelfall zu prüfen, ob die umstrittene vertragliche Regelung tatsächlich in die Ausgewogenheit der VOB/B eingreift. Die nachfolgend zitierte Rechtsprechung gilt daher nicht für jede Abweichung von den genannten Vorschriften der VOB/B, sondern kann nur Beispiele für schwerwiegende Eingriffe geben:

- § 2 Nr. 3 VOB/B (BGH, NJW 1993, S. 2738 = BauR 1993, S. 723)
- § 2 Nr. 5 VOB/B (BGH, BauR 1991, S. 210)
- § 2 Nr. 6 VOB/B (OLG Frankfurt/Main, BauR 1986, S. 225)
- § 2 Nr. 7 VOB/B (OLG Frankfurt/Main, BauR 1986, S. 225)
- § 4 Nr. 3 VOB/B (OLG Frankfurt/Main, BauR 1986, S. 225)
- § 4 Nr. 7 VOB/B (OLG Frankfurt/Main, BauR 1986, S. 225)
- § 8 Nr. 1 VOB/B (BGH, NJW 1995, S. 526 = BauR 1995, S. 234)
- § 9 Nr. 3 VOB/B (BGH, BauR 1990, S. 81 = NJW-RR 1990, S. 156)
- § 12 Nr. 1 VOB/B (BGH, BauR 1991, S. 740; BGH, NJW 1995, S. 526)
- § 12 Nr. 5 Abs. 1, 2 VOB/B (BGH, BauR 1991, S. 740 = NJW-RR 1991, S. 1238)
- § 12 Nr. 5 Abs. 3 VOB/B (BGH, BauR 1991, S. 740; OLG Celle, BauR 1993, S. 476 = NJW-RR 1994, S. 475)
- § 13 Nr. 1 und 7 Abs. 2 b VOB/B (OLG Koblenz, BauR 1995, S. 554)
- § 13 Nr. 4 VOB/B (OLG München, BauR 1994, S. 666)
- § 13 Nr. 5 VOB/B (OLG Düsseldorf, NJW-RR 1992, S. 524)
- § 13 Nr. 6 VOB/B (BGH, NJW 1988, S. 55)
- § 13 Nr. 7 Abs. 4 VOB/B (BGH, BGHZ 111, S. 394 = BauR 1990, S. 727)
- § 16 Nr. 1 VOB/B (BGH, BauR 1990, S. 207 = NJW 1990, S. 1365)
- § 16 Nr. 3 Abs. 2–6 VOB/B (BGH, NJW 1988, S. 55)
- § 16 Nr. 5 Abs. 3 VOB/B (OLG Celle, BauR 1993, S. 476 = NJW-RR 1994, S. 475).

1.2 Prüfung der VOB/B als AGB nach den §§ 305 ff. BGB

Bei AGB gilt grob gesagt die Vermutung, dass derjenige, der sie in den Vertrag einbeziehen will, sich dadurch Vorteile verschaffen will. Das Gesetz bezeichnet denjenigen, der die AGB in den Vertrag einführt, als **Verwender**. Dieser Verwender soll sich jedoch nach dem gesetzgeberischen Willen nur innerhalb gewisser Grenzen bewegen dürfen. Überschreitet er diese Grenzen, ist die zu seinen Gunsten formulierte AGB-Klausel **unwirksam**. Enthalten aber die AGB Klauseln, die für den Verwender nachteilig sind, so bleibt dies **folgenlos**. Der Hintergedanke dabei ist, dass der Verwender gewissermaßen „selber schuld" war, diese Klausel aufzunehmen. Anders als sein Vertragspartner kann er ja den Inhalt der AGB festlegen und damit einseitige Nachteile vermeiden.

Je nachdem, ob Auftraggeber oder Auftragnehmer ihrem Vertragspartner die VOB/B vorgeben, werden daher unterschiedliche Klauseln geprüft, und zwar immer die für den Verwender **ungünstigen**.

Die Prüfung der VOB/B nach den §§ 305 ff. BGB ist in der nachfolgenden Graphik dargestellt.

Graphik 2: Prüfung der VOB/B als AGB

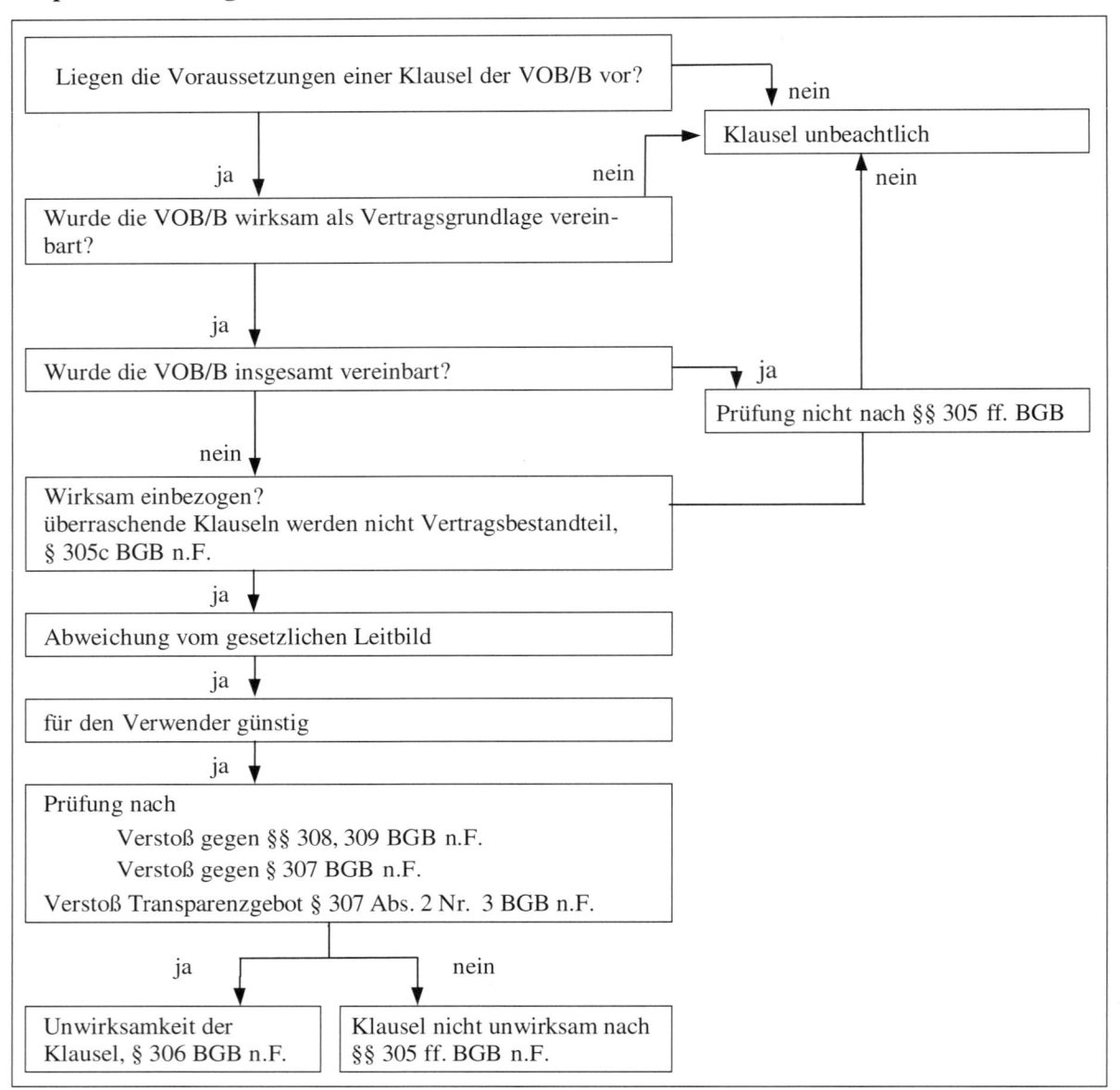

```
                  Liegen die Voraussetzungen einer Klausel der VOB/B vor? ──nein──► Klausel unbeachtlich
                                          │
                                         ja
                                          ▼
                  Wurde die VOB/B wirksam als Vertragsgrundlage vereinbart? ──nein──► Klausel unbeachtlich
                                          │
                                         ja
                                          ▼
                  Wurde die VOB/B insgesamt vereinbart? ──ja──► Prüfung nicht nach §§ 305 ff. BGB
                                          │
                                         nein
                                          ▼
                  Wirksam einbezogen?
                  überraschende Klauseln werden nicht Vertragsbestandteil,
                  § 305c BGB n.F.                ──nein──► Klausel unbeachtlich
                                          │
                                         ja
                                          ▼
                  Abweichung vom gesetzlichen Leitbild
                                          │
                                         ja
                                          ▼
                  für den Verwender günstig
                                          │
                                         ja
                                          ▼
                  Prüfung nach
                        Verstoß gegen §§ 308, 309 BGB n.F.
                        Verstoß gegen § 307 BGB n.F.
                  Verstoß Transparenzgebot § 307 Abs. 2 Nr. 3 BGB n.F.
                                    │              │
                                   ja             nein
                                    ▼              ▼
                        Unwirksamkeit der    Klausel nicht unwirksam nach
                        Klausel, § 306 BGB n.F.   §§ 305 ff. BGB n.F.
```

Bei isolierter Prüfung wurden durch die Rechtsprechung folgende Klauseln für **ungültig** gehalten[4]:
   a) Unwirksamkeit von zugunsten des Auftraggebers bestehenden Regelungen
   - § 2 Nr. 6 Abs. 1 Satz 2 VOB/B: Die **Ankündigungspflicht** als Anspruchsvoraussetzung wird für unwirksam erklärt (OLG München, BauR 1994, S. 145).
   - § 2 Nr. 8 Abs. 1 Satz 1 VOB/B: Der Ausschluss von Vergütung nicht beauftragter Leistungen benachteiligt den Auftragnehmer unangemessen (BGHZ 113, S. 315 = BauR 1991, S. 331). Diese Rechtsprechung wurde durch die Änderungen der VOB/B berücksichtigt.
   - § 16 Nr. 3 Abs. 1 VOB/B: Die Ausschlusswirkung der **Schlusszahlungserklärung** benachteiligt den Auftragnehmer unangemessen (BGH, BauR 1998, S. 44; OLG München, BauR 1995, S. 138).

---

[4] Nachweise zu darüber hinausgehenden Auffassungen in der Literatur bei Frikell, BauR 2002, S. 672; Kniemoser, S. 30 f.

Privilegierung der VOB/B 15

b) Unwirksamkeit von zugunsten des Auftragnehmers geltenden Regelungen
- § 13 Nr. 4 VOB/B: Die Verkürzung der **Gewährleistungsfrist** wird als Verstoß gegen § 11 Nr. 5 f AGBG angesehen (BGH, ZfBR 1992, S. 206).
- § 13 Nr. 7 Abs. 1 VOB/B (alte Fassung, OLG Nürnberg, NJW 1986, S. 1347): Diese Regelung betrifft den **Schadensersatz**, den der Auftragnehmer dem Auftraggeber zu leisten hat, wenn ein wesentlicher Mangel vorliegt, der die Gebrauchsfähigkeit des Werkes erheblich einschränkt. Diese Regelung ist in der VOB/B 2002 neu gefasst. Der Ersatz von Schäden an der baulichen Anlage, zu deren Herstellung, Instandhaltung oder Änderung die Leistung dient – nicht also an der Leistung selber –, ist jetzt in § 13 Nr. 7 Abs. 2 VOB/B geregelt.

c) Zahlung zugunsten von Nachunternehmern des Auftragnehmers
Die VOB/B enthält auch eine Regelung zugunsten von Nachunternehmern.
§ 16 Nr. 6 VOB/B alte Fassung (BGHZ 111, S. 395 = BauR 1990, S. 727 = NJW 1990, S. 2384): Hier bestimmt die VOB/B, unter welchen Voraussetzungen Auftragnehmer direkt an **Nachunternehmer** (Subunternehmer) seines Auftragnehmers zahlen kann. Die Voraussetzungen für diese sog. **Direktzahlung** wurden mit der VOB/B 2002 geändert.

d) Für wirksam erklärte Regelungen
Folgende Regelungen der VOB/B halten auch isoliert einer Prüfung als AGB stand:
- § 1 Nr. 3 VOB/B betreffend das Recht des Auftraggebers, Änderungen des Bauentwurfs anzuordnen (BGH, BauR 1994, S. 760 = NJW-RR 1995, S. 80)
- § 1 Nr. 4 Satz 1 VOB/B (BGHZ 131, S. 392 = BauR 1996, S. 378 = NJW 1996, S. 1346)
- § 2 Nr. 5 Satz 1 VOB/B (BGHZ 131, S. 392 = BauR 1996, S. 378 = NJW 1996, S. 1346)
- § 2 Nr. 6 Abs. 1 Satz 2 VOB/B (BGHZ 133, S. 44 = BauR 1996, S. 542 = NJW 1996, S. 2158)
- § 13 VOB/B, wenn vom Auftraggeber gestellt (BGHZ 107, S. 75 = BauR 1989, S. 322 = NJW 1989, S. 1602)
- § 16 Nr. 5 Abs. 3 VOB/B (OLG Hamm, BauR 1997, S. 472)
- § 18 Nr. 1 VOB/B Gerichtsstand (OLG Oldenburg, BauR 1997, S. 174 = NJW-RR 1996, S. 1486)
- § 18 Nr. 3 VOB/B (OLG Celle, BauR 1995 = NJW-RR 1995, S. 1046)
- § 18 Nr. 4 VOB/B (BGHZ 131, S. 392 = BauR 1996, S. 378 = NJW 1996, S. 1346).

e) Neue Risiko-Bereiche
Weil die VOB/B mit der Fassung 2002 nicht alle Änderungen des **BGB** mitgemacht hat, **unterscheidet** sich die VOB/B 2002 noch in weiteren Punkten vom BGB. Diese Punkte sind in II 2 im Einzelnen näher erläutert. An dieser Stelle soll nur ein Hinweis auf mögliche AGB-rechtliche Konflikte erfolgen. Es könnten bei isolierter Betrachtung noch folgende Regelungen kritisch sein:
- **Kündigung statt Rücktritt**: § 4 Nr. 7, § 4 Nr. 8, § 5 Nr. 4, § 8 Nr. 2, § 8 Nr. 3 VOB/B
  Das **BGB** gibt Auftragnehmer wie Auftraggeber in einigen Fällen das Recht zum Rücktritt vom Vertrag. Die VOB/B hingegen gibt beiden Seiten grundsätzlich nur das Recht, den Vertrag zu kündigen. Rücktritt und Kündigung unterscheiden sich teilweise hinsichtlich ihrer Rechtsfolgen.
  Wie in II 2.1 dargestellt, haben Rücktritt und Kündigung beim Bauvertrag wegen der Eigenart der Leistungen überwiegend die gleichen Folgen, so dass ein Konflikt mit wesentlichen Grundgedanken des BGB nicht vorliegt.
  Aus diesem Grund dürfte dieses „Verharren" der VOB/B nicht dazu führen, dass die betroffenen Regelungen Kerngedanken des BGB widersprechen und daher als AGB unwirksam wären.
- Kündigung durch den Auftraggeber wie den Auftragnehmer erst nach einer **Kündigungsandrohung**, § 4 Nr. 7, § 4 Nr. 8, § 5 Nr. 4, § 8 Nr. 2, § 8 Nr. 3 VOB/B: Das BGB sieht in seiner Neufassung vor, dass der Auftraggeber wie Auftragnehmer in bestimmten Situationen vom Vertrag zurücktreten können. Der Auftragnehmer kann beispielsweise bei Zahlungsverzug des Auftraggebers zurücktreten und der Auftraggeber, wenn der Auftragnehmer Mängel nicht beseitigt. Nach dem **BGB** muss der zurücktretende Vertragspartner der anderen Seite den Rücktritt **nicht** androhen. Vielmehr muss er nur eine Frist setzen und kann dann zurücktreten. Die **VOB/B** hingegen setzt immer eine **Androhung** der Kündigung voraus.
  Aus den in II 2.2 dargestellten Gründen besteht nach Auffassung der Verfasser kein Anlass, einen Verstoß gegen Grundgedanken der gesetzlichen Regelung anzunehmen, so dass eine Prüfung unter AGB-Gesichtspunkten unbedenklich ist.

1.3 Vereinbarung der VOB/B bei Kaufverträgen?

Die Neufassung des BGB hat u.a. dazu geführt, dass Verträge über die Lieferung beweglicher Sachen Kaufverträge sind.

Beispiel

Glasermeister Glaslos soll im Haus des Auftraggebers Uferlos Fenster einbauen. Die Fenster entsprechen nicht den üblichen Maßen, die allerdings bei der von G sonst bedienten Klientel (Denkmalsanierer) kaum gefragt sind. G bestellt die Fenster bei dem ihm schon lange bekannten Fensterbauer Furchtlos. Der Vertrag zwischen G und F ist ein Kaufvertrag.

Aber auch die Errichtung von Bauwerken kann als Kaufvertrag gelten, wenn sie aufgrund eines dinglichen Rechts errichtet werden. Dies liegt daran, dass das BGB sog. Scheinbestandteile kennt, die rechtlich nicht Teil des Grundstücks werden. Dingliche Rechte sind z.B. Nießbrauchrechte und Erbbaurechte. Für das Erbbaurecht enthält § 12 ErbbauVO eine Sonderregelung. Aufgrund eines Erbbaurechts errichtete Gebäude sind wesentliche Bestandteile des Grundstücks und damit unbewegliche Sachen.[5]

Nach dem BGB gibt es – trotz einer grundsätzlichen Annäherung von Kauf- und Werkvertragsrecht – einige Unterschiede zwischen diesen beiden Vertragsformen, unter anderem:
- Das **Wahlrecht**, ob der Verkäufer eine mangelhafte Sache nachbessern oder eine ganz neue Sache liefern muss, steht im Werkvertragsrecht dem Auftragnehmer zu (§ 635 Abs. 1 BGB) und im Kaufvertragsrecht dem Auftraggeber bzw. Käufer (§ 439 Abs. 1 BGB).
- Daraus ergibt sich auch, dass der Verkäufer nicht eine bestimmte Art der Nacherfüllung verlangen kann (sofern der Käufer die durch § 439 Abs. 3 BGB gesetzten Grenzen einhält).
- Beim Kaufvertrag gibt es kein **Selbstvornahmerecht** des Käufers, womit zugleich die Möglichkeit entfällt, Einbehalte wegen der voraussichtlichen Kosten der Mängelbeseitigung zu machen (die Möglichkeit, andere Zurückbehaltungsrechte geltend zu machen, bleibt natürlich unberührt).
- Der Käufer hat kein freies gesetzliches **Kündigungsrecht**, wie es dem Werkbesteller nach § 649 BGB zusteht, außer bei Verträgen über unvertretbare Sachen.

Die VOB/B greift in weitem Umfang auf das BGB zurück, aber dort nur auf das Werkvertragsrecht. Da sich Kauf- und Werkvertragsrecht ähneln, gibt es nur wenige mögliche Diskrepanzen.

Ein Unterschied liegt aber zum Beispiel bei dem Wahlrecht, wer die Art der Mängelbeseitigung bestimmt. Beim Kaufvertrag ist es der Käufer/Auftraggeber, beim Vertrag nach der VOB/B (wie beim Werkvertrag nach BGB) hingegen der Auftragnehmer.[6]

Es stellt sich daher durchaus die Frage, ob dies zu Problemen führen kann.

Zumindest im Verkehr zwischen Unternehmern erwarten die Verfasser keine Probleme, da diese den Vertrag so gestalten können, dass er dem Werkvertragsrecht entspricht. Ansatzpunkte bietet beispielsweise auch eine enge Auslegung des § 651 BGB.[7]

Bei Verträgen zwischen Verbrauchern können sich jedoch tatsächlich Probleme ergeben, da Verbraucher vor Abweichungen vom Gesetz besser geschützt sind als Unternehmer. Dieser Problemkreis kann derzeit jedoch nur angerissen werden, da es noch keinerlei Rechtsprechung gibt.

---

[5] Münchner Kommentar/von Oefele, § 12 ErbbauVO, Rdnr. 2 m.w.N., übersehen von Thode, NZBau 2002, S. 362.
[6] Ingenstau/Korbion-Wirth, § 13 VOB/B, Rdnr. 475.
[7] Ausführlich von Wietersheim/Korbion, Basiswissen, Rdnr. 58, und Thode, NZBau 2002, S. 362.

2 Regelungen der VOB/B ohne Änderungen

Im nachfolgenden Abschnitt geht es um Bereiche der VOB/B, die sich mit der VOB/B 2002 **nicht** geändert haben, die aber aufgrund der Änderungen des BGB erstmals oder zunehmend vom Gesetz **abweichen**.

2.1 Kündigung statt Rücktritt

Seit dem 1.1.2002 spricht das **BGB** an vielen Stellen von **Rücktritt**, wenn es um die vorzeitige Beendigung des Vertrages wegen Pflichtverletzungen einer Partei geht. So kann der Auftraggeber nach dem BGB beispielsweise vom Vertrag zurücktreten, wenn der Auftragnehmer trotz einer Fristsetzung einen Mangel nicht beseitigt (nach dem alten BGB war der Auftraggeber zur Wandlung berechtigt). In der **VOB/B** kann der Auftraggeber in einem vergleichbaren Fall den Vertrag nur **kündigen**, §§ 4 Nr. 7, 8 Nr. 3 VOB/B. Die Kündigung ist auch möglich, wenn der Auftragnehmer Leistungen an einen Subunternehmer vergibt, ohne dass der Auftraggeber dies genehmigt hat, § 4 Nr. 8 VOB/B, oder wenn er trotz Aufforderung des Auftraggebers die Ausführung verzögert, § 5 Nr. 4 VOB/B. In all diesen Fällen sieht das BGB grundsätzlich ein Rücktrittsrecht des Auftraggebers vor. Auf die von der VOB/B noch zusätzlich geforderte Kündigungsandrohung wird in II 2.2 eingegangen. Aber auch bei den Rechten des Auftragnehmers sieht das BGB etwa beim Zahlungsverzug ein Rücktrittsrecht vor, die VOB/B die Kündigungsmöglichkeit. Auch vom Auftragnehmer verlangt die VOB/B die Ankündigung der Kündigung.

Ob der Auftraggeber den Rücktritt oder die Kündigung erklären kann, ist jedoch wegen der damit verbundenen **unterschiedlichen Rechtsfolgen** wichtig. Rechtsfolge des Rücktritts ist, dass der Vertrag für die Zukunft wie für die Vergangenheit wegfällt. Beide Parteien müssen das zurückgeben, was sie aufgrund des Vertrages erhalten haben, es kommt zu einem Rückgewährschuldverhältnis. Wenn Leistungen nicht zurückgewährt werden können, muss der Wert dieser Leistungen ersetzt werden. Bei der Kündigung hingegen bleibt der Vertrag für die Vergangenheit bestehen und fällt nur für die Zukunft weg. Hinsichtlich der erbrachten Leistungen behält der Auftraggeber also seine Mängelansprüche, der Auftragnehmer hat Anspruch auf Werklohn. Immerhin hat das neue Recht die Möglichkeit eröffnet, neben dem Rücktritt auch Schadensersatz geltend zu machen, was früher nicht möglich war. Insoweit ähneln sich die Rechtsfolgen von Rücktritt und Kündigung.

Die Rechtsfolgen der **Kündigung** passen deutlich besser für den **Bauvertrag** als die des Rücktritts. Wie will man die Leistung des Auftragnehmers „zurückgewähren", wenn er eine Baugrube ausgehoben hat? Wie will man diese Leistung bewerten, wenn offen ist, ob und in welchem Umfang die Leistung noch nicht sichtbare Mängel aufweist oder nur angefangen ist? Deswegen hat sich der DVA entschieden, in der VOB/B auch weiterhin die Rechtsfolge der Kündigung vorzusehen, auch wenn das BGB in vergleichbaren Fällen den Rücktritt vorsieht.

Bereits vor der Neufassung des BGB war dies etwa bei Mängeln so. Das BGB sah die Möglichkeit der Wandlung vor, die VOB/B das Recht zur Kündigung (allerdings nur vor der Abnahme). Dies war bisher **unkritisch**[8] und es gibt keinerlei Ansatzpunkte, warum diese sachgerechte Regelung zukünftig problematisch sein sollte.

2.2 Kündigungsandrohung bleibt erforderlich

Die Neuregelung des BGB betrifft vor allem die Bereiche von Leistungsstörungen und Pflichtverletzungen. Als Pflichtverletzung sieht das **BGB** auch eine mangelhafte Leistung an, aber auch die Verletzung anderer Pflichten wie etwa der Zahlungspflicht des Auftraggebers. Bei all diesen Pflichtverletzungen musste der Vertragspartner grundsätzlich eine von ihm beabsichtigte **Vertragsaufhebung** ankündigen, indem er ihm androhte, nach Ablauf einer dem anderen Partner gesetzten Frist dessen Leistung abzulehnen. So war es etwa beim § 326 BGB a.F. oder der Wandlung nach § 634 BGB a.F. Diese Androhungspflicht ist weggefallen.

---

[8] Ingenstau/Korbion-Vygen, § 8 VOB/B, Rdnr. 84.

Beispielsweise bei den Gewährleistungsansprüchen hatte die Ablehnungsandrohung des Auftragnehmers jedoch eine durchaus wichtige **Funktion**. Wenn die mit der Ablehnungsandrohung verbundene Frist abgelaufen war, konnte der Auftraggeber keine Mängelbeseitigung vom Auftragnehmer mehr fordern. Dies hat sich nach neuem Recht geändert. Nach Ablauf der Frist zur Mängelbeseitigung hat der Auftraggeber das freie Wahlrecht zwischen mehreren Mängelansprüchen, zu denen u.a. Rücktritt, Minderung und Schadensersatz gehören (teilweise mit weiteren Voraussetzungen, so setzt etwa ein Schadensersatzanspruch Verschulden des Auftragnehmers voraus).

Die Unterschiede zwischen den Mängelansprüchen nach dem alten und dem neuen BGB sind in der folgenden Graphik dargestellt.

Graphik 3: Mängelansprüche nach BGB alt und BGB neu

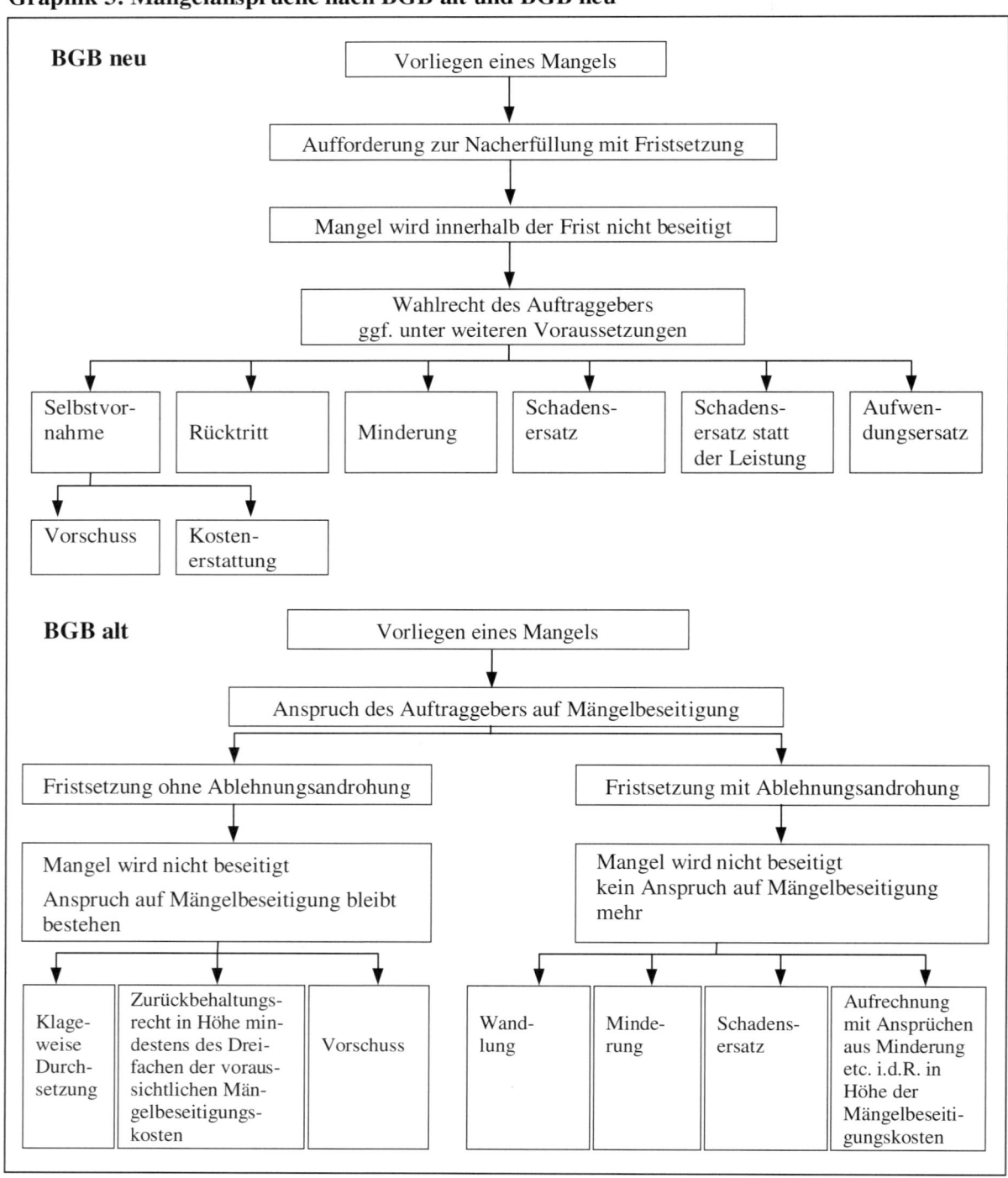

BGB neu

Vorliegen eines Mangels
→ Aufforderung zur Nacherfüllung mit Fristsetzung
→ Mangel wird innerhalb der Frist nicht beseitigt
→ Wahlrecht des Auftraggebers ggf. unter weiteren Voraussetzungen:
- Selbstvornahme
  - Vorschuss
  - Kostenerstattung
- Rücktritt
- Minderung
- Schadensersatz
- Schadensersatz statt der Leistung
- Aufwendungsersatz

BGB alt

Vorliegen eines Mangels
→ Anspruch des Auftraggebers auf Mängelbeseitigung

Fristsetzung ohne Ablehnungsandrohung
→ Mangel wird nicht beseitigt, Anspruch auf Mängelbeseitigung bleibt bestehen:
- Klageweise Durchsetzung
- Zurückbehaltungsrecht in Höhe mindestens des Dreifachen der voraussichtlichen Mängelbeseitigungskosten
- Vorschuss

Fristsetzung mit Ablehnungsandrohung
→ Mangel wird nicht beseitigt, kein Anspruch auf Mängelbeseitigung mehr:
- Wandlung
- Minderung
- Schadensersatz
- Aufrechnung mit Ansprüchen aus Minderung etc. i.d.R. in Höhe der Mängelbeseitigungskosten

Die Kündigungsandrohung ist aber auch weggefallen für die Kündigung wegen anderer Vertragsverletzungen, also etwa die Nicht-Zahlung durch den Auftraggeber.

Bei der **VOB/B** hatte man schon vor langem die Kündigungsandrohung des alten BGB übernommen. Will der Auftraggeber wegen vorhandener Mängel den Vertrag kündigen, muss er dies dem Auftragnehmer vorher androhen, § 4 Nr. 7 VOB/B. Gleiches gilt für die Kündigung, wenn der Auftragnehmer die Ausführung verzögert oder wenn er trotz fehlender Genehmigung des Auftraggebers Subunternehmer einsetzt, § 4 Nr. 8, § 5 Nr. 4 VOB/B. Aber auch der Auftragnehmer muss die Kündigung androhen, wenn er wegen Zahlungsverzug des Auftraggebers kündigen will.

Auch in der **VOB/B 2002** sind diese **Androhungspflichten** enthalten. Anders als der Gesetzgeber des BGB hat sich der DVA nicht entschieden, die Androhung als Kündigungsvoraussetzung zu streichen. Damit entfernt sich die VOB/B recht deutlich vom BGB. Warum? Der DVA hat gesehen, dass Bauverträge regelmäßig einen gewissen Umfang überschreiten. Das BGB betrifft auch alle Kaufverträge des täglichen Lebens, beispielsweise über kleine und kleinere technische Geräte. Bei solchen geringwertigen Verträgen entsteht zwischen den Vertragspartnern keine langfristige Vertragsbeziehung, an keinem dieser Verträge wird die Existenz eines der Vertragspartner hängen. Die Kündigung eines Bauvertrags hingegen hat regelmäßig massive Auswirkungen auf die wirtschaftlichen Erwartungen der Partner, die sie an den Vertrag geknüpft haben. Es kann durchaus sein, dass durch die Kündigung sogar die Existenz des gekündigten Vertragspartners gefährdet wird. Deswegen entspricht es dem **fairen Umgang** der Vertragspartner, wenn sie vor der Kündigung den anderen Partner auf die Folgen einer Fristüberschreitung hinweisen und ihm den Ernst der Lage vor Augen führen.

Geleitet von diesem Leitbild eines fairen Miteinander hat der DVA die Kündigungsandrohung an keiner Stelle aus der VOB/B herausgestrichen. Die Kündigungsandrohung entspricht nach Auffassung des DVA auch dem vom BGH geformten **Kooperationsverhältnis** zwischen den Vertragspartnern.[9]

Die Vorgehensweise bei VOB/B-Verträgen unterscheidet sich daher ganz grundlegend von der bei Verträgen ohne Einbeziehung der VOB/B.

Bei VOB/B-Verträgen hat der Auftraggeber bei Ablauf der von ihm gesetzten Frist insbesondere nicht die Möglichkeit,
- den Mangel im Wege der Ersatzvornahme zu beseitigen,
- vom Vertrag zurückzutreten oder zu kündigen,
- den Werklohn zu mindern oder
- Schadensersatz anstatt der Leistung zu verlangen.

Wenn der Auftraggeber dem Auftragnehmer eine Frist mit Kündigungsandrohung gesetzt hat, hat er wenigstens die Möglichkeit, den Vertrag zu kündigen und ggf. vom Auftragnehmer Schadensersatz zu fordern.

2.3 Bei Mängeln weiterhin kein Rücktrittsrecht

Die VOB/B sieht nach wie vor nicht vor, dass der Auftraggeber bei Mängeln vom Vertrag zurücktreten kann. Aus den bereits in II 2.1 dargelegten Gründen „passt" der Rücktritt mit seinen spezifischen Rechtsfolgen jedoch nicht für den Bauvertrag, so dass diese Einschränkung durch die Besonderheiten des Bauvertrags gerechtfertigt ist. Diese Einschränkung wird vom BGB in § 309 Nr. 8 b) bb) zugestanden.

---

[9] Ingenstau/Korbion-Vygen, § 8 VOB/B, Rndr. 4.

2.4 Keine Änderung bei den Voraussetzungen der Ersatzvornahme

Die Regelung des neuen § 637 BGB gibt dem Auftraggeber das Recht, einen Mangel im Wege der Selbstvornahme zu beseitigen, wenn er dem Auftragnehmer hierfür eine Frist gesetzt hat und der Auftragnehmer den Mangel nicht beseitigt hat. Genau dies sind auch die in § 13 Nr.5 Abs. 2 VOB/B genannten Voraussetzungen für eine Beseitigung eines Mangels durch den Auftraggeber.

Dies war vor der Neufassung des BGB anders, da der alte § 633 BGB vom Auftraggeber noch zusätzlich eine Ablehnungsandrohung verlangte.

Das BGB hat sich insofern ganz deutlich an die VOB/B angenähert, so dass die VOB/B nicht zu ändern ist.

2.5 Beibehalten der beschränkten Minderungsmöglichkeit

Im Vergleich zum Gesetz bietet die VOB/B dem Auftraggeber **weniger** Möglichkeiten, die Vergütung des Auftragnehmers zu mindern. Das ergibt sich recht deutlich aus der nachfolgenden Zusammenstellung.

BGB	VOB/B 2002
Der Auftraggeber kann mindern, wenn die Mängelbeseitigung	Der Auftraggeber kann mindern, wenn die Mängelbeseitigung
− nur mit unverhältnismäßigen Kosten möglich wäre; − unmöglich ist; − und das Interesse des Auftraggebers an ihr in einem groben Missverhältnis zum Mängelbeseitigungsaufwand steht; − für den Auftragnehmer unzumutbar ist. Außerdem kann der Auftraggeber immer dann mindern, wenn der Auftragnehmer trotz Aufforderung und Fristsetzung den Mangel nicht beseitigt hat.	− für den Auftraggeber unzumutbar ist; − unmöglich ist; − einen unverhältnismäßigen Aufwand erfordern würde und der Auftragnehmer deswegen die Beseitigung verweigert.

Der wichtigste Unterschied zwischen BGB und VOB/B liegt sicherlich darin, dass der Auftraggeber nach dem BGB bei allen Mängeln mindern kann. Voraussetzung ist nur, dass der Auftragnehmer den Mangel trotz Aufforderung und Fristsetzung nicht beseitigt hat. Im Vergleich zu dem **BGB** in der Fassung vor der Schuldrechtsmodernisierung wurden diese Voraussetzungen sogar noch reduziert, da das BGB keine Ablehnungsandrohung mehr verlangt. Die VOB/B gibt dem Auftraggeber das Recht zur Minderung nur ausnahmsweise und ändert sich bei den Voraussetzungen dafür nicht.

Diese Einschränkung entspricht jedoch den **Besonderheiten** des Bauvertrags. Der Auftraggeber will regelmäßig vor allem erreichen, dass er eine vollständige und mangelfreie Leistung erhält. Die Minderung des Werklohns ist für ihn meist nicht wirtschaftlich sinnvoll.[10] Dies gilt auch nach der Schuldrechtsmodernisierung, so dass eine Änderung der VOB/B insofern nicht notwendig war.

---

[10] Ingenstau/Korbion-Wirth, § 13 VOB/B, Rdnr. 655.

2.6 Keine Änderung wegen § 640 Abs. 1 Satz 3 BGB

Der Gesetzgeber hat mit dem Gesetz zur Beschleunigung fälliger Zahlungen auch die Regelungen des BGB zur **Abnahme** geändert. Da die Abnahme nach dem BGB Voraussetzung für einen Zahlungsanspruch des Auftragnehmers ist, sollte der Auftragnehmer Möglichkeiten haben, die Folgen der Abnahme auch **ohne Mitwirkung** des Auftraggebers zu erhalten.

Neben § 641a BGB (Fertigstellungsbescheinigung) hat der Gesetzgeber dazu auch § 640 Abs. 1 Satz 3 BGB eingefügt. Danach **gilt** die Abnahme als erfolgt, wenn der Auftragnehmer den Auftraggeber
- zur Abnahme auffordert und
- ihm dazu eine angemessene Frist setzt.

Die Folge des Fristablaufs ist nur eine **Abnahmefiktion**, keine Abnahme. Wenn die Leistung des Auftragnehmers nämlich wesentliche Mängel aufwies und deswegen nicht abnahmereif war, fällt die Vermutung des § 640 Abs. 1 Satz 3 BGB weg. Der Auftragnehmer trägt die Beweislast dafür, dass seine Leistung abnahmereif ist. Deswegen besteht bei einer Abnahmefiktion nach § 640 Abs. 1 Satz 3 BGB das Risiko, dass der Auftragnehmer in einem etwaigen Prozess die Abnahmereife nicht beweisen kann und dass deswegen die Folgen der Abnahme nicht eintreten.

Der DVA hat davon abgesehen, eine vergleichbare Regelung in die VOB/B aufzunehmen. Insbesondere bestand kein Bedarf, weil der Auftragnehmer auch nach der VOB/B Möglichkeiten hat, die Abnahme auch gegen den Willen des Auftraggebers herbeizuführen, so etwa durch Übersendung einer Fertigstellungsmitteilung. Außerdem sind die Vorschriften des BGB – wie etwa zur Fertigstellungsbescheinigung – ergänzend zur VOB/B heranzuziehen.

3 Vereinbarung von Änderungen der VOB/B

Im Rahmen der **Vertragsfreiheit** kann man natürlich auch von den Regelungen der VOB/B vertraglich abweichen. Teilweise lässt die VOB/B dies auch ausdrücklich zu. Die VOB/B enthält an mehreren Stellen Formulierungen wie „wenn nichts anderes vereinbart ist". Aber auch soweit die VOB/B abweichende Vereinbarungen nicht durch eine solche Formulierung ausdrücklich zulässt, kann man inhaltlich von ihr abweichen.

Abweichende Regelungen sollten so **deutlich** wie möglich sein, insbesondere sollten sie genau festlegen, welche Regelungen der VOB/B abgewandelt werden sollen und welche nicht.

In letzter Zeit hat sich der BGH beispielsweise mehrfach mit Regelungen zur Übergabe von Bürgschaften beschäftigt, eine Entscheidung ist als Beispiel für die Folgen einer ungenauen Formulierung von besonderem Interesse.

Beispiel

Der Auftraggeber sah in seinen Bedingungen vor, dass der Auftragnehmer eine Gewährleistungssicherheit stellen musste. „Stattdessen" sollte er auch eine Bürgschaft auf erstes Anfordern stellen dürfen. Der Auftraggeber war der Auffassung, dass der Auftragnehmer auch das Recht hätte, die Einzahlung des Sicherheitseinbehalts auf ein Sperrkonto zu fordern. Er begründet dies damit, dass er § 17 VOB/B nicht ausgeschlossen habe und die darin enthaltenen Regelungen nur hinsichtlich der Art der Bürgschaft geändert habe. Der Auftragnehmer hingegen meinte, ihm stände das Recht nicht zu, die Einzahlung auf ein Sperrkonto zu verlangen. Deswegen sei die gesamte Sicherungsabrede unwirksam.

Der BGH hat zugunsten des Auftragnehmers entschieden. Der Auftraggeber hat in seinem Vertrag nach Auslegung des BGH nur den Sicherheitseinbehalt oder „stattdessen" die Bürgschaftsstellung zugelassen. Andere Alternativen hat der Auftraggeber nicht genannt. Deswegen sei der Vertrag so zu verstehen, dass der Auftragnehmer nicht die Einzahlung des Sicherheitseinbehalts auf ein Sperrkonto fordern könne. Die Forderung nach einer Bürgschaft auf erstes Anfordern benachteilige den Auftragnehmer jedoch unangemessen. Im Ergebnis konnte der Auftraggeber keine Bürgschaft auf erstes Anfordern verlangen[11], weil er durch die Formulierung „stattdessen" dem Auftragnehmer die Möglichkeit der Einzahlung auf ein Sperrkonto verweigerte.

Hätte der Auftraggeber eine Formulierung gewählt wie „In Abweichung von § 17 Nr. 2 VOB/B muss eine vom Auftragnehmer gestellte Bürgschaft ..." oder kürzer „Wenn Sicherheit durch Bürgschaft geleistet wird, dann ...", dann hätte er dies Problem nicht gehabt.

Als eine Art Bestandsschutz hat der BGH allerdings dieses Urteil durch eine Entscheidung vom 10.7.2002 eingeschränkt.[12] Sie gilt nur für zukünftig abgeschlossene Verträge, die in Kenntnis dieser Entscheidung abgeschlossen würden. Bei vorher geschlossenen Verträgen kann der Auftraggeber eine „normale" selbstschuldnerische Bürgschaft verlangen.

Es besteht grundsätzlich keine gesetzliche Verpflichtung, die Geltung der VOB/B zu vereinbaren und erst recht kein Verbot, von ihr abzuweichen. Es gibt allerdings eine wichtige **Ausnahme**, die sich aus der VOB/A ergibt. Öffentliche Auftraggeber, die nach den ersten drei Abschnitten der VOB/A vergeben, müssen die Geltung der VOB/B vereinbaren und dürfen die VOB/B auch nicht ändern. Ein Verstoß gegen diese Vorgabe der VOB/A führt jedoch nicht dazu, dass die VOB/B unverändert gilt. Es kann stattdessen allenfalls zu einem Schadensersatzanspruch des Auftragnehmers führen.

Bei Abweichungen von der VOB/B muss man jedoch darauf achten, dass man nicht in **Kernbereiche** der VOB/B eingreift. Greift eine Vereinbarung in Kernbereiche der VOB/B ein, liegt dem Vertrag nicht mehr die VOB/B „**insgesamt**" zugrunde. Die Regelungen der VOB/B sind nicht mehr privilegiert und sind jede für sich als Allgemeine Geschäftsbedingungen nach den Vorschriften der §§ 305 ff. BGB zu prüfen. Hierauf wurde in II 1 bereits eingegangen.

Darüber hinaus sind natürlich auch die ändernden Vereinbarungen darauf zu prüfen, ob sie als AGB oder als Individualvereinbarungen **wirksam** sind. Gerade bei Verträgen mit Verbrauchern besteht regelmäßig nur noch ganz geringer Spielraum.

4 Änderungen der VOB/B

4.1 § 10 Nr. 2 Abs. 2 VOB/B

4.1.1 Gegenstand der Regelung

§ 10 Nr. 2 VOB/B betrifft den Ausgleich zwischen den Vertragspartnern, wenn einem **Dritten** im Zusammenhang mit der Vertragsdurchführung ein **Schaden** entsteht. Dieser Ausgleich findet zwischen den Vertragspartnern im **Innenverhältnis** statt, unabhängig davon, wer von den Vertragspartnern den Schaden gegenüber dem Dritten ausgeglichen hat. So muss etwa der Auftraggeber diesen Schaden allein tragen, wenn der Schaden auf einer Weisung von ihm beruht und ihn der Auftragnehmer auf die mit dieser Weisung verbundenen Gefahren hingewiesen hat.

Der geänderte § 10 Nr. 2 Abs. 2 VOB/B bestimmt, dass der Auftragnehmer diesen Schaden im Innenverhältnis **alleine** tragen muss, wenn er ihn durch eine näher beschriebene **Versicherung** gedeckt hat oder hätte decken können. Diese Regelung greift ein, wenn der Auftragnehmer eine solche Versicherung abgeschlossen hat, aber auch dann, wenn er diese Versicherung hätte abschließen können, es aber nicht gemacht hat.

---

[11] BGH, NZBau 2002, S. 493.
[12] BGH, Urteil vom 10.7.2002, VII ZR 502/99.

4.1.2 Änderung

> **§ 10 Nr. 2 Abs. 2 VOB/B 2002:**
> Der Auftragnehmer trägt den Schaden allein, soweit er ihn durch Versicherung seiner gesetzlichen Haftpflicht gedeckt hat oder ~~innerhalb der von der Versicherungsaufsichtsbehörde genehmigten Allgemeinen Versicherungsbedingungen~~ **durch eine solche** zu tarifmäßigen, nicht auf außergewöhnliche Verhältnisse abgestellten Prämien und Prämienzuschlägen bei einem im Inland zum Geschäftsbetrieb zugelassenen Versicherer hätte decken können.

Die Änderung betrifft die Frage, welche Versicherung dem Auftragnehmer **zugemutet** werden kann. Der Auftragnehmer soll natürlich nur für Schäden alleine haften, die er auch in zumutbarer Weise versichern konnte. Schäden, die er gar nicht oder nur zu exorbitanten Kosten versichern könnte, sollen hingegen Auftragnehmer und Auftraggeber entsprechend den gesetzlichen Regelungen gemeinsam oder allein tragen.

Diese Frage stellt sich natürlich vor allem dann, wenn der Auftragnehmer keine Versicherung abgeschlossen hat. Welche Versicherung hätte er abschließen können, welche Versicherung wäre zumutbar gewesen?

In der alten Fassung nimmt die Regelung dabei auf Allgemeine Versicherungsbedingungen Bezug, die von der Versicherungsaufsichtsbehörde genehmigt waren. Damit war der Rahmen der zumutbaren Versicherung eindeutig beschrieben.

Seit **1994** gibt es jedoch keine solchen genehmigten Allgemeinen Versicherungsbedingungen mehr. Der deutsche Gesetzgeber musste versicherungsrechtliche Vorgaben der EU umsetzen und hat mit dem „3. Gesetz zur Durchführung der versicherungsrechtlichen Richtlinien des Rates der EU" vom 21.07.1994[13] das Versicherungsaufsichtsgesetz (VAG) dahingehend geändert, dass Versicherungen ihre Bedingungen nicht mehr der Aufsichtsbehörde vorlegen müssen, damit entfällt natürlich auch die Genehmigung.

Deswegen musste die Regelung der VOB/B an die neue Situation angepasst werden. Dass es erst 2002 zu einer Korrektur der Klausel kommt, ist sicherlich ein gewisses Indiz für die nicht besonders hohe Praxisrelevanz dieser Regelung. Man kann diese Änderung daher getrost als im Wesentlichen redaktioneller Art bezeichnen.

4.1.3 Folgen der Änderung

> Der Auftragnehmer trägt im Verhältnis zum Auftraggeber einen Schaden alleine, wenn eine dem Auftragnehmer zumutbare Versicherung diesen Schaden abgedeckt hätte. In der neuen Fassung richtet sich die dem Auftragnehmer zumutbare Versicherung nur noch danach, ob der Auftragnehmer die Versicherung hätte abschließen können
> - zu tarifmäßigen Prämien und
> - ohne Prämienzuschläge, die auf außergewöhnliche Verhältnisse abstellen,
> - bei einem im Inland zum Geschäftsbetrieb zugelassenen Versicherer.

Zusammengefasst wird durch diese drei Merkmale eine „handelsübliche" Haftpflichtversicherung beschrieben. Die VOB/B mutet es dem Auftragnehmer zu, eine solche Versicherung abzuschließen oder aber den Schaden zu tragen, den normalerweise seine Versicherung übernommen hätte.

---

[13] BGBl I S. 1630.

4.1.4 Abweichende Vereinbarungen

Aus Sicht des **Auftraggebers** besteht regelmäßig kein Bedarf, diese grundsätzlich für ihn günstige Regelung zu ändern. Der **Auftragnehmer** wird vor allem dann benachteiligt, wenn er keine Versicherung abgeschlossen hat. Hat er hingegen eine Versicherung, kann er den Schaden dort geltend machen, so dass im Ergebnis die Schadenssumme bei ihm „durchläuft".

Der **Auftragnehmer** könnte also von § 10 Nr. 2 VOB/B abweichend vereinbaren, dass er im Verhältnis zum Auftraggeber nur dann voll haftet, wenn er tatsächlich eine solche Versicherung abgeschlossen hat.

Denkbar ist auch eine grundsätzliche Abweichung von § 10 Nr. 2 Abs. 2 VOB/B. Der Auftragnehmer könnte etwa verlangen, dass auch im Verhältnis Auftragnehmer – Auftraggeber die gesetzliche Haftungsverteilung eingreift.

> **Formulierungsvorschlag:**
> Vorschlag 1:
> Der Auftragnehmer trägt abweichend von § 10 Nr. 2 Abs. 2 VOB/B den Schaden nur dann allein, soweit er ihn durch Versicherung seiner gesetzlichen Haftpflicht gedeckt hat.
> Vorschlag 2:
> § 10 Nr. 2 Abs. 2 VOB/B wird abbedungen. Zwischen Auftraggeber und Auftragnehmer und dem geschädigten Dritten wird der Schaden nach den Grundsätzen des § 254 BGB aufgeteilt.

Abweichende Vereinbarungen dieser Art würden nach Auffassung der Verfasser keinen Eingriff in den **Kernbereich** der VOB/B darstellen.

4.2 § 12 Nr. 5 Abs. 2 VOB/B

4.2.1 Gegenstand der Regelung

§ 12 Nr. 5 Abs. 2 VOB/B regelt die sog. **fiktive Abnahme**, die auf der bloßen Benutzung der Leistung beruht.

Wenn die Voraussetzungen der Vorschrift vorliegen, treten alle Folgen der Abnahme ein, unabhängig davon, ob die Leistung abnahmereif ist oder nicht. **Folgen der Abnahme** sind u.a. der Beginn der Verjährung der Mängelansprüche, Umkehr der Beweislast. Grundsätzlich begünstigt die Abnahme den Auftragnehmer, insbesondere wegen des damit verbundenen Gefahrenübergangs. Bis zur Abnahme trägt der Auftragnehmer das Risiko, dass seine Leistung **vernichtet** oder beschädigt wird, nach der Abnahme der Auftraggeber. Es liegt daher im Interesse des Auftragnehmers, die Folgen der Abnahme herbeizuführen.

4.2.2 Änderung

> **§ 12 Nr. 5 Abs. 2 VOB/B 2002:**
> **Wird keine Abnahme verlangt und hat** ~~Hat~~ der Auftraggeber die Leistung oder einen Teil der Leistung in Benutzung genommen, so gilt die Abnahme nach Ablauf von 6 Werktagen nach Beginn der Benutzung als erfolgt, wenn nichts anderes vereinbart ist. Die Benutzung von Teilen einer baulichen Anlage zur Weiterführung der Arbeiten gilt nicht als Abnahme.

Am Anfang dieser Regelung wird als Bedingung eingefügt, dass keine Seite die Abnahme verlangt.

4.2.3 Folgen der Änderung

Diese Änderung dient allein der **Klarstellung**. Bereits vor dieser Änderung war es anerkannt, dass die fiktive Abnahme dann nicht stattfinden soll, wenn eine Seite die förmliche Abnahme verlangt.[14]

> Die Leistung des Auftragnehmers gilt danach als abgenommen, wenn
> - keine Seite die Abnahme verlangt,
> - der Auftraggeber die Leistung in Benutzung nimmt
> - und sechs Werktage verstrichen sind,
>
> sofern nicht im Vertrag etwas anderes vereinbart ist.

Nicht ausdrücklich genannte Voraussetzung ist natürlich, dass die Leistung **fertig gestellt** ist. Wenn die Leistung beispielsweise noch wesentliche Mängel aufweist, ist sie regelmäßig noch nicht fertig gestellt, so dass eine Abnahme nach § 13 Nr. 5 Abs. 2 VOB/B nicht in Frage kommt.[15]

4.2.4 Abweichende Vereinbarungen

Diese Regelung lässt ausdrücklich andere Vereinbarungen im Bauvertrag zu. Hiervon machen Vertragspartner sehr oft Gebrauch, da für **Auftraggeber** diese fiktive Abnahme große Risiken enthält. Anders als bei der Abnahme-Fiktion nach § 640 Abs. 1 Satz 3 BGB (Abnahmeverlangen mit Fristsetzung des Auftragnehmers) treten die Abnahmefolgen unwiderlegbar ein.

Hat die Leistung des Auftragnehmers also Mängel, ist die Leistung dennoch abgenommen. Mit der Abnahme trägt der Auftraggeber die Beweislast für vorhandene Mängel, die Gewährleistungsfrist beginnt etc.

Deswegen ist es aus Sicht der Verfasser für **Auftraggeber** sinnvoll, die Möglichkeit der fiktiven Abnahme nach § 12 Nr. 5 Abs. 2 VOB/B **auszuschließen**. Der Auftragnehmer wird hierdurch nicht wesentlich benachteiligt, da er die Möglichkeit hat, entweder eine Abnahme zu verlangen oder aber dem Auftraggeber eine Fertigstellungsmitteilung nach § 12 Nr. 5 Abs. 1 VOB/B zu machen. 12 Werktage nach dieser Fertigstellungsmitteilung ist seine Leistung ebenfalls abgenommen.

> **Formulierungsvorschlag:**
> Die Möglichkeit der stillschweigenden Abnahme nach § 12 Nr. 5 Abs. 2 VOB/B wird ausgeschlossen.

Auftragnehmer haben keinen Anlass, diese für sie vorteilhafte und wirklich praxisrelevante Regelung zu ändern.

Abweichende Vereinbarungen der genannten Art würden nach Auffassung der Verfasser keinen Eingriff in den Kernbereich der VOB/B darstellen, da sie von der VOB/B ausdrücklich zugelassen sind.

4.3 Zu den Änderungen des Gewährleistungsrechts

Die Vorschriften des **BGB** wurden vor allem im Bereich der Pflichtverletzungen neu gefasst. Auch die **Schlechterfüllung** eines Vertrags, also eine mangelhafte Leistung, ist eine solche Pflichtverletzung. Um diese Änderungen des BGB nachzuvollziehen, musste § 13 VOB/B fast vollständig geändert werden. Nachfolgend werden die einzelnen Nummern dieser Vorschrift einzeln erläutert, um die Details besser darstellen zu können.

---

[14] Ingenstau/Korbion-Oppler, § 12 VOB/B, Rdnr. 157.
[15] Nicklisch/Weick, § 12 VOB/B, Rdnr. 87.

Vorab soll jedoch anhand der nachfolgenden Graphik dargestellt werden, was sich insgesamt im Gewährleistungsrecht geändert hat. In dieser Graphik wird für die VOB/B 2002 von „**Mängelansprüchen**" gesprochen. Dies entspricht dem neuen Sprachgebrauch des BGB und wurde in der VOB/B 2002 durchweg berücksichtigt. In der Sache bedeutet dies jedoch keine Änderung, so kann man durchaus noch immer von „Gewährleistungsrecht" oder „Gewährleistungsfristen" sprechen.

Graphik 4: Änderungen im Gewährleistungsrecht, Überblick

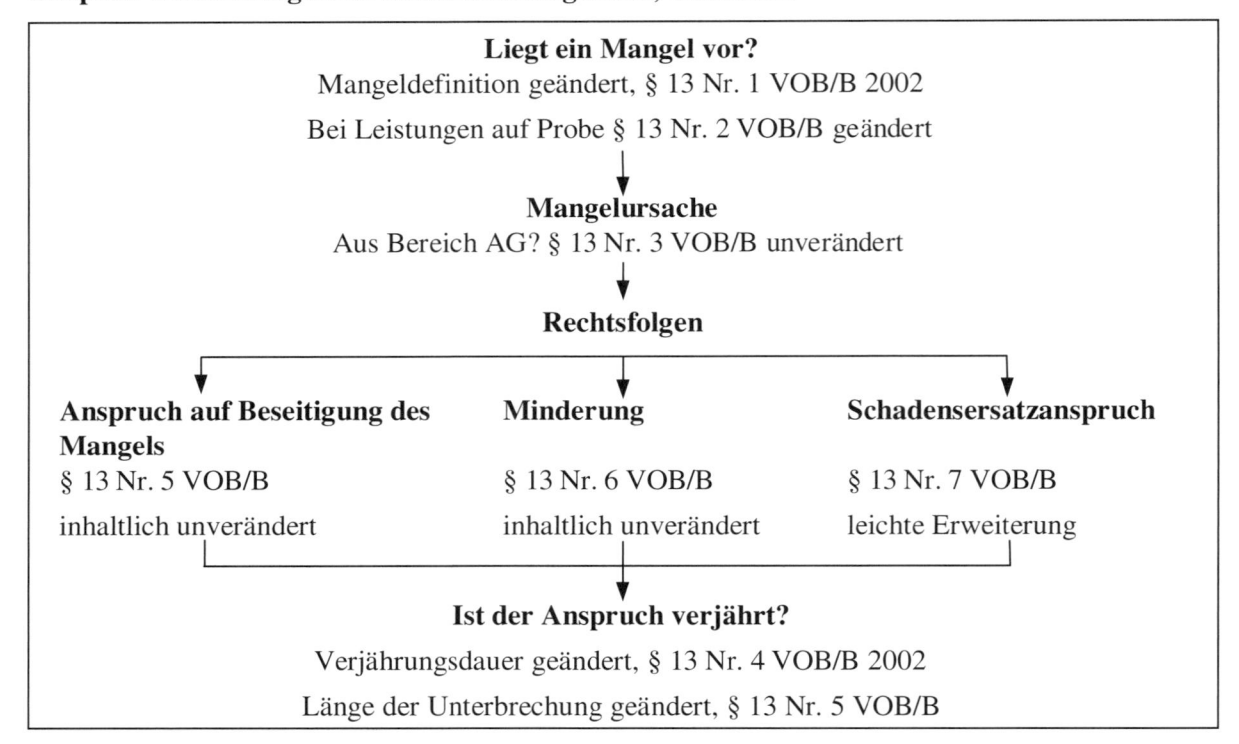

```
                    Liegt ein Mangel vor?
          Mangeldefinition geändert, § 13 Nr. 1 VOB/B 2002
           Bei Leistungen auf Probe § 13 Nr. 2 VOB/B geändert
                              ↓
                        Mangelursache
            Aus Bereich AG? § 13 Nr. 3 VOB/B unverändert
                              ↓
                         Rechtsfolgen
         ↓                    ↓                    ↓
Anspruch auf Beseitigung   Minderung       Schadensersatzanspruch
      des Mangels
    § 13 Nr. 5 VOB/B    § 13 Nr. 6 VOB/B    § 13 Nr. 7 VOB/B
  inhaltlich unverändert inhaltlich unverändert leichte Erweiterung
                              ↓
                    Ist der Anspruch verjährt?
         Verjährungsdauer geändert, § 13 Nr. 4 VOB/B 2002
         Länge der Unterbrechung geändert, § 13 Nr. 5 VOB/B
```

4.4 § 13 Nr. 1 VOB/B

4.4.1 Gegenstand der Regelung

In § 13 Nr. 1 VOB/B ist festgelegt, wann die Leistung des Auftragnehmers **mangelhaft** ist. Es handelt sich um eine zentrale Vorschrift des gesamten Rechts der Mängelansprüche, wie das Gesetz und auch die VOB/B jetzt die Gewährleistungsansprüche bezeichnen.

An der Frage, ob ein **Mangel** vorliegt, können sehr schwerwiegende Folgen hängen. Handelt es sich um einen schwerwiegenden Mangel, kann der Auftraggeber die Abnahme verweigern.

Ist die Leistung **noch nicht abgenommen**, kann der Auftraggeber dem Auftragnehmer eine Frist zur Beseitigung des Mangels setzen, § 4 Nr. 7 VOB/B. Kommt der Auftragnehmer dieser Aufforderung nicht nach, kann der Auftraggeber Schadensersatz verlangen. Verbindet der Auftraggeber seine Aufforderung mit einer Kündigungsandrohung, kann er den Vertrag kündigen, wenn der Auftragnehmer den Mangel nicht beseitigt.

Bei **wesentlichen Mängeln** kann der Auftraggeber die Abnahme der Leistungen des Auftragnehmers verweigern.

Nach der Abnahme kann der Auftraggeber vom Auftragnehmer die Beseitigung des Mangels fordern. Solange der Auftragnehmer den Mangel nicht beseitigt hat, kann der Auftraggeber außerdem den **Werklohn** des Auftragnehmers zurückhalten. Nach § 641 Abs. 3 BGB kann er dabei mindestens (!) das Dreifache der voraussichtlichen Mängelbeseitigungskosten einbehalten.

4.4.2 Änderung

VOB/B 2000	VOB/B 2002
Der Auftragnehmer übernimmt die Gewähr, dass seine Leistung zur Zeit der Abnahme die vertraglich zugesicherten Eigenschaften hat, den anerkannten Regeln der Technik entspricht und nicht mit Fehlern behaftet ist, die den Wert oder die Tauglichkeit zu dem gewöhnlichen oder dem nach dem Vertrag vorausgesetzten Gebrauch aufheben oder mindern.	Der Auftragnehmer hat dem Auftraggeber seine Leistung zum Zeitpunkt der Abnahme frei von Sachmängeln zu verschaffen. Die Leistung ist zur Zeit der Abnahme frei von Sachmängeln, wenn sie die vereinbarte Beschaffenheit hat und den anerkannten Regeln der Technik entspricht. Ist die Beschaffenheit nicht vereinbart, so ist die Leistung zur Zeit der Abnahme frei von Sachmängeln, a) wenn sie sich für die nach dem Vertrag vorausgesetzte, sonst b) für die gewöhnliche Verwendung eignet und eine Beschaffenheit aufweist, die bei Werken der gleichen Art üblich ist und die der Auftraggeber nach der Art der Leistung erwarten kann.

Mit Wirkung zum 1.1.2002 hat der Gesetzgeber u.a. auch geändert, wann eine Leistung von Gesetzes wegen mangelhaft ist. Die alte Mangeldefinition des **BGB** entsprach im Wesentlichen der Regelung in § 13 Nr. 1 VOB/B. Die neue Mangeldefinition bringt im Kern wenig Neues. Bereits nach dem alten Recht kam es ganz maßgeblich darauf an, was die Parteien vertraglich vereinbart hatten. Wenn die Leistung nicht diesen vertraglichen Festlegungen entsprach, war sie mangelhaft. Dies behält das BGB in seiner neuen Fassung bei. Neu sind im Wesentlichen die **Hilfskonstruktionen** für den Fall, dass die Vertragspartner **keine Beschaffenheit** vertraglich vereinbart haben. Dann soll es auf die nach dem Vertrag vorausgesetzte bzw. die übliche Verwendung ankommen.

BGB alte Fassung	BGB neue Fassung
§ 633 BGB a.F. (1) Der Unternehmer ist verpflichtet, das Werk so herzustellen, dass es die zugesicherten Eigenschaften hat und nicht mit Fehlern behaftet ist, die den Wert oder die Tauglichkeit zu dem gewöhnlichen oder dem nach dem Vertrage vorausgesetzten Gebrauch aufheben oder mindern.	**§ 633 BGB n.F.** (2) Das Werk ist frei von Sachmängeln, wenn es die vereinbarte Beschaffenheit hat. Soweit die Beschaffenheit nicht vereinbart ist, ist das Werk frei von Sachmängeln, 1. wenn es sich für die nach dem Vertrag vorausgesetzte, sonst 2. für die gewöhnliche Verwendung eignet und eine Beschaffenheit aufweist, die bei Werken der gleichen Art üblich ist und die der Besteller nach der Art des Werkes erwarten kann. Einem Sachmangel steht es gleich, wenn der Unternehmer ein anderes als das bestellte Werk oder das Werk in zu geringer Menge herstellt.

Um einen zu großen Unterschied zwischen dem BGB und der VOB/B zu verhindern, übernimmt die **VOB/B** die neue Mangeldefinition des BGB. Der Text wurde lediglich sprachlich etwas gestrafft.

Das BGB erwähnt die anerkannten Regeln der Technik nicht, auch wenn sie natürlich auch zu beachten sind.[16] Im Bereich der VOB/B sind die **anerkannten Regeln der Technik** als zusätzliche Anforderung an die Leistung so wichtig, dass der DVA in § 13 Nr. 1 VOB/B ausdrücklich auf sie verweist und ihre Einhaltung fordert.

Außerdem wurde der letzte Satz des § 633 Abs. 2 BGB n.F. nicht übernommen, in dem das BGB die Herstellung eines anderen Werks oder zu geringer Mengen anspricht. Nach dem einhelligen Verständnis des DVA sind die Folgen einer solchen Fehlleistung im Baubereich ganz eindeutig festgelegt. In solchen Fällen hat der Auftragnehmer den Vertrag ganz oder teilweise nicht erfüllt: Wenn der Auftraggeber Malerarbeiten bestellt, muss der Auftragnehmer malen und nicht verputzen. Bestellt der Auftraggeber eine Baugrube, kann der Auftragnehmer nicht Bäume pflanzen. Bestellt der Auftraggeber das Decken eines Dachs, kann sich der Auftragnehmer nicht auf eine Seite des Giebels beschränken.

4.4.3 Folgen der Änderung

Nach der VOB/B 2002 muss man folgende **Prüfschritte** durchlaufen, um die Mangelfreiheit einer Leistung festzustellen:

Graphik 5: Mängelfreiheit nach VOB/B

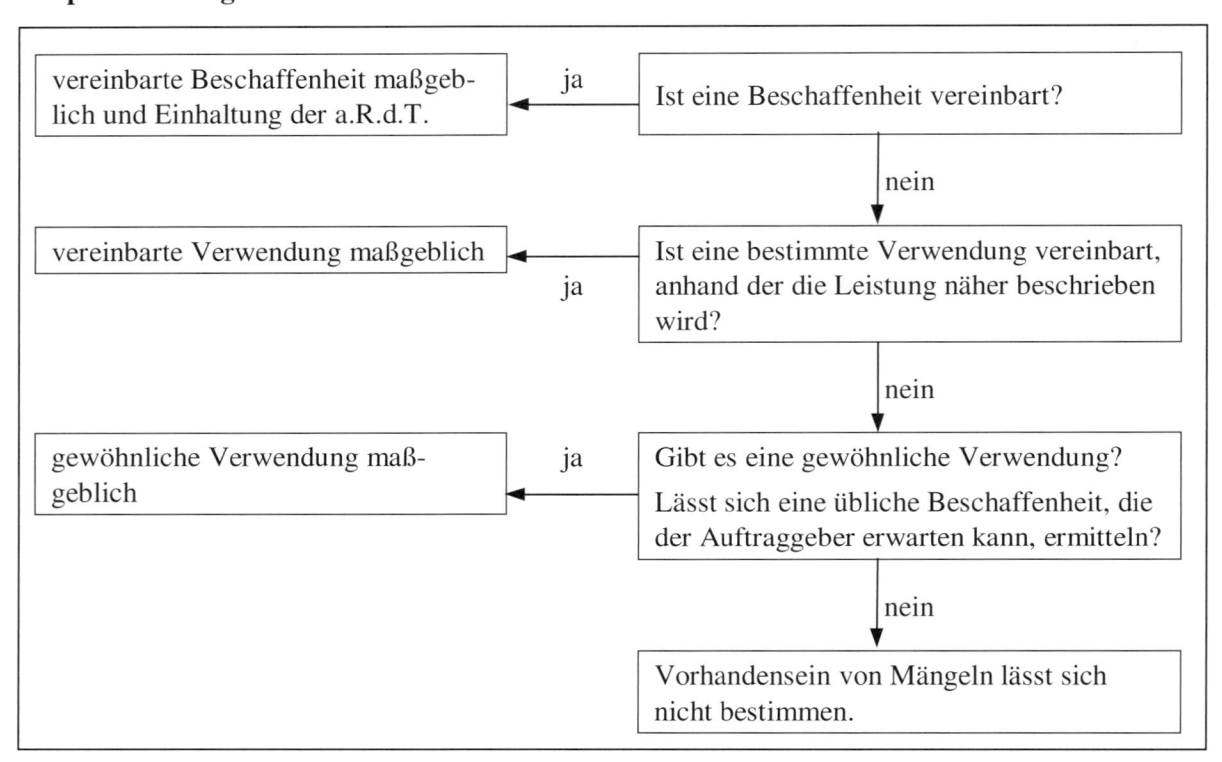

```
┌─────────────────────────────┐      ja      ┌─────────────────────────────┐
│ vereinbarte Beschaffenheit  │ ◄─────────── │ Ist eine Beschaffenheit     │
│ maßgeblich und Einhaltung   │              │ vereinbart?                 │
│ der a.R.d.T.                │              └─────────────────────────────┘
└─────────────────────────────┘                             │
                                                           nein
                                                            ▼
┌─────────────────────────────┐              ┌─────────────────────────────┐
│ vereinbarte Verwendung      │ ◄─────────── │ Ist eine bestimmte          │
│ maßgeblich                  │      ja      │ Verwendung vereinbart,      │
│                             │              │ anhand der die Leistung     │
│                             │              │ näher beschrieben wird?     │
└─────────────────────────────┘              └─────────────────────────────┘
                                                            │
                                                           nein
                                                            ▼
┌─────────────────────────────┐              ┌─────────────────────────────┐
│ gewöhnliche Verwendung      │ ◄─────────── │ Gibt es eine gewöhnliche    │
│ maßgeblich                  │      ja      │ Verwendung? Lässt sich eine │
│                             │              │ übliche Beschaffenheit, die │
│                             │              │ der Auftraggeber erwarten   │
│                             │              │ kann, ermitteln?            │
└─────────────────────────────┘              └─────────────────────────────┘
                                                            │
                                                           nein
                                                            ▼
                                             ┌─────────────────────────────┐
                                             │ Vorhandensein von Mängeln   │
                                             │ lässt sich nicht bestimmen. │
                                             └─────────────────────────────┘
```

Erstrangig kommt es auf die **vereinbarte Beschaffenheit** an. Wenn die Leistung der Vereinbarung der Vertragspartner und den anerkannten Regeln der Technik entspricht, ist sie mangelfrei. Die vereinbarte Beschaffenheit wird im Bauvertrag festgelegt. Dabei reicht es aus, dass der Bauvertrag eine verbindliche Beschreibung wie etwa ein Leistungsverzeichnis enthält. Die Angaben dieses Leistungsverzeichnisses sind die vereinbarte Beschaffenheit der vom Auftragnehmer geschuldeten Leistung. Die Beschaffenheit kann sogar stillschweigend festgelegt werden.[17] Damit liegt die Meßlatte niedrig, was als vereinbarte Beschaffenheit anzusehen ist.

---

[16] BGH, BauR 1975, S. 341; für das BGB nach Erlass des SchRModG ausdrücklich Palandt-Sprau, vor § 631 BGB, Rdnr. 29.
[17] Palandt-Sprau, Ergänzungsband, § 633 BGB, Rdnr. 6.

Anders als nach der VOB/B 2000 ist es aber nicht wichtig, ob die Leistung nur eingeschränkt verwendbar ist oder nicht oder ob der Wert der Leistung beeinträchtigt ist. Nach dem neuen BGB und der inhaltsgleichen VOB/B ist vielmehr jede Abweichung von der vertraglich vereinbarten Beschaffenheit ein Mangel, ganz unabhängig davon, ob dieser Mangel irgendwelche Auswirkungen auf den Wert oder die Verwendbarkeit der Leistung hat.

Beispiel

Der Auftragnehmer ist mit einer im Vertrag genau beschriebenen Art der Dachabdichtung beauftragt. Ohne den Auftraggeber zu fragen, verwendet er eine andere Art der Dachabdichtung, die gleichwertig mit der vertraglich vereinbarten ist. Dennoch liegt ein Mangel vor.

Maß-Abweichungen, die im Rahmen der anerkannten Regeln der Technik liegen, sind natürlich zulässig.

Widerspricht die vertragliche Beschreibung der vom Auftragnehmer geschuldeten Leistung den anerkannten Regeln der Technik, muss der Auftragnehmer den Auftraggeber hierauf hinweisen, § 13 Nr. 3 VOB/B. Tut er dies nicht, geht er das Risiko ein, die Leistung als mangelhaft nachbessern zu müssen oder die hierfür erforderlichen Kosten (abzüglich der Sowieso-Kosten) tragen zu müssen.

Nur wenn der Vertrag **keine Festlegungen** enthält, ist die Mangelfreiheit anhand der nach dem Vertrag vorausgesetzten bzw. gewöhnlichen Verwendung zu ermitteln. Muss man diese Prüfung anstellen, wird man allerdings nach Erwartung der Verfasser regelmäßig nur sehr schlecht vorhersehbare Ergebnisse erhalten. Die anerkannten Regeln der Technik sind bei diesen Prüfungsschritten auf jeden Fall zu beachten, sie sind Teil der Beschaffenheit, die der Auftraggeber erwarten kann. Deswegen mussten sie auch nicht besonders erwähnt werden.

Eine gewisse Hilfestellung zur Ermittlung der geschuldeten Beschaffenheit kann dem Vertragspartner noch die **VOB/C** sein, die in den Abschnitten 2 und 3 Vorgaben zu Baustoffen und Ausführungsweisen macht. Viele Fragen sind aber auch dort nicht geregelt.

Ganz weggefallen ist die **zugesicherte Eigenschaft**. Dies entspricht dem neuen BGB, das die zugesicherte Eigenschaft auch nicht mehr kennt. In vielen Bereichen nimmt die vereinbarte Beschaffenheit rechtlich annähernd die Stelle der zugesicherten Eigenschaft ein. Konnte etwa bei einem Kaufvertrag der Käufer nach dem alten BGB nur dann Schadensersatz verlangen, wenn eine zugesicherte Eigenschaft fehlte, kann er dies jetzt bei jeder Abweichung von der vereinbarten Beschaffenheit. Die VOB/B schließt sich diesen Änderungen an, da die zugesicherte Eigenschaft im Wesentlichen ersetzt ist durch die vereinbarte Beschaffenheit und zum anderen eine Abweichung vom Gesetz insoweit nicht gewollt war.

Für den **Zeitpunkt**, wann die Mangelfreiheit zu ermitteln ist, stellt § 13 Nr. 1 VOB/B wie bisher auf den Zeitpunkt der **Abnahme** ab. Zu diesem Zeitpunkt muss die Leistung mangelfrei sein. Wird sie vorher zerstört oder beschädigt, muss regelmäßig der Auftragnehmer die Leistung neu herstellen oder reparieren. Dies ist abhängig davon, wer nach § 7 VOB/B die Gefahr trägt. Bei langwierigen Bauvorhaben kann es vorkommen, dass sich die anerkannten Regeln der Technik während der Bauausführung geändert haben. In diesem Fall wird der Auftragnehmer regelmäßig einen Anspruch auf Vergütung der zusätzlich erforderlichen Kosten haben. Dabei sind aber die Kosten zu berücksichtigen, die dem Auftraggeber und dem Auftragnehmer sowieso durch Ausführung der ursprünglich beauftragten Leistung entstanden wären.

4.4.4 Abweichende Vereinbarungen

Es ist aus Sicht der Verfasser fraglich, ob es sinnvoll ist, von § 13 Nr. 1 VOB/B bzw. dem inhaltsgleichen BGB abzuweichen. Grundsätzlich wollen Auftraggeber wie Auftragnehmer sowieso, dass die Leistung den vertraglichen Festlegungen entspricht. Sind dann noch die Regeln der Technik beachtet, bleiben regelmäßig kaum Wünsche offen.

Abweichungen von § 13 Nr. 1 VOB/B würden nach Auffassung der Verfasser keinen Eingriff in den Kernbereich der VOB/B darstellen.

4.5 § 13 Nr. 2 VOB/B

4.5.1 Gegenstand der Regelung

§ 13 Nr. 2 VOB/B betrifft den Fall, dass der Auftragnehmer vor Ausführung der Leistung eine **Probe** erbringt. Diese Probe dient regelmäßig dazu, die Anforderungen an die vom Auftragnehmer zu erbringenden Leistungen näher festzulegen. Der Auftragnehmer soll normalerweise seine gesamte Leistung „so wie die Probe" ausführen. Wenn der Auftragnehmer seine Probeleistung erbracht hat, wird zwischen den Parteien meist nicht mehr verhandelt, insbesondere wird meist nicht ausdrücklich festgelegt, welche vertragliche Bedeutung die Probe haben soll. Hierfür gilt § 13 Nr. 2 VOB/B, der die Bedeutung der Probeleistung für die restliche Leistung festlegt.

Die Eigenschaften der Probe gelten als **vereinbarte Beschaffenheit**, sie sind also u.a. maßgeblich dafür, ob die nach der Probe ausgeführte Leistung mangelhaft ist oder nicht.

4.5.2 Änderung

> **§ 13 Nr. 2 VOB/B 2002:**
> Bei Leistungen nach Probe gelten die Eigenschaften der Probe als ~~zugesichert~~ **vereinbarte Beschaffenheit,** soweit nicht Abweichungen nach der Verkehrssitte als bedeutungslos anzusehen sind. Dies gilt auch für Proben, die erst nach Vertragsabschluß als solche anerkannt sind.

4.5.3 Folgen der Änderung

Nach der VOB/B 2000 galten die Eigenschaften der Probe als „zugesichert" mit der Folge, dass der Auftraggeber bei Fehlen einer solchen Eigenschaft Schadensersatz nach § 13 Nr. 7 Abs. 2 c) VOB/B verlangen konnte. Eine vergleichbare Regelung enthielt der gestrichene § 494 BGB a.F. für den Kauf auf Probe. Der Gesetzgeber hat die Streichung des § 494 BGB a.F. damit begründet, dass die Eigenschaften der Probe als vereinbarte Beschaffenheit anzusehen sind. Damit kommt man bei Abweichungen von der vereinbarten Beschaffenheit immer in das Recht der Mängelansprüche, so dass eine Sonderregelung für Leistungen auf Probe entbehrlich ist. Damit sind die Rechtslage nach **BGB** und **VOB/B** identisch.[18]

Unverändert muss der Auftraggeber jedoch unwesentliche Abweichungen von der Probe hinnehmen.

Die **Rechtsfolgen** der Zusicherung einer Eigenschaft entsprachen auch insoweit dem Kaufrecht des alten BGB, das dem Käufer nur unter engen Voraussetzungen einen Schadensersatzanspruch gab – zum Beispiel eben dann, wenn eine zugesicherte Eigenschaft fehlte. Nach dem neugefassten BGB können der Auftraggeber genauso wie jeder Käufer immer dann Schadensersatz verlangen, wenn die

---

[18] Ebenso Schwenker/Heinze, BauR 2002, S. 1148.

Leistung nicht die vereinbarte Beschaffenheit hat und der Auftragnehmer dies zu vertreten hat. Insbesondere beim Kaufrecht bedeutet dies eine erhebliche Erweiterung der möglichen Schadensersatzansprüche.

Man kann deswegen – grob vereinfacht – sagen, dass eine Abweichung von der vereinbarten Beschaffenheit rechtlich die gleichen Folgen haben kann wie das Fehlen einer im BGB nicht mehr genannten zugesicherten Eigenschaft. Die vereinbarte Beschaffenheit übernimmt im BGB somit auch die Funktion der zugesicherten Eigenschaft. Dies gilt z.B. auch für den Kauf auf Probe, für den die Sondervorschrift des mit § 13 Nr. 2 VOB/B vergleichbaren § 494 BGB a.F. gestrichen wurde und bei dem der Verkäufer jetzt auch für das Fehlen der vereinbarten Beschaffenheit auf Schadensersatz haften kann.

Diese Funktionsübernahme hat die **VOB/B** nachvollzogen. An allen Stellen, an denen Rechtsfolgen an die Existenz oder das Fehlen zugesicherter Eigenschaften geknüpft werden, verbindet die VOB/B dies nun mit der vorhandenen bzw. der fehlenden Übereinstimmung mit der vereinbarten Beschaffenheit.

Eine der Stellen ist eben § 13 Nr. 2 VOB/B. Die Änderung bedeutet nach Auffassung der Verfasser keine Haftungserweiterung des Auftragnehmers, da er auch nach der VOB/B 2000 verschärft (bis hin zum Schadensersatz) dafür haftete, dass seine Leistung die Eigenschaft der Probe einhält. Die Rechtsfolgen sind also nach VOB/B 2000 und VOB/B 2002 identisch, wenn die Leistung von der Probe abweicht.

4.5.4 Abweichende Vereinbarungen

Es ist nicht sehr üblich, Leistungen auf Probe auszuführen. Deswegen besteht regelmäßig nur wenig Anlass, diese Regelung der VOB/B zu ändern.

Auch inhaltlich ist diese Klausel für Auftragnehmer wie Auftraggeber akzeptabel, da sie die Besonderheit der Leistung auf Probe widerspiegelt. Diese Probe ist meist dann notwendig, wenn eine Festlegung im Vertrag nicht möglich oder nicht sinnvoll ist. Deswegen gibt es für sie keine vertraglich vereinbarte Beschaffenheit. Die Vertragspartner sind sich regelmäßig aber auch **einig**, dass die Leistung so ausgeführt werden soll, wie es nach der Probe möglich und sinnvoll ist. Es wäre aus der Sicht seriöser Vertragspartner nicht sinnvoll, die Leistung auf Probe lediglich als unverbindlich darzustellen. Dies würde dem Sinn der Probeleistung widersprechen.

4.6 § 13 Nr. 3 VOB/B

4.6.1 Gegenstand der Regelung

Mangelhafte Leistungen müssen nicht immer darauf beruhen, dass der Auftragnehmer schlecht geleistet hat. Mängel können ihre **Ursache** auch ganz woanders haben, etwa bei Vorleistungen anderer Unternehmer.

§ 13 Nr. 3 VOB/B betrifft den Fall, dass die Leistung des Auftragnehmers mangelhaft ist, diese **Mangelhaftigkeit** aber zurückzuführen ist auf
 – die **Leistungsbeschreibung** oder
 – **Anordnungen** des Auftraggebers oder
 – auf die von dem Auftraggeber gelieferten oder vorgeschriebenen **Stoffe oder Bauteile** oder
 – **Vorleistungen** anderer Auftragnehmer.

In diesen Fällen soll der Auftragnehmer nicht für den Mangel haften müssen, da die Mangelursache aus dem Bereich des **Auftraggebers** kommt. Eine Hürde muss der Auftragnehmer allerdings auf dem Weg zu dieser **Haftungsbefreiung** überwinden: Er muss beim Auftraggeber gemäß § 4 Nr. 3 VOB/B Bedenken anmelden.

4.6.2 Änderung

> **§ 13 Nr. 3 VOB/B 2002:**
> Ist ein Mangel zurückzuführen auf die Leistungsbeschreibung oder auf Anordnungen des Auftraggebers, auf die von diesem gelieferten oder vorgeschriebenen Stoffe oder Bauteile oder die Beschaffenheit der Vorleistung eines anderen Unternehmers, ~~so ist der Auftragnehmer von der Gewährleistung für diese Mängel frei~~ **haftet der Auftragnehmer**, ~~außer wenn er~~ **es sei denn, er hat** die ihm nach § 4 Nr. 3 obliegende Mitteilung ~~über die zu befürchtenden Mängel unterlassen hat~~ **gemacht**.

4.6.3 Folgen der Änderung

Inhaltlich ändert sich an dieser Vorschrift nichts. Da das Gesetz nunmehr von Mängelansprüchen spricht – der ursprünglich verwendete Begriff der Gewährleistung wurde im Gesetz nicht erwähnt – hat die VOB/B auch in § 13 Nr. 3 VOB/B die Begriffe angepasst.

Im hinteren Teil wurde die Regelung nur deutlicher formuliert.

> Es gilt also weiterhin unverändert, dass der Auftragnehmer beim Auftraggeber **Bedenken** anmelden muss, wenn seine Leistung wegen
> - der Leistungsbeschreibung oder
> - Anordnungen des Auftraggebers oder
> - der von dem Auftraggeber gelieferten oder vorgeschriebenen Stoffe oder Bauteile oder
> - Vorleistungen anderer Auftragnehmer
>
> mangelhaft zu sein droht. Diese **Bedenkenanmeldung** muss
> - unverzüglich (möglichst vor Baubeginn) und
> - **schriftlich**
>
> erfolgen.

Durch die Neuformulierung wird klargestellt, dass der Auftragnehmer die **Beweislast** für seine Bedenkenanmeldung trägt. Der Auftragnehmer muss also darauf achten, dass er ggf. zu einem späteren Zeitpunkt beweisen muss, dass er seine Bedenken angemeldet hat. Er tut daher gut daran, rechtzeitig Vorsorge zu tragen.

Wie nach dem bisherigen Recht hat der Auftragnehmer daher eine **Prüfpflicht**, deren genauer Umfang vom Einzelfall abhängig ist.[19]

Der Auftraggeber hingegen muss unverändert beweisen, dass der Auftragnehmer überhaupt eine Prüfpflicht hatte.[20]

Der Auftragnehmer muss beweisen, dass er Bedenken angemeldet hat. Dies beinhaltet zweierlei: Zum einen muss er die Anmeldung als solche nachweisen, zum anderen muss er den genauen Inhalt der Bedenkenanmeldung beweisen können. Am sichersten ist aus anwaltlicher Sicht grundsätzlich die in § 4 Nr. 3 VOB/B vorgeschriebene schriftliche Bedenkenanmeldung. Durch die **Schriftform** ist der Inhalt der Bedenkenanmeldung nachweisbar. Der Auftragnehmer muss darüber hinaus auch nachweisen, dass der Auftraggeber die Bedenkenanmeldung auch tatsächlich **erhalten** hat. Da bei Fax-Versendung gewisse Beweisprobleme bleiben und die Versendung per Einschreiben/Rück-

---

[19] Ingenstau/Korbion-Oppler, § 4 VOB/B, Rdnr. 187.
[20] Ingenstau/Korbion-Oppler, § 4 VOB/B, Rdnr. 201.

Änderungen der VOB/B

schein psychologische und zeitliche Nachteile mit sich bringt, muss der Auftragnehmer hier oft eine Gratwanderung zwischen einem sicheren Nachweis und der praktischen Handhabbarkeit wählen.

Bedenkenanmeldungen ins **Bauprotokoll** sind natürlich möglich. Der Auftragnehmer sollte jedoch beachten, wer das Bauprotokoll schreibt. Auftraggeber werden (wie umgekehrt Auftragnehmer auch) nur ungern Sachen protokollieren, die für sie ungünstig sind. Deswegen werden Auftraggeber manchmal eine Bedenkenanmeldung nur stark verwässert protokollieren. Außerdem stellt sich das Problem, ob die Bedenkenanmeldung auf diese Weise auch den richtigen Empfänger erreicht.

Die Bedenkenanmeldung muss der Auftragnehmer nämlich an den **Auftraggeber** selber richten. Hat der Auftraggeber einen Architekten oder Bauleiter beauftragt, ist dieser regelmäßig **nicht** berechtigt, den Auftraggeber bei der Entgegennahme einer solchen Bedenkenanmeldung zu vertreten. Insbesondere dann, wenn der Architekt/Bauleiter die Berechtigung der Bedenkenanmeldung bestreitet, muss der Auftragnehmer den Auftraggeber informieren. Deswegen sollte der Auftragnehmer seine Bedenken grundsätzlich immer beim Auftraggeber anmelden und nur auf dessen ausdrücklichen Wunsch hin zukünftige Bedenkenanmeldungen nur beim Architekten/Bauleiter einreichen. Natürlich kann der Auftraggeber seinen Architekten/Bauleiter bereits im Bauvertrag oder im Architekten-/Bauleitervertrag bevollmächtigen, ihn auch insoweit zu vertreten.

4.6.4 Abweichende Vereinbarungen

Diese Regelung der VOB/B ist aus Sicht der Verfasser in sich ausgewogen. Es ist nur billig, dass der Auftragnehmer nicht für Risiken haftet, auf die er keinen Einfluss hat. Andererseits ist der Auftragnehmer regelmäßig fachkundiger als der Auftraggeber. Deswegen kann er meist besser (wenn nicht als einziger) erkennen, welche Fehler in Leistungsbeschreibung, Anordnung des Auftraggebers etc. liegen. Er soll den Auftraggeber daher auf diese Fehler hinweisen und ihn nicht blind „in sein Verderben" laufen lassen. Oft wird der Auftraggeber nur aufgrund eines solchen Hinweises mögliche Fehler und Probleme erkennen und eine sachgerechte Lösung erreichen, oft im Zusammenwirken mit dem Auftragnehmer.

Der **Auftragnehmer** könnte allenfalls seine Hinweispflicht vertraglich ausschließen. Die Regelung im Übrigen müsste er beibehalten, da er ansonsten für seine objektiv mangelhafte Leistung haften würde. Aus Sicht des Auftraggebers ist dies eine sehr bedenkliche Einschränkung und er sollte diesen Ausschluss regelmäßig nicht akzeptieren.

> **Formulierungsvorschlag:**
> Ist ein Mangel zurückzuführen auf die Leistungsbeschreibung oder auf Anordnungen des Auftraggebers, auf die von diesem gelieferten oder vorgeschriebenen Stoffe oder Bauteile oder die Beschaffenheit der Vorleistung eines anderen Unternehmers, so haftet der Auftragnehmer abweichend von § 13 Nr. 3 VOB/B auch dann nicht, wenn er dem Auftraggeber keine Mitteilung über die zu befürchtenden Mängel gemacht hat.

Aus Sicht des **Auftraggebers** könnte es vorteilhaft sein, den Auftragnehmer auch dann haften zu lassen, wenn die Mangelursache aus dem Bereich des Auftraggebers stammt. Dies wiederum sollte für den Auftragnehmer nicht akzeptabel sein.

> **Formulierungsvorschlag:**
> Der Auftragnehmer haftet für Mängel, die auf die Leistungsbeschreibung oder auf Anordnungen des Auftraggebers, auf die von diesem gelieferten oder vorgeschriebenen Stoffe oder Bauteile oder die Beschaffenheit der Vorleistung eines anderen Unternehmers zurückzuführen sind.

Vereinbarungen dieser Art rühren ganz wesentlich an die Aufgabenverteilung und die Risikoverteilung von Auftraggeber und Auftragnehmer. Außerdem würden sie massiv dem Grundsatz der Haftung bei Verschulden widersprechen – so würde der Auftragnehmer bei Ausschluss seiner Hinweispflicht im Ergebnis möglicherweise auch für vorsätzlich verursachte Mängel nicht haften. Deswegen bestehen bereits Bedenken, ob Vereinbarungen dieser Art überhaupt **wirksam** wären, abhängig natürlich von der Formulierung im Einzelfall. Die Verfasser gehen jedenfalls davon aus, dass solche Vereinbarungen in AGB nicht wirksam geschlossen werden können.

Darüber hinaus besteht aus Sicht der Verfasser das Risiko, dass dies ein Eingriff in den **Kernbereich** der VOB/B wäre, so dass möglicherweise allein wegen dieser Änderung die Privilegierung der VOB/B verloren gehen könnte.

4.7 § 13 Nr. 4 VOB/B

4.7.1 Gegenstand der Regelung

Ganz unabhängig davon, ob seine Leistung mangelhaft ist oder nicht, endet die **Haftung** des Auftragnehmers, wenn etwaige Mängelansprüche verjährt wären. Dauer und Beginn der **Verjährung** sind in § 13 Nr. 4 VOB/B geregelt.

4.7.2 Änderung

> **§ 13 Nr. 4 VOB/B:**
> 4. (1) Ist für die **Mängelansprüche** Gewährleistung keine Verjährungsfrist im Vertrag vereinbart, so beträgt sie für Bauwerke und für Holzerkrankungen 2 **4 Jahre, für Arbeiten an einem Grundstück** und für die vom Feuer berührten Teile von Feuerungsanlagen **2** ein Jahre. **Abweichend von Satz 1 beträgt die Verjährungsfrist für feuerberührte und abgasdämmende Teile von industriellen Fertigungsanlagen 1 Jahr.**
> (2) Bei maschinellen und elektrotechnischen/elektronischen Anlagen oder Teilen davon, bei denen die Wartung Einfluss auf die Sicherheit und Funktionsfähigkeit hat, beträgt die Verjährungsfrist für die Gewährleistungsansprüche **Mängelansprüche** abweichend von Absatz 1 **2** ein Jahre, wenn der Auftraggeber sich dafür entschieden hat, dem Auftragnehmer die Wartung für die Dauer der Verjährungsfrist nicht zu übertragen.
> (3) Die Frist beginnt mit der Abnahme der gesamten Leistung; nur für in sich abgeschlossene Teile der Leistung beginnt sie mit der Teilabnahme (§ 12 Nr. 2).

Die Dauer der Verjährung von Mängelansprüchen war einer der am heftigsten diskutierten Punkte bei der Neufassung der VOB/B. Der Gesetzgeber hatte klare Vorgaben gemacht: In ganz vielen Bereichen hat er die Verjährung von Ansprüchen verlängert. So hat er etwa im Kaufrecht die alte Verjährung von sechs Monaten auf mindestens zwei Jahre verlängert. Aber auch im Werkvertragsrecht hat der Gesetzgeber die kurzen Verjährungsfristen von sechs Monaten und einem Jahr aufgegeben. Für den Baubereich besonders bedeutend ist eine Regelung im Kaufrecht. Danach beträgt die Verjährung beim Kauf von „**Baustoffen**" nach § 438 Abs. 3 BGB n.F. nunmehr auch fünf Jahre – früher nur sechs Monate. Der Begriff der „Baustoffe" muss in Anführungszeichen gesetzt werden, da die neue, lange Gewährleistungsfrist nur für Sachen gilt, die entsprechend ihrer üblichen Verwendungsweise für ein Bauwerk verwendet worden sind. Diese Verjährungsfrist gilt daher nicht für Stoffe und Gegenstände, die nicht im rechtlichen Sinne **Bestandteil** des Bauwerks geworden sind. Als **Faustregel** sind Bestandteile solche Gegenstände, die nicht ohne Schäden entfernt werden können.

Baustoffhändler können in Allgemeinen Geschäftsbedingungen keine Frist vereinbaren, die **kürzer** ist als diese 5 Jahre. Ein ausdrückliches Verbot solcher Vereinbarungen enthält § 309 Nr. 8 b) ff) BGB. Bei Verträgen zwischen zwei Unternehmen greift dieses Verbot allerdings nicht direkt ein. Dieses Verbot stellt allerdings klar, dass es sich bei der verlängerten Rückgriffsmöglichkeit um einen Kerngedanken der gesetzlichen Regelung handelt. Deswegen spricht alles dafür, dass diese Frist auch zwischen Unternehmen genauso wenig verkürzt werden kann wie die Verjährungsfrist des § 638 BGB a.F.[21] In Individualverträgen hingegen dürfte eine Verkürzung dieser Frist regelmäßig unproblematisch möglich sein.

Beim Kauf anderer Gegenstände bleibt es bei der Verjährungsfrist von zwei Jahren, die in AGB nicht unter ein Jahr verkürzt werden kann.

Die kurze Verjährung des § 13 Nr. 4 VOB/B war vermutlich eine der am meisten kritisierten Regelungen der VOB/B überhaupt. Bereits vor Änderung des BGB blieben die zwei Jahre Gewährleistung weit hinter der gesetzlichen Frist zurück. Bei **isolierter** Prüfung wurde diese Klausel auch für unwirksam erklärt.[22] Viele Mängel am Bau zeigen sich nun einmal nicht innerhalb von zwei Jahren, sondern erst später.[23] Öffentliche Auftraggeber oder private, im Bauwesen erfahrene Auftraggeber vereinbaren ganz regelmäßig eine längere Verjährungsfrist. Andere, nicht so erfahrene Auftraggeber machen dies meist nicht, zumal ihnen die Bauverträge nicht selten von den Auftragnehmern vorgegeben werden.

Eines der wichtigsten Argumente für die kurze Verjährungsfrist war, dass die Auftragnehmer für die gelieferten Baumaterialien nur kurze Zeit, nämlich sechs Monate, Rückgriff bei ihren Lieferanten nehmen konnten. Diese **Rückgriffsmöglichkeit** besteht, wie oben dargestellt, nunmehr für fünf Jahre.

Als Ausgleich zur kurzen Verjährungsfrist hat die VOB/B den Auftraggebern die Möglichkeit gegeben, durch einfache Anzeige des Mangels die Verjährung insoweit zu **unterbrechen**. Mit dieser Anzeige begann eine neue Verjährungsfrist, die – wenn nichts anderes vereinbart war – wieder zwei Jahre dauerte. Wegen der Verlängerung der Gewährleistungsfrist wurde auch diese Regelung in § 13 Nr. 5 VOB/B geändert. Die Änderungen sind in II 4.8.2 dargestellt.

4.7.3 Folgen der Änderung

Nach der neuen VOB/B gelten nunmehr folgende Verjährungsfristen:

4 Jahre	**2 Jahre**	**1 Jahr**
für Bauwerke	für Arbeiten an einem Grundstück	für feuerberührte und abgasdämmende Teile von industriellen Feuerungsanlagen
	für die vom Feuer berührten Teile von Feuerungsanlagen	
	für maschinelle und elektrotechnische Anlagen oder Teile davon, bei denen die Wartung Einfluss auf die Sicherheit und Funktionsfähigkeit hat, wenn der Auftraggeber dem Auftragnehmer die Wartung nicht übertragen hat	

Bauwerke sind unbewegliche, durch Verwendung von Arbeit und Material hergestellte Sachen, die mit dem Erdboden verbunden sind.[24] Alle im Zusammenhang mit der **Neuerrichtung** stehenden Arbeiten unterliegen der langen Verjährung. **Reparatur**-, **Erneuerungs**- und **Umbauarbeiten** sind

---

[21] BGH, NJW 1984, S. 1750.
[22] OLG München, BauR 1994, S. 666.
[23] BGH, NJW 1984, S. 1750 m.w.N.
[24] Zu Scheinbestandteilen als unbewegliche Sache vgl. von Wietersheim/Korbion, Basiswissen, Rdnr. 54.

nur dann „Arbeiten an einem Bauwerk", wenn sie für Konstruktion, Erhaltung oder Benutzung des Gebäudes von wesentlicher Bedeutung sind und wenn die eingebauten Teile mit dem Gebäude fest verbunden werden.[25] Wenn Arbeiten in die Substanz des Gebäudes eingreifen, handelt es sich regelmäßig um Arbeiten an einem Bauwerk.

Arbeiten an einem **Grundstück** sind alle Arbeiten, die an einem Grundstück ausgeführt werden und die keine Arbeiten an einem Bauwerk im beschriebenen Sinne sind. So sind beispielsweise die Erneuerung eines Anstrichs oder die nachträgliche Herstellung eines Dachgartens Arbeiten an einem Grundstück.[26]

Es gab nach dem alten BGB eine Reihe von Ansprüchen, die erst nach **30 Jahren** verjährten. Dies betraf etwa Ansprüche wegen Organisationsverschulden oder arglistig verschwiegener Mängel. Einen nahezu klassischen Fall hat der BGH erst kürzlich entschieden:

Beispiel

Der Auftragnehmer sollte ein Haus auf eine bestimmte Weise isolieren. Ohne den Auftraggeber zu fragen oder zu informieren, verwendet er eine ganz neu entwickelte Art der Armierung. Nach 15 Jahren werden Mängel an der Armierung und der Isolierung festgestellt.

Die **VOB/B** enthält und enthielt keine Regelung dazu, wann in welcher Zeit solche Ansprüche verjähren. Nach dem BGB in seiner alten Fassung war der Anspruch des Auftraggebers auf Mängelbeseitigung noch nicht verjährt, da der Auftragnehmer den Mangel arglistig verschwiegen hat.[27]

Nach dem neuen **BGB** verjähren jetzt solche Ansprüche erst innerhalb von drei Jahren – bei Arbeiten an Bauwerken in fünf Jahren, § 634a BGB. Diese Verjährung beginnt allerdings erst ab Kenntnis von dem Anspruch, spätestens 10 Jahre nach Entstehung, § 199 Abs. 3 Nr. 1 BGB.[28] Bei manchen Ansprüchen wg. Verletzung sog. Kapitalgüter (Leben, Körper, Gesundheit) kann die Verjährung bis zu 30 Jahre nach Entstehung beginnen, § 199 Abs. 2 BGB.

4.7.4 Abweichende Vereinbarungen

§ 13 Nr. 4 Abs. 1 VOB/B lässt es ausdrücklich zu, dass die Vertragspartner andere Verjährungsfristen vereinbaren.

Allerdings wird man in **Allgemeinen Geschäftsbedingungen** wohl nur eine Verlängerung dieser Frist vereinbaren können. Nach § 308 b) ff) BGB kann die Verjährung für Mängelansprüche bei Bauwerken von fünf Jahren nur dann verkürzt werden, wenn die VOB/B insgesamt vereinbart wurde. Dies ist eine der Vorschriften, auf der die Privilegierung der VOB/B beruht. Mit der Festlegung von 4 Jahren hat die VOB/B gewissermaßen die Untergrenze für die zulässige Verkürzung vorgegeben. Diese Begrenzung dürfte auch für Verträge zwischen Unternehmern gelten, da die Verjährung von fünf Jahren einen Kerngedanken der gesetzlichen Haftungsregelung enthält, was etwa aus ihrem besonderen Schutz durch § 308 b) ff) BGB entnommen wird.

In **individuell** ausgehandelten Verträgen hingegen kann man nach dem geänderten BGB grundsätzlich Fristen wesentlich freier festlegen, und zwar verkürzen und verlängern.

---

[25] Palandt-Sprau, Ergänzungsband, § 634a BGB, Rdnr. 17.
[26] Palandt-Sprau, § 638 BGB a.F., Rdnr. 8.
[27] BGH, Urteil vom 23.5.2002, IBR 2002, S. 468.
[28] vgl. von Wietersheim/Korbion, Basiswissen, Rdnr. 522 m.w.N.

Änderungen der VOB/B

> **Formulierungsvorschlag:**
> In Abweichung von § 13 Nr. 4 VOB/B wird für alle Leistungen des Auftragnehmers eine Verjährungsfrist von 5 Jahren vereinbart.

4.8 § 13 Nr. 5 VOB/B

4.8.1 Gegenstand der Regelung

Mängelansprüche verjähren nach § 13 Nr. 4 VOB/B in kürzerer Frist als nach dem Gesetz. Gewissermaßen als Ausgleich hat der Auftraggeber das Recht, die Verjährung der Mängelansprüche relativ einfach und einseitig durch eine **Mängelanzeige** zu **unterbrechen**[29]. Auch **Mängelbeseitigungsarbeiten** führen zu einer Unterbrechung. § 13 Nr. 5 VOB/B regelt, wie der Auftraggeber diese Unterbrechung herbeiführen kann und wie die Verjährungsdauer von solcherart unterbrochenen Ansprüchen erfolgt.

> Mit einem Mängelbeseitigungsverlangen oder mit Mängelbeseitigungsleistungen beginnt danach eine neue Verjährungsfrist von zwei Jahren. Diese Frist wird berechnet ab dem Zugang des Mängelbeseitigungsverlangen bzw. der Abnahme der Mängelbeseitigungsleistungen. Endet die ursprüngliche Verjährungsfrist nach dieser neuen Verjährungsfrist, bleibt die Unterbrechung außer Betracht.
>
> Die Unterbrechung gilt für alle dem Auftraggeber zustehenden Ansprüche, also außer der Mängelbeseitigung auch für einen Minderungsanspruch nach § 13 Nr. 6 VOB/B und einen Schadensersatzanspruch nach § 13 Nr. 7 VOB/B.[30]

4.8.2 Änderung

> **§ 13 Nr. 5 VOB/B 2002:**
> (1) Der Auftragnehmer ist verpflichtet, alle während der Verjährungsfrist hervortretenden Mängel, die auf vertragswidrige Leistung zurückzuführen sind, auf seine Kosten zu beseitigen, wenn es der Auftraggeber vor Ablauf der Frist schriftlich verlangt. Der Anspruch auf Beseitigung der gerügten Mängel verjährt ~~mit Ablauf der Regelfristen der Nummer 4~~ **in 2 Jahren**, gerechnet vom Zugang des schriftlichen Verlangens an, jedoch nicht vor Ablauf der ~~vereinbarten Frist.~~ **Regelfristen nach Nummer 4 oder der an ihrer Stelle vereinbarten Fristen.** Nach Abnahme der Mängelbeseitigungsleistung ~~beginnen~~ **beginnt** für diese Leistung ~~die Regelfristen der Nummer 4, wenn nichts anderes vereinbart ist.~~ **eine Verjährungsfrist von 2 Jahren neu, die jedoch nicht vor Ablauf der Regelfristen nach Nummer 4 oder der an ihrer Stelle vereinbarten Fristen endet.**
> (2) Kommt der Auftragnehmer der Aufforderung zur Mängelbeseitigung in einer vom Auftraggeber gesetzten angemessenen Frist nicht nach, so kann der Auftraggeber die Mängel auf Kosten des Auftragnehmers beseitigen lassen.

Die Änderung dieser Vorschrift wurde wegen der Änderung der Verjährungsfristen in § 13 Nr. 4 VOB/B notwendig. Mit der **Unterbrechung** durch Mängelrüge/Mängelbeseitigung beginnt eine neue Verjährungsfrist. Der frühere Text verwies hinsichtlich der Dauer dieser neuen Verjährungsfrist einfach auf § 13 Nr. 4 VOB/B. Eine einmalige, spät erfolgte Unterbrechung konnte nach der

---

[29] Das BGB spricht nicht mehr von Unterbrechung, sondern von Neubeginn. Dieser Begriff wäre hier jedoch irreführend, da eben nicht die ursprüngliche Verjährungsfrist neu beginnt, sondern eine andere, kürzere Frist beginnt. Deswegen wird hier abweichend vom BGB weiterhin von Unterbrechung gesprochen.

[30] Schwenker/Heinze, BauR 2002, S. 1150 m.w.N.

alten Fassung zu einer Verjährungsdauer von zweimal zwei Jahren, insgesamt von vier Jahren führen.

Hätte man die Verweisung auf § 13 Nr. 4 VOB/B einfach beibehalten, wäre es bei der gleichen Konstellation zu einer Verjährungsdauer von bis zu zweimal vier Jahren, insgesamt also acht Jahren gekommen. Dies hätte die gesetzliche Gewährleistungsfrist bei weitem überschritten.

Deswegen hat man sich im DVA darauf geeinigt, die nach der Unterbrechung anlaufende Verjährungsfrist auf **zwei Jahre** zu begrenzen. Damit kann die Gewährleistung – sofern nichts anderes vereinbart ist – maximal bis zu sechs Jahre dauern.

4.8.3 Folgen der Änderung

Mit einem **Mängelbeseitigungsverlangen** oder mit **Mängelbeseitigungsleistungen** beginnt danach eine neue Verjährungsfrist von **zwei Jahren**. Diese Frist **beginnt** mit dem Zugang des schriftlichen Mängelbeseitigungsverlangens bzw. der Abnahme der Mängelbeseitigungsleistungen. Endet die ursprüngliche Verjährungsfrist nach dieser neuen Verjährungsfrist, bleibt die Unterbrechung außer Betracht.

Die Konsequenzen der Neuregelung werden anhand des folgenden Beispiels deutlich:

Ausgangsfall:

Auftragnehmer Baugut erbringt für Auftraggeber Azubis Leistungen für ein Bauwerk. Dem Vertrag liegt die VOB/B 2002 zugrunde. Die Leistung wird am 1.2.2003 abgenommen. Damit läuft die Gewährleistungsfrist bis zum 31.1.2007.

Variante 1:

A rügt am 30.9.2006 gegenüber B einen Mangel. Diese Rüge führt zu einer Unterbrechung der Verjährung. Hinsichtlich dieses Mangels beginnt eine neue Verjährung von zwei Jahren, die erst am 30.9.2008 endet – also nach dem ursprünglichen Verjährungsende 31.1.2007. Beseitigt der Auftragnehmer den Mangel nicht, kann der Auftraggeber bis zu diesem Zeitpunkt gerichtlich Mängelansprüche geltend machen.

Variante 2:

A rügt bereits am 15.8.2003 einen Mangel. Auch diese Rüge führt zu einer Unterbrechung und dazu, dass eine Verjährung von zwei Jahren beginnt. Diese Verjährung läuft bis zum 15.8.2005 und endet damit vor dem ursprünglichen Verjährungsende am 31.1.2007. Der Auftraggeber soll aber durch die Rüge nicht schlechter gestellt werden als ohne die Rüge, deswegen läuft die Verjährung auch hinsichtlich des gerügten Mangels bis zum 31.1.2007. Die Rüge führt also nicht zu einer Verkürzung der Verjährungsfrist.

Variante 3:

Die Vertragspartner hatten eine Verjährungsfrist von 5 Jahren vereinbart. Die Mängelansprüche verjährten damit erst am 31.1.2008. Dies macht für die Varianten 1 und 2 im Ergebnis keinen Unterschied.

Die durch die Rüge verlängerte Verjährungsfrist endet in Variante 1 nach der vertraglich festgelegten und ist daher maßgeblich. Die früher endende Verjährungsfrist in Variante 2 bleibt auch bei einer vertraglichen Verlängerung der Fristen in § 13 Nr. 4 VOB/B unerheblich.

Die gleichen Beispiele könnte man auch für die **Mängelbeseitigungsleistungen** bilden. Für diese Leistungen beginnt mit Abnahme eine neue Verjährungsfrist von zwei Jahren, die allerdings nicht vor den in der VOB/B festgelegten oder den davon abweichend vereinbarten Fristen endet.

Bei der **Dauer** der neuen Verjährungsfrist ist zu beachten, dass diese neue Verjährungsfrist auch bei Mängelbeseitigungsleistungen nicht wie früher die Regelfrist des § 13 Nr. 4 VOB/B ist.

Betrachtet man die Mängelbeseitigung als Anerkenntnis im Sinne des § 212 Abs. 1 Nr. 1 BGB, so müsste mit diesem Anerkenntnis die ursprüngliche Verjährungsfrist neu beginnen. Insofern weicht die **VOB/B** vom **BGB** ab, was aber auch bisher schon unproblematisch war.[31]

Für eine ordnungsgemäße Mängelrüge reicht es, wenn der Auftraggeber die Symptome des Mangels nennt. Er muss also insbesondere die mögliche oder wahrscheinliche Ursache des Mangels nennen[32].

Unverändert sind die Rechtsfolgen des Fristablaufs, wenn der Auftragnehmer die gerügten Mängel nicht beseitigt. Der Auftraggeber kann weiterhin einen Anspruch auf Mängelbeseitigung geltend machen. Der Auftragnehmer hat jedoch das Recht verloren, von sich aus die Beseitigung des Mangels zu verlangen.[33]

4.8.4 Abweichende Vereinbarungen

Die Verlängerung der Verjährung durch einfache schriftliche Mängelrüge bzw. nach Mängelbeseitigung wird grundsätzlich im Zusammenhang mit der im Vergleich zum Gesetz kürzeren Verjährungsfrist des § 13 Nr. 4 VOB/B gesehen. Dieser Zusammenhang ist jedoch keineswegs zwingend. Es besteht durchaus die Möglichkeit, die Regelungen zur Dauer der Verjährung wie zu ihrer Unterbrechung nach § 13 Nr. 5 VOB/B unabhängig voneinander zu ändern.

Regelungen dieser Art finden sich relativ häufig in Bauverträgen und werden sicherlich noch üblicher werden. Gerade für **Auftraggeber** ist die kurze Frist von zwei Jahren gegenüber dem Neubeginn der Verjährung bei Anerkenntnis ein Nachteil. Deswegen werden Auftraggeber im Zweifel vorsehen, dass die nach der Unterbrechung anlaufende Frist länger als zwei Jahre ist, oft wird sicherlich die Frist von vier Jahren oder aber eine vereinbarte, längere Verjährungsfrist vorgesehen werden.

> **Formulierungsvorschlag:**
> In Abweichung von § 13 Nr. 5 Abs. 1 beginnt mit dem Zugang von schriftlichen Mängelbeseitigungsverlangen und mit der Abnahme von Mängelbeseitigungsleistungen eine Verjährungsfrist von 4 Jahren für den gerügten Mangel bzw. die ausgeführten Mängelbeseitigungsleistungen.

Auftragnehmer ihrerseits werden geneigt sein, die Unterbrechung der Verjährung auszuschließen und den Auftraggeber auf die gesetzlichen Möglichkeiten von Hemmung und Neubeginn zu verweisen. Dies ist für Auftraggeber regelmäßig nicht unbedingt von Nachteil, wie das obige Fallbeispiel zeigt. Sehr häufig würde die unterbrochene Verjährung schon vor der ursprünglichen Verjährungsfrist enden, so dass die Unterbrechung im Ergebnis keine Auswirkungen hat. **Vorsichtige Auftraggeber** werden außerdem wegen der schwierigen Fristberechnung im Zweifel sowieso die gesetzlichen Möglichkeiten wie selbständiges Beweisverfahren, Klage etc. nutzen, um ganz sicher die Verjährung zu hemmen. Da die Mängelbeseitigung ein Anerkenntnis darstellen kann und das Anerkenntnis einer der ganz wenigen Tatbestände des Neubeginns der Verjährung ist, sollte man den Neubeginn der Verjährung beim Anerkenntnis beibehalten, um nicht allzu sehr vom Gesetz abzuweichen. Ob der Rechtsprechung eine solche Regelung allerdings klar und eindeutig genug ist, kann derzeit noch nicht abschließend abgeschätzt werden, da die Mängelbeseitigung ganz überwiegend ein Anerkenntnis darstellt.

---

[31] Nicklisch/Weick, § 13 VOB/B, Rdnr. 134, kritisch Kiesel, NJW 2002, S. 2068.
[32] BGH, BauR 1997, S. 1029.
[33] Beck'scher Kommentar-Kohler, § 13 Nr. 5 VOB/B, Rdnr. 72.

> **Formulierungsvorschlag:**
> Abweichend von § 13 Nr. 5 Abs. 1 VOB/B beginnt weder mit der schriftlichen Mängelrüge noch mit der Abnahme von Mängelbeseitigungsleistungen eine neue Verjährungsfrist, sofern nicht die Mängelbeseitigung ein Anerkenntnis darstellt.

Die Verfasser gehen davon aus, dass allein die Vereinbarung einer **anderen Frist** als der in § 13 Nr. 5 VOB/B genannten Zwei-Jahres-Frist keinen Eingriff in den Kernbereich der VOB/B darstellt.

Anders dürfte es jedoch sein, wenn die Unterbrechung insgesamt **ausgeschlossen** wird. Das Zusammenspiel von gegenüber dem Gesetz verkürzter Gewährleistungsdauer und der Unterbrechungsmöglichkeit ist so eng, dass beide Regelungen sicherlich dem **Kernbereich** der VOB/B zuzurechnen sind. Deswegen würde ein Ausschluss der Unterbrechungsmöglichkeit dazu führen, dass die VOB/B nicht mehr insgesamt vereinbart wäre, so dass die Privilegierung der VOB/B nicht mehr eingreifen würde.

4.9 § 13 Nr. 6 VOB/B

4.9.1 Gegenstand der Regelung

Diese Regelung betrifft die Voraussetzungen, unter denen der Auftraggeber wegen Mängeln den Werklohn des Auftragnehmers **mindern** kann.

> Der Auftraggeber kann danach den Werklohn mindern, wenn
> – die Beseitigung des Mangels für den Auftraggeber unzumutbar ist oder
> – die Beseitigung unmöglich ist oder
> die Beseitigung einen unverhältnismäßigen Aufwand erfordern würde **und** der Auftragnehmer sie deshalb verweigert.

4.9.2 Änderung

> **§ 13 Nr. 6 VOB/B 2002:**
> Ist die Beseitigung des Mangels **für den Auftraggeber unzumutbar oder ist sie** unmöglich oder würde sie einen unverhältnismäßig hohen Aufwand erfordern und wird sie deshalb vom Auftragnehmer verweigert, so kann der Auftraggeber ~~Minderung der Vergütung verlangen (§ 634 Abs. 4, § 472 BGB)~~ **durch Erklärung gegenüber dem Auftragnehmer die Vergütung mindern (§ 638 BGB).** ~~Der Auftraggeber kann ausnahmsweise auch dann Minderung der Vergütung verlangen, wenn die Beseitigung des Mangels für ihn unzumutbar ist.~~

4.9.3 Folgen der Änderung

Die Änderung des § 13 Nr. 6 VOB/B als solche ist nur teilweise redaktioneller Art. Der strafferen Formulierung halber wurde der frühere Satz 2 gestrichen und die darin genannte Fallgestaltung in den Satz 1 integriert. Außerdem wird klargestellt, dass die Minderung dann **vollzogen** ist, wenn der Auftraggeber sie erklärt hat. Ob dies bei der VOB/B 2002 auch so war, war umstritten.[34] Geht man davon aus, dass es sich um eine Änderung handelt, so sind die Folgen dieser Änderung jedoch nicht zu unterschätzen.

---

[34] Keine Änderung sehen Schwenker/Heinze, BauR 2002, S. 1152; Palandt/Sprau § 634 BGB Rdnr. 11 geht davon aus, dass die Minderung nach der VOB/B 2000 nicht mit der Erklärung vollzogen war.

Insbesondere die Änderung beim Vollzug der Minderung kann zur **Falle** werden. Durch Erklärung der Minderung kann sich der **Auftraggeber** nämlich jetzt die für ihn möglicherweise interessantere Möglichkeit von **Zurückbehaltungsrechten** zerstören. Grundsätzlich kann der Auftraggeber nämlich vor allem die Beseitigung des Mangels verlangen, im neuen Sprachgebrauch des BGB als Nacherfüllung bezeichnet. Diesen Anspruch kann der Auftraggeber beispielsweise mit Hilfe des sog. Druckzuschlages durchsetzen: Nach § 641 Abs. 3 BGB kann der Auftraggeber bis zur Beseitigung einen Betrag mindestens in Höhe der Mängelbeseitigungskosten zurückhalten. Mit Erklärung (und dem damit zusammenfallenden Vollzug) der Minderung kann der Auftraggeber diese Beseitigung nicht mehr verlangen und damit auch keinen Druckzuschlag.

Die Minderung nach der **VOB/B** weicht nach wie vor stark vom **BGB** ab, und zwar sowohl, was die Fallgestaltungen angeht, die zur Minderung führen können, als auch hinsichtlich der Tatbestandsvoraussetzungen.

Fallgestaltung mit Minderungsmöglichkeit:

BGB	**VOB/B 2002**
Der Auftraggeber kann mindern, wenn die Mängelbeseitigung - nur mit unverhältnismäßigen Kosten möglich wäre; - unmöglich ist; - und das Interesse des Auftraggebers an ihr in einem groben Missverhältnis zum Mängelbeseitigungsaufwand steht; - für den Auftragnehmer unzumutbar ist. Außerdem kann der Auftraggeber immer dann mindern, wenn der Auftragnehmer trotz Aufforderung und Fristsetzung den Mangel nicht beseitigt hat.	Der Auftraggeber kann mindern, wenn die Mängelbeseitigung - für den Auftraggeber unzumutbar ist; - unmöglich ist; - einen unverhältnismäßigen Aufwand erfordern würde und der Auftragnehmer deswegen die Beseitigung verweigert.

Ganz besonders wichtig ist der Unterschied hinsichtlich der letzten beim BGB genannten Fallgestaltung: Der Auftraggeber setzt dem Auftragnehmer eine Frist zu Mängelbeseitigung, der Auftragnehmer beseitigt den **Mangel** jedoch nicht. Nach dem **BGB** kann der Auftraggeber jetzt mindern. Ihm stehen jedoch auch andere Möglichkeiten offen, insbesondere die Beseitigung des Mangels in Form der Selbstvornahme. Hierfür kann der Auftraggeber vom Auftragnehmer einen Vorschuss verlangen. Der Auftraggeber kann natürlich auch weiterhin die Beseitigung des Mangels durch den Auftragnehmer fordern. Der Auftraggeber kann außerdem kündigen oder (bei Verschulden des Auftragnehmers) Schadensersatz verlangen.[35]

---

[35] Ausführlich von Wietersheim/Korbion, Basiswissen, Rdnr. 453 ff.

Graphik 6: Mängelansprüche nach dem BGB

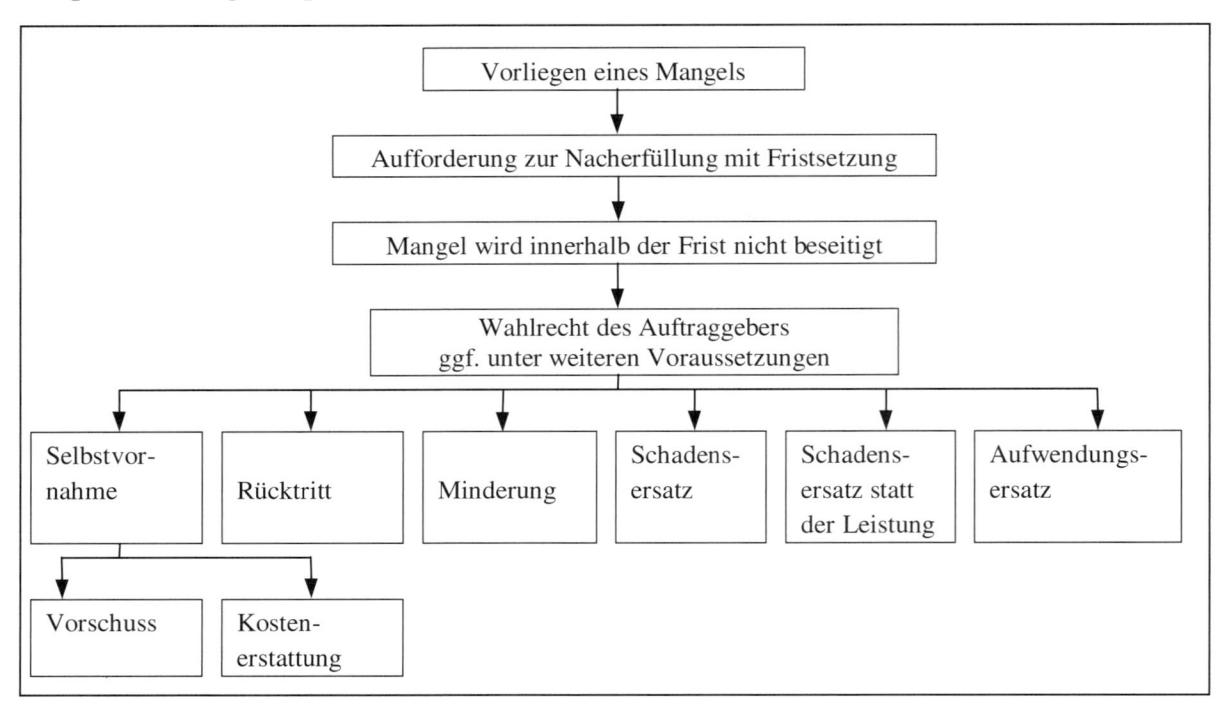

```
                    Vorliegen eines Mangels
                              ↓
          Aufforderung zur Nacherfüllung mit Fristsetzung
                              ↓
            Mangel wird innerhalb der Frist nicht beseitigt
                              ↓
                    Wahlrecht des Auftraggebers
                  ggf. unter weiteren Voraussetzungen
    ↓          ↓          ↓          ↓          ↓          ↓
Selbstvor-  Rücktritt  Minderung  Schadens-  Schadens-  Aufwendungs-
nahme                              ersatz    ersatz statt  ersatz
                                             der Leistung
    ↓
Vorschuss   Kosten-
            erstattung
```

Auch nach der **VOB/B** hat der Auftraggeber nach Ablauf einer gesetzten Frist das Recht, die Beseitigung des Mangels zu verlangen. Ist die Leistung abgenommen, kann er den Mangel auch selber beseitigen. Er kann jedoch nicht nach freier Wahl mindern oder (bei Verschulden des Auftragnehmers) Schadensersatz verlangen.

Graphik 7: Mängelansprüche nach der VOB/B vor der Abnahme der Leistung

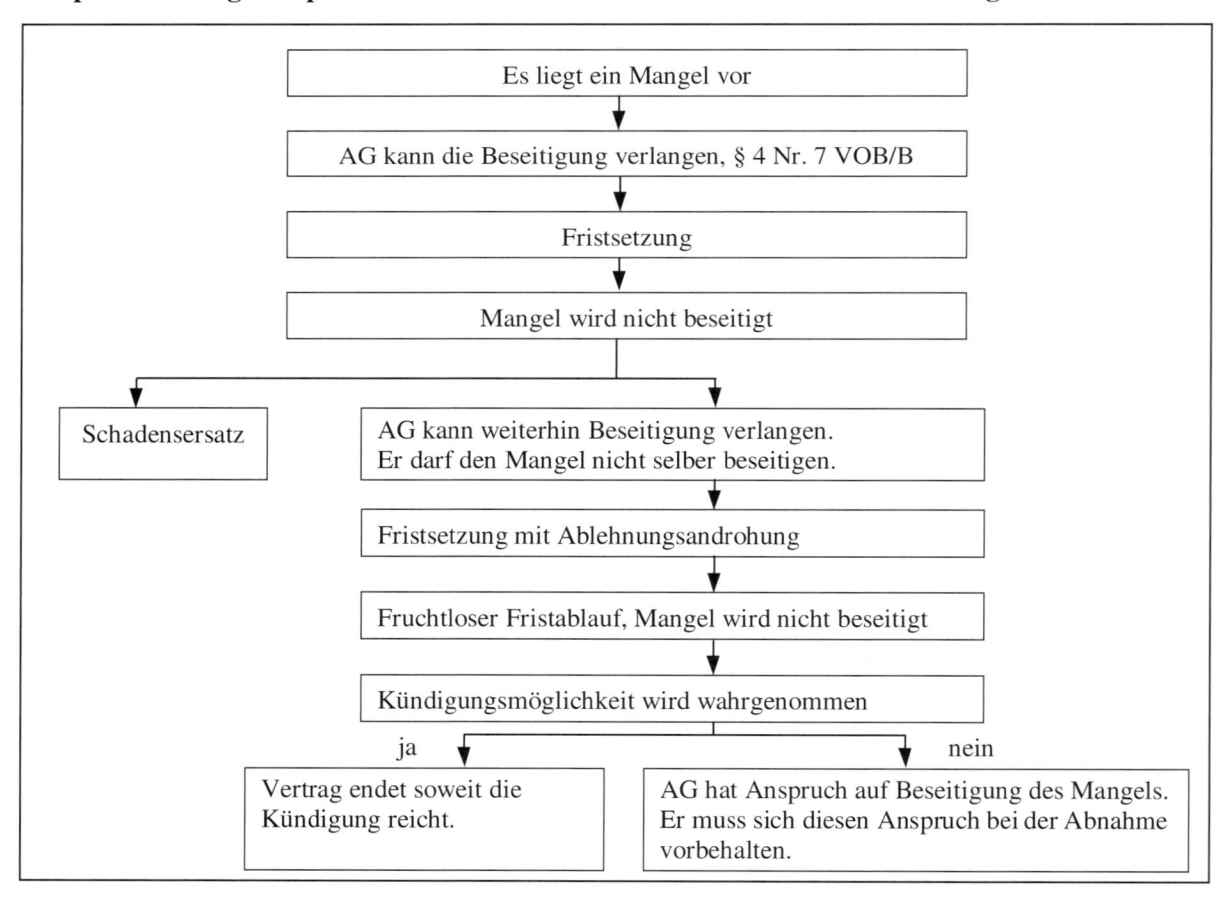

```
                    Es liegt ein Mangel vor
                              ↓
            AG kann die Beseitigung verlangen, § 4 Nr. 7 VOB/B
                              ↓
                         Fristsetzung
                              ↓
                    Mangel wird nicht beseitigt
              ↓                              ↓
       Schadensersatz          AG kann weiterhin Beseitigung verlangen.
                               Er darf den Mangel nicht selber beseitigen.
                                             ↓
                               Fristsetzung mit Ablehnungsandrohung
                                             ↓
                          Fruchtloser Fristablauf, Mangel wird nicht beseitigt
                                             ↓
                               Kündigungsmöglichkeit wird wahrgenommen
                                      ja ↓        ↓ nein
                          Vertrag endet soweit die    AG hat Anspruch auf Beseitigung des Mangels.
                          Kündigung reicht.            Er muss sich diesen Anspruch bei der Abnahme
                                                       vorbehalten.
```

Änderungen der VOB/B

Graphik 7a: Mängelansprüche nach der VOB/B nach Abnahme der Leistung

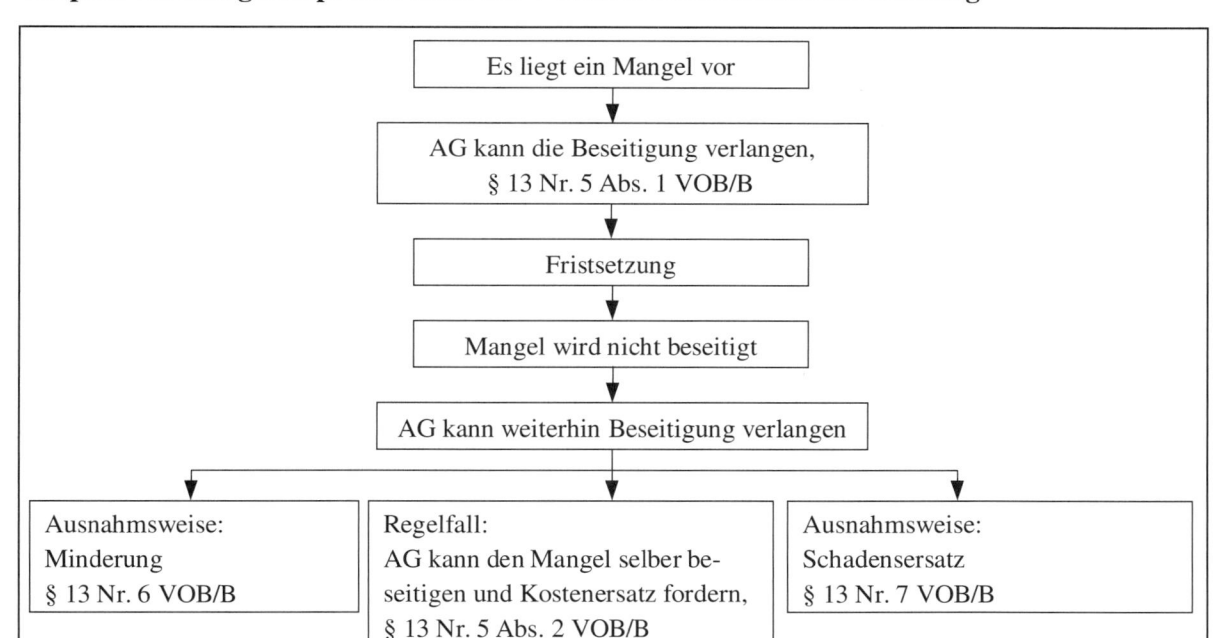

```
                    Es liegt ein Mangel vor
                              ↓
              AG kann die Beseitigung verlangen,
                    § 13 Nr. 5 Abs. 1 VOB/B
                              ↓
                        Fristsetzung
                              ↓
                 Mangel wird nicht beseitigt
                              ↓
              AG kann weiterhin Beseitigung verlangen
        ↓                     ↓                     ↓
  Ausnahmsweise:         Regelfall:           Ausnahmsweise:
  Minderung              AG kann den Mangel    Schadensersatz
  § 13 Nr. 6 VOB/B       selber beseitigen     § 13 Nr. 7 VOB/B
                         und Kostenersatz
                         fordern,
                         § 13 Nr. 5 Abs. 2 VOB/B
```

Bei der Berechnung der **Höhe** der Minderung ergibt sich ebenfalls eine Änderung der Rechtslage, die allerdings allein aus der Änderung des BGB folgt. Die VOB/B hat auch in der Fassung 2000 keine Regelung dazu enthalten, wie die Minderung zu berechnen ist, sondern auf das BGB verwiesen. Auch die VOB/B 2002 verweist insoweit auf das BGB. Dort ist in § 638 Abs. 3 BGB festgelegt, wie die Minderung zu berechnen ist. Danach ist die Vergütung in folgendem Verhältnis zu mindern:

$$\text{geminderte Vergütung} = \text{voller Werklohn} \times \frac{\text{wirklicher Wert der mangelhaften Leistung}}{\text{Wert der mangelfreien Leistung bei Vertragsabschluss}}$$

Bei Bauwerken hat man früher als Vergleichszeitpunkt die Abnahme gewählt. Das ist nach dem eindeutigen Wortlaut des Gesetzes jetzt nicht mehr möglich.[36]

Die Minderung kann auch durch Schätzung ermittelt werden, dies lässt das BGB in § 638 Abs. 3 Satz 2 BGB ausdrücklich zu.

4.9.4 Abweichende Vereinbarungen

Auftraggeber werden geneigt sein, die für sie im Vergleich zum Gesetz ungünstige Minderungsmöglichkeit zu erweitern. Einfachstes Mittel dürfte sein, an der Stelle des § 13 Nr. 6 VOB/B die gesetzliche Regelung zu vereinbaren. Da die Rechtsfolgen der Minderung – insbesondere die Berechnungsweise – bei BGB und VOB/B identisch ist, reicht es, auf die Voraussetzungen des BGB zu verweisen.

> **Formulierungsvorschlag:**
> Abweichend von § 13 Nr. 6 VOB/B kann der Auftraggeber bei Mängeln den Werklohn des Auftragnehmers unter den im BGB genannten Voraussetzungen mindern.

---

[36] Palandt Ergänzungsband, Sprau, § 638 BGB, Rdnr. 5.

Änderungsbedarf für **Auftragnehmer** sehen die Verfasser eigentlich nicht, da die VOB/B für den Auftragnehmer bereits deutlich günstiger ist als das BGB. Eine noch weitere Begrenzung würde dazu führen, dass der Auftraggeber kaum noch mindern könnte, was ihn ganz sicherlich unangemessen benachteiligen würde und jedenfalls in AGB – und gegenüber Verbrauchern – unzulässig wäre.

4.10   § 13 Nr. 7 VOB/B

4.10.1   Gegenstand der Regelung

In § 13 Nr. 7 VOB/B sind die Voraussetzungen geregelt, unter denen der Auftragnehmer dem Auftraggeber **Schadensersatz** schuldet.

Für Schadensersatzansprüche enthält § 13 Nr. 7 VOB/B folgende Regelungen:
- Abs. 1 für Schäden aus Verletzung des Lebens, des Körpers und der Gesundheit;
- Abs. 2 für vorsätzlich oder grob fahrlässig verursachte Mängel;
- Abs. 3 für Schäden im Zusammenhang mit wesentlichen Mängeln;
- Abs. 4 hinsichtlich der Verjährung;
- Abs. 5 für abweichende Vereinbarungen.

4.10.2   Änderung

§ 13 Nr. 7 VOB/B 2002:
(1) ~~Ist ein wesentlicher Mangel, der die Gebrauchsfähigkeit erheblich beeinträchtigt, auf ein Verschulden des Auftragnehmers oder seiner Erfüllungsgehilfen zurückzuführen, so ist der Auftragnehmer außerdem verpflichtet, dem Auftraggeber den Schaden an der baulichen Anlage zu ersetzen, zu deren Herstellung, Instandhaltung oder Änderung die Leistung dient.~~ **Der Auftragnehmer haftet bei schuldhaft verursachten Mängeln für Schäden aus der Verletzung des Lebens, des Körpers oder der Gesundheit.**
(2) **Bei vorsätzlichen oder grob fahrlässig verursachten Mängeln haftet er für alle Schäden.**
(3 ~~2~~) Im übrigen ist dem Auftraggeber der Schaden an der baulichen Anlage zu ersetzen, zu deren Herstellung, Instandhaltung oder Änderung die Leistung dient, wenn ein wesentlicher Mängel vorliegt, der die Gebrauchsfähigkeit erheblich beeinträchtigt und auf ein Verschulden des Auftragnehmer zurückzuführen ist. ~~Den~~ **Einen** darüber hinausgehenden Schaden hat ~~er~~ **der Auftragnehmer** nur dann zu ersetzen:
~~a) wenn der Mangel auf Vorsatz oder grober Fahrlässigkeit beruht,~~
~~b)~~ **a)** wenn der Mangel auf einem Verstoß gegen die anerkannten Regeln der Technik beruht,
~~c)~~ **b)** wenn der Mangel in dem Fehlen einer ~~vertraglich zugesicherten Eigenschaft~~ **vereinbarten Beschaffenheit** besteht oder
~~d)~~ **c)** soweit der Auftragnehmer den Schaden durch Versicherung seiner gesetzlichen Haftpflicht gedeckt hat oder ~~innerhalb der von der Versicherungsaufsichtsbehörde genehmigten Allgemeinen Versicherungsbedingungen~~ **durch eine solche** zu tarifmäßigen, nicht auf außergewöhnliche Verhältnisse abgestellten Prämien und Prämienzuschlägen bei einem im Inland zum Geschäftsbetrieb zugelassenen Versicherer hätte decken können.
(4 ~~3~~) Abweichend von Nummer 4 gelten die gesetzlichen Verjährungsfristen, soweit sich der Auftragnehmer nach Absatz 3 ~~2~~ durch Versicherung geschützt hat oder hätte schützen können oder soweit ein besonderer Versicherungsschutz vereinbart ist.
(5 ~~4~~) Eine Einschränkung oder Erweiterung der Haftung kann in begründeten Sonderfällen vereinbart werden.

Änderungen der VOB/B

In der Fassung der **VOB/B 2000** enthielt diese Klausel vor allem eine Regelung dazu, dass der Auftragnehmer für wesentliche, vom Auftragnehmer verschuldete Mängel haftet. Außerdem enthielt sie eine Aufzählung weiterer Tatbestände, § 13 Nr. 7 Abs. 2 VOB/B 2000. Vergleichbare Regelungen finden sich jetzt in **Abs. 3**.

In den neuen **Abs. 1 und 2** ist jetzt geregelt
- die Haftung des Auftragnehmers für Schäden aus der Verletzung von Leben, Körper oder der Gesundheit, wenn sie auf einem vom Auftragnehmer schuldhaft verursachten Mangel beruhen, Abs. 1;
- die Haftung des Auftragnehmers für alle vorsätzlich oder grob fahrlässig verursachten Mängel, Abs. 2.

Diese Änderungen beruhen auf der Neufassung des BGB. Die Haftung des Auftragnehmers für Schäden aus der Verletzung von Leben, Körper und Gesundheit kann nach dem neuen § 309 Nr. 7 a) BGB nicht mehr – auch nicht in Teilen – ausgeschlossen werden. Die frühere Regelung des § 13 Nr. 7 VOB/B beinhaltete jedoch eine solche teilweise Haftungsbeschränkung. Diese teilweise Haftungsbeschränkung mit ihrem Widerspruch zu der Neuregelung des BGB hat der DVA deswegen aufgegeben und den neuen Absatz 1 mit der unbeschränkten Haftung des Auftragnehmers aufgenommen.

Auch die Neuregelung in **Abs. 2** beruht auf einer Neuregelung des BGB. Nach der insoweit neuen Vorschrift des § 309 Nr. 7 BGB kann in AGB die Haftung für vorsätzliches oder grob fahrlässiges Verhalten nicht ausgeschlossen werden. Bisher haftete der Auftragnehmer bei grober Fahrlässigkeit und Vorsatz nur dann, wenn ein wesentlicher Mangel im Sinne des alten Abs. 1 (jetzt Abs. 3) vorlag. Diese Haftungsbeschränkung konnte nach der Neufassung des BGB ebenfalls nicht mehr aufrecht erhalten werden.

Der jetzige **Abs. 3** fasst im Wesentlichen die bisherigen Absätze 1 und 2 zusammen. Die früher in Abs. 2 a) enthaltene Haftung für vorsätzlich und grob fahrlässig verursachte Mängel konnte gestrichen werden, da der Auftragnehmer nach dem neuen Abs. 2 ohnehin für alle vorsätzlich oder grob fahrlässig verursachten Schäden haftet.

Eine weitere wichtige inhaltliche **Änderung** findet sich im neuen Abs. 3 Satz 2 b). Danach haftet der Auftragnehmer, wenn ein wesentlicher Mangel vorliegt und dieser Mangel darin besteht, dass die **vereinbarte Beschaffenheit** nicht eingehalten wird. Nach der früheren Regelung haftete der Auftragnehmer, wenn eine zugesicherte Eigenschaft fehlte. Die vereinbarte Beschaffenheit ist – neben den anerkannten Regeln der Technik – Maßstab dafür, ob eine Sache mangelhaft ist oder nicht. Es wurde bereits oben angesprochen, dass die zugesicherte Eigenschaft im Gesetz gewissermaßen die Rolle der zugesicherten Eigenschaft eingenommen hat. Dies lässt sich gut am Beispiel des Kaufrechts darstellen. Nach dem alten BGB konnte der Auftragnehmer bei „normalen" Mängeln nur Minderung und Wandlung verlangen. Schadensersatz konnte er nur fordern, wenn dem Kaufgegenstand eine zugesicherte Eigenschaft fehlte. Nach dem neuen Recht kann der Auftragnehmer bei jedem Mangel Schadensersatz verlangen (natürlich nur soweit die Voraussetzungen hierfür vorliegen). Der Begriff der zugesicherten Eigenschaft wird im Gesetz gar nicht mehr verwendet. Daher entfiel die Möglichkeit, in der VOB/B auf diesen gesetzlich definierten Begriff zurückzugreifen. Als Ersatz stand allein die „vereinbarte Beschaffenheit" zur Verfügung. Die VOB/B hat sich daher insoweit an das Gesetz angepasst.

In der Regelung Abs. 3 c) musste ebenso wie in § 10 Nr. 2 Abs. 2 VOB/B der Hinweis auf die Genehmigung von Versicherungsbedingungen durch die Aufsichtsbehörde gestrichen werden. Seit 1994 besteht eine solche Genehmigungspflicht nicht mehr.

4.10.3 Folgen der Änderung

Zur Verdeutlichung der Änderungen ist nachstehend in zwei Tabellen dargestellt, für welche Schäden der Auftragnehmer haftet, und zwar abhängig vom Grad seines Verschuldens.

VOB/B 2002:

Verschuldensmaßstab	jede schuldhafte Handlung	ohne Verschulden	grob fahrlässig, vorsätzlich
Haftung für	Schäden an Leben, Körper und Gesundheit, Abs. 1 Schäden an der baulichen Anlage, die auf einem wesentlichen Mangel i.S.d. Abs. 3 Satz 1 beruhen	Schäden aufgrund von wesentlichen Mängeln i.S.d. Abs. 3 Satz 1 Schäden, die auf Tatbeständen des Abs. 3 Satz 2 beruhen, also etwa Verstoß gegen die anerkannten Regeln der Technik oder Fehlen der vereinbarten Beschaffenheit	alle Schäden, Abs. 2

VOB/B 2000:

Verschuldensmaßstab	jeden schuldhafte Handlung	ohne Verschulden	grob fahrlässig, vorsätzlich
Haftung für	Schäden an der baulichen Anlage, die auf einem wesentlichen Mangel beruhen	für Schäden aufgrund von wesentlichen Mängeln, die auf Tatbeständen des Abs. 2 beruhen, also etwa Verstoß gegen die anerkannten Regeln der Technik oder Fehlen einer zugesicherten Eigenschaft	für alle Schäden aufgrund von wesentlichen Mängeln

Dieser direkte Vergleich macht es deutlich, dass sich die Haftung des Auftragnehmers gegenüber der VOB/B 2000 **verschärft** hat. Dies beruht auf einer grundsätzlichen gesetzgeberischen Entscheidung. Besonders deutlich wird die Verschärfung bei der Haftung für Schäden an Leben, Körper und Gesundheit. Die Verfasser sehen hier allerdings wenig Bedeutung für die Baupraxis, da solche Schäden durch die **Betriebs-Haftpflicht-Versicherung** abgedeckt sind und damit dem Auftragnehmer kein Schaden droht.

Anders bei den grob fahrlässig oder vorsätzlich verursachten Schäden und den Schäden wegen Fehlens einer vereinbarten Beschaffenheit. Hier kann sich die verschärfte Haftung unmittelbar zu Lasten des Auftragnehmers bemerkbar machen.

Bei **grob fahrlässig oder vorsätzlich** verursachten Schäden haftet der Auftragnehmer unbeschränkt. Im Baubereich interessant ist vor allem die Haftung für grob fahrlässig verursachte Schäden. Grobe Fahrlässigkeit liegt vor, wenn die erforderliche Sorgfalt in besonders schwerem Maße verletzt worden ist.[37] Auftraggeber dürften zukünftig zunehmend daran interessiert sein, ihrem Auftragnehmer ein solches grob fahrlässiges Verhalten nachzuweisen. Gelingt dem Auftraggeber ein solcher Nachweis, haftet der Auftragnehmer unbeschränkt für alle Schäden des Auftragnehmers.

---

[37] Palandt/Heinrichs, § 276 BGB, Rdnr. 14.

Die **vereinbarte Beschaffenheit** (und wie bisher die anerkannten Regeln der Technik) haben eine zusätzliche Bedeutung durch die mögliche Schadensersatzfolge. Voraussetzung ist zum einen, dass ein wesentlicher Mangel vorliegt, der die Gebrauchsfähigkeit der baulichen Anlage erheblich einschränkt, zu deren Herstellung, Instandhaltung oder Änderung die Leistung dient. Zum Zweiten muss die vereinbarte Beschaffenheit fehlen oder ein Verstoß gegen die anerkannten Regeln der Technik vorliegen. Diese beiden Tatbestandsmerkmale bilden zugleich den wichtigsten Teil der Mangeldefinition in § 13 Nr. 1 VOB/B. Die Mangeldefinition nennt außerdem noch hilfsweise die nach dem Vertrag vorausgesetzte und die gewöhnliche Verwendung der Leistung. Nur wenn für die Leistung keine Beschaffenheit vereinbart ist, ist eine Leistung mangelhaft, wenn sie sich für die nach dem Vertrag vorausgesetzte, sonst für die gewöhnliche Verwendung eignet und eine Beschaffenheit aufweist, die bei Werken der gleichen Art üblich ist und die der Auftraggeber nach der Art der Leistung erwarten darf. Diese Hilfsdefinition wird im Baubereich nach Erwartung der Verfasser nur wenig Bedeutung gewinnen, da die Beschaffenheit überwiegend vertraglich vereinbart wird.

Deswegen kann man etwas übertrieben sagen, dass der Auftragnehmer bei fast allen wesentlichen Mängel damit rechnen muss, Schadensersatz leisten zu müssen.

4.10.4 Abweichende Vereinbarungen

Das BGB lässt Abweichungen von dieser Regelung der VOB/B nur in sehr engen Grenzen zu. Insbesondere bei Abweichungen in AGB dürfte kaum Spielraum bestehen. Auch bei Individualvereinbarungen dürften die Sperren des BGB Probleme bereiten, da die Bestimmungen des § 308, 309 BGB insofern Leitbildfunktion haben. Insbesondere bei Verträgen mit Verbrauchern besteht praktisch kein Änderungsspielraum.

4.11 § 16 Nr. 1, Abs. 3 und 4 VOB/B

4.11.1 Gegenstand der Regelung

In § 16 Nr. 3 und 4 VOB/B ist geregelt, wann eine **Abschlagszahlung** vom Auftraggeber zu leisten ist und welche Folgen eine geleistete Abschlagszahlung hat.

Die Regelungen in § 16 Nr. 1 Abs. 1 VOB/B betrifft die Frage, wann ein Auftragnehmer Abschlagszahlungen fordern kann. In § 16 Nr. 1 Abs. 2 VOB/B ist klargestellt, dass der Auftraggeber gegenüber Abschlagszahlungen Gegenforderungen geltend machen kann. Diese Regelungen wurden nicht geändert.

Nach § 16 Nr. 1 Abs. 3 VOB/B werden Ansprüche auf Abschlagszahlungen binnen 18 Tagen nach Zugang der Abschlagsrechnung fällig. Nach § 16 Nr. 1 Abs. 4 VOB/B haben Abschlagszahlungen keinen Einfluss auf die Haftung des Auftragnehmers.

4.11.2 Änderung

§ 16 Nr. 1 VOB/B 2002:
(3) **Ansprüche auf** Abschlagszahlungen ~~sind~~ **werden** binnen 18 Werktagen nach Zugang der Aufstellung **fällig** ~~zu leisten~~.
(4) Die Abschlagszahlungen sind ohne Einfluß auf die Haftung ~~und Gewährleistung~~ des Auftragnehmers; sie gelten nicht als Abnahme von Teilen der Leistung.

Diese Änderungen sind im Wesentlichen **redaktioneller** Art.

Bei § 16 Nr. 1 Abs. 3 VOB/B war man sich bereits bei der VOB/B 2000 einig, dass dort die **Fälligkeit** der Abschlagszahlung geregelt war. Der Wortlaut spiegelte dies jedoch nicht sehr deutlich wieder.

Zu der Fälligkeit und der Verzinsung von Geldforderungen gab es Änderungen im BGB, die eine Verdeutlichung des § 16 Nr. 1 Abs. 3 VOB/B ratsam machten. In § 286 BGB ist festgelegt, wann der Schuldner einer Geldforderung in Verzug gerät. Neu ist dort insbesondere die Regelung des § 298 Abs. 3 Satz 2 BGB. Danach gerät der Schuldner einer Geldzahlung in Verzug wenn
- der Zeitpunkt des Zugang einer Rechnung unsicher ist und
- seit dem Empfang der Leistung dreißig Tage vergangen sind.

Von dieser Regelung kann man jedoch vertraglich abweichen. Dies tut die VOB/B, indem sie als Fälligkeitsvoraussetzung den Zugang der Abschlagsrechnung festlegt und damit dem Auftragnehmer den Nachweis aufgibt, wann seine Abschlagsrechnung dem Auftraggeber zugegangen ist. Ohne diese Regelung käme es bei Streitfällen nach § 286 Abs. 3 Satz 2 BGB allein auf den Empfang der Leistung an.

In Abs. 4 hat man gestrichen, dass Abschlagszahlungen keinen Einfluss auf die Gewährleistung des Auftragnehmers hatten. Wie schon mehrfach erwähnt, verwendet das Gesetz den neuen Begriff der Mängelansprüche für den Bereich, der früher als Gewährleistung bezeichnet wurde. Um den gesetzlichen Sprachgebrauch zu übernehmen, hat der DVA den Begriff der Gewährleistung daher ersetzt oder – wie hier – gestrichen. Inhaltlich hat dies keine Folgen, da zur **Haftung** des Auftragnehmers selbstverständlich auch seine Haftung für Mängelansprüche gehört.

4.11.3 Folgen der Änderung

Im Hinblick darauf, dass es sich im Wesentlichen um redaktionelle Änderungen handelt, hat diese Änderung **keine** nennenswerten Folgen.[38]

4.11.4 Abweichende Vereinbarungen

Auftraggeber werden dabei eher versucht sein, die gesetzliche Frist von 30 Tagen nach Rechnungszugang an die Stelle der 18 Tage nach VOB/B zu setzen.

> **Formulierungsvorschlag:**
> Anstelle der in § 16 Nr. 1 Abs. 3 VOB/B genannten Frist vereinbaren die Vertragspartner eine Frist von 30 Werktagen.

Auftragnehmer haben wenig Anlass, von der Regelung der VOB/B abzuweichen. Insbesondere würde ihnen ein „Zurückgehen" auf die Regelung des § 286 Abs. 3 Satz 2 BGB wenig Vorteile bringen. Anders als nach dem BGB beginnt nämlich bei der VOB/B mit der Fälligkeit nicht automatisch die Verzinsung der Forderung. Die VOB/B verlangt vom Auftragnehmer, dass er den Auftraggeber nach Fälligkeit unter Fristsetzung zur Zahlung auffordert, um die Verzinsung seines Anspruchs herbeizuführen. Der Auftragnehmer hätte also – wenn er den Zugangszeitpunkt genau nachweisen kann – bei der VOB/B sogar den Vorteil, nur 18 Tage auf die Fristsetzung abwarten zu müssen, also weniger als die 30 Tage nach BGB.

Änderungen der genannten Art sehen die Verfasser regelmäßig nicht als Eingriff in den **Kernbereich** der VOB/B an.

---

[38] Ebenso Heiermann/Franke/Knipp, Baubegleitende Rechtsberatung, Die Neuregelungen der VOB 2002, S. 9.

4.12 § 16 Nr. 2 VOB/B

4.12.1 Gegenstand der Regelung

§ 16 Nr. 2 VOB/B betrifft **Vorauszahlungen**, also die Fragen, wann der **Auftraggeber** eine Vorauszahlung zu leisten hat und welche Pflichten der **Auftragnehmer** bei Erhalt einer Vorauszahlung hat.

> In der geänderten Regelung des § 16 Nr. 2 Abs. 1 VOB/B ist festgelegt, dass der Auftragnehmer für Vorauszahlungen auf Verlangen Sicherheit zu leisten hat und sie im Zweifel verzinsen muss. Der Auftraggeber muss nur dann Vorauszahlungen leisten, wenn dies vereinbart ist.

4.12.2 Änderung

§ 16 Nr. 2 VOB/B 2002:
(1) Vorauszahlungen können auch nach Vertragsabschluß vereinbart werden; hierfür ist auf Verlangen des Auftraggebers ausreichende Sicherheit zu leisten. Diese Vorauszahlungen sind, sofern nichts anderes vereinbart wird, mit ~~1 v.H. über dem Zinssatz der Spitzenrefinanzierungsfazilität der Europäischen Zentralbank~~ **3 v.H. über dem Basiszinssatz des § 247 BGB** zu verzinsen.

Nach § 16 Nr. 2 Abs. 1 VOB/B muss der Auftragnehmer erhaltene Vorauszahlungen **verzinsen**. Dies liegt daran, dass der Auftragnehmer grundsätzlich vorleistungspflichtig ist. Er kann seine Bezahlung frei nach dem Grundsatz „Erst die Arbeit, dann das Geld" erst dann abrechnen, wenn er seine Leistung erbracht hat.

Die Vereinbarung von Vorauszahlungen bedeutet eine **Abweichung** von diesem gesetzlichen Grundsatz, die für den **Auftraggeber** mit Nachteilen und **Risiken** behaftet ist. Der Auftraggeber kommt mit Vorauszahlungen dem Auftragnehmer und seinem Interesse an einer hohen Liquidität entgegen. Er kann jedoch nicht bis zum normalen Zahlungstermin nach Leistungserbringung mit seinem Geld arbeiten und dadurch Zinsen erzielen. Außerdem nimmt sich der Auftraggeber eine Reihe von Möglichkeiten, etwa das Zurückbehalten von Werklohn, wenn die Leistung mangelhaft ist. Der Auftraggeber übernimmt außerdem das Risiko, dass der Auftragnehmer insolvent wird, bevor er die erhaltenen Vorauszahlungen vollständig in Leistung umgesetzt hat.

Zum Ausgleich dieser Nachteile hat der Auftraggeber u.A. Anspruch auf **Verzinsung** seiner Vorauszahlung. Die Höhe dieser Verzinsung wurde geändert. Die erst mit der VOB/B 2000 eingefügte Verweisung auf die Spitzenrefinanzierungsfazilität der Europäischen Zentralbank wurde gestrichen. Stattdessen verweist § 16 Nr. 2 VOB/B jetzt auf die Zinssätze des § 247 BGB. Der **Basiszinssatz** wird von der Bundesbank im Bundesanzeiger veröffentlicht.[39]

4.12.3 Folgen der Änderung

Die Zinssätze des geänderten § 16 Nr. 2 VOB/B sind grundsätzlich etwas höher als die bisher genannte Spitzenrefinanzierungsfazilität der Europäischen Zentralbank. Der **Vorteil** der Änderung ist jedoch, dass BGB wie VOB/B auf die gleichen Zinssätze zurückgreifen und damit die Zinsberechnung einheitlich wird.

Da sich die Spitzenrefinanzierungsfazilität der Europäischen Zentralbank nicht nur in der Höhe, sondern auch in ihren Anpassungsrhythmen von dem Zinssatz in § 247 BGB unterscheidet, hätten Unternehmen in ihrer täglichen Praxis zwei recht unterschiedliche Zinsberechnungen durchführen müssen. Dies wird durch die Neuregelung vermieden.

---

[39] Im Internet kann man die Entwicklung des Basiszinssatzes beispielsweise unter www.basiszinssatz.de abrufen.

Durch die Änderung ergibt sich eine leichte Erhöhung der vom Auftraggeber geschuldeten Zinsen, wie sich aus der in den Erläuterungen des DVA in Teil VII abgedruckten Zinsaufstellung ergibt.

Weil der Auftraggeber mit der Vorauszahlung auch das Insolvenz-Risiko übernimmt, sieht der unveränderte § 16 Nr. 2 Abs. 1 VOB/B vor, dass der Auftragnehmer dem Auftraggeber für die Vorauszahlung eine **Sicherheit** stellen muss. Hinsichtlich dieser Sicherheit ist eine andere Änderung der VOB/B unbedingt zu beachten: Nach dem geänderten § 17 Nr. 4 VOB/B darf der Auftraggeber vom Auftragnehmer **keine Bürgschaft auf erstes Anfordern** verlangen! Die Folgen dieser Änderung sind unten in II 4.17.3 noch einmal ausführlich erläutert. Kurz gesagt ist die Bürgschaft auf erstes Anfordern fast so gut wie Bargeld, andere Bürgschaften sind dies nicht. Gerade bei Vorauszahlungen geht der Auftraggeber jedoch ein erhebliches und vom gesetzlichen Leitbild abweichendes Risiko ein. Wird sein Auftragnehmer insolvent, hat er ein besonderes Interesse daran, seine Vorauszahlung schnell zurückzuerhalten. Dieses Interesse wird durch eine normale Bürgschaft nur ungenügend abgesichert.

Es kann jedem Auftraggeber, der Vorauszahlungen leistet, nur dringend geraten werden, bei der Sicherung dieser Vorauszahlung von der VOB/B **abzuweichen** und eine Bürgschaft auf erstes Anfordern zu verlangen. Will der Auftragnehmer keine solche Bürgschaft geben, sollte der Auftraggeber besser auf die Vereinbarung von Vorauszahlungen verzichten. Die Erfahrung zeigt, dass vor allem diejenigen Auftragnehmer eine solche Bürgschaft ablehnen, die sie sowieso von keiner Bank mehr bekommen würden.

4.12.4 Abweichende Vereinbarungen

Auftraggeber haben bei dieser Regelung keinen Anpassungsbedarf, da ihre Interessen ausreichend gesichert sind. Da Vorauszahlungen nur nach ausdrücklicher Vereinbarung zu leisten sind, haben Auftraggeber es voll und ganz in der Hand, ob sie Vorauszahlungen leisten oder nicht. Entscheiden sie sich für Vorauszahlungen, so sind sie durch die Sicherheitsleistung und die Verzinsung so gut es eben geht abgesichert. Nur soweit die VOB/B 2002 vorsieht, dass Auftraggeber keine **Bürgschaften auf erstes Anfordern** mehr verlangen können, besteht aus Sicht der Verfasser Anpassungsbedarf. Hierauf wird unten in II 4.17.4 bei der Neuregelung des § 17 Nr. 4 VOB/B näher eingegangen.

Die mit Vorauszahlungen außerdem verbundenen Rechtsverluste, die eben dargestellt wurden, lassen sich nicht vertraglich reduzieren.

Auftragnehmer sind daran interessiert, Vorauszahlungen zu erhalten. Die Verfasser erwarten jedoch nicht, dass Auftraggeber sich ernsthaft auf eine Vorauszahlung ohne Absicherung und Verzinsung einlassen. Dies entspricht nicht der derzeitigen Marktlage und den von Auftraggebern eigentlich immer erkannten Risiken der Vorauszahlung.

4.13 § 16 Nr. 3 VOB/B

4.13.1 Gegenstand der Regelung

In § 16 Nr. 3 VOB/B finden sich Regelungen zur **Schlusszahlung**. In dem geänderten § 16 Nr. 3 Abs. 1 VOB/B ist die Fälligkeit der Schlusszahlung geregelt.

> Danach ist die Schlusszahlung nach Prüfung und Feststellung der Schlussrechnung, spätestens innerhalb von zwei Monaten nach Zugang, fällig.

4.13.2 Änderung

> **§ 16 Nr. 3 VOB/B 2002:**
> (1) **Der Anspruch auf die** ~~Die~~ Schlusszahlung ~~ist~~ **wird** alsbald nach Prüfung und Feststellung der vom Auftragnehmer vorgelegten Schlussrechnung ~~zu leisten~~ **fällig**, spätestens innerhalb von 2 Monaten nach Zugang. Die Prüfung der Schlussrechnung ist nach Möglichkeit zu beschleunigen. Verzögert sie sich, so ist das unbestrittene Guthaben als Abschlagszahlung sofort zu zahlen.

In dieser Regelung gibt es zwei im Wesentlichen **redaktionelle Änderungen**.

Einleitend wurde der Begriff der Schlusszahlung durch den – juristisch richtigeren – Begriff des „**Anspruches** auf die Schlußzahlung" ersetzt. Außerdem heißt es jetzt – wie bei § 16 Nr. 1 VOB/B hinsichtlich der Abschlagszahlungen – dass die Schlusszahlung **fällig** wird, die alte Formulierung wird gestrichen.

Im Zusammenhang mit der Schlusszahlung enthält die VOB/B 2002 eine weitere Änderung, und zwar eine „automatische" **Verzinsung** des festgestellten und unbestrittenen Guthabens nach § 16 Nr. 5 Abs. 4 VOB/B, vgl. dazu unter II 4.14.

4.13.3 Folgen der Änderung

Diese Änderung ist im Wesentlichen redaktioneller Art. Zu der Fälligkeit und der Verzinsung von Geldforderungen gab es Änderungen im BGB, die eine Verdeutlichung des § 16 Nr. 3 VOB/B ratsam machten. In § 286 BGB ist festgelegt, wann der Schuldner einer Geldforderung in Verzug gerät. Neu ist dort insbesondere die Regelung des § 286 Abs. 3 Satz 2 BGB. Danach gerät der Schuldner einer Geldzahlung in Verzug wenn
- der Zeitpunkt des Zugangs einer Rechnung unsicher ist und
- seit dem Empfang der Leistung dreißig Tage vergangen sind.

Von dieser Regelung kann man jedoch vertraglich abweichen. Dies tut die **VOB/B**, indem sie als Fälligkeitsvoraussetzung den Zugang der Schlussrechnung festlegt und damit dem Auftragnehmer den Nachweis aufgibt, wann seine Schlussrechnung dem Auftraggeber zugegangen ist. Ohne diese Regelung käme es bei Streitfällen nach § 286 Abs. 3 Satz 2 BGB allein auf den Empfang der Leistung an.

4.13.4 Abweichende Regelungen

Auftraggeber können mit dieser Regelung regelmäßig gut auskommen. Auftragnehmer aber haben in der Regel ein Interesse daran, die Prüf- und Fälligkeitsfristen zu verkürzen.

> **Formulierungsvorschlag:**
> In Abweichung von § 16 Nr. 3 VOB/B muss der Auftraggeber die Schlussrechnung innerhalb von einem Monat ab Zugang prüfen.

Auf mögliche sinnvolle Vereinbarungen zu einem von der VOB/B abweichenden Beginn der Verzinsung wird in Teil II 4.14.4 eingegangen.

Einen Eingriff in den Kernbereich sehen die Verfasser in solchen Vereinbarungen nicht.

4.14 § 16 Nr. 5 VOB/B

4.14.1 Gegenstand der Regelung

In § 16 Nr. 5 VOB/B sind Regelungen zur **Zahlung** des Auftraggebers enthalten. Nach dem nicht geänderten § 16 Nr. 5 Abs. 1 und 2 VOB/B sind Zahlungen auf das Äußerste zu beschleunigen und es ist dem Auftraggeber untersagt, nicht vereinbarte Skontoabzüge zu tätigen.

Die geänderten Vorschriften betreffen die **Verzinsung** von strittigen Zahlungen und Abschlagszahlungen (§ 16 Nr. 5 Abs. 3 VOB/B), die Verzinsung von festgestellten und damit unbestrittenen Guthaben aus Schlussrechnungen (§ 16 Nr. 5 Abs. 4 VOB/B) und das Recht des Auftragnehmers, bei Nichtzahlung die Arbeiten **einzustellen**.

4.14.2 Änderung

> **§ 16 Nr. 5 VOB/B:**
> (3) Zahlt der Auftraggeber bei Fälligkeit nicht, so kann der Auftragnehmer eine angemessene Nachfrist setzen. Zahlt er auch innerhalb der Nachfrist nicht, so hat der Auftragnehmer vom Ende der Nachfrist an Anspruch auf Zinsen in Höhe ~~von 5 v. H. über dem Zinssatz der Spitzenrefinanzierungsfazilität der Europäischen Zentralbank~~ **der in § 288 BGB angegebenen Zinssätze**, wenn er nicht einen höheren Verzugsschaden nachweist. ~~Außerdem darf er die Arbeiten bis zur Zahlung einstellen.~~
> **(4) Zahlt der Auftraggeber das fällige unbestrittene Guthaben nicht innerhalb von 2 Monaten nach Zugang der Schlussrechnung, so hat der Auftragnehmer für dieses Guthaben abweichend von Abs. 3 (ohne Nachfristsetzung) ab diesem Zeitpunkt Anspruch auf Zinsen in Höhe der in § 288 BGB angegebenen Zinssätze, wenn er nicht einen höheren Verzugsschaden nachweist.**
> **(5) Der Auftragnehmer darf in den Fällen der Absätze 3 und 4 die Arbeiten bis zur Zahlung einstellen, sofern eine dem Auftraggeber zuvor gesetzte angemessene Nachfrist erfolglos verstrichen ist.**

Abs. 3 regelte bisher, dass bei **allen Zahlungen** der Auftragnehmer dem Auftraggeber eine **Nachfrist** setzen musste, damit die Verzinsung einer Forderung anlief. Insoweit hat sich nichts geändert, zumindest soweit es um strittige Ansprüche und Abschlagszahlungen geht. Mit dem neuen Abs. 4 enthält § 16 Nr. 5 VOB/B jetzt aber eine **Sonderregelung** für festgestellte und damit unbestrittene Guthaben aus Schlussrechnungen. Für diese ist ein automatischer Beginn der Verzinsung festgelegt.

In Abs. 3 und Abs. 4 wird hinsichtlich der **Höhe** der Verzinsung einheitlich auf § 288 BGB verwiesen. Dieser legt fest, in welcher Höhe Verbraucher oder aber andere Schuldner Zinsen über den Basiszinssatz des § 247 BGB hinaus zahlen müssen.

Das Recht des Auftragnehmers, seine Leistung **einzustellen**, bezieht sich auf die von Abs. 3 und Abs. 4 betroffenen Zahlungen. Deswegen musste dieses Recht aus dem alten Abs. 3 herausgenommen und in einen neuen Abs. 5 gestellt werden. Inhaltlich haben sich die Anforderungen an eine Leistungseinstellung nicht geändert.

4.14.3 Folgen der Änderung

Der **Zinssatz** in § 16 Nr. 5 Abs. 3 VOB/B wurde vor allem geändert, um eine möglichst große Nähe von Gesetz und VOB/B zu erreichen. Der bisher genannte Zinssatz der Spitzenrefinanzierungsfazilität war hinsichtlich Höhe und Änderungszeitpunkten deutlich anders als der jetzt genannte Basiszinssatz. Die frühere Zinshöhe war außerdem durchweg niedriger als der Zinssatz nach § 288 BGB. Diese Unterschiede werden durch die einheitliche Bezugnahme auf den gesetzlichen Zinssatz aufgehoben. Außerdem hat man damit zugleich unterschiedliche Zinssätze für Unternehmer und **Verbraucher**. Diese Differenzierung kannte die VOB/B bisher nicht. Sie hat damit einen deutlichen

Änderungen der VOB/B

Schritt zu einer größeren Verbraucherfreundlichkeit getan – und sich auch insoweit der Zielsetzung des BGB angenähert.

Ganz neu geregelt ist die Verzinsung von **Schlusszahlungen**. Vor dieser Änderung der VOB/B war die Regelung für Abschlagszahlungen und Schlusszahlungen identisch: Der Auftragnehmer musste dem Auftraggeber nach Fälligkeit eine angemessene Nachfrist setzen. Erst nach Ablauf der Nachfrist musste der Auftraggeber die Zahlungen verzinsen.

Dies gilt nach der VOB/B für **Abschlagszahlungen** weiter.

> Um die Verzinsung von Abschlagszahlungen und strittigen Guthaben aus der Schlussrechnung herbeizuführen, muss der Auftragnehmer
> - nach Fälligkeit
> - dem Auftraggeber eine angemessene Nachfrist setzen,
>
> innerhalb derer der Auftraggeber nicht zahlt.

Bei Schlusszahlungen hingegen beginnt für das festgestellte, unbestrittene Guthaben die Verzinsung **automatisch**.

Mit dem Begriff des **unbestrittenen Guthabens** greift die VOB/B 2002 einen schon bisher in der VOB/B enthaltenen Begriff auf. In § 16 Nr. 3 Abs. 1 VOB/B wird dieser Begriff schon lange verwendet. Nach § 16 Nr. 3 Abs. 1 VOB/B muss der Auftraggeber die Schlussrechnung prüfen und das Ergebnis feststellen. Hierfür hat er längstens zwei Monate Zeit. Wenn er für die Prüfung länger braucht, soll er den Teil der Schlussrechnung, den er geprüft und festgestellt hat, als unbestrittenes Guthaben auszahlen. Eben dieses festgestellte und unbestrittene Guthaben muss der Auftraggeber mit Ablauf von zwei Monaten ab Zugang der Schlussrechnung verzinsen. Die VOB/B nimmt damit für die Verzinsung erstmals einen gewissen **Automatismus** auf. Im Unterschied zum BGB beginnt die Verzinsung jedoch nicht allein aufgrund des Zeitablaufs.

> Die Verzinsung des unbestrittenen Guthabens aus Schlussrechnungen hat zwei Voraussetzungen:
> - Prüfung und Feststellung durch den Auftraggeber und
> - Ablauf von zwei Monaten ab Zugang der Schlussrechnung.

Aus Sicht der **Auftraggeber** bedeutet diese Änderung vor allem einen Anreiz, den festgestellten, unbestrittenen Teil der Schlussrechnung schnell auszuzahlen. Durch den Zeitpunkt der Prüfung und Feststellung hat der Auftraggeber einen gewissen Einfluss darauf, wann die Verzinsung des unbestrittenen Guthabens beginnt.

Will der **Auftragnehmer** die Verzinsung der Schlusszahlung nach zwei Monaten, aber vor Prüfung und Feststellung durch den Auftraggeber herbeiführen oder geht es um eine Abschlagszahlung oder um eine umstrittene Forderung, muss der Auftragnehmer dem Auftraggeber wie bisher eine angemessene Frist zur Zahlung setzen.

Die **Voraussetzungen** für die Verzinsung sind in nachfolgender Graphik zusammengefasst:

Graphik 8: Voraussetzungen für Verzinsung von Zahlungsansprüchen des Auftragnehmers

```
                    Welche Art von Zahlungsanspruch liegt vor?
                    ↙                                      ↘
   Abschlagszahlung oder nicht festgestellten      festgestelltes und damit unbestrittenes
   strittiger Anspruch aus Schlussrechnung         Guthaben aus Schlussrechnung
                    ↓                                      ↓
         Fälligkeit                              zwei Monate ab Zugang der Schlussrechnung
                    ↓                                      ↓
   Zahlungsaufforderung des AN mit
   angemessener Fristsetzung
                    ↓
         Nichtzahlung
                    ↓
   Zahlungsaufforderung mit Nachfrist
                    ↓
                         Beginn der Verzinsung
```

Da die VOB/B 2002 in § 16 Nr. 5 Abs. 3 und in einem neuen Abs. 4 VOB/B für die Verzinsung von Abschlags- und Schlusszahlungen unterschiedliche Regelungen enthält, musste das Recht zur **Arbeitseinstellung** aus dem alten Abs. 3 herausgelöst werden. Inhaltlich unverändert steht es jetzt in § 16 Nr. 5 Abs. 5 VOB/B.

> Der Auftragnehmer kann danach die Arbeiten einstellen, wenn
> – er einen fälligen Anspruch auf Zahlung hat;
> – er dem Auftraggeber eine angemessene Nachfrist zur Zahlung gesetzt hat und
> – der Auftraggeber dennoch keine Zahlung geleistet hat.

4.14.4 Abweichende Vereinbarungen

Auftraggeber haben bei Abschlagszahlungen und bestrittenen Guthaben aus Schlussrechnungen keinen Regelungsbedarf. Lediglich bei festgestellten und unbestrittenen Guthaben könnten sie eine von der VOB/B abweichende Vereinbarung erwägen. Diese könnte etwa der bisherigen Regelung entsprechen, dass auch festgestellte und unbestrittene Guthaben erst nach einer weiteren Zahlungsaufforderung zu verzinsen sind.

> **Formulierungsvorschlag:**
> In Abweichung von § 16 Nr. 5 Abs.4 VOB/B sind fällige unbestrittene Guthaben aus der Schlussrechnung nach Ablauf einer angemessenen Nachfrist zu verzinsen, die der Auftragnehmer dem Auftraggeber nach Fälligkeit gesetzt hat.

Auftragnehmer haben grundsätzlich ein stärkeres Interesse daran, von der VOB/B abzuweichen. Sie könnten beispielsweise verlangen, dass alle Zahlungen auch ohne eine vorherige Fristsetzung fällig werden.

Unter Wahrung der Prüffristen der VOB/B könnte man wie folgt formulieren:

> **Formulierungsvorschlag:**
> In Abweichung von § 16 Nr. 5 VOB/B sind alle Zahlungen des Auftraggebers ab Fälligkeit in Höhe der in § 288 BGB genannten Zinssätze zu verzinsen.

Änderungen der VOB/B 55

4.15 § 16 Nr. 6 VOB/B

4.15.1 Gegenstand der Regelung

In § 16 Nr. 6 VOB/B betrifft die sog. **Direktzahlung** des Auftraggebers an Nachunternehmer seines Auftragnehmers. Wenn der Auftragnehmer Leistungen nicht selber ausführt, sondern **Nachunternehmer** einschaltet, haben Auftragnehmer wie Auftraggeber ein Interesse daran, dass die Nachunternehmer ihre Leistungen auch tatsächlich ausführen. Dies gemeinsame Interesse ist berührt, wenn der Auftragnehmer den Nachunternehmer nicht bezahlt und der Nachunternehmer aus diesem Grund die Arbeiten einzustellen droht.

Deswegen gibt die VOB/B dem Auftraggeber die Möglichkeit, direkt Zahlungen an den Nachunternehmer zu leisten. Dem Auftragnehmer entsteht dadurch grundsätzlich kein Schaden, weil er seinen Nachunternehmer sowieso bezahlen müsste.

4.15.2 Änderung

> **§ 16 Nr. 6 VOB/B 2002:**
> Der Auftraggeber ist berechtigt, zur Erfüllung seiner Verpflichtungen aus den Nummern 1 bis 5 Zahlungen an Gläubiger des Auftragnehmers zu leisten, soweit sie an der Ausführung der vertraglichen Leistung des Auftragnehmers aufgrund eines mit diesem abgeschlossenen Dienst- oder Werkvertrags beteiligt sind, ~~und der Auftragnehmer in Zahlungsverzug gekommen ist~~ **wegen Zahlungsverzugs des Auftragnehmers die Fortsetzung ihrer Leistung zu Recht verweigern und die Direktzahlung die Fortsetzung der Leistung sicherstellen soll**. Der Auftragnehmer ist verpflichtet, sich auf Verlangen des Auftraggebers innerhalb einer von diesem gesetzten Frist darüber zu erklären, ob und inwieweit er die Forderungen seiner Gläubiger anerkennt; wird diese Erklärung nicht rechtzeitig abgegeben, so gelten die ~~Forderungen als anerkannt und der Zahlungsverzug~~ **Voraussetzungen für die Direktzahlung als anerkannt**.

Die Änderung ist auf ein Urteil des BGH aus dem Jahr 1990[40] zurückzuführen. Danach hielt die damalige Fassung einer isolierten Inhaltskontrolle nicht stand. Deswegen hatten Auftraggeber Direktzahlungen zunehmend **verweigert**. Die alte wie die neue Regelung widersprechen insofern dem gesetzlichen Leitbild, als der Auftraggeber Zahlungen grundsätzlich nur an den Auftragnehmer leisten kann, an Dritte nur, wenn der Auftragnehmer diesen Dritten zur Entgegennahme ermächtigt. Der BGH hat in seinem Urteil die Möglichkeit angesprochen, dass der Auftragnehmer möglicherweise **ein erhebliches Interesse** an einer Zahlung des Auftraggebers an den Nachunternehmer haben könnte, das im Ergebnis eine solche durch die VOB/B vorweggenommene Ermächtigung rechtfertigen könnte, wenn die Direktzahlung den Sinn hat, die Fortsetzung des Bauwerks sicherzustellen. Er hat dies jedoch für die alte Fassung abgelehnt, weil sie u.a. auch Zahlungen für Leistungen betraf, die bereits vollständig erbracht waren, soweit der Auftragnehmer mit seinen Zahlungen im Verzug war. In diesem Fall hat der Auftragnehmer kein über das Normalmaß hinausgehendes Interesse, Zahlungen an einen Dritten zu wünschen. Ein solches besonderes Interesse liegt nach Auffassung des DVA – in Anlehnung an das o.g. Urteil des BGH – jedoch vor, wenn

- sich der Auftragnehmer im Zahlungsverzug befindet;
- der Nachunternehmer wegen dieses Zahlungsverzugs die Fortsetzung seiner Leistung zu Recht verweigert und
- die Direktzahlung die Fortsetzung der Leistung sichern soll.

Deswegen hat der DVA § 16 Nr. 6 VOB/B dahingehend geändert, dass diese drei Kriterien an die Stelle des vorher als Einziges genannten Kriteriums „Zahlungsverzug" treten.

---

[40] BGH, BauR 1990, S. 727 = NJW 1990, S. 2384.

4.15.3 Folgen der Änderung

Die Änderung bedeutet, dass **Nachunternehmer** unter etwas engeren Bedingungen als früher die Möglichkeit einer Direktzahlung haben. Die Situation zwischen Auftragnehmer und Nachunternehmer muss sich schon in gewisser Weise zugespitzt haben, bevor der Auftragnehmer diese Möglichkeit geltend machen kann.

> Voraussetzung für eine Direktzahlung ist nach der VOB/B 2002, dass
> – sich ein Auftragnehmer im Zahlungsverzug befindet;
> – der Nachunternehmer wegen dieses Zahlungsverzugs die Fortsetzung seiner Leistung zu Recht verweigert und
> – die Direktzahlung die Fortsetzung der Leistung sichern soll.
> Wie bisher besteht keine Pflicht des Auftraggebers, Direktzahlungen zu leisten.

Bevor der Auftraggeber eine Direktzahlung leisten kann, muss er dem Auftragnehmer Möglichkeit geben, zu dem Zahlungsverlangen des Nachunternehmers Stellung zu nehmen. Dieses Verfahren hat sich mit der VOB/B 2002 nicht geändert.

Graphik 9: Funktionsweise der Direktzahlung

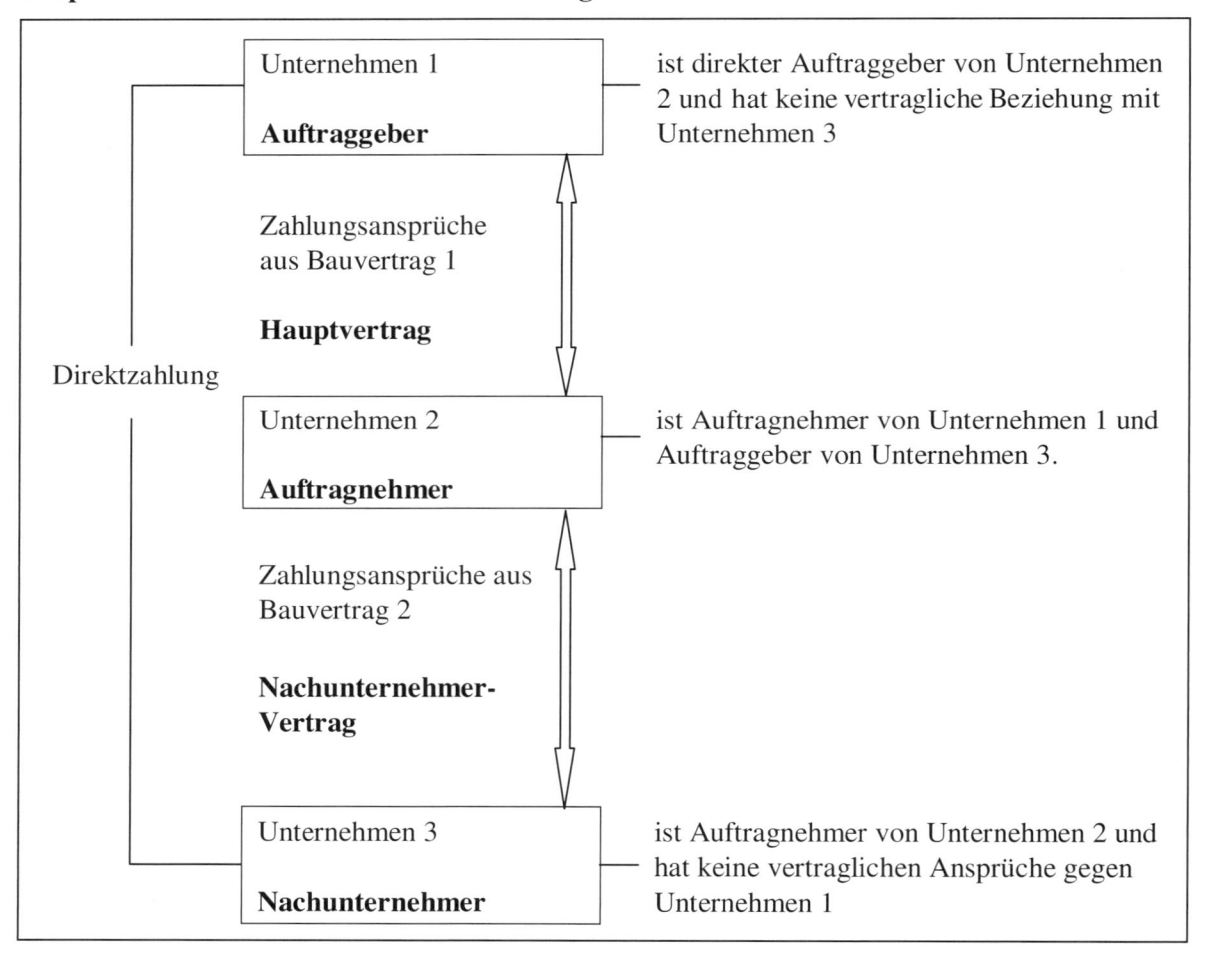

Direktzahlung	Unternehmen 1 **Auftraggeber**	ist direkter Auftraggeber von Unternehmen 2 und hat keine vertragliche Beziehung mit Unternehmen 3
	Zahlungsansprüche aus Bauvertrag 1 **Hauptvertrag**	
	Unternehmen 2 **Auftragnehmer**	ist Auftragnehmer von Unternehmen 1 und Auftraggeber von Unternehmen 3.
	Zahlungsansprüche aus Bauvertrag 2 **Nachunternehmer-Vertrag**	
	Unternehmen 3 **Nachunternehmer**	ist Auftragnehmer von Unternehmen 2 und hat keine vertraglichen Ansprüche gegen Unternehmen 1

Der Auftraggeber muss dem Auftragnehmer die geltend gemachten Forderungen des Nachunternehmers **mitteilen** und ihm eine **Frist** zur Stellungnahme setzen. Wenn der Auftragnehmer innerhalb dieser Frist keine Stellungnahme abgibt, dann gelten alle eben genannten Voraussetzungen für die Direktzahlung als anerkannt und der Auftraggeber kann direkt an den Nachunternehmer zahlen. Einen **Anspruch** hierauf hat der Nachunternehmer jedoch **nicht**. Der Auftraggeber kann, ohne dies begründen zu müssen, eine Direktzahlung ablehnen.

4.15.4 Abweichende Vereinbarungen

§ 16 Nr. 6 VOB/B ist eine Regelung zugunsten von Nachunternehmern, die direkt ja nicht an dem geschlossenen Vertrag beteiligt sind. Deswegen ist es **unwahrscheinlich**, dass ein Vertrag Regelungen enthält, die für Nachunternehmer günstiger sind. **Auftragnehmer** haben kein Interesse daran, eine Zahlung des ihnen zustehenden Werklohns an andere zu erleichtern. **Auftraggeber** neigen sowieso dazu, ihren Blickwinkel auf den von ihnen geschlossenen Vertrag zu beschränken und sehen daher auch wenig Anlass, an diesem Vertrag nicht beteiligte Dritte zu berücksichtigen.

Wegen der zunehmend empfundenen **Insolvenz-Risiken** von Auftragnehmern gibt es jedoch zunehmend Auftraggeber, die in ihren Verträgen die Subunternehmerverträge ihres Auftragnehmers berücksichtigen. Öfter anzutreffen sind Regelungen zu folgenden Punkten:
- **Abtretung** von Mängelansprüchen des Auftragnehmers gegen seine Subunternehmer, so dass der Auftraggeber im Insolvenzfall direkt auf die Subunternehmer zugreifen kann;
- eine Art „**Andienungspflicht**" in der Form, dass der Auftragnehmer seine Subunternehmer verpflichtet, bei vorzeitiger Beendigung des Vertrags zwischen Auftragnehmer und Auftraggeber einen Vertrag direkt im Verhältnis Subunternehmer – Auftraggeber abzuschließen.

> **Formulierungsvorschlag:**
> Bereits jetzt tritt der Auftragnehmer an den dies annehmenden Auftraggeber sämtliche Mängelansprüche gegen alle seine Nachunternehmer ab. Der Auftraggeber ist berechtigt, aber nicht verpflichtet, die Abtretung anzuzeigen und die Nachunternehmer neben oder anstelle des Auftragnehmers in Anspruch zu nehmen.
> Der Auftragnehmer verpflichtet sich, seinen Nachunternehmern aufzugeben, im Falle der vorzeitigen Beendigung des Vertrags zwischen Auftragnehmer und Auftraggeber oder falls ein Insolvenzverfahren über sein Vermögen beantragt oder eröffnet wird, zu diesem Zeitpunkt noch nicht ausgeführte Leistungen nach den Konditionen der Nachunternehmerverträge dem Auftraggeber anzubieten.

Regelungen dieser Art kollidieren **nicht** mit der VOB/B, die insoweit keine Vorgaben macht. Deswegen stellt sich natürlich auch nicht die Frage, ob solche Vereinbarungen die Vereinbarung der VOB/B insgesamt berühren oder nicht.

Auftragnehmer könnten ein Interesse daran haben, jegliche Direktzahlung zu untersagen.

> **Formulierungsvorschlag:**
> Das Recht des Auftraggebers zur Direktzahlung an Nachunternehmer des Auftragnehmers wird ausgeschlossen.

Da es im Wesentlichen um die Position eines Dritten, des Nachunternehmers, geht, sehen die Verfasser die Ausgewogenheit der VOB/B im Verhältnis Auftraggeber/Auftragnehmer nicht berührt.

4.16 § 17 Nr. 1 VOB/B

4.16.1 Gegenstand der Regelung

Die VOB/B legt nicht fest, in welchen Fällen Auftraggeber oder Auftragnehmer **Sicherheiten** leisten müssen. Sie macht lediglich Vorgaben für den Fall, dass die Vertragspartner das Stellen einer Sicherheit vereinbaren.

§ 17 Nr. 1 Abs. 2 VOB/B legt fest, **welche Ansprüche** durch eine Vertragserfüllungs- und eine Gewährleistungssicherheit abgesichert sind, wenn eine Sicherheitsleistung vereinbart ist.

4.16.2 Änderung

> **§ 17 Nr. 1 VOB/B 2002:**
> (2) Die Sicherheit dient dazu, die vertragsgemäße Ausführung der Leistung und die **Mängelansprüche** ~~Gewährleistung~~ sicherzustellen.

Wie schon an anderen Stellen angesprochen, wurde der Begriff der „Gewährleistung" im BGB nicht verwendet. Er hatte sich jedoch weitgehend durchgesetzt. Mit der Neufassung des BGB verwendet der Gesetzgeber für den früher als Gewährleistung bezeichneten Bereich den Begriff der „Mängelansprüche". Diese Änderung des Sprachgebrauchs vollzieht auch die VOB/B.

4.16.3 Folgen der Änderung

Es handelt sich um eine rein **redaktionelle** Änderung. Der Begriff der Gewährleistung kann weiterhin verwendet werden, da sein Inhalt nach wie vor eindeutig feststeht. Geht es um die Formulierung von Verträgen, bietet er sogar gewisse Vorteile. So ist es einfacher, von „Gewährleistungsfristen" zu reden als von „Dauer der Verjährung von Mängelansprüchen".

Man muss jedoch darauf hinweisen, dass der Inhalt der Mängelansprüche etwas anders geworden ist. Da sich sowohl der Mangelbegriff in § 13 Nr. 1 VOB/B als auch die Voraussetzungen für Schadensersatzansprüche in § 13 Nr. 7 geändert haben, hat sich der **Umfang** der abgesicherten Forderung verändert. Dementsprechend ist die Risikobetrachtung eines Sicherungsgebers in Teilabschnitten neu zu leisten.

> Es bleibt unverändert dabei, dass die Vertragspartner nur dann Sicherheiten stellen müssen, wenn dies ausdrücklich vereinbart ist. Die gesetzlichen Rechte des Auftragnehmers aus §§ 648, 648a BGB werden durch die VOB/B nicht berührt.

4.16.4 Abweichende Vereinbarungen

Der Umfang der abgesicherten Leistungen entspricht den üblicherweise anzutreffenden Vereinbarungen. Nur ganz gelegentlich werden vom **Auftraggeber** noch weitergehende Forderungen aufgestellt, etwa die Sicherung etwaiger Überzahlungen und von Rückforderungsansprüchen.

Diese Ansprüche und ihre Voraussetzungen sind in der VOB/B in keiner Weise geregelt. Es handelt sich daher um Vereinbarungen, die **zusätzlich** zur VOB/B unproblematisch möglich sind und die Vereinbarung der VOB/B insgesamt nicht gefährden können.

4.17 § 17 Nr. 4 VOB/B

4.17.1 Gegenstand der Regelung

Die VOB/B regelt in § 17 VOB/B den Fall, dass die Vertragspartner die Stellung einer **Sicherheit** vereinbaren. Ohne eine solche Vereinbarung hat kein Vertragspartner Anspruch auf eine solche Sicherung (abgesehen von den möglichen Ansprüchen des Auftragnehmers aus §§ 648, 648a BGB).

Wenn allerdings die Vertragspartner die Sicherheitsleistung vereinbart haben, enthält die VOB/B detaillierte Vorgaben, wie diese Sicherung zu leisten ist.

Die **Bürgschaft** ist eines der möglichen Sicherungsmittel. Nach § 17 Nr. 2 VOB/B kann eine Sicherheit durch Einbehalt oder Hinterlegung von Geld oder durch Bürgschaft eines Kreditinstituts oder Kreditversicherers geleistet werden. Der Auftragnehmer hat nach § 17 Nr. 3 VOB/B die Wahl, wie er Sicherheit leistet, und er kann eine geleistete Sicherheit durch eine andere austauschen.

§ 17 Nr. 4 VOB/B regelt die Anforderungen an eine Bürgschaft. Wer ein ordnungsgemäßer Bürge ist, legt die VOB/B bereits in § 17 Nr. 2 VOB/B fest.

4.17.2 Änderung

> **§ 17 Nr. 4 VOB/B 2002:**
> Bei Sicherheitsleistung durch Bürgschaft ist Voraussetzung, dass der Auftraggeber den Bürgen als tauglich anerkannt hat. Die Bürgschaftserklärung ist schriftlich unter Verzicht auf die Einrede der Vorausklage abzugeben (§ 771 BGB); sie darf nicht auf bestimmte Zeit begrenzt und muss nach Vorschrift des Auftraggebers ausgestellt sein. **Der Auftraggeber kann als Sicherheit keine Bürgschaft fordern, die den Bürgen zur Zahlung auf erstes Anfordern verpflichtet.**

§ 17 Nr. 4 VOB/B wurde dahingehend geändert, dass der Auftraggeber vom Auftragnehmer als Sicherheit keine **Bürgschaft auf erstes Anfordern** verlangen darf. Dies ist sicherlich zum Teil eine Reaktion auf Urteile des BGH.

Die Bürgschaft auf erstes Anfordern ist eine **besondere Art** der Bürgschaft. Die Rechtsbeziehung zwischen den Vertragspartnern und dem Bürgen werden in der nachfolgenden Graphik dargestellt.

Graphik 10: Vertragsbeziehungen bei der Bürgschaft

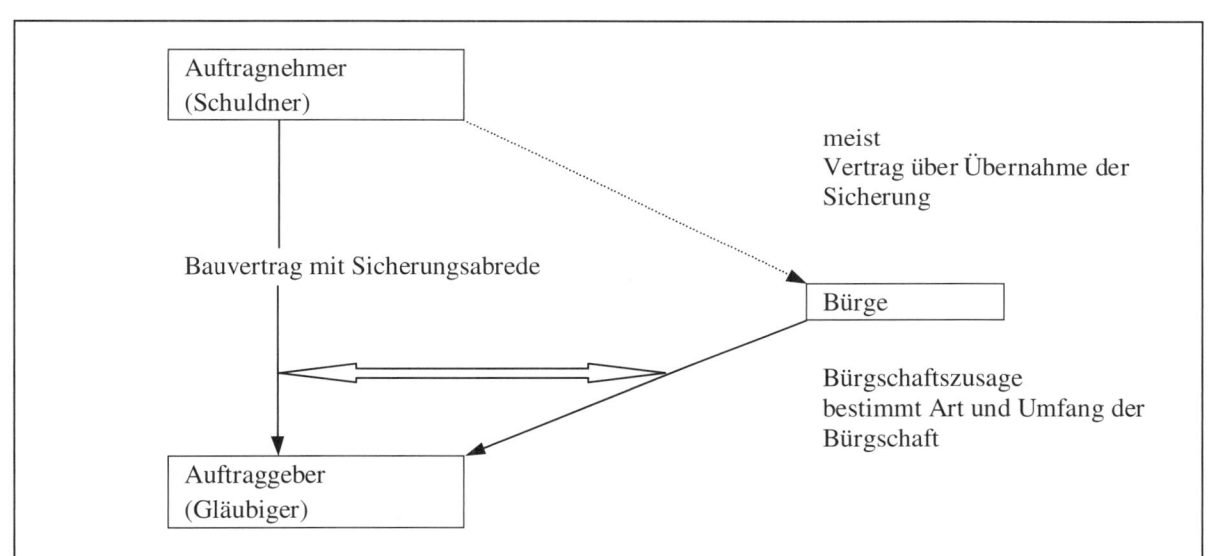

```
     Auftragnehmer
     (Schuldner)
                                              meist
                                              Vertrag über Übernahme der
                                              Sicherung
     Bauvertrag mit Sicherungsabrede
                                              Bürge

                                              Bürgschaftszusage
                                              bestimmt Art und Umfang der
                                              Bürgschaft
     Auftraggeber
     (Gläubiger)
```

Ein Anspruch des Gläubigers gegen den Bürgen setzt voraus, dass der Gläubiger einen Anspruch gegen den Schuldner hat (dies wird durch den Doppelpfeil verdeutlicht). Die Bürgschaftszusage kann ganz unterschiedlich aussehen und bestimmt, in welchem Umfang und unter welchen Voraussetzungen der Auftraggeber Zahlung vom Bürgen verlangen kann.

Die **Besonderheit** der Bürgschaft auf erstes Anfordern liegt darin, dass der Gläubiger ohne große **Formalitäten** eine Zahlung aus der Bürgschaft verlangen kann – und dass sich umgekehrt der Bürge nur ganz eingeschränkt gegen die Inanspruchnahme verteidigen kann. Die meisten Verteidigungsmittel kann er erst im Rückforderungsprozess geltend machen, wenn er zu Unrecht abgeforderte Bürgschaftsmittel zurückfordert.[41]

---

[41] Ausführlich zur Bürgschaft auf erstes Anfordern von Wietersheim/Korbion, Basiswissen, Rdnr. 745 ff.

In einem schon älteren Urteil hat sich der BGH mit der Vereinbarung einer **Gewährleistungsbürgschaft** auf erstes Anfordern befasst. Er hat damals entschieden, dass der Auftraggeber eine solche Gewährleistungsbürgschaft nicht fordern kann, wenn er dem Auftragnehmer nicht die Wahl gibt, eine andere Sicherheit zu leisten. Als andere Art der Sicherheit kommt neben dem Einbehalt vor allem die Einzahlung auf ein Sperrkonto in Betracht – der eingezahlte Betrag geht dem Auftragnehmer nämlich auch in der Insolvenz des Auftraggebers nicht verloren. Wenn der Auftraggeber dem Auftragnehmer allerdings dieses Wahlrecht belässt, konnte er auch verlangen, dass eine vom Auftragnehmer übergebene Bürgschaft die Zahlung auf erstes Anfordern vorsah.

Mit **Erfüllungsbürgschaften** auf erstes Anfordern hat sich der BGH erst kürzlich befasst, als der DVA die Änderung des § 17 Nr. 4 VOB/B bereits beschlossen hatte. Nach der eindeutigen Aussage des BGH kann der Auftraggeber vom Auftragnehmer auch keine Erfüllungsbürgschaft auf erstes Anfordern verlangen. Für **Altverträge** hat der BGH entschieden, dass der Auftraggeber stattdessen eine Bürgschaft **ohne** diese Besonderheit verlangen kann.[42] Auftraggeber, die nach Erlass des Urteils des BGH noch Bürgschaften auf erstes Anfordern verlangen, haben diese Ausweichmöglichkeit nicht, sie können vom Auftragnehmer überhaupt keine Sicherheit fordern.

Neu ist ein Urteil des BGH[43], wonach ein **Insolvenzverwalter** die Rechte aus einer Bürgschaft auf erstes Anfordern nur begrenzt wahrnehmen kann. Der Fall lag so, dass die Firma vor der Insolvenz im Rahmen eines Bauvorhabens eine Bürgschaft auf erstes Anfordern erhalten hatte. Nach Eintritt der Insolvenz wollte der Insolvenzverwalter die Bürgschaft „ziehen". Der BGH hat entschieden, dass der Insolvenzverwalter die Bürgschaft nicht in der vereinfachten Weise auf erstes Anfordern in Anspruch nehmen kann, jedenfalls wenn der Insolvenzverwalter Masseunzulänglichkeit angezeigt hat. Die Bürgschaft auf erstes Anfordern ist vielmehr in solchen Fällen als einfache Bürgschaft zu behandeln. Damit berücksichtigt der BGH, dass der Bürge nach Auszahlung an den Verwalter nur noch einen Anspruch gegen die Masse hat, und zwar im Zweifel nur in Höhe der Insolvenzquote, die jedoch bei Masseunzulänglichkeit in der Regel gar nicht erzielt wird. Die Eröffnung des Insolvenzverfahrens alleine hat noch keine Folgen für die Bürgschaft auf erstes Anfordern.

Dieses Urteil hilft aber dann nicht weiter, wenn die durch die Bürgschaft begünstigte Firma erst nach Auszahlung (möglicherweise während des Rückforderungsprozesses) insolvent wird.

4.17.3 Folgen der Änderung

Die Bürgschaft auf erstes Anfordern hat für den **Auftraggeber**, wie dargestellt, ganz erhebliche **Vorteile**. Sowohl bei Erfüllungs- als auch bei Gewährleistungsansprüchen steht der Auftraggeber natürlich sehr gut da, wenn er sich durch „Ziehen" der Bürgschaft schnell Liquidität verschaffen kann und damit in der Lage ist, ohne größere Verzögerungen das Bauvorhaben fortzusetzen oder vorhandene Mängel zu beseitigen.

Betrachtet man die Zahl der Insolvenzen bei Baufirmen, die von einem traurigen Rekord zum nächsten eilt, ist der Auftraggeber natürlich bereits mit einer „einfachen" Bürgschaft besser gestellt als ohne. Der mögliche Prozess gegen einen Bürgen ist zwar eine Erschwernis, aber letztlich noch immer besser als der Gesamtverlust einer Forderung.

Aber es gibt noch einen, nicht ganz unwichtigen Fall, in dem der Auftragnehmer zur Sicherheitsleistung verpflichtet ist: **Vorauszahlungen** muss der Auftragnehmer nach § 16 Nr. 2 Abs. 1 VOB/B auf Verlangen des Auftraggebers absichern. Auch diese Sicherheit ist im Zweifel nach den Regeln des § 17 VOB/B zu erbringen.

---

[42] BGH, Urteil vom 10.7.2002, VII ZR 502/99.
[43] BGH, Urteil vom 4.7.2002, IX ZR 97/99, BB 2002, S. 1933.

Man könnte allenfalls überlegen, ob § 17 VOB/B nicht – wie in § 17 Nr. 1 Abs. 1 VOB/B angedeutet – eine Vereinbarung außerhalb der VOB/B verlangt. § 17 Nr. 1 Abs. 1 VOB/B beginnt mit den Worten „Wenn Sicherheitsleistung vereinbart ist ...", und in § 17 Nr. 1 Abs. 2 VOB/B wird die Sicherung von Vorauszahlungen als Sicherungszweck nicht erwähnt. § 16 Nr. 2 Abs. 1 VOB/B spricht hingegen von einem einseitigen Verlangen des Auftraggebers bzw. einer entsprechenden Verpflichtung des Auftragnehmers. Aber auch diese Verpflichtung beruht auf einer **Vereinbarung**, nämlich der vertraglichen Vereinbarung, dass die VOB/B und ihre Regelungen zu beachten sind. Damit beruht auch die Sicherheitsleistung für Vorauszahlungen auf einer Vereinbarung.

Deswegen darf der Auftraggeber auch für Vorauszahlungen nach der VOB/B **keine** Bürgschaft auf erstes Anfordern verlangen. Dies entspricht bei Vorauszahlungen aus Sicht der Verfasser jedoch nicht dem **Risiko des Auftraggebers**. Mit der Vereinbarung von Vorauszahlungen weichen die Vertragspartner massiv vom gesetzlichen Leitbild des Werkvertrags ab, das sich mit den Worten „Erst die Leistung, dann das Geld" zusammenfassen lässt. Der Auftragnehmer erhält die Vorauszahlung ohne jegliche Gegenleistung. Der Auftragnehmer kann mit diesem Geld arbeiten, einkaufen oder es in sachfremder Weise ausgeben. Der Auftraggeber trägt das Risiko, dass der Auftragnehmer insolvent wird und er seine Vorauszahlung in voller Höhe verliert.

4.17.4 Abweichende Vereinbarungen

Wegen der mit **Vorauszahlungen** verbundenen Risiken sollten Auftraggeber aus Sicht der Verfasser nur dann Vorauszahlungen leisten, wenn sie vom Auftragnehmer abweichend von der VOB/B eine Bürgschaft auf erstes Anfordern verlangen können. Der Auftragnehmer erhält abweichend vom gesetzlichen Leitbild vor Erbringung von Leistungen liquide Mittel, mit denen er arbeiten und einkaufen kann. Der Auftraggeber erhält keine wie auch immer geartete Gegenleistung. Er hat daher ein legitimes Interesse daran, anstelle der Leistung wenigstens eine Sicherheit zu erhalten, die in Wert, Verwert- und Verwendbarkeit den von ihm geleisteten Zahlungen entspricht. Schließlich würde er normalerweise als Gegenleistung eine bestimmte Leistung erhalten, die regelmäßig vertragsgemäß verwendbar sein dürfte.

> **Formulierungsvorschlag:**
> Wenn der Auftragnehmer Sicherheit für Vorauszahlungen durch Bürgschaft stellt, muss die Bürgschaft § 17 Nr. 4 VOB/B entsprechen. Außerdem muss der Bürge Zahlung auf erstes Anfordern unter Verzicht auf die Hinterlegung zusagen.

Streitigkeiten zwischen Auftragnehmer und Auftraggeber können sich nur darauf beschränken, dass der Auftraggeber vom Auftragnehmer die Vorauszahlung zurückverlangt. Dies wird regelmäßig davon abhängig sein, ob der Auftraggeber den Vertrag zu Recht beendet hat oder ob ein anderer Rückforderungsgrund vorliegt. Die „üblichen Fronten" bei Mängeln, Verzug etc. sind bei solchen Prozessen eigentlich nicht anzutreffen. Der Bürge und der Sicherheitsgeber gehen daher ein eher übersichtliches Risiko ein.

Auch wenn der Auftraggeber **Erfüllungs- oder Gewährleistungssicherheiten** vereinbart, ist er durch eine Bürgschaft auf erstes Anfordern regelmäßig besser gestellt als durch eine einfache Bürgschaft. Es ist daher zu erwarten, dass es zukünftig auch bei diesen Sicherheiten zunehmend Vereinbarungen geben wird, die abweichend von der VOB/B die Stellung einer Bürgschaft auf erstes Anfordern vorsehen.

Ein Eingriff in den **Kernbereich** der VOB/B liegt nach Ansicht der Verfasser bei einer solchen Vereinbarung nicht vor.

4.18 § 17 Nr. 8 VOB/B

4.18.1 Gegenstand der Regelung

Wann eine Sicherheit **zurückzugeben** ist, regelt § 17 Nr. 8 VOB/B. Für den Auftragnehmer ist dies ein sehr wichtiger Zeitpunkt, da er mit Rückgabe der Sicherheiten weitere liquide Mittel erhält – sei es direkt durch einen ausbezahlten Einbehalt oder indirekt durch die Freisetzung von Sicherheiten, die er leisten musste, um eine Bürgschaft zu erhalten.

§ 17 Nr. 8 VOB/B unterscheidet dabei zwischen Sicherheiten für die **Vertragserfüllung** (Abs. 1) und für **Mängelansprüche** (Abs. 2).

> Eine Sicherheit für die Vertragserfüllung ist zurückzugeben
> - zum vereinbarten Zeitpunkt,
>
> spätestens
> - nach Abnahme und
> - Stellung der Sicherheit für Mängelansprüche.
>
> Der Auftraggeber kann für Vertragserfüllungsansprüche die Sicherheit ganz oder teilweise zurückbehalten, wenn
> - noch offene Vertragserfüllungsansprüche bestehen und
> - diese offenen Ansprüche nicht von der Gewährleistungssicherheit umfasst sind.
>
> Eine Sicherheit für Mängelansprüche muss der Auftraggeber zurückgeben
> - zwei Jahre nach Übergabe, wenn keine andere Vereinbarung vorliegt, sonst
> - zum vereinbarten Zeitpunkt.

Der Auftraggeber darf die Sicherheit ganz oder teilweise **zurückhalten**, solange die von ihm geltend gemachten Ansprüche noch nicht erfüllt sind.

4.18.2 Änderung

> **§ 17 Nr. 8 VOB/B 2002:**
> (1) Der Auftraggeber hat eine nicht verwertete Sicherheit **für die Vertragserfüllung** zum vereinbarten Zeitpunkt, spätestens ~~nach Ablauf der Verjährungsfrist für die~~ **Gewährleistung nach Abnahme und Stellung der Sicherheit für Mängelansprüche**, zurückzugeben, **es sei denn, dass Ansprüche des Auftraggebers, die nicht von der gestellten Sicherheit für Mängelansprüche umfasst sind, noch nicht erfüllt sind. Dann darf er für diese Vertragserfüllungsansprüche einen entsprechenden Teil der Sicherheit zurückhalten.** ~~Soweit jedoch zu dieser Zeit seine Ansprüche noch nicht erfüllt sind, darf er einen entsprechenden Teil der Sicherheit zurückhalten.~~
> (2) Der Auftraggeber hat eine nicht verwertete Sicherheit für Mängelansprüche nach Ablauf von 2 Jahren zurückzugeben, sofern kein anderer Rückgabezeitpunkt vereinbart ist. Soweit jedoch zu diesem Zeitpunkt seine geltend gemachten Ansprüche noch nicht erfüllt sind, darf er einen entsprechenden Teil der Sicherheit zurückhalten.

Die alte Regelung in § 17 Nr. 8 VOB/B betraf nur die Rückgabe von Gewährleistungssicherheiten. Für diese Sicherheiten war festgelegt, dass sie der Auftraggeber nach Ablauf der Gewährleistungsfrist zurückgeben müsse.

Eine Festlegung hinsichtlich der Rückgabe von Erfüllungssicherheiten fehlte.

Diese **Lücke** hat der DVA nun gefüllt. Deswegen musste § 17 Nr. 8 VOB/B in zwei Absätze geteilt werden. Absatz 1 regelt nun (erstmalig), wann der Auftraggeber eine Erfüllungssicherheit zurückzu-

Änderungen der VOB/B

geben hat und Absatz 2 betrifft die Rückgabe von Gewährleistungssicherheiten (oder nach der neuen Sprachregelung von BGB und VOB/B: Sicherheiten für Mängelansprüche).

4.18.3 Folgen der Änderung

Die Regelung des § 17 Nr. 8 VOB/B unterscheidet in der Neufassung zwischen Sicherheiten für Vertragserfüllung und für Mängelansprüche. Angepasst an die jeweilige Interessenlage sind die Sicherheiten danach unter verschiedenen Voraussetzungen zurückzugeben. Die Prüfungsfolge, ob eine Sicherheit zurückzugeben ist oder nicht, ist in der folgenden Graphik dargestellt.

Graphik 11: Muss der Auftraggeber eine Sicherheit zurückgeben?

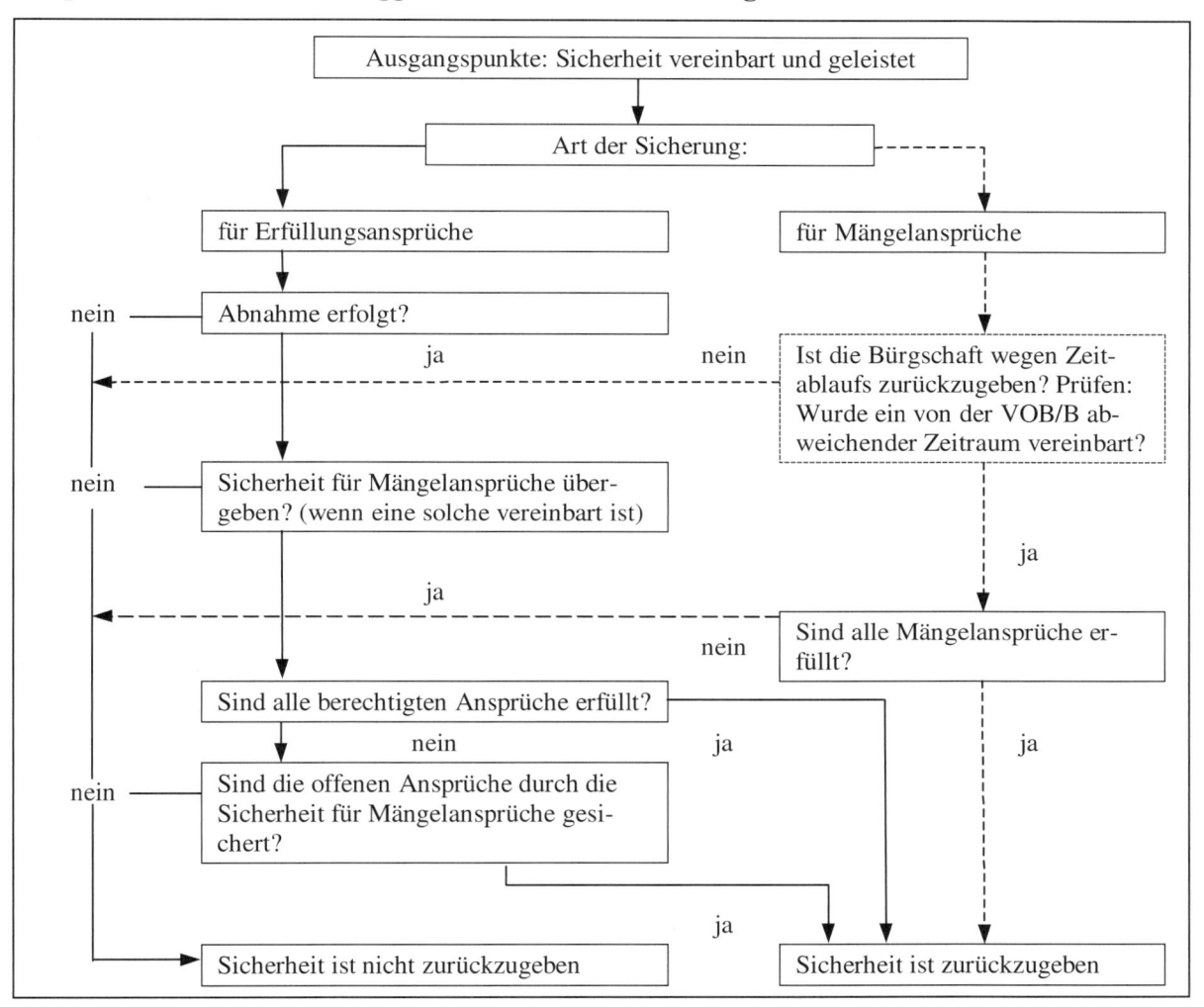

```
                    Ausgangspunkte: Sicherheit vereinbart und geleistet
                                        │
                                 Art der Sicherung:
                    ┌───────────────────┴───────────────────┐
                    ▼                                       ▼
           für Erfüllungsansprüche                  für Mängelansprüche
                    │                                       │
      nein ── Abnahme erfolgt?                              │
                    │ ja                    nein   Ist die Bürgschaft wegen Zeit-
                                                   ablaufs zurückzugeben? Prüfen:
                                                   Wurde ein von der VOB/B ab-
                                                   weichender Zeitraum vereinbart?
                    │
      nein ── Sicherheit für Mängelansprüche über-
              geben? (wenn eine solche vereinbart ist)
                    │ ja                                    │ ja
                                               nein   Sind alle Mängelansprüche er-
                                                      füllt?
              Sind alle berechtigten Ansprüche erfüllt?
                    │ nein                  ja              │ ja
      nein ── Sind die offenen Ansprüche durch die
              Sicherheit für Mängelansprüche gesi-
              chert?
                    │ ja
         Sicherheit ist nicht zurückzugeben      Sicherheit ist zurückzugeben
```

Eine Sicherheit für die **Vertragserfüllung** ist zurückzugeben
– zum vereinbarten Zeitpunkt,

spätestens
– nach Abnahme und
– Stellung der Sicherheit für Mängelansprüche.

Damit ist im Ergebnis sichergestellt, dass der Auftragnehmer auch tatsächlich die durch die Sicherheit abgedeckten Leistungen erbracht hat. Da in der Regel kein Zeitpunkt für die Rückgabe der Vertragserfüllungssicherheit vereinbart wird, kommt es fast immer auf die Abnahme und die Stellung der Gewährleistungssicherheit an. Da der Auftraggeber mit der Abnahme die Leistung des Auftragnehmers als im Wesentlichen vertragsgerecht anerkennt, besteht ab diesem Zeitpunkt nur noch ein Interesse daran, für erkannte Mängel und für zukünftige Mängel abgesichert zu sein.

Der Auftraggeber kann für Vertragserfüllungsansprüche daher die Sicherheit ganz oder teilweise **zurückbehalten**, wenn
- noch offene Vertragserfüllungsansprüche bestehen und
- diese offenen Ansprüche nicht von der Gewährleistungssicherheit umfasst sind.

Damit ist er voll und ganz abgesichert. Für den Auftragnehmer entfällt vor allem die Gefahr, dass der Auftraggeber doppelt abgesichert ist, nämlich durch die Erfüllungssicherheit und die Gewährleistungssicherheit. Der Auftraggeber muss sich also ggf. damit zufrieden geben, dass bei der Abnahme entdeckte Mängel durch die Gewährleistungssicherheit abgedeckt sind.

Eine Sicherheit für **Mängelansprüche** muss der Auftraggeber zurückgeben
- zwei Jahre nach Übergabe, wenn keine andere Vereinbarung vorliegt, sonst
- zum vereinbarten Zeitpunkt.

Der Auftraggeber darf die Sicherheit ganz oder teilweise **zurückhalten**, solange die von ihm geltend gemachten Ansprüche noch nicht erfüllt sind.

Die zwei Jahre rechnen ab Übergabe der Sicherheit bzw. bei Sicherheitseinbehalten ab Abnahme.

Bei der **Höhe** eines auszuzahlenden Sicherheitseinbehalts ist § 641 Abs. 3 BGB zu berücksichtigen. Danach kann der Auftragnehmer bei Mängeln mindestens das Dreifache der voraussichtlichen Mängelbeseitigungskosten **zurückbehalten**. Dieses erhöhte Zurückbehaltungsrecht war schon vor der gesetzlichen Regelung als sog. Druckzuschlag anerkannt. Auch bei Anwendung der VOB/B konnten Auftraggeber dieses Recht geltend machen, und zwar auch dann, wenn es um die Rückgabe von Sicherheiten geht.

Der Auftraggeber kann die Sicherheit für Mängelansprüche nur dann zurückbehalten, wenn Mängel bestehen, die er gegenüber dem Auftragnehmer **geltend** gemacht hat. Soweit der Auftraggeber also Mängel kennt und sie dem Auftragnehmer nicht angezeigt hat, kann er wegen dieser Mängel die Sicherheit nicht behalten. Eine besondere Art und Weise der Geltendmachung ist nicht vorgeschrieben. Da der Auftraggeber jedoch insoweit in der Beweislast ist, sollte er für einen gesicherten Nachweis sorgen, dass er dem Auftragnehmer vorhandene Mängel angezeigt hat.

Absolute Grenze für die Rückgabe der Sicherheiten ist natürlich die **Verjährung** der Mängelansprüche. Sobald die Ansprüche des Auftraggebers verjährt sind und der Auftraggeber die Ansprüche nicht vor Ablauf der Verjährung gerügt hat, hat er keinerlei berechtigtes Interesse mehr an einer Sicherheit.

Dies wird von der VOB/B jedoch vorausgesetzt, zumal der Zwei-Jahres-Zeitraum des § 17 Nr. 8 Abs. 2 VOB/B sowieso regelmäßig vor der Gewährleistungsfrist enden wird. Hat der Auftraggeber die Mängel allerdings gerügt, kann er auch nach Ablauf der Verjährungsfristen Zahlung aus der Bürgschaft verlangen.[44]

4.18.4 Abweichende Regelungen

Für den **Auftraggeber** besonders nachteilig ist die Festlegung, dass Sicherheiten ohne anderweitige vertragliche Vereinbarung nach zwei Jahren zurückzugeben sind.

§ 17 Nr. 8 Abs. 2 VOB/B lässt jedoch ausdrücklich abweichende Vereinbarungen zu, so dass eine solche abweichende Vereinbarung regelmäßig ohne Eingriff in den **Kernbereich** der VOB/B möglich ist.

---

[44] BGH, BauR 1993, S. 335.

Änderungen der VOB/B

Aus Sicht eines Auftraggebers ist eine solche abweichende Vereinbarung ganz sicher **sinnvoll**. Die Regelgewährleistungsfrist nach § 13 Nr. 4 Abs. 1 VOB/B beträgt 4 Jahre für Bauwerke. Der Auftraggeber ist natürlich daran interessiert, während der gesamten Gewährleistungszeit seine Ansprüche gegen den Auftragnehmer auch wirtschaftlich durchsetzen zu können. Es kommt hinzu, dass Mängel an Gebäuden überwiegend nach längerer Zeit auftreten.[45] Außerdem wächst mit fortschreitender Zeit natürlich auch das Risiko, dass sich die Geschäfts- und Vermögenslage des Auftragnehmers verschlechtert.

Vereinbaren die Vertragspartner nichts anderes, muss der Auftraggeber die Gewährleistungssicherheit bereits nach zwei Jahren zurückgeben. Hat der Auftragnehmer die Sicherheit unverzüglich übergeben, so hat der Auftraggeber während der letzten beiden Jahre der Gewährleistungszeit keine Sicherheit mehr. Dies ist aus Sicht der Auftraggeber eindeutig nicht interessengerecht.

> **Formulierungsvorschlag:**
> Als Rückgabezeitpunkt im Sinne des § 17 Nr. 8 Abs. 2 VOB/B wird der Ablauf der Gewährleistungsfrist vereinbart.

Auftragnehmer hingegen haben nur wenig Änderungsbedarf. Immer dann, wenn der Auftragnehmer eine Sicherheit nur teilweise zurückbehalten kann, ist der Auftragnehmer an einer Reduzierung interessiert. Wenn der Auftragnehmer seine Sicherheit durch einen Sicherheitseinbehalt geleistet hat, ist die teilweise Auszahlung unproblematisch möglich.

Hat der Auftragnehmer den Bar-Sicherheitseinbehalt durch eine Bürgschaft abgelöst, kann der Auftragnehmer auf **drei Wegen** vorgehen:
- Er fordert den Auftraggeber auf, in Höhe der zurückzugebenden Sicherheit auf seine Rechte aus der Bürgschaft zu verzichten. Soweit den Verfassern bekannt, akzeptieren auch Banken einen solchen Verzicht und berücksichtigen dies als eine Art „Teilrückgabe" der Bürgschaft.
- Der Auftragnehmer kann dem Auftraggeber eine Bürgschaft über einen geringeren Betrag anbieten, im **Austausch** gegen die ursprünglich übergebene. Dies beinhaltet für den Auftragnehmer jedoch das Risiko, dass der Auftraggeber die ursprünglich übergebene Bürgschaft nicht zurückgibt und möglicherweise doppelt gesichert ist. Der Auftragnehmer kann die zweite, geringere Bürgschaft mit dem Vorbehalt versehen, dass sie erst wirksam wird, wenn der Auftraggeber die erste Bürgschaft herausgegeben hat. Auf diese Weise kann der Auftragnehmer zwar eine Doppelsicherung des Auftraggebers verhindern, nicht aber die Herausgabe der ersten Bürgschaft sicherstellen.
- Der Auftragnehmer kann die übergebene Bürgschaft gegen einen Sicherheitseinbehalt in Höhe der noch dem Auftraggeber zustehenden Sicherung austauschen.

Die VOB/B regelt allerdings nur die letzte Möglichkeit durch das in § 17 Nr. 3 VOB/B vorgesehene **Austauschrecht**. Die anderen beiden Möglichkeiten sollte der Auftragnehmer vertraglich absichern, wenn er eine solche Vorgehensweise beabsichtigt.

> **Formulierungsvorschlag:**
> Wenn der Auftragnehmer Sicherheit durch Bürgschaft geleistet hat und der Auftragnehmer die Sicherheit teilweise herausverlangen könnte, so hat der Auftraggeber nach Wahl des Auftragnehmers
> - auf seine Rechte aus der Bürgschaft insoweit zu verzichten, als er die gewährte Sicherheit herauszugeben hat oder
> - eine vom Auftragnehmer gestellte Bürgschaft über die dem Auftraggeber noch zustehende Sicherheit zu akzeptieren und dem Auftragnehmer im Austausch die ursprünglich übergebene Bürgschaft herauszugeben. Der Auftragnehmer kann die Wirksamkeit der neu zu übergebenden Bürgschaft an die Rückgabe der zuerst übergebenen binden.

---

[45] BGH, NJW 1984, S. 1750.

4.19 § 18 Nr. 2 VOB/B

4.19.1 Gegenstand der Regelung

§ 18 Nr. 2 VOB/B regelt die Durchführung eines besonderen **Streitschlichtungsverfahrens**, wenn bei Verträgen mit **Behörden** Meinungsverschiedenheiten auftreten. In diesem Fall soll der Auftragnehmer die vorgesetzte Stelle der auftraggebenden Stelle anrufen. Der Auftragnehmer hat das **Recht**, dieses Verfahren einzuleiten, er ist hierzu aber nicht verpflichtet. Diese vorgesetzte Stelle kann nach Anhörung des Auftragnehmers einen schriftlichen Bescheid erlassen. Die in dem Bescheid festgehaltene Entscheidung der vorgesetzten Stelle gilt als anerkannt, wenn der Auftragnehmer nicht innerhalb von zwei Monaten ab Eingang dieser Entscheidung Einspruch erhebt. Weitere Voraussetzung ist, dass der Auftraggeber den Auftragnehmer auf die Rechtsfolgen hinweist, die ein unterbliebener Einspruch hat.

Die neu eingefügte Regelung in § 18 Nr. 2 Abs. 2 VOB/B legt fest, dass die **Verjährung** des umstrittenen Anspruchs **gehemmt** ist. Außerdem regelt sie den Fall, dass entweder Auftraggeber oder Auftragnehmer das Verfahren nicht weiter betreiben wollen. Dies müssen sie der anderen Seite schriftlich mitteilen. Zuletzt bestimmt § 18 Nr. 2 Abs. 2 VOB/B, wann die gehemmte Verjährung endet.

4.19.2 Änderung

> **§ 18 Nr. 2 VOB/B 2002:**
> (1) Entstehen bei Verträgen mit Behörden Meinungsverschiedenheiten, so soll der Auftragnehmer zunächst die der auftraggebenden Stelle unmittelbar vorgesetzte Stelle anrufen. Diese soll dem Auftragnehmer Gelegenheit zur mündlichen Aussprache geben und ihn möglichst innerhalb von 2 Monaten nach der Anrufung schriftlich bescheiden und dabei auf die Rechtsfolgen des Satzes 3 hinweisen. Die Entscheidung gilt als anerkannt, wenn der Auftragnehmer nicht innerhalb von **3** Monaten nach Eingang des Bescheides schriftlich Einspruch beim Auftraggeber erhebt und dieser ihn auf die Ausschlußfrist hingewiesen hat.
> **(2) Mit dem Eingang des schriftlichen Antrages auf Durchführung dieses Verfahrens nach Nr. 2 Abs. 1 wird die Verjährung des in diesem Antrag geltend gemachten Anspruchs gehemmt. Wollen Auftraggeber oder Auftragnehmer das Verfahren nicht weiter betreiben, teilen sie dies dem jeweils anderen Teil schriftlich mit. Die Hemmung endet 3 Monate nach dem Zugang des schriftlichen Bescheides oder der Mitteilung nach Satz 2.**

In § 18 Nr. 2 Abs. 1 VOB/B wurde nur die Frist verlängert, innerhalb der die vorgesetzte Stelle über die Meinungsverschiedenheit entscheiden soll. Von ursprünglich zwei Monaten wurde diese Frist auf drei Monate verlängert. Dies soll dem Auftraggeber mehr Zeit geben, eine für beiden Seiten annehmbare Entscheidung zu treffen und zu formulieren. Die bisherige Frist hatte sich dafür als zu kurz erwiesen.

Bisher enthielt § 18 Nr. 2 VOB/B keine vergleichbare Regelung zu den **verjährungsrechtlichen Folgen** eines solchen Verfahrens. Es war umstritten, ob das Verfahren nach § 18 Nr. 2 VOB/B die Verjährung hemmte oder nicht. Auch ein (erst nach den Beratungen bekannt gewordenes Urteil) des BGH entscheidet diese Frage nicht endgültig, da der BGH nur entschieden hat, dass die Anrufung der VOB-Schiedsstelle zu einer Hemmung der Verjährung führen kann, aber nicht muss.[46] Im entschiedenen Fall bejaht der BGH eine Hemmung, nachdem er die Vereinbarungen der Vertragspartner in diesem Einzelfall geprüft hat. Im Sinne einer Klarstellung hat der DVA daher diese Regelung eingefügt. Der neue Abs. 2 ist ganz stark an die BGB-Regelungen zur Hemmung bei Schiedsgerichtsverfahren angelehnt.

---

[46] BGH, BauR 2002, S. 979.

4.19.3 Folgen der Änderung

Mit der Änderung ist klargestellt, dass ein schriftlicher Antrag auf Durchführung eines Verfahrens nach § 18 Nr. 2 VOB/B die Verjährung des umstrittenen Anspruchs **hemmt**. Damit bietet dieses Verfahren Auftragnehmern die Möglichkeit, ohne drohende Rechtsverluste dieses Verfahren einzuleiten und durchzuführen. Ohne diese deutliche Regelung konnten Auftragnehmer nicht mit letzter Sicherheit davon ausgehen, dass sie nicht doch Nachteile durch dieses Verfahren haben und es für sie sicherer ist, direkt an normale Gerichte heranzugehen. Mit der Änderung des BGB haben sich zwar weitere Möglichkeiten der Hemmung von Ansprüchen ergeben. Das Ziel einer für beide Seiten verbindlichen Streitregelung bieten jedoch diese anderen Möglichkeiten nicht immer. So hemmen jetzt auch Verhandlungen die Verjährung – aber wie lange diese Verhandlungen dauern und ob sie zu einem verbindlichen Ergebnis führen, steht in keiner Weise fest.

Aus Sicht der **Auftraggeber** ist das Verfahren nach § 18 Nr. 2 VOB/B ein guter, aber nicht sehr häufig gewählter Weg, Streitigkeiten aus dem Weg zu räumen.

Zu beachten ist lediglich, dass ein **mündlicher Antrag** (der allerdings sowieso die Ausnahme sein dürfte) die Hemmungswirkung noch nicht herbeiführt.

Auch nach der Änderung gilt die gesamte Regelung in § 18 Nr. 2 VOB/B nur für Meinungsverschiedenheiten mit Behörden als Auftraggeber, also **nicht** für Auseinandersetzungen mit anderen öffentlichen Auftraggebern (z.B. Sektorenauftraggebern) oder anderen, rein privaten Auftraggebern und natürlich erst recht nicht bei Streitigkeiten mit Verbrauchern.

4.19.4 Abweichende Regelungen

Für abweichende Regelungen besteht nur wenig Raum. Behörden als **Auftraggeber** werden regelmäßig die VOB/B als Vertragsbestandteil vorgeben, so dass der Auftragnehmer keinen Einfluss auf die Vertragsgestaltung hat. Für Behörden besteht kein Grund, von dieser für beide Seiten annehmbaren Regelung abzuweichen. Zumindest sind den Verfassern keine abweichenden Vereinbarungen bekannt.

Gegenüber anderen Vertragspartnern greift § 18 Nr. 2 VOB/B sowieso nicht ein, da er sich ausdrücklich auf Meinungsverschiedenheiten mit Behörden als Auftraggeber beschränkt. Gegenüber diesen anderen Vertragspartnern kann man jedoch durch Vereinbarung eines **Schiedsverfahrens** (z.B. auf der Grundlage der SOBau[47]) ein ähnliches, außergerichtliches Verfahren zu Streitschlichtung festlegen.

---

[47] Zu erhalten bei dem Deutschen Anwaltverein e.V., ARGE Baurecht, Littenstraße 11, 10179 Berlin.

Teil III

Checklisten

1 Notwendige Regelungen aus Sicht des Auftraggebers

§ 12 Nr. 5 Abs. 2 VOB/B	Die Möglichkeit der stillschweigenden Abnahme nach § 12 Nr. 5 Abs. 2 VOB/B wird ausgeschlossen.
§ 13 Nr. 3 VOB/B	Der Auftragnehmer haftet für Mängel, die auf die Leistungsbeschreibung oder auf Anordnungen des Auftraggebers, auf die von diesem gelieferten oder vorgeschriebenen Stoffe oder Bauteile oder die Beschaffenheit der Vorleistung eines anderen Unternehmers zurückzuführen sind.
§ 13 Nr. 4 VOB/B	In Abweichung von § 13 Nr. 4 VOB/B wird für alle Leistungen des Auftragnehmers eine Verjährungsfrist von 5 Jahren vereinbart.
§ 13 Nr. 5 VOB/B	In Abweichung von § 13 Nr. 5 Abs. 1 beginnt mit dem Zugang von schriftlichen Mängelbeseitigungsverlangen und mit der Abnahme von Mängelbeseitigungsleistungen eine Verjährungsfrist von 4 Jahren für den gerügten Mangel bzw. die ausgeführten Mängelbeseitigungsleistungen.
§ 13 Nr. 6 VOB/B	Abweichend von § 13 Nr. 6 VOB/B kann der Auftraggeber bei Mängeln den Werklohn des Auftragnehmers unter den im BGB genannten Voraussetzungen mindern.
§ 16 Nr. 1 VOB/B	Anstelle der in § 16 Nr. 1 Abs. 3 VOB/B genannten Frist vereinbaren die Vertragspartner eine Frist von 30 Werktagen.
§ 16 Nr. 5 VOB/B	In Abweichung von § 16 Nr. 5 Abs. 4 VOB/B sind fällige unbestrittene Guthaben aus der Schlussrechnung nach Ablauf einer angemessenen Nachfrist zu verzinsen, die der Auftragnehmer dem Auftraggeber nach Fälligkeit gesetzt hat.
§ 16 Nr. 6 VOB/B	Bereits jetzt tritt der Auftragnehmer an den dies annehmenden Auftraggeber sämtliche Mängelansprüche gegen alle seine Nachunternehmer ab. Der Auftraggeber ist berechtigt, aber nicht verpflichtet, die Abtretung anzuzeigen und die Nachunternehmer neben oder anstelle des Auftragnehmers in Anspruch zu nehmen. Der Auftragnehmer verpflichtet sich, seinen Nachunternehmern aufzugeben, im Falle der vorzeitigen Beendigung des Vertrags zwischen Auftragnehmer und Auftraggeber oder falls ein Insolvenzverfahren über sein Vermögen beantragt oder eröffnet wird, zu diesem Zeitpunkt noch nicht ausgeführte Leistungen nach den Konditionen der Nachunternehmerverträge dem Auftraggeber anzubieten.
§ 17 Nr. 4 VOB/B	Wenn der Auftragnehmer Sicherheit für Vorauszahlungen durch Bürgschaft stellt, muss die Bürgschaft § 17 Nr. 4 VOB/B entsprechen. Außerdem muss der Bürge Zahlung auf erstes Anfordern unter Verzicht auf die Hinterlegung zusagen.
§ 17 Nr. 8 VOB/B	Als Rückgabezeitpunkt im Sinne des § 17 Nr. 8 Abs. 2 VOB/B wird der Ablauf der Gewährleistungsfrist vereinbart.

2 Sinnvolle Vereinbarungen aus Sicht des Auftragnehmers

§ 10 Nr. 2 Abs. 2 VOB/B	Vorschlag 1: Der Auftragnehmer trägt abweichend von § 10 Nr. 2 Abs. 2 VOB/B den Schaden nur dann allein, soweit er ihn durch Versicherung seiner gesetzlichen Haftpflicht gedeckt hat.
	Vorschlag 2: § 10 Nr. 2 Abs. 2 VOB/B wird abbedungen. Zwischen Auftraggeber und Auftragnehmer und dem geschädigten Dritten wird der Schaden nach den Grundsätzen des § 254 BGB aufgeteilt.
§ 13 Nr. 3 VOB/B	Ist ein Mangel zurückzuführen auf die Leistungsbeschreibung oder auf Anordnungen des Auftraggebers, auf die von diesem gelieferten oder vorgeschriebenen Stoffe oder Bauteile oder die Beschaffenheit der Vorleistung eines anderen Unternehmers, so haftet der Auftragnehmer abweichend von § 13 Nr. 3 VOB/B auch dann nicht, wenn er dem Auftraggeber keine Mitteilung über die zu befürchtenden Mängel gemacht hat.
§ 13 Nr. 5 VOB/B	Abweichend von § 13 Nr. 5 Abs. 1 VOB/B beginnt weder mit der schriftlichen Mängelrüge noch mit der Abnahme von Mängelbeseitigungsleistungen eine neue Verjährungsfrist, sofern nicht die Mängelbeseitigung ein Anerkenntnis darstellt.
§ 16 Nr. 3 VOB/B	In Abweichung von § 16 Nr. 3 VOB/B muss der Auftraggeber die Schlussrechnung innerhalb von einem Monat ab Zugang prüfen.
§ 16 Nr. 5 VOB/B	In Abweichung von § 16 Nr. 5 VOB/B sind alle Zahlungen des Auftraggebers ab Fälligkeit in Höhe der in § 288 BGB genannten Zinssätze zu verzinsen.
§ 16 Nr.6 VOB/B	Das Recht des Auftraggebers zur Direktzahlung an Nachunternehmer des Auftragnehmers wird ausgeschlossen.
§ 17 Nr. 8 VOB/B	Wenn der Auftragnehmer Sicherheit durch Bürgschaft geleistet hat und der Auftragnehmer die Sicherheit teilweise herausverlangen könnte, so hat der Auftraggeber nach Wahl des Auftragnehmers – auf seine Rechte aus der Bürgschaft insoweit zu verzichten, als er die gewährte Sicherheit herauszugeben hat oder – eine vom Auftragnehmer gestellte Bürgschaft über die dem Auftraggeber noch zustehende Sicherheit zu akzeptieren und dem Auftragnehmer im Austausch die ursprünglich übergebene Bürgschaft herauszugeben. Der Auftragnehmer kann die Wirksamkeit der neu zu übergebenden Bürgschaft an die Rückgabe der zuerst übergebenen binden.

Teil IV

VOB/A: Neue Formulare (BAnz. Nr. 202/2002)

Aufgrund einer EU-Verordnung mussten die in der VOB/A enthaltenen Formulare umfassend geändert werden. Die Formulare sollen sich für die EDV-gestützte Verarbeitung eignen. Deshalb sind sie so aufgebaut, dass sie für alle Arten von auszuschreibenden Leistungen verwendet werden können, also neben Bauleistungen auch für Dienstleistungen und freiberufliche Leistungen. Die Idee ist wohl, dass bei einem EDV-gestützten Ausfüllen nur die für die Leistung erforderlichen Formularteile ausgefüllt und veröffentlicht werden. Da es jedoch noch keine Software für dieses Ausfüllen gibt, müssen die Formulare jetzt in ihrer vollen Länge verwendet werden, auch soweit sie nicht die betroffene Leistung betreffen. Deswegen sind sie recht unübersichtlich. Abhilfe können die Verfasser hier nicht bieten, lediglich Trost, dass alle Anwender dieses Problem haben.

Folgende Formulare wurden geändert:
- Vorinformation (Standardformular 2–DE, S. 1-8)*
- Vergabebekanntmachung (Standardformular 1–DE, S. 1-9)*
- Bekanntmachung über vergebene Aufträge (Standardformular 7–DE, S. 1-8)*
- Vergabebekanntmachung öffentliche Baukonzession
- Vergabebekanntmachung – von einem Konzessionär zu vergebender Auftrag
- Regelmäßige Bekanntmachung (kein Aufruf zum Wettbewerb; Standardformular 5–DE, S. 1-6)*
- Regelmäßige Bekanntmachung für Sektoren-Auftraggeber (Aufruf zum Wettbewerb)
- Auftragsbekanntmachung für Sektoren-Auftraggeber (Standardformular 4–DE, S. 1-10)*
- Prüfungssystem für Sektoren-Auftraggeber
- Bekanntmachung über vergebene Aufträge für Sektoren-Auftraggeber
- Wettbewerbsbekanntmachung
- Wettbewerbsergebnisse.

> **Hinweis**
> Alle Formulare finden sich zum Download auf der Website:
> http://simap.eu.int/DE/pub/src/welcome.htm
> unter „Formulare für das Amtsblatt S".

---

* als Kopiervorlage in dieser Broschüre

EUROPÄISCHE UNION
Veröffentlichung des Supplements zum Amtsblatt der Europäischen Gemeinschaften
2, rue Mercier, L-2985 Luxembourg
Telefax (+352) 29 29 44 619, (+352) 29 29 44 623, (+352) 29 29 42 670
E-mail: mp-ojs@opoce.cec.eu.int   Internet-Adresse: http://simap.eu.int

VORINFORMATION

Bauaufträge ☐
Lieferaufträge ☐
Dienstleistungsaufträge ☐

Vom Amt für amtliche Veröffentlichungen auszufüllen
Datum des Eingangs der Bekanntmachung _____
Aktenzeichen _____

Ist das Beschaffungsübereinkommen (GPA) anwendbar?   NEIN ☐   JA ☐

ABSCHNITT I: ÖFFENTLICHER AUFTRAGGEBER

I.1) OFFIZIELLER NAME UND ANSCHRIFT DES ÖFFENTLICHEN AUFTRAGGEBERS

Name	Zu Hdn. von
Anschrift	Postleitzahl
Stadt/Ort	Land
Telefon	Fax
Elektronische Post (e-mail)	Internet-Adresse (URL)

I.2) NÄHERE AUSKÜNFTE SIND BEI FOLGENDER ANSCHRIFT ERHÄLTLICH:

  siehe I.1   ☐   *Falls nicht, siehe Anhang A*

I.3) ART DES ÖFFENTLICHEN AUFTRAGGEBERS *

  Zentrale Ebene ☐   EU-Institutionen ☐
  Regionale/lokale Ebene ☐   Einrichtung des öffentlichen Rechts ☐   Andere ☐

---

* Nicht unbedingt für die Veröffentlichung bestimmte Angaben   *Standardformular 2 – DE*

ABSCHNITT II: AUFTRAGSGEGENSTAND BAUAUFTRÄGE ☐

II.1) BEZEICHNUNG DES AUFTRAGS DURCH DEN AUFTRAGGEBER * ....

_____
_____

II.2) ORT DER AUSFÜHRUNG:

_____

NUTS code * _____

II.3) NOMENKLATUREN

II.3.1) Gemeinsames Vokabular für öffentliche Aufträge (CPV)*

	Hauptteil	Zusatzteil *(falls anwendbar)*
Hauptgegenstand	☐☐.☐☐.☐☐.☐☐-☐	☐☐☐☐☐-☐ ☐☐☐☐☐-☐ ☐☐☐☐☐-☐
Ergänzende Gegenstände	☐☐.☐☐.☐☐.☐☐-☐	☐☐☐☐☐-☐ ☐☐☐☐☐-☐ ☐☐☐☐☐-☐
	☐☐.☐☐.☐☐.☐☐-☐	☐☐☐☐☐-☐ ☐☐☐☐☐-☐ ☐☐☐☐☐-☐
	☐☐.☐☐.☐☐.☐☐-☐	☐☐☐☐☐-☐ ☐☐☐☐☐-☐ ☐☐☐☐☐-☐
	☐☐.☐☐.☐☐.☐☐-☐	☐☐☐☐☐-☐ ☐☐☐☐☐-☐ ☐☐☐☐☐-☐

II.3.2) Andere einschlägige Nomenklaturen (NACE): _____

II.4) ART UND UMFANG DER BAUARBEITEN:_____
_____
_____

II.5) VORAUSSICHTLICHER KOSTENRAHMEN *(ohne MwSt)* **DER GEPLANTEN BAUARBEITEN** *(falls bekannt)*:

zwischen _____ und _____ Währung : _____

II.6) VORAUSSICHTLICHER BEGINN *(falls bekannt)*

des Verfahrens ☐☐/☐☐/☐☐☐☐ *(TT/MM/JJJJ)*

der Bauarbeiten ☐☐/☐☐/☐☐☐☐ *(TT/MM/JJJJ)*

II.7) VORAUSSICHTLICHER ABSCHLUß DER BAUARBEITEN *(falls bekannt)*

☐☐/☐☐/☐☐☐☐ *(TT/MM/JJJJ)*

II.8) WESENTLICHE FINANZIERUNGS- UND ZAHLUNGSBEDINGUNGEN *(falls bekannt)* _____
_____
_____

II.9) ANDERE INFORMATIONEN *(falls anwendbar)*
_____
_____
_____

(Verwenden Sie für Angaben über Lose Anhang B in beliebiger Anzahl)

* *Nicht unbedingt für die Veröffentlichung bestimmte Angaben*

ABSCHNITT II : AUFTRAGSGEGENSTAND   LIEFERAUFTRÄGE ☐
DIENSTLEISTUNGSAUFTRÄGE ☐

II.1) Bezeichnung des Auftrags durch den Auftraggeber * ....

II.2) Nomenklaturen

II.2.1) Gemeinsames Vokabular für öffentliche Aufträge (CPV)*

Hauptteil   Zusatzteil *(falls anwendbar)*

Hauptgegenstand ☐☐.☐☐.☐☐.☐☐-☐   ☐☐☐☐☐-☐ ☐☐☐☐☐-☐ ☐☐☐☐☐-☐

Ergänzende Gegenstände
☐☐.☐☐.☐☐.☐☐-☐   ☐☐☐☐☐-☐ ☐☐☐☐☐-☐ ☐☐☐☐☐-☐
☐☐.☐☐.☐☐.☐☐-☐   ☐☐☐☐☐-☐ ☐☐☐☐☐-☐ ☐☐☐☐☐-☐
☐☐.☐☐.☐☐.☐☐-☐   ☐☐☐☐☐-☐ ☐☐☐☐☐-☐ ☐☐☐☐☐-☐
☐☐.☐☐.☐☐.☐☐-☐   ☐☐☐☐☐-☐ ☐☐☐☐☐-☐ ☐☐☐☐☐-☐

II.2.2) Andere einschlägige Nomenklaturen (CPA/CPC) _____

II.2.3) Dienstleistungskategorie ☐☐

II.3) Art und Menge oder Wert der Waren oder Dienstleistungen in jeder der Dienstleistungskategorien

_____

II.4) Voraussichtlicher Beginn des Verfahrens *(falls bekannt)* ☐☐/☐☐/☐☐☐☐ *(TT/MM/JJJJ)*

II.5) Andere Informationen *(wenn anwendbar)*

_____
_____

II.1) Bezeichnung des Auftrags durch den Auftraggeber * ....

II.2) Nomenklaturen

II.2.1) Gemeinsames Vokabular für öffentliche Aufträge (CPV)*

Hauptteil   Zusatzteil *(falls anwendbar)*

Hauptgegenstand ☐☐.☐☐.☐☐.☐☐-☐   ☐☐☐☐☐-☐ ☐☐☐☐☐-☐ ☐☐☐☐☐-☐

Ergänzende Gegenstände
☐☐.☐☐.☐☐.☐☐-☐   ☐☐☐☐☐-☐ ☐☐☐☐☐-☐ ☐☐☐☐☐-☐
☐☐.☐☐.☐☐.☐☐-☐   ☐☐☐☐☐-☐ ☐☐☐☐☐-☐ ☐☐☐☐☐-☐
☐☐.☐☐.☐☐.☐☐-☐   ☐☐☐☐☐-☐ ☐☐☐☐☐-☐ ☐☐☐☐☐-☐
☐☐.☐☐.☐☐.☐☐-☐   ☐☐☐☐☐-☐ ☐☐☐☐☐-☐ ☐☐☐☐☐-☐

II.2.2) Andere einschlägige Nomenklaturen (CPA/CPC) _____

II.2.3) Dienstleistungskategorie ☐☐

* Nicht unbedingt für die Veröffentlichung bestimmte Angaben

II.3) ART UND MENGE ODER WERT DER WAREN ODER DIENSTLEISTUNGEN IN JEDER DER DIENSTLEISTUNGSKATEGORIEN

II.4) VORAUSSICHTLICHER BEGINN DES VERFAHRENS *(falls bekannt)* ☐☐/☐☐/☐☐☐☐ *(TT/MM/JJJJ)*

II.5) ANDERE INFORMATIONEN *(wenn anwendbar)*

(Verwenden Sie für Angaben über Lose Anhang B in beliebiger Anzahl)

............................*(Dieser Vordruck kann bei Bedarf in beliebiger Anzahl verwendet werden)*............................

ABSCHNITT IV: VERWALTUNGSINFORMATIONEN

IV.1) AKTENZEICHEN BEIM ÖFFENTLICHEN **A**UFTRAGGEBER * _____

_____

ABSCHNITT VI: ANDERE INFORMATIONEN

VI.1) IST DIE **V**ORINFORMATION FREIWILLIG?

    NEIN ☐   JA ☐

VI.2) STEHT DIESER **A**UFTRAG MIT EINEM **V**ORHABEN/**P**ROGRAMM IN **V**ERBINDUNG, DAS MIT **M**ITTELN DER **EU- S**TRUKTURFONDS FINANZIERT WIRD? *

    NEIN ☐   JA ☐

Wenn ja, geben Sie das Vorhaben / Programm und einen sachdienlichen Bezug an _____

_____

_____

VI.3) DATUM DER **V**ERSENDUNG DER **V**ORINFORMATION: ☐☐/☐☐/☐☐☐☐ *(TT/MM/JJJJ)*

* Nicht unbedingt für die Veröffentlichung bestimmte Angaben

ANHANG A

1.2) NÄHERE AUSKÜNFTE SIND BEI FOLGENDER ANSCHRIFT ERHÄLTLICH

Name	Zu Hdn. von
Anschrift	Postleitzahl
Stadt/Ort	Land
Telefon	Fax
Elektronische Post (e-mail)	Internet-Adresse (URL)

* Nicht unbedingt für die Veröffentlichung bestimmte Angaben

ANHANG B
VORINFORMATION – INFORMATION ÜBER LOSE

LOS Nr. ☐☐ ....

1) **Nomenklaturen**

1.1) **Gemeinsames Vokabular für öffentliche Aufträge (CPV)***

                     Hauptteil   Zusatzteil *(falls anwendbar)*

Hauptgegenstand ☐☐.☐☐.☐☐.☐☐-☐   ☐☐☐☐☐-☐ ☐☐☐☐☐-☐ ☐☐☐☐☐-☐

Ergänzende   ☐☐.☐☐.☐☐.☐☐-☐   ☐☐☐☐☐-☐ ☐☐☐☐☐-☐ ☐☐☐☐☐-☐
Gegenstände   ☐☐.☐☐.☐☐.☐☐-☐   ☐☐☐☐☐-☐ ☐☐☐☐☐-☐ ☐☐☐☐☐-☐
                       ☐☐.☐☐.☐☐.☐☐-☐   ☐☐☐☐☐-☐ ☐☐☐☐☐-☐ ☐☐☐☐☐-☐
                       ☐☐.☐☐.☐☐.☐☐-☐   ☐☐☐☐☐-☐ ☐☐☐☐☐-☐ ☐☐☐☐☐-☐

1.2) **Andere einschlägige Nomenklaturen (NACE/CPA/CPC):** _____

2) **Art und Umfang:** _____
_____

3) **Voraussichtliche Kosten** *(ohne MwSt)*: _____ Währung: _____

4) **Voraussichtlicher Beginn** *(falls bekannt)*:

   des Verfahrens: ☐☐/☐☐/☐☐☐☐ *(TT/MM/JJJJ)*

   der Ausführung/der Lieferung: ☐☐/☐☐/☐☐☐☐ *(TT/MM/JJJJ)*

5) **Datum der Fertigstellung** *(falls bekannt)*: ☐☐/☐☐/☐☐☐☐ *(TT/MM/JJJJ)*

LOS Nr. ☐☐ ....

1) **Nomenklaturen**

1.1) **Gemeinsames Vokabular für öffentliche Aufträge (CPV)***

Hauptgegenstand ☐☐.☐☐.☐☐.☐☐-☐   ☐☐☐☐☐-☐ ☐☐☐☐☐-☐ ☐☐☐☐☐-☐

Ergänzende   ☐☐.☐☐.☐☐.☐☐-☐   ☐☐☐☐☐-☐ ☐☐☐☐☐-☐ ☐☐☐☐☐-☐
Gegenstände   ☐☐.☐☐.☐☐.☐☐-☐   ☐☐☐☐☐-☐ ☐☐☐☐☐-☐ ☐☐☐☐☐-☐
                       ☐☐.☐☐.☐☐.☐☐-☐   ☐☐☐☐☐-☐ ☐☐☐☐☐-☐ ☐☐☐☐☐-☐
                       ☐☐.☐☐.☐☐.☐☐-☐   ☐☐☐☐☐-☐ ☐☐☐☐☐-☐ ☐☐☐☐☐-☐

1.2) **Andere einschlägige Nomenklaturen (NACE/CPA/CPC):** _____

2) **Art und Umfang:** _____
_____

3) **Voraussichtliche Kosten** *(ohne MwSt)*: _____ Währung: _____

---

* *Nicht unbedingt für die Veröffentlichung bestimmte Angaben*   *Standardformular 2 – DE*

4) Voraussichtlicher Beginn *(falls bekannt)*:

des Verfahrens: ☐☐/☐☐/☐☐☐☐ *(TT/MM/JJJJ)*

der Ausführung/der Lieferung: ☐☐/☐☐/☐☐☐☐ *(TT/MM/JJJJ)*

5) Datum der Fertigstellung *(falls bekannt)*: ☐☐/☐☐/☐☐☐☐ *(TT/MM/JJJJ)*

...............................*(Dieser Vordruck kann bei Bedarf in beliebiger Anzahl verwendet werden)*...........................

EUROPÄISCHE UNION
Veröffentlichung des Supplements zum Amtsblatt der Europäischen Gemeinschaften
2, rue Mercier, L-2985 Luxembourg
Telefax (+352) 29 29 44 619, (+352) 29 29 44 623, (+352) 29 29 42 670
E-mail: mp-ojs@opoce.cec.eu.int   Internet-Adresse: http://simap.eu.int

VERGABEBEKANNTMACHUNG

Bauaufträge ☐
Lieferaufträge ☐
Dienstleistungsaufträge ☐

Vom Amt für amtliche Veröffentlichungen auszufüllen
Datum des Eingangs der Bekanntmachung _____
Aktenzeichen _____

Ist das Beschaffungsübereinkommen (GPA) anwendbar?   NEIN ☐   JA ☐

ABSCHNITT I: ÖFFENTLICHER AUFTRAGGEBER

I.1) OFFIZIELLER NAME UND ANSCHRIFT DES ÖFFENTLICHEN AUFTRAGGEBERS

Name	Zu Hdn. von
Anschrift	Postleitzahl
Stadt/Ort	Land
Telefon	Fax
Elektronische Post (e-mail)	Internet-Adresse (URL)

I.2) NÄHERE AUSKÜNFTE SIND BEI FOLGENDER ANSCHRIFT ERHÄLTLICH:

Siehe I.1 ☐   *Falls nicht, siehe Anhang A*

I.3) UNTERLAGEN SIND BEI FOLGENDER ANSCHRIFT ERHÄLTLICH:

Siehe I.1 ☐   *Falls nicht, siehe Anhang A*

I.4) ANGEBOTE/TEILNAHMEANTRÄGE SIND AN FOLGENDE ANSCHRIFT ZU SCHICKEN:

Siehe I.1 ☐   *Falls nicht, siehe Anhang A*

I.5) ART DES ÖFFENTLICHEN AUFTRAGGEBERS *

Zentrale Ebene ☐   EU-Institutionen ☐
Regionale/lokale Ebene ☐ Einrichtung des öffentlichen Rechts ☐   Andere ☐

---

* Nicht unbedingt für die Veröffentlichung bestimmte Angaben   *Standardformular 1 – DE*

ABSCHNITT II: AUFTRAGSGEGENSTAND

II.1) BESCHREIBUNG

II.1.1) Art des Bauauftrags *(bei Bauaufträgen)*

Ausführung ☐   Planung und Ausführung ☐   die Erbringung einer Bauleistung, gleichgültig mit welchen Mitteln, gemäß den vom Auftraggeber genannten Erfordernissen ☐

II.1.2) Art des Lieferauftrags *(bei Lieferaufträgen)*

Kauf ☐   Miete ☐   Leasing ☐   Ratenkauf ☐   Andere ☐

II.1.3) Art des Dienstleistungsauftrags *(bei Dienstleistungsaufträgen)*

Dienstleistungskategorie ☐☐

II.1.4) Rahmenvertrag? *   NEIN ☐   JA ☐

II.1.5) Bezeichnung des Auftrags durch den Auftraggeber *

_____

II.1.6) Beschreibung/Gegenstand des Auftrags

_____
_____
_____
_____

II.1.7) Ort der Ausführung, der Lieferung bzw. Dienstleistungserbringung

_____

NUTS code * _____

II.1.8) Nomenklaturen

II.1.8.1) Gemeinsames Vokabular für öffentliche Aufträge (CPV)*

	Hauptteil	Zusatzteil *(falls anwendbar)*		
Hauptgegenstand	☐☐.☐☐.☐☐.☐☐-☐	☐☐☐☐☐-☐	☐☐☐☐☐-☐	☐☐☐☐☐-☐
Ergänzende Gegenstände	☐☐.☐☐.☐☐.☐☐-☐	☐☐☐☐☐-☐	☐☐☐☐☐-☐	☐☐☐☐☐-☐
	☐☐.☐☐.☐☐.☐☐-☐	☐☐☐☐☐-☐	☐☐☐☐☐-☐	☐☐☐☐☐-☐
	☐☐.☐☐.☐☐.☐☐-☐	☐☐☐☐☐-☐	☐☐☐☐☐-☐	☐☐☐☐☐-☐
	☐☐.☐☐.☐☐.☐☐-☐	☐☐☐☐☐-☐	☐☐☐☐☐-☐	☐☐☐☐☐-☐

II.1.8.2) Andere einschlägige Nomenklaturen (CPA/NACE/CPC) _____

* Nicht unbedingt für die Veröffentlichung bestimmte Angaben

II.1.9) Aufteilung in Lose *(Verwenden Sie für Angaben über Lose Anhang B in beliebiger Anzahl)*

    NEIN ☐   JA ☐

    Angebote sind möglich für: ein Los ☐   mehrere Lose ☐   alle Lose ☐

II.1.10) Werden Nebenangebote/Alternativvorschläge berücksichtigt *(wo anwendbar)*

    NEIN ☐   JA ☐

II.2) MENGE ODER UMFANG DES AUFTRAGS

II.2.1) Gesamtmenge bzw. -umfang *(einschließlich aller Lose und Optionen, wenn anwendbar)*

_____
_____
_____

II.2.2) Optionen *(falls anwendbar). **Beschreibung und Angabe des Zeitpunktes, zu dem sie wahrgenommen werden können** (falls möglich)* _____

_____

II.3) AUFTRAGSDAUER BZW. FRISTEN FÜR DIE DURCHFÜHRUNG DES AUFTRAGS

Entweder: Monate ☐☐   und/oder Tage ☐☐☐   *(ab Auftragserteilung)*

Oder: Beginn ☐☐/☐☐/☐☐☐☐   und/oder Ende ☐☐/☐☐/☐☐☐☐ *(TT/MM/JJJJ)*

ABSCHNITT III: RECHTLICHE, WIRTSCHAFTLICHE, FINANZIELLE UND TECHNISCHE INFORMATIONEN

III.1) BEDINGUNGEN FÜR DEN AUFTRAG

III.1.1) Geforderte Kautionen und Sicherheiten *(wenn anwendbar)* _____

_____

III.1.2) Wesentliche Finanzierungs- und Zahlungsbedingungen bzw. Verweisung auf die maßgeblichen Vorschriften *(wenn anwendbar)*

_____
_____

III.1.3) Rechtsform, die eine Bietergemeinschaft von Bauunternehmern, Lieferanten und Dienstleistern, an die der Auftrag vergeben wird, haben muß *(wenn anwendbar)*

_____
_____

III.2) BEDINGUNGEN FÜR DIE TEILNAHME

III.2.1) Angaben zur Situation des Bauunternehmers / des Lieferanten / des Dienstleisters sowie Angaben und Formalitäten, die zur Beurteilung der Frage erforderlich sind, ob dieser die wirtschaftlichen und technischen Mindestanforderungen erfüllt

_____
_____
_____

III.2.1.1) Rechtslage - Geforderte Nachweise

_____
_____
_____
_____

III.2.1.2) Wirtschaftliche und finanzielle Leistungsfähigkeit - Geforderte Nachweise

_____
_____
_____
_____

III.2.1.3) Technische Leistungsfähigkeit - Geforderte Nachweise

_____
_____
_____

III.3) BEDINGUNGEN BETREFFEND DEN DIENSTLEISTUNGSAUFTRAG

III.3.1) Ist die Dienstleistungserbringung einem besonderen Berufsstand vorbehalten?

NEIN ☐   JA ☐

Wenn ja, Bezugnahme auf die einschlägige Rechts- oder Verwaltungsvorschrift _____

_____

III.3.2) Müssen juristische Personen die Namen und die berufliche Qualifikation der für die Ausführung der Dienstleistung verantwortlichen Personen angeben?

NEIN ☐   JA ☐

ABSCHNITT IV: VERFAHREN

IV.1) VERFAHRENSART

Offenes Verfahren ☐

Nichtoffenes Verfahren ☐   Beschleunigtes nichtoffenes Verfahren ☐

Verhandlungsverfahren ☐   Beschleunigtes Verhandlungsverfahren ☐

IV.1.1) Sind bereits Bewerber ausgewählt worden? *(nur Verhandlungsverfahren)*

NEIN ☐   JA ☐

Wenn ja, sind weitere Angaben unter Abschnitt VI „Andere Informationen" zu machen

IV.1.2) Gründe für die Wahl des beschleunigten Verfahrens *(wenn anwendbar)*

_____
_____

IV.1.3) Frühere Bekanntmachungen desselben Auftrags *(wenn anwendbar)*

IV.1.3.1) Vorinformation zu demselben Auftrag *(wenn anwendbar)*

Bekanntmachungs-nummer im ABl.- Inhaltsverzeichnis:

☐☐☐☐/S ☐☐☐-☐☐☐☐☐☐☐ vom ☐☐/☐☐/☐☐☐☐ *(TT/MM/JJJJ)*

* Nicht unbedingt für die Veröffentlichung bestimmte Angaben

IV.1.3.2) Andere frühere Bekanntmachungen

Bekanntmachungs-nummer im ABl.- Inhaltsverzeichnis:

☐☐☐☐/S ☐☐☐-☐☐☐☐☐☐☐ vom ☐☐/☐☐/☐☐☐☐ *(TT/MM/JJJJ)*

IV.1.4) Zahl der Unternehmen, die zur Angebotsabgabe aufgefordert werden sollen *(wenn anwendbar)*

Genaue Zahl ☐☐ bzw. Mindestens ☐☐ / Höchstens ☐☐

IV.2) ZUSCHLAGSKRITERIEN

A) Der niedrigste Preis ☐

oder

B) Das wirtschaftlich günstigste Angebot bezüglich: ☐
B1) aufgrund der nachstehenden Kriterien *(möglichst in der Reihenfolge ihrer Priorität)* ☐

1 _____ 4 _____ 7 _____
2 _____ 5 _____ 8 _____
3 _____ 6 _____ 9 _____

In der Reihenfolge ihrer Priorität :   NEIN ☐   JA ☐
oder:
B2) aufgrund der in den Unterlagen genannten Kriterien   ☐

IV.3) VERWALTUNGSINFORMATIONEN

IV.3.1) Aktenzeichen beim öffentlichen Auftraggeber * _____
_____

IV.3.2) Bedingungen für Erhalt der Ausschreibungsunterlagen und zusätzlicher Unterlagen

Erhältlich bis ☐☐/☐☐/☐☐☐☐ *(TT/MM/JJJJ)*

Kosten *(wenn anwendbar)* : _____ Währung : _____

Zahlungsbedingungen und –weise : _____
_____
_____

IV.3.3) Schlußtermin für den Eingang der Angebote oder Teilnahmeanträge *(nach der Verfahrensart: offene Verfahren oder nichtoffene und Verhandlungsverfahren)*

☐☐/☐☐/☐☐☐☐ *(TT/MM/JJJJ)* oder ☐☐☐ Tage nach Versendung der Bekanntmachung

Uhrzeit *(wenn anwendbar)* : _____

IV.3.4) Versendung der Aufforderung zur Angebotsabgabe an ausgewählte Bewerber *(nichtoffene und Verhandlungsverfahren)*

Voraussichtlicher Zeitpunkt ☐☐/☐☐/☐☐☐☐ *(TT/MM/JJJJ)*

* Nicht unbedingt für die Veröffentlichung bestimmte Angaben

IV.3.5) Sprache oder Sprachen, die für die Angebotslegung oder Teilnahmeanträge verwendet werden können

ES	DA	DE	EL	EN	FR	IT	NL	PT	FI	SV	andere – Drittstaat
☐	☐	☐	☐	☐	☐	☐	☐	☐	☐	☐	_____

IV.3.6) Bindefrist des Angebots *(bei offenen Verfahren)*

Bis ☐☐/☐☐/☐☐☐☐ *(TT/MM/JJJJ)* oder ☐☐ Monate und/oder ☐☐☐ Tage ab dem Schlußtermin für den Eingang der Angebote

IV.3.7) Bedingungen für die Öffnung der Angebote

IV 3.7.1) Personen, die bei der Öffnung der Angebote anwesend sein dürfen *(falls anwendbar)*
_____
_____

IV.3.7.2) Zeitpunkt und Ort

Datum ☐☐/☐☐/☐☐☐☐ *(TT/MM/JJJJ)* Uhrzeit : _____
Ort : _____

ABSCHNITT VI: ANDERE INFORMATIONEN

VI.1) IST DIE BEKANNTMACHUNG FREIWILLIG?

NEIN ☐   JA ☐

VI.2) GEBEN SIE AN, OB DIESER AUFTRAG REGELMÄSSIG WIEDERKEHRT UND WANN VORAUSSICHTLICH ANDERE BEKANNTMACHUNGEN VERÖFFENTLICHT WERDEN *(falls anwendbar)*
_____
_____

VI.3) STEHT DIESER AUFTRAG MIT EINEM VORHABEN/PROGRAMM IN VERBINDUNG, DAS MIT MITTELN DER EU-STRUKTURFONDS FINANZIERT WIRD ? *

NEIN ☐   JA ☐

Wenn ja, geben Sie das Vorhaben/Programm und einen sachdienlichen Bezug an _____
_____
_____

VI.4) SONSTIGE INFORMATIONEN *(falls anwendbar)*
_____
_____
_____
_____

VI.5) DATUM DER VERSENDUNG DER BEKANNTMACHUNG: ☐☐/☐☐/☐☐☐☐ *(TT/MM/JJJJ)*

* Nicht unbedingt für die Veröffentlichung bestimmte Angaben

ANHANG A

1.2) Nähere Auskünfte sind bei folgender Anschrift erhältlich

Name	Zu Hdn. von
Anschrift	Postleitzahl
Stadt/Ort	Land
Telefon	Fax
Elektronische Post (e-mail)	Internet-Adresse (URL)

1.3) Unterlagen zu der vorliegenden Bekanntmachung sind bei folgender Anschrift erhältlich

Name	Zu Hdn. von
Anschrift	Postleitzahl
Stadt/Ort	Land
Telefon	Fax
Elektronische Post (e-mail)	Internet-Adresse (URL)

1.4) Angebote/Teilnahmeanträge sind an folgende Anschrift zu schicken

Name	Zu Hdn. von
Anschrift	Postleitzahl
Stadt/Ort	Land
Telefon	Fax
Elektronische Post (e-mail)	Internet-Adresse (URL)

* Nicht unbedingt für die Veröffentlichung bestimmte Angaben

ANHANG B – INFORMATION ÜBER LOSE

LOS Nr. ☐☐ ....

1) Nomenklaturen

1.1) Gemeinsames Vokabular für öffentliche Aufträge (CPV)*

	Hauptteil	Zusatzteil *(falls anwendbar)*
Hauptgegenstand	☐☐.☐☐.☐☐.☐☐-☐	☐☐☐☐☐-☐ ☐☐☐☐☐-☐ ☐☐☐☐☐-☐
Ergänzende Gegenstände	☐☐.☐☐.☐☐.☐☐-☐	☐☐☐☐☐-☐ ☐☐☐☐☐-☐ ☐☐☐☐☐-☐
	☐☐.☐☐.☐☐.☐☐-☐	☐☐☐☐☐-☐ ☐☐☐☐☐-☐ ☐☐☐☐☐-☐
	☐☐.☐☐.☐☐.☐☐-☐	☐☐☐☐☐-☐ ☐☐☐☐☐-☐ ☐☐☐☐☐-☐
	☐☐.☐☐.☐☐.☐☐-☐	☐☐☐☐☐-☐ ☐☐☐☐☐-☐ ☐☐☐☐☐-☐

1.2) Andere einschlägige Nomenklaturen (CPA/NACE/CPC) _____

_____

2) Kurze Beschreibung _____

_____

_____

3) Umfang bzw. Menge _____

_____

4) Unterschiedlicher Ausführungsbeginn/Zeitpunkt der Lieferung *(falls anwendbar)*

Ausführungsbeginn ☐☐/☐☐/☐☐☐☐ *(TT/MM/JJJJ)*

und/oder Zeitpunkt der Lieferung ☐☐/☐☐/☐☐☐☐ *(TT/MM/JJJJ)*

LOS Nr. ☐☐ ....

1) Nomenklaturen

1.1) Gemeinsames Vokabular für öffentliche Aufträge (CPV)*

	Hauptteil	Zusatzteil *(falls anwendbar)*
Hauptgegenstand	☐☐.☐☐.☐☐.☐☐-☐	☐☐☐☐☐-☐ ☐☐☐☐☐-☐ ☐☐☐☐☐-☐
Ergänzende Gegenstände	☐☐.☐☐.☐☐.☐☐-☐	☐☐☐☐☐-☐ ☐☐☐☐☐-☐ ☐☐☐☐☐-☐
	☐☐.☐☐.☐☐.☐☐-☐	☐☐☐☐☐-☐ ☐☐☐☐☐-☐ ☐☐☐☐☐-☐
	☐☐.☐☐.☐☐.☐☐-☐	☐☐☐☐☐-☐ ☐☐☐☐☐-☐ ☐☐☐☐☐-☐
	☐☐.☐☐.☐☐.☐☐-☐	☐☐☐☐☐-☐ ☐☐☐☐☐-☐ ☐☐☐☐☐-☐

1.2) Andere einschlägige Nomenklaturen (CPA/NACE/CPC) _____

_____

2) Kurze Beschreibung _____

_____

_____

* *Nicht unbedingt für die Veröffentlichung bestimmte Angaben*   *Standardformular 1 – DE*

3) Umfang bzw. Menge _____

_____

4) Unterschiedlicher Ausführungsbeginn/Zeitpunkt der Lieferung *(falls anwendbar)*

Ausführungsbeginn ☐☐/☐☐/☐☐☐☐ *(TT/MM/JJJJ)*

und/oder Zeitpunkt der Lieferung ☐☐/☐☐/☐☐☐☐ *(TT/MM/JJJJ)*

.... *(Verwenden Sie bei Bedarf zusätzliche Blätter)*..

EUROPÄISCHE UNION
Veröffentlichung des Supplements zum Amtsblatt der Europäischen Gemeinschaften
2, rue Mercier, L-2985 Luxembourg
Telefax (+352) 29 29 44 619, (+352) 29 29 44 623, (+352) 29 29 42 670
E-mail: mp-ojs@opoce.cec.eu.int   Internet-Adresse: http://simap.eu.int

BEKANNTMACHUNG ÜBER VERGEBENE AUFTRÄGE

SEKTOREN

Bauaufträge ☐

Lieferaufträge ☐

Dienstleistungsaufträge ☐

Vom Amt für amtliche Veröffentlichungen auszufüllen
Datum des Eingangs der Bekanntmachung _____
Aktenzeichen _____

Ist das Beschaffungsübereinkommen (GPA) anwendbar?   NEIN ☐   JA ☐

ABSCHNITT I: AUFTRAGGEBER

I.1) OFFIZIELLER NAME UND ANSCHRIFT DES AUFTRAGGEBERS

Name	Zu Hdn. Von
Anschrift	Postleitzahl
Stadt/Ort	Land
Telefon	Fax
Elektronische Post (e-mail)	Internet-Adresse (URL)

Nicht unbedingt zur Veröffentlichung bestimmte Angaben.   *Standardformular 7 – DE*

ABSCHNITT II: AUFTRAGSGEGENSTAND

II.1) ART DES AUFTRAGS

Bauauftrag ☐   Lieferauftrag ☐   Dienstleistungsauftrag ☐

Dienstleistungskategorie ☐☐

Sind Sie mit der Veröffentlichung dieser Bekanntmachung für die Dienstleistungskategorien 17 bis 27 einverstanden?
NEIN ☐   JA ☐

II.2) RAHMENVERTRAG? *   NEIN ☐   JA ☐

II.3) NOMENKLATUREN

II.3.1) Gemeinsames Vokabular für öffentliche Aufträge (CPV)*

Hauptteil   Zusatzteil *(falls anwendbar)*

Hauptgegenstand ☐☐.☐☐.☐☐.☐☐-☐   ☐☐☐☐-☐ ☐☐☐☐-☐ ☐☐☐☐-☐

Ergänzende Gegenstände
☐☐.☐☐.☐☐.☐☐-☐   ☐☐☐☐-☐ ☐☐☐☐-☐ ☐☐☐☐-☐
☐☐.☐☐.☐☐.☐☐-☐   ☐☐☐☐-☐ ☐☐☐☐-☐ ☐☐☐☐-☐
☐☐.☐☐.☐☐.☐☐-☐   ☐☐☐☐-☐ ☐☐☐☐-☐ ☐☐☐☐-☐
☐☐.☐☐.☐☐.☐☐-☐   ☐☐☐☐-☐ ☐☐☐☐-☐ ☐☐☐☐-☐

II.3.2) Andere einschlägige Nomenklaturen (CPA/NACE/CPC) _____

II.4) BEZEICHNUNG DES AUFTRAGS DURCH DEN AUFTRAGGEBER * _____

II.5) KURZE BESCHREIBUNG _____

II.6) GESCHÄTZTER GESAMTWERT *(ohne MwSt)* _____

ABSCHNITT IV: VERFAHREN

IV.1) VERFAHRENSART

Offenes Verfahren ☐   Nichtoffenes Verfahren ☐

Verhandlungsverfahren nach ☐   Verhandlungsverfahren ohne vorherige ☐
vorheriger Vergabebekanntmachung   Vergabebekanntmachung

IV.1.1) Gründe für die Wahl des Verhandlungsverfahrens ohne vorherige Vergabebekanntmachung
(Verwenden Sie gegebenenfalls Anhang I)

IV.2) ZUSCHLAGSKRITERIEN

Der niedrigste Preis ☐
oder
Das wirtschaftlich günstigste Angebot *(Die genauen Kriterien sind unter Punkt V.4.2.4 anzugeben)* ☐

---

* Nicht unbedingt zur Veröffentlichung bestimmte Angaben.   *Standardformular 7 – DE*

ABSCHNITT V: ZUSCHLAG

AUFTRAG Nr. _____

V.1) ZUSCHLAG UND AUFTRAGSWERT

V.1.1) Name und Anschrift des Lieferanten, des Bauunternehmers bzw. Dienstleisters, an den der Auftrag vergeben wurde

Name	Zu Hdn. Von
Anschrift	Postleitzahl
Stadt/Ort	Land
Telefon	Fax
Elektronische Post (e-mail)	Internet-Adresse (URL)

V.1.2) Angaben über den Preis bzw. das höchste/niedrigste Angebot, das berücksichtigt wurde *(Preis ohne MwSt.)*

Preis : _____

oder das niedrigste Angebot _____ bzw. das höchste Angebot _____

Währung : _____

V.2) VERGABE VON UNTERAUFTRÄGEN

Ist es möglich, daß Aufträge an Dritte vergeben werden? NEIN ☐ JA ☐

Wenn ja, geben Sie den Wert oder Teil des Auftrages an, der an Dritte vergeben werden kann

Wert *(ohne MwSt)* : _____ Währung : _____

Oder: Anteil _____ %

V.3) GELEGENHEITSKÄUFE *(falls anwendbar)*

Wert *(ohne MwSt)* : _____ Währung : _____

* Nicht unbedingt zur Veröffentlichung bestimmte Angaben.

AUFTRAG Nr. _____

V.1) ZUSCHLAG UND AUFTRAGSWERT

V.1.1) Name und Anschrift des Lieferanten, des Bauunternehmers bzw. Dienstleisters, an den der Auftrag vergeben wurde

Name	Zu Hdn. Von
Anschrift	Postleitzahl
Stadt/Ort	Land
Telefon	Fax
Elektronische Post (e-mail)	Internet-Adresse (URL)

V.1.2) Angaben über den Preis bzw. das höchste/niedrigste Angebot, das berücksichtigt wurde *(Preis ohne MwSt.)*

Preis : _____

oder das niedrigste Angebot _____ bzw. das höchste Angebot _____

Währung : _____

V.2) VERGABE VON UNTERAUFTRÄGEN

Ist es möglich, daß Aufträge an Dritte vergeben werden? NEIN ☐ JA ☐

Wenn ja, geben Sie den Wert oder Teil des Auftrages an, der an Dritte vergeben werden kann

Wert *(ohne MwSt)* : _____ Währung : _____

Oder: Anteil _____ %

V.3) GELEGENHEITSKÄUFE *(falls anwendbar)*

Wert *(ohne MwSt)* : _____ Währung : _____

...................................*(Verwenden Sie diesen Vordruck bei Bedarf in beliebiger Anzahl)*...................................

---

* Nicht unbedingt zur Veröffentlichung bestimmte Angaben. *Standardformular 7 – DE*

V.4) OBLIGATORISCHE INFORMATIONEN, DIE NICHT VERÖFFENTLICHT WERDEN

V.4.1) Zahl der vergebenen Aufträge ☐☐

V.4.2) Auftrag Nr. ☐☐ ....

V.4.2.1) Auftragswert

    Betrag *(ohne MwSt)*: _____ Währung : _____

V.4.2.2) Ursprungsland der Ware oder Dienstleistung   EUROPÄISCHER WIRTSCHAFTSRAUM (EWR) ☐
                                                                                                                                                   Nicht-EWR ☐

    GPA-Ursprung   NEIN ☐   JA ☐

V.4.2.3) Wurden Ausnahmen von der Verwendung Europäischer Spezifikationen gemacht ?

    NEIN ☐   JA ☐   *Wenn ja, kreuzen Sie die entsprechenden Felder in Anhang II an*

V.4.2.4) Zuschlagskriterien

    Der niedrigste Preis ☐   Das wirtschaftlich günstigste Angebot ☐

    Andere (Art. 35) ☐   _____

    _____

V.4.2.5) Änderungsvorschläge

    Wurde der Auftrag an einen Bieter vergeben, der einen Änderungsvorschlag vorlegte ? NEIN ☐   JA ☐

V.4.2.6) Ungewöhnlich niedrige Angebote: wurden Angebote abgelehnt, weil sie ungewöhnlich niedrig waren?

    NEIN ☐   JA ☐

V.4.2) Auftrag Nr. ☐☐ ....

V.4.2.1) Auftragswert

    Betrag *(ohne MwSt)* _____ Währung _____

V.4.2.2) Ursprungsland der Ware oder Dienstleistung   EUROPÄISCHER WIRTSCHAFTSRAUM (EWR) ☐
                                                                                                                                                   Nicht-EWR ☐

    GPA-Ursprung   NEIN ☐   JA ☐

V.4.2.3) Wurden Ausnahmen von der Verwendung Europäischer Spezifikationen gemacht ?

    NEIN ☐   JA ☐   *Wenn ja, kreuzen Sie die entsprechenden Felder in Anhang II an*

V.4.2.4) Zuschlagskriterien

    Der niedrigste Preis ☐   Das wirtschaftlich günstigste Angebot ☐

    Andere (Art. 35) ☐   _____

    _____

V.4.2.5) Änderungsvorschläge

    Wurde der Auftrag an einen Bieter vergeben, der einen Änderungsvorschlag vorlegte ? NEIN ☐   JA ☐

V.4.2.6) Ungewöhnlich niedrige Angebote: wurden Angebote abgelehnt, weil sie ungewöhnlich niedrig waren?

    NEIN ☐   JA ☐

.... *(Verwenden Sie diesen Vordruck V.4 bei Bedarf in beliebiger Anzahl)* ....

* *Nicht unbedingt zur Veröffentlichung bestimmte Angaben.*   *Standardformular 7 – DE*

ABSCHNITT VI: ANDERE INFORMATIONEN

VI.1) Ist die Bekanntmachung freiwillig?

NEIN ☐   JA ☐

VI.2) Aktenzeichen beim Auftraggeber * _____

VI.3) Datum des Zuschlags: ☐☐/☐☐/☐☐☐☐ *(TT/MM/JJJJ)*

VI.4) Zahl der eingegangenen Angebote: ☐☐☐

VI.5) War der Auftrag Gegenstand einer Bekanntmachung im ABl.?

NEIN ☐   JA ☐

Wenn ja, geben Sie die Nummer der Bekanntmachung im ABl.-Inhaltsverzeichnis an:

☐☐☐☐/S ☐☐☐-☐☐☐☐☐☐☐ vom ☐☐/☐☐/☐☐☐☐ *(TT/MM/JJJJ)*

VI.6) Art des Aufrufs zum Wettbewerb

Auftragsbekanntmachung ☐   Regelmäßige Bekanntmachung ☐   Bekanntmachung über die Anwendung eines Prüfungssystems ☐

VI.7) Steht dieser Auftrag mit einem Vorhaben/Programm in Verbindung, das mit Mitteln der EU-Strukturfonds finanziert wird? *

NEIN ☐   JA ☐

Wenn ja, geben Sie das Vorhaben/Programm und einen sachdienlichen Bezug an _____
_____
_____
_____

VI.8) Sonstige Informationen *(falls anwendbar)*

_____
_____
_____
_____

VI.9) Datum der Versendung der Bekanntmachung: ☐☐/☐☐/☐☐☐☐ *(TT/MM/JJJJ)*

---

* Nicht unbedingt zur Veröffentlichung bestimmte Angaben.

ANHANG I
BEKANNTMACHUNG ÜBER VERGEBENE AUFTRÄGE - SEKTOREN
Gründe für die Wahl des Verhandlungsverfahrens ohne vorherige Vergabebekanntmachung

Artikel 20 Absatz 2 und Artikel 16 der Richtlinie 93/38/EWG

BAUAUFTRÄGE	☐
LIEFERAUFTRÄGE	☐
DIENSTLEISTUNGSAUFTRÄGE	☐

Die Gründe für die Wahl des Verhandlungsverfahrens **ohne vorherige Vergabebekanntmachung** müssen mit den in Artikel 20 Absatz 2 bzw. Artikel 16 der einschlägigen Richtlinie angegebenen Gründen übereinstimmen.

Bitte kreuzen Sie die entsprechenden Felder an:
(Siehe Wortlaut der einschlägigen Artikel)

a) Im Rahmen eines Verfahrens nach vorheriger Vergabebekanntmachung sind keine oder keine geeigneten Angebote abgegeben worden ☐

b) Der Auftrag wird nur zum Zweck von Forschungen, Versuchen, Untersuchungen oder Entwicklungen vergeben ☐

c) Der Bau-/Liefer-/Dienstleistungsauftrag kann aus folgenden Gründen nur von einem bestimmten Bieter durchgeführt werden
- technische Gründe ☐
- künstlerische Gründe ☐
- aufgrund des Schutzes von Ausschließlichkeitsrechten ☐

d) Dringliche, zwingende Gründe im Zusammenhang mit Ereignissen, die der Auftraggeber nicht voraussehen konnte ☐

e) Zusätzliche Leistungen ☐

f) Zusätzliche Bauarbeiten oder Dienstleistungen ☐

g) Neue Bauarbeiten, die in der Wiederholung gleichartiger Arbeiten bestehen ☐

h) Lieferung von Waren, die an Börsen notiert und gekauft werden ☐

i) Aufträge aufgrund eines Rahmenvertrags ☐

j) Gelegenheitskäufe ☐

k) Kauf von Lieferungen zu besonders günstigen Bedingungen ☐

l) Vergabe des Auftrags im Anschluß an einen Wettbewerb ☐

m) Auftrag für die Dienstleistungskategorien 17-27 (des Anhangs XVI B) ☐

* Nicht unbedingt zur Veröffentlichung bestimmte Angaben.

ANHANG II

BEKANNTMACHUNG ÜBER VERGEBENE AUFTRÄGE - SEKTOREN
Ausnahmen von der Verwendung Europäischer Spezifikationen

Artikel 18 Absatz 6 der Richtlinie 93/38/EWG

BAUAUFTRÄGE	☐
LIEFERAUFTRÄGE	☐
DIENSTLEISTUNGSAUFTRÄGE	☐

Von der Verpflichtung zur Angabe der technischen Spezifikationen unter Bezugnahme auf die Europäischen Spezifikationen wurde aus folgenden Gründen abgewichen:

(Siehe Wortlaut des einschlägigen Artikels)

Es ist technisch nicht möglich, die Übereinstimmung des Erzeugnisses mit den Europäischen Spezifikationen in zufriedenstellender Weise festzustellen.	☐
Die Befolgung der Verpflichtung würde die Anwendung der Richtlinie 86/361/EWG des Rates vom 24. Juli 1986 betreffend die erste Phase der gegenseitigen Anerkennung der Allgemeinzulassungen von Telekommunikations-Endgeräten oder die Anwendung der Entscheidung 87/95/EWG vom 22. Dezember 1986 über die Aufstellung von Normen auf dem Gebiet der Informationstechnologie und der Telekommunikation beeinträchtigen.	☐
Die Verwendung der Europäischen Spezifikationen würde den Auftraggeber zum Erwerb von Anlagen zwingen, die mit bereits genutzten Anlagen inkompatibel sind oder unverhältnismäßig hohe Kosten oder unverhältnismäßige technische Schwierigkeiten verursachen würden.	☐
Die betreffende Europäische Spezifikation ist für die geplante spezielle Anwendung ungeeignet oder trägt den seit ihrer Verabschiedung eingetretenen technischen Entwicklungen nicht Rechnung.	☐
Das Vorhaben ist wirklich innovativer Art, so daß die Anwendung bestehender Europäischer Spezifikationen unangemessen wäre.	☐

* Nicht unbedingt zur Veröffentlichung bestimmte Angaben.

EUROPÄISCHE UNION
Veröffentlichung des Supplements zum Amtsblatt der Europäischen Gemeinschaften
2, rue Mercier, L-2985 Luxembourg
Telefax (+352) 29 29 44 619, (+352) 29 29 44 623, (+352) 29 29 42 670
E-mail: mp-ojs@opoce.cec.eu.int   Internet-Adresse: http://simap.eu.int

REGELMÄSSIGE BEKANNTMACHUNG

SEKTOREN

kein Aufruf zum Wettbewerb

Bauaufträge   ☐
Lieferaufträge   ☐
Dienstleistungsaufträge ☐

Vom Amt für amtliche Veröffentlichungen auszufüllen

Datum des Eingangs der Bekanntmachung _____

Aktenzeichen _____

Ist das Beschaffungsübereinkommen (GPA) anwendbar?   NEIN ☐   JA ☐

ABSCHNITT I: AUFTRAGGEBER

I.1) OFFIZIELLER NAME UND ANSCHRIFT DES AUFTRAGGEBERS

Name	Zu Hdn. Von
Anschrift	Postleitzahl
Stadt/Ort	Land
Telefon	Fax
Elektronische Post (e-mail)	Internet-Adresse (URL)

I.2) NÄHERE AUSKÜNFTE SIND BEI FOLGENDER ANSCHRIFT ERHÄLTLICH:

Siehe I.1   ☐   *Falls nicht, siehe Anhang A*

---

* Nicht unbedingt für die Veröffentlichung bestimmte Angaben.   *Standardformular 5 – DE*

ABSCHNITT II: AUFTRAGSGEGENSTAND BAUAUFTRÄGE ☐

II.1) BEZEICHNUNG DES AUFTRAGS DURCH DEN AUFTRAGGEBER * _____

_____

II.2) ORT DER AUSFÜHRUNG: _____

NUTS code * _____

II.3) NOMENKLATUREN

II.3.1) Gemeinsames Vokabular für öffentliche Aufträge (CPV)*

	Hauptteil	Zusatzteil *(falls anwendbar)*
Hauptgegenstand	☐☐.☐☐.☐☐.☐☐-☐	☐☐☐☐☐-☐ ☐☐☐☐☐-☐ ☐☐☐☐☐-☐
Ergänzende Gegenstände	☐☐.☐☐.☐☐.☐☐-☐	☐☐☐☐☐-☐ ☐☐☐☐☐-☐ ☐☐☐☐☐-☐
	☐☐.☐☐.☐☐.☐☐-☐	☐☐☐☐☐-☐ ☐☐☐☐☐-☐ ☐☐☐☐☐-☐
	☐☐.☐☐.☐☐.☐☐-☐	☐☐☐☐☐-☐ ☐☐☐☐☐-☐ ☐☐☐☐☐-☐
	☐☐.☐☐.☐☐.☐☐-☐	☐☐☐☐☐-☐ ☐☐☐☐☐-☐ ☐☐☐☐☐-☐

II.3.2) Andere einschlägige Nomenklaturen (NACE): _____

II.4) ART UND UMFANG DER BAUARBEITEN: _____

_____

_____

II.5) VORAUSSICHTLICHER KOSTENRAHMEN DER GEPLANTEN BAUARBEITEN *(ohne MwSt)*:

_____ Währung : _____

II.6) VORAUSSICHTLICHER BEGINN *(falls bekannt)*

des Verfahrens ☐☐/☐☐/☐☐☐☐ *(TT/MM/JJJJ)*

der Bauarbeiten ☐☐/☐☐/☐☐☐☐ *(TT/MM/JJJJ)*

II.7) VORAUSSICHTLICHER ABSCHLUß DER BAUARBEITEN *(falls bekannt)*

☐☐/☐☐/☐☐☐☐ *(TT/MM/JJJJ)*

II.8) FINANZIERUNGS- UND ZAHLUNGSBEDINGUNGEN

_____

_____

_____

II.9) VERFAHRENSART

Offenes Verfahren ☐   Nichtoffenes Verfahren ☐   Verhandlungsverfahren ☐

II.10) ANDERE INFORMATIONEN *(falls anwendbar)* _____

_____

_____

(Verwenden Sie für Angaben über Lose Anhang B in beliebiger Anzahl)

.... *(Dieser Vordruck kann bei Bedarf in beliebiger Anzahl verwendet werden)* ....

* *Nicht unbedingt für die Veröffentlichung bestimmte Angaben.*

ABSCHNITT II : AUFTRAGSGEGENSTAND   LIEFERAUFTRÄGE ☐
DIENSTLEISTUNGSAUFTRÄGE ☐

II.1) BEZEICHNUNG DES AUFTRAGS DURCH DEN AUFTRAGGEBER * _____

_____

II.2) ORT DER LIEFERUNG BZW. DIENSTLEISTUNGSERBRINGUNG: _____
   NUTS code * _____

II.3) NOMENKLATUREN
II.3.1) Gemeinsames Vokabular für öffentliche Aufträge (CPV)*

	Hauptteil	Zusatzteil *(falls anwendbar)*		
Hauptgegenstand	☐☐.☐☐.☐☐.☐☐-☐	☐☐☐☐☐-☐	☐☐☐☐☐-☐	☐☐☐☐☐-☐
Ergänzende Gegenstände	☐☐.☐☐.☐☐.☐☐-☐	☐☐☐☐☐-☐	☐☐☐☐☐-☐	☐☐☐☐☐-☐
	☐☐.☐☐.☐☐.☐☐-☐	☐☐☐☐☐-☐	☐☐☐☐☐-☐	☐☐☐☐☐-☐
	☐☐.☐☐.☐☐.☐☐-☐	☐☐☐☐☐-☐	☐☐☐☐☐-☐	☐☐☐☐☐-☐
	☐☐.☐☐.☐☐.☐☐-☐	☐☐☐☐☐-☐	☐☐☐☐☐-☐	☐☐☐☐☐-☐

II.3.2) Andere einschlägige Nomenklaturen (CPA/CPC) _____

II.3.3) Dienstleistungskategorie ☐☐

II.4) ART UND MENGE DER WAREN ODER DIENSTLEISTUNGEN _____

_____
_____

II.5) VORAUSSICHTLICHER BEGINN DES VERFAHRENS *(falls bekannt)*
   ☐☐/☐☐/☐☐☐☐ *(TT/MM/JJJJ)*

II.6) VERFAHRENSART
   Offenes Verfahren ☐   Nichtoffenes Verfahren ☐   Verhandlungsverfahren ☐

II.7) ANDERE INFORMATIONEN *(wenn anwendbar)* _____

_____
_____

(Verwenden Sie für Angaben über Lose Anhang B in beliebiger Anzahl)

.... *(Dieser Vordruck kann bei Bedarf in beliebiger Anzahl verwendet werden)* ....

* Nicht unbedingt für die Veröffentlichung bestimmte Angaben.   *Standardformular 5 – DE*

ABSCHNITT IV: VERWALTUNGSINFORMATIONEN

IV.1) A͟K͟T͟E͟N͟Z͟E͟I͟C͟H͟E͟N͟ ͟B͟E͟I͟M͟ ͟A͟U͟F͟T͟R͟A͟G͟G͟E͟B͟E͟R͟ * _____

_____

ABSCHNITT VI: ANDERE INFORMATIONEN

VI.1) I͟S͟T͟ ͟D͟I͟E͟ ͟B͟E͟K͟A͟N͟N͟T͟M͟A͟C͟H͟U͟N͟G͟ ͟F͟R͟E͟I͟W͟I͟L͟L͟I͟G͟ ?

    NEIN ☐   JA ☐

VI.2) S͟T͟E͟H͟T͟ ͟D͟I͟E͟S͟E͟R͟ ͟A͟U͟F͟T͟R͟A͟G͟ ͟M͟I͟T͟ ͟E͟I͟N͟E͟M͟ ͟V͟O͟R͟H͟A͟B͟E͟N͟/P͟R͟O͟G͟R͟A͟M͟M͟ ͟I͟N͟ ͟V͟E͟R͟B͟I͟N͟D͟U͟N͟G͟, ͟D͟A͟S͟ ͟M͟I͟T͟ ͟M͟I͟T͟T͟E͟L͟N͟ ͟D͟E͟R͟ ͟EU-S͟T͟R͟U͟K͟T͟U͟R͟F͟O͟N͟D͟S͟ ͟F͟I͟N͟A͟N͟Z͟I͟E͟R͟T͟ ͟W͟I͟R͟D͟? *

    NEIN ☐   JA ☐

Wenn ja, geben Sie das Vorhaben / Programm und einen sachdienlichen Bezug an _____

_____

_____

VI.3) D͟A͟T͟U͟M͟ ͟D͟E͟R͟ ͟V͟E͟R͟S͟E͟N͟D͟U͟N͟G͟ ͟D͟E͟R͟ ͟B͟E͟K͟A͟N͟N͟T͟M͟A͟C͟H͟U͟N͟G͟: ☐☐/☐☐/☐☐☐☐ *(TT/MM/JJJJ)*

ANHANG A

1.2) NÄHERE AUSKÜNFTE SIND BEI FOLGENDER ANSCHRIFT ERHÄLTLICH

Name	Zu Hdn. Von
Anschrift	Postleitzahl
Stadt/Ort	Land
Telefon	Fax
Elektronische Post (e-mail)	Internet-Adresse (URL)

* Nicht unbedingt für die Veröffentlichung bestimmte Angaben.

ANHANG B: REGELMÄSSIGE BEKANNTMACHUNG
INFORMATION ÜBER LOSE

LOS Nr. ☐☐ ....

1) Nomenklaturen

1.1) Gemeinsames Vokabular für öffentliche Aufträge (CPV)*

	Hauptteil	Zusatzteil *(falls anwendbar)*
Hauptgegenstand	☐☐.☐☐.☐☐.☐☐-☐	☐☐☐☐☐-☐ ☐☐☐☐☐-☐ ☐☐☐☐☐-☐
Ergänzende Gegenstände	☐☐.☐☐.☐☐.☐☐-☐	☐☐☐☐☐-☐ ☐☐☐☐☐-☐ ☐☐☐☐☐-☐
	☐☐.☐☐.☐☐.☐☐-☐	☐☐☐☐☐-☐ ☐☐☐☐☐-☐ ☐☐☐☐☐-☐
	☐☐.☐☐.☐☐.☐☐-☐	☐☐☐☐☐-☐ ☐☐☐☐☐-☐ ☐☐☐☐☐-☐
	☐☐.☐☐.☐☐.☐☐-☐	☐☐☐☐☐-☐ ☐☐☐☐☐-☐ ☐☐☐☐☐-☐

1.2) Andere einschlägige Nomenklaturen (NACE/CPA/CPC) _____

2) Art und Umfang: _____

_____

3) Voraussichtliche Kosten *(ohne MwSt)*: _____ Währung: _____

4) Voraussichtlicher Beginn *(falls bekannt)*:

   des Verfahrens: ☐☐/☐☐/☐☐☐☐ *(TT/MM/JJJJ)*

   der Ausführung/der Lieferung: ☐☐/☐☐/☐☐☐☐ *(TT/MM/JJJJ)*

5) Datum der Fertigstellung *(falls bekannt)*: ☐☐/☐☐/☐☐☐☐ *(TT/MM/JJJJ)*

LOS Nr. ☐☐ ....

1) Nomenklaturen

1.1) Gemeinsames Vokabular für öffentliche Aufträge (CPV)*

	Hauptteil	Zusatzteil *(falls anwendbar)*
Hauptgegenstand	☐☐.☐☐.☐☐.☐☐-☐	☐☐☐☐☐-☐ ☐☐☐☐☐-☐ ☐☐☐☐☐-☐
Ergänzende Gegenstände	☐☐.☐☐.☐☐.☐☐-☐	☐☐☐☐☐-☐ ☐☐☐☐☐-☐ ☐☐☐☐☐-☐
	☐☐.☐☐.☐☐.☐☐-☐	☐☐☐☐☐-☐ ☐☐☐☐☐-☐ ☐☐☐☐☐-☐
	☐☐.☐☐.☐☐.☐☐-☐	☐☐☐☐☐-☐ ☐☐☐☐☐-☐ ☐☐☐☐☐-☐
	☐☐.☐☐.☐☐.☐☐-☐	☐☐☐☐☐-☐ ☐☐☐☐☐-☐ ☐☐☐☐☐-☐

1.2) Andere einschlägige Nomenklaturen (NACE/CPA/CPC) _____

2) Art und Umfang: _____

_____

3) Voraussichtliche Kosten *(ohne MwSt)*: _____ Währung: _____

4) Voraussichtlicher Beginn *(falls bekannt)*:

   des Verfahrens: ☐☐/☐☐/☐☐☐☐ *(TT/MM/JJJJ)*

   der Ausführung/der Lieferung: ☐☐/☐☐/☐☐☐☐ *(TT/MM/JJJJ)*

5) Datum der Fertigstellung *(falls bekannt)*: ☐☐/☐☐/☐☐☐☐ *(TT/MM/JJJJ)*

...........................*(Dieser Vordruck kann bei Bedarf in beliebiger Anzahl verwendet werden)*...........................

* *Nicht unbedingt für die Veröffentlichung bestimmte Angaben.*

EUROPÄISCHE UNION
Veröffentlichung des Supplements zum Amtsblatt der Europäischen Gemeinschaften
2, rue Mercier, L-2985 Luxembourg
Telefax (+352) 29 29 44 619, (+352) 29 29 44 623, (+352) 29 29 42 670
E-mail: mp-ojs@opoce.cec.eu.int Internet-Adresse: http://simap.eu.int

AUFTRAGSBEKANNTMACHUNG
SEKTOREN

Bauaufträge ☐

Lieferaufträge ☐

Dienstleistungsaufträge ☐

Vom Amt für amtliche Veröffentlichungen auszufüllen
Datum des Eingangs der Bekanntmachung _____
Aktenzeichen _____

Ist das Beschaffungsübereinkommen (GPA) anwendbar? NEIN ☐ JA ☐

ABSCHNITT I: AUFTRAGGEBER

I.1) OFFIZIELLER NAME UND ANSCHRIFT DES AUFTRAGGEBERS

Name	Zu Hdn. Von
Anschrift	Postleitzahl
Stadt/Ort	Land
Telefon	Fax
Elektronische Post (e-mail)	Internet-Adresse (URL)

I.2) NÄHERE AUSKÜNFTE SIND BEI FOLGENDER ANSCHRIFT ERHÄLTLICH:

Siehe I.1 ☐   *Falls nicht, siehe Anhang A*

I.3) UNTERLAGEN SIND BEI FOLGENDER ANSCHRIFT ERHÄLTLICH:

Siehe I.1 ☐   *Falls nicht, siehe Anhang A*

I.4) ANGEBOTE/TEILNAHMEANTRÄGE SIND AN FOLGENDE ANSCHRIFT ZU SCHICKEN:

Siehe I.1 ☐   *Falls nicht, siehe Anhang A*

* Nicht unbedingt für die Veröffentlichung bestimmte Angaben Standardformular 4 – DE

ABSCHNITT II: AUFTRAGSGEGENSTAND

II.1) BESCHREIBUNG

II.1.1) Art des Bauauftrags *(bei Bauaufträgen)*

Ausführung ☐ Planung und Ausführung ☐ Erbringung einer Bauleistung, gleichgültig mit welchen Mitteln, im Zusammenhang mit einer in Anhang XI der Richtlinie 93/38/EWG genannten Tätigkeiten oder eines Bauwerks ☐

II.1.2) Art des Lieferauftrags *(bei Lieferaufträgen)*

Kauf ☐   Miete ☐   Leasing ☐   Ratenkauf ☐   Andere ☐

II.1.3) Art des Dienstleistungsauftrags *(bei Dienstleistungsaufträgen)*

Dienstleistungskategorie ☐☐

II.1.4) Rahmenvertrag? *   NEIN ☐   JA ☐

II.1.5) Bezeichnung des Auftrags durch den Auftraggeber * _____
_____

II.1.6) Beschreibung/Gegenstand des Auftrags _____
_____
_____
_____
_____

II.1.7) Ort der Ausführung, der Lieferung bzw. Dienstleistungserbringung _____

NUTS code * _____

II.1.8) Nomenklaturen

II.1.8.1) Gemeinsames Vokabular für öffentliche Aufträge (CPV)*

	Hauptteil	Zusatzteil *(falls anwendbar)*		
Hauptgegenstand	☐☐.☐☐.☐☐.☐☐-☐	☐☐☐☐-☐	☐☐☐☐-☐	☐☐☐☐-☐
Ergänzende Gegenstände	☐☐.☐☐.☐☐.☐☐-☐	☐☐☐☐-☐	☐☐☐☐-☐	☐☐☐☐-☐
	☐☐.☐☐.☐☐.☐☐-☐	☐☐☐☐-☐	☐☐☐☐-☐	☐☐☐☐-☐
	☐☐.☐☐.☐☐.☐☐-☐	☐☐☐☐-☐	☐☐☐☐-☐	☐☐☐☐-☐
	☐☐.☐☐.☐☐.☐☐-☐	☐☐☐☐-☐	☐☐☐☐-☐	☐☐☐☐-☐

II.1.8.2) Andere einschlägige Nomenklaturen (CPA/NACE/CPC) _____

II.1.9) Aufteilung in Lose *(Verwenden Sie für Angaben über Lose Anhang B in beliebiger Anzahl)*

NEIN ☐   JA ☐

Angebote sind möglich für   ein Los ☐   mehrere Lose ☐   alle Lose ☐

II.1.10) Werden Nebenangebote/Alternativvorschläge berücksichtigt *(wo anwendbar)*

NEIN ☐   JA ☐

---

* *Nicht unbedingt für die Veröffentlichung bestimmte Angaben*

II.1.11) Abweichung von der Anwendung einer Europäischen Spezifikation

NEIN ☐   JA ☐   *Wenn ja, bitte im Anhang C die entsprechenden Felder ankreuzen*

II.2) MENGE ODER UMFANG DES AUFTRAGS

II.2.1) Gesamtmenge bzw. -umfang *(einschließlich aller Lose und Optionen, falls anwendbar)* _____
_____

II.2.2) Optionen *(falls anwendbar).* **Beschreibung und Angabe des Zeitpunktes, zu dem sie wahrgenommen werden können** *(falls möglich)*
_____
_____

II.3) AUFTRAGSDAUER BZW. FRISTEN FÜR DIE DURCHFÜHRUNG DES AUFTRAGS

Entweder: Monate ☐☐   und/oder Tage ☐☐☐ ab Auftragserteilung

Oder: Beginn ☐☐/☐☐/☐☐☐☐ und/oder Ende ☐☐/☐☐/☐☐☐☐ *(TT/MM/JJJJ)*

ABSCHNITT III: RECHTLICHE, WIRTSCHAFTLICHE, FINANZIELLE UND TECHNISCHE INFORMATIONEN

III.1) BEDINGUNGEN FÜR DEN AUFTRAG

III.1.1) Geforderte Kautionen und Sicherheiten *(wenn anwendbar)* _____
_____

III.1.2) Wesentliche Finanzierungs- und Zahlungsbedingungen bzw. Verweisung auf die maßgeblichen Vorschriften *(falls anwendbar)*
_____
_____

III.1.3) Rechtsform, die eine Bietergemeinschaft von Bauunternehmern / Lieferanten / Dienstleistern, an die der Auftrag vergeben wird, haben muß *(wenn anwendbar)* _____
_____

III.2) BEDINGUNGEN FÜR DIE TEILNAHME

III.2.1) Angaben zur Situation des Bauunternehmers / des Lieferanten / des Dienstleisters sowie Angaben und Formalitäten, die zur Beurteilung der Frage erforderlich sind, ob dieser die wirtschaftlichen und technischen Mindestanforderungen erfüllt
_____
_____
_____

III.2.1.1) Rechtslage - Geforderte Nachweise
_____
_____
_____
_____

* Nicht unbedingt für die Veröffentlichung bestimmte Angaben

III.2.1.2) Wirtschaftliche und finanzielle Leistungsfähigkeit - Geforderte Nachweise

_____
_____
_____
_____

III.2.1.3) Technische Leistungsfähigkeit - Geforderte Nachweise

_____
_____
_____
_____

III.2.1.4) Andere Informationen *(wenn anwendbar)*

_____
_____
_____
_____

III.3) BEDINGUNGEN BETREFFEND DEN DIENSTLEISTUNGSAUFTRAG

III.3.1) Ist die Dienstleistungserbringung einem besonderen Berufsstand vorbehalten?

NEIN ☐   JA ☐

Wenn ja, Bezugnahme auf die einschlägige Rechts- oder Verwaltungsvorschrift _____
_____

III.3.2) Müssen juristische Personen die Namen und die berufliche Qualifikation der für die Ausführung der Dienstleistung verantwortlichen Personen angeben?

NEIN ☐   JA ☐

ABSCHNITT IV: VERFAHREN

IV.1) VERFAHRENSART

Offenes Verfahren ☐   Nichtoffenes Verfahren ☐   Verhandlungsverfahren ☐

IV.1.1) Frühere Bekanntmachungen desselben Auftrags *(wenn anwendbar)*

IV.1.1.1) Regelmäßige Bekanntmachung zu demselben Auftrag

Bekanntmachungs-nummer im ABl.- Inhaltsverzeichnis:

☐☐☐☐/S ☐☐☐-☐☐☐☐☐☐☐ vom ☐☐/☐☐/☐☐☐☐ *(TT/MM/JJJJ)*

IV.1.1.2) Andere frühere Bekanntmachungen

Bekanntmachungs-nummer im ABl.- Inhaltsverzeichnis:

☐☐☐☐/S ☐☐☐-☐☐☐☐☐☐☐ vom ☐☐/☐☐/☐☐☐☐ *(TT/MM/JJJJ)*

* *Nicht unbedingt für die Veröffentlichung bestimmte Angaben*   *Standardformular 4 – DE*

IV.1.2) Zahl der Unternehmen, die zur Angebotsabgabe aufgefordert werden sollen *(wenn anwendbar)*

Genaue Zahl ☐☐   Bzw. Mindestens ☐☐ / Höchstens ☐☐

IV.2) ZUSCHLAGSKRITERIEN

A) Der niedrigste Preis ☐
oder
B) Das wirtschaftlich günstigste Angebot bezüglich: ☐
B1) aufgrund der nachstehenden Kriterien *(möglichst in der Reihenfolge ihrer Priorität)* ☐

1 _____   4 _____   7 _____

2 _____   5 _____   8 _____

3 _____   6 _____   9 _____

In der Reihenfolge ihrer Priorität :   NEIN ☐   JA ☐
oder:
B2) aufgrund der in den Unterlagen genannten Kriterien   ☐

IV.3) VERWALTUNGSINFORMATIONEN

IV.3.1) Aktenzeichen beim Auftraggeber * _____

_____

IV.3.2) Bedingungen für Erhalt der Ausschreibungsunterlagen und zusätzlicher Unterlagen

Erhältlich bis ☐☐/☐☐/☐☐☐☐ *(TT/MM/JJJJ)*

Kosten *(wo anwendbar)* : _____   Währung : _____

Zahlungsbedingungen und -weise : _____

_____

_____

IV.3.3) Schlußtermin für den Eingang der Angebote oder der Teilnahmeanträge *(nach der Art des Verfahrens, offene Verfahren oder nichtoffene und Verhandlungsverfahren)*

☐☐/☐☐/☐☐☐☐ *(TT/MM/JJJJ)* oder: ☐☐☐ Tage nach Versendung der Bekanntmachung

Uhrzeit *(wenn anwendbar)* : _____

IV.3.4) Versendung der Aufforderung zur Angebotsabgabe an ausgewählte Bewerber *(bei nichtoffenen und Verhandlungs-verfahren)*

Voraussichtlicher Zeitpunkt ☐☐/☐☐/☐☐☐☐ *(TT/MM/JJJJ)*

IV.3.5) Sprache oder Sprachen, die für die Angebotslegung oder Teilnahmeanträge verwendet werden können

ES	DA	DE	EL	EN	FR	IT	NL	PT	FI	SV	andere – Drittstaat
☐	☐	☐	☐	☐	☐	☐	☐	☐	☐	☐	_____

* *Nicht unbedingt für die Veröffentlichung bestimmte Angaben*

IV.3.6) Bindefrist des Angebots *(bei offenen Verfahren)*

Bis ☐☐/☐☐/☐☐☐☐ *(TT/MM/JJJJ)* oder ☐☐ Monate und/oder ☐☐☐ Tage *(ab dem Schlußtermin für den Eingang der Angebote)*

IV.3.7) Bedingungen für die Öffnung der Angebote

IV 3.7.1) Personen, die bei der Öffnung der Angebote anwesend sein dürfen *(falls anwendbar)*

_____
_____
_____

IV.3.7.2) Zeitpunkt und Ort

Datum: ☐☐/☐☐/☐☐☐☐ *(TT/MM/JJJJ)*   Uhrzeit : _____

Ort : _____

ABSCHNITT VI: ANDERE INFORMATIONEN

VI.1) IST DIE BEKANNTMACHUNG FREIWILLIG?

NEIN ☐   JA ☐

VI.2) GEBEN SIE AN, OB DIESER AUFTRAG REGELMÄSSIG WIEDERKEHRT UND WANN VORAUSSICHTLICH ANDERE BEKANNTMACHUNGEN VERÖFFENTLICHT WERDEN *(falls anwendbar)*

_____
_____

VI.3) STEHT DIESER AUFTRAG MIT EINEM VORHABEN/PROGRAMM IN VERBINDUNG, DAS MIT MITTELN DER EU-STRUKTURFONDS FINANZIERT WIRD? *

NEIN ☐   JA ☐

Wenn ja, geben Sie das Vorhaben/Programm und einen sachdienlichen Bezug an _____
_____
_____
_____

VI.4) SONSTIGE INFORMATIONEN *(falls anwendbar)*

_____
_____
_____
_____
_____
_____

VI.5) DATUM DER VERSENDUNG DER BEKANNTMACHUNG: ☐☐/☐☐/☐☐☐☐ *(TT/MM/JJJJ)*

* Nicht unbedingt für die Veröffentlichung bestimmte Angaben

ANHANG A

1.2) Nähere Auskünfte sind bei folgender Anschrift erhältlich

Name	Zu Hdn. von
Anschrift	Postleitzahl
Stadt/Ort	Land
Telefon	Fax
Elektronische Post (e-mail)	Internet-Adresse (URL)

1.3) Unterlagen sind bei folgender Anschrift erhältlich

Name	Zu Hdn. von
Anschrift	Postleitzahl
Stadt/Ort	Land
Telefon	Fax
Elektronische Post (e-mail)	Internet-Adresse (URL)

1.4) Angebote/Teilnahmeanträge sind an folgende Anschrift zu schicken

Name	Zu Hdn. von
Anschrift	Postleitzahl
Stadt/Ort	Land
Telefon	Fax
Elektronische Post (e-mail)	Internet-Adresse (URL)

* *Nicht unbedingt für die Veröffentlichung bestimmte Angaben*

ANHANG B / AUFTRAGSBEKANNTMACHUNG – SEKTOREN
INFORMATION ÜBER LOSE

LOS Nr. ☐☐ ....

1) Nomenklaturen

1.1) Gemeinschaftsvokabular für öffentliche Aufträge (CPV)*

	Hauptteil	Zusatzteil *(falls anwendbar)*
Hauptgegenstand	☐☐.☐☐.☐☐.☐☐-☐	☐☐☐☐☐-☐ ☐☐☐☐☐-☐ ☐☐☐☐☐-☐
Ergänzende Gegenstände	☐☐.☐☐.☐☐.☐☐-☐	☐☐☐☐☐-☐ ☐☐☐☐☐-☐ ☐☐☐☐☐-☐
	☐☐.☐☐.☐☐.☐☐-☐	☐☐☐☐☐-☐ ☐☐☐☐☐-☐ ☐☐☐☐☐-☐
	☐☐.☐☐.☐☐.☐☐-☐	☐☐☐☐☐-☐ ☐☐☐☐☐-☐ ☐☐☐☐☐-☐
	☐☐.☐☐.☐☐.☐☐-☐	☐☐☐☐☐-☐ ☐☐☐☐☐-☐ ☐☐☐☐☐-☐

1.2) Andere einschlägige Nomenklaturen (CPA/NACE/CPC) _____
_____

2) Kurze Beschreibung _____
_____
_____

3) Umfang bzw. Menge _____
_____

4) Unterschiedlicher Ausführungsbeginn/Zeitpunkt der Lieferung *(wenn anwendbar)* _____

    Ausführungsbeginn   ☐☐/☐☐/☐☐☐☐ *(TT/MM/JJJJ)*

    und/oder Zeitpunkt der Lieferung   ☐☐/☐☐/☐☐☐☐ *(TT/MM/JJJJ)*

LOS Nr. ☐☐ ....

1) Nomenklaturen

1.1) Gemeinschaftsvokabular für öffentliche Aufträge (CPV)

	Hauptteil	Zusatzteil *(falls anwendbar)*
Hauptgegenstand	☐☐.☐☐.☐☐.☐☐-☐	☐☐☐☐☐-☐ ☐☐☐☐☐-☐ ☐☐☐☐☐-☐
Ergänzende Gegenstände	☐☐.☐☐.☐☐.☐☐-☐	☐☐☐☐☐-☐ ☐☐☐☐☐-☐ ☐☐☐☐☐-☐
	☐☐.☐☐.☐☐.☐☐-☐	☐☐☐☐☐-☐ ☐☐☐☐☐-☐ ☐☐☐☐☐-☐
	☐☐.☐☐.☐☐.☐☐-☐	☐☐☐☐☐-☐ ☐☐☐☐☐-☐ ☐☐☐☐☐-☐
	☐☐.☐☐.☐☐.☐☐-☐	☐☐☐☐☐-☐ ☐☐☐☐☐-☐ ☐☐☐☐☐-☐

1.2) Andere einschlägige Nomenklaturen (CPA/NACE/CPC) _____
_____

2) Kurze Beschreibung _____
_____
_____

3) Umfang bzw. Menge _____
_____

* Nicht unbedingt für die Veröffentlichung bestimmte Angaben

4) Unterschiedlicher Ausführungsbeginn/Zeitpunkt der Lieferung *(wenn anwendbar)* _____

    Ausführungsbeginn   ☐☐/☐☐/☐☐☐☐ *(TT/MM/JJJJ)*

    und/oder Zeitpunkt der Lieferung   ☐☐/☐☐/☐☐☐☐ *(TT/MM/JJJJ)*

.... *(Verwenden Sie bei Bedarf zusätzliche Blätter)* ....

* Nicht unbedingt für die Veröffentlichung bestimmte Angaben

ANHANG C
AUFTRAGSBEKANNTMACHUNG - SEKTOREN
ABWEICHUNGEN VON DER VERWENDUNG EUROPÄISCHER SPEZIFIKATIONEN
Artikel 18 Absatz 6 der Richtlinie 93/38/EWG

BAUAUFTRÄGE	☐
LIEFERAUFTRÄGE	☐
DIENSTLEISTUNGSAUFTRÄGE	☐

Von der Verpflichtung zur Angabe der technischen Spezifikationen unter Bezugnahme auf die Europäischen Spezifikationen wurde aus folgenden Gründen abgewichen:
(Siehe im einzelnen den Text der Richtlinie)

Es ist technisch nicht möglich, die Übereinstimmung des Erzeugnisses mit den Europäischen Spezifikationen in zufriedenstellender Weise festzustellen.	☐
Die Befolgung der Verpflichtung würde die Anwendung der Richtlinie 86/361/EWG des Rates vom 24. Juli 1986 betreffend die erste Phase der gegenseitigen Anerkennung der Allgemeinzulassungen von Telekommunikations-Endgeräten oder die Anwendung der Entscheidung 87/95/EWG vom 22. Dezember 1986 über die Aufstellung von Normen auf dem Gebiet der Informationstechnologie und der Telekommunikation beeinträchtigen.	☐
Die Verwendung der Europäischen Spezifikationen würde den Auftraggeber zum Erwerb von Anlagen zwingen, die mit bereits genutzten Anlagen inkompatibel sind oder unverhältnismäßig hohe Kosten oder unverhältnismäßige technische Schwierigkeiten verursachen würden.	☐
Die betreffende Europäische Spezifikation ist für die geplante spezielle Anwendung ungeeignet oder trägt den seit ihrer Verabschiedung eingetretenen technischen Entwicklungen nicht Rechnung.	☐
Das Vorhaben ist wirklich innovativer Art, so daß die Anwendung bestehender Europäischer Spezifikationen unangemessen wäre.	☐

* Nicht unbedingt für die Veröffentlichung bestimmte Angaben

Teil V

Vertragsmuster

1 Vertragsmuster

1.1 VOB-Bauwerkvertrag

Zwischen

Firma ...

– im Folgenden Auftraggeberin genannt –,

vertreten durch ...,

und

Firma ...

– im Folgenden Auftragnehmerin genannt –,

vertreten durch ...,

wird folgender

Bauvertrag

geschlossen:

§ 1 Vertragsgegenstand

1. Die Auftraggeberin überträgt der Auftragnehmerin die Ausführung der Arbeiten entsprechend dem Leistungsverzeichnis vom ...

2. Die Auftraggeberin hat die Bauleitung und -überwachung Herrn ... übertragen.

Dieser ist auf der Baustelle Vertreter der Auftraggeberin.

Er ist berechtigt, bis zu einem Wert von .... % der Netto-Auftragssumme Vertragsänderungen, Zusatzleistungen und Stundenlohnarbeiten zu beauftragen.

§ 2 Vertragsgrundlagen

1. Ergänzend zu diesem Vertrag sind außerdem Vertragsbestandteil die nachfolgend näher bezeichneten Anlagen zu diesem Vertrag in der angegebenen Reihenfolge:

Baubesprechungsprotokoll vom ...

Leistungsverzeichnis vom ...

Angebotsschreiben vom ...

Bauzeichnungen vom ...

Zahlungsplan vom ...

Bauzeitenplan vom ...

2. Ergänzend zu diesem Vertrag sind außerdem die Vorschriften der anliegenden Allgemeinen Vertragsbedingungen für die Ausführung von Bauleistungen (VOB/B) in der zum Zeitpunkt des Vertragsabschlusses geltenden Fassung 2002 Vertragsbestandteil. Diese Vorschriften gelten auch für

etwaige geänderte oder zusätzliche Leistungen sowie Nachtragsaufträge, die im Zusammenhang mit der Durchführung dieses Vertrags stehen.

3. Weiterer Vertragsbestandteil sind die Allgemeinen Technischen Vertragsbedingungen für Bauleistungen (VOB/C) in der zum Zeitpunkt des Vertragsschlusses geltenden Fassung 2002.

§ 3 Vergütung

1. Der Angebotspreis beträgt ... EUR.

2. Die tatsächliche Vergütung wird nach den Einheitspreisen und den tatsächlich angefallenen Massen/Mengen entsprechend dem Leistungsverzeichnis vom ... berechnet.

3. Die vereinbarten Einheitspreise stellen Festpreise dar. Die Regelungen in § 2 Nr. 3 ff. VOB/B bleiben hiervon unberührt.

§ 4 Abschlagszahlungen

Die Auftragnehmerin hat Anspruch auf Abschlagszahlungen entsprechend § 16 Nr. 1 VOB/B.

§ 5 Zahlung

1. Abschlagszahlungen werden fällig 18 Tage nach Zugang einer prüfbaren Aufstellung in dreifacher Ausfertigung bei dem mit der Prüfung der Rechnungen beauftragten Architekten ...

2. Die Schlussrechnung ist gemäß § 16 Nr. 3 VOB/B spätestens innerhalb von zwei Monaten nach Fertigstellung der gesamten Bauleistung und Zugang einer prüfbaren Schlussrechnung bei dem Auftraggeber auszugleichen. Der Schlussrechnung sind gemäß § 14 Nr. 1 VOB/B die zum Nachweis von Art und Umfang der Leistungen erforderlichen Belege beizufügen.

§ 6 Steuerabzug

Der Auftraggeber wird von jeder Zahlung an den Auftragnehmer 15 % einbehalten, wenn nicht der Auftragnehmer spätestens mit Zugang der ersten Rechnung beim Auftraggeber eine Freistellungsbescheinigung seines zuständigen Finanzamts vorgelegt hat. Der Auftragnehmer ist verpflichtet, dem Auftraggeber das für ihn zuständige Finanzamt sowie seine dortige Steuernummer spätestens mit Einreichung der ersten Rechnung bekannt zu geben.

§ 7 Ausführungsfrist

Die Auftragnehmerin beginnt die Arbeiten am ... und stellt die Bauleistung bis zum ... fertig.

§ 8 Ausführung der Leistungen

1. Die Auftragnehmerin ist berechtigt, die Ausführung der unter § 1 und § 2 genannten Leistungen auch teilweise mit Zustimmung der Auftraggeberin an Nachunternehmer zu vergeben.

2. Die Auftragnehmerin hat vor der Beauftragung der Auftraggeberin den vorgesehenen Nachunternehmer bekannt zu geben und die schriftliche Zustimmung der Auftraggeberin einzuholen.

3. Die Auftragnehmerin ist verpflichtet, bei der Weitervergabe von Bauleistungen an Nachunternehmer die VOB/B zugrunde zu legen.

§ 9 Mängelansprüche

Die Auftragnehmerin haftet für Mängelansprüche einheitlich für die Dauer von 5 Jahren. Im Übrigen richtet sich die Haftung für Mängelansprüche nach § 13 VOB/B.

§ 10 Kündigung

1. Dieser Vertrag ist entsprechend den Regelungen der §§ 8, 9 VOB/B kündbar.

2. Das Recht der Parteien, den Vertrag aus wichtigem Grund außerordentlich zu kündigen, bleibt unbenommen. Insbesondere kann jede Partei den Vertrag kündigen, wenn durch ein schuldhaftes

Verhalten der anderen Partei die Durchführung des Vertrags oder der Vertragszweck so gefährdet ist, dass es der kündigenden Partei nicht mehr zugemutet werden kann, das Vertragsverhältnis aufrecht zu erhalten.

3. Im Fall einer vorzeitigen Vertragsbeendigung durch Kündigung oder aus anderen Gründen hat die Auftragnehmerin Anspruch auf die Bezahlung des Werklohns für die von ihr ausgeführten Werkleistungen. Sie hat diese darzulegen, zu bewerten und von den nicht ausgeführten Leistungen abzugrenzen.

4. Verlangt die Auftragnehmerin darüber hinaus Vergütung für nicht erbrachte Leistungen, hat sie auch diese darzulegen und anzugeben, ob und gegebenenfalls welche Aufwendungen sie aufgrund der Beendigung des Vertrags erspart hat. Sie hat weiter darzulegen, ob und gegebenenfalls welche Einnahmen sie durch eine anderweitige Verwendung ihrer Arbeitskraft erzielt oder böswillig zu erzielen unterlassen hat.

5. Die Auftragnehmerin ist insoweit verpflichtet, die Grundlage ihrer Preiskalkulation für die vertraglich vereinbarten Leistungen der Auftraggeberin bekannt zu geben.

6. Sollte die Auftragnehmerin die Kalkulation der Vertragspreise nicht in schriftlicher Form vor Vertragsbeginn niedergelegt haben, hat sie die maßgebenden Grundlagen ihrer Kalkulation nachträglich zusammenzustellen und die infolge der Vertragsbeendigung ersparten Aufwendungen konkret darzutun.

7. Von den vorstehenden Regelungen bleibt die gesetzliche Beweislastverteilung unberührt.

§ 11 Teilabnahme

Folgende Teile der beauftragten Bauleistung sind gesondert abzunehmen:

...

§ 12 Schlussabnahme

1. Innerhalb von ... Tagen nach der unter § 6 genannten Ausführungszeit oder der Anzeige der Auftragnehmerin von der Fertigstellung der gesamten Bauleistung findet zu einem zwischen der Auftragnehmerin und der Auftraggeberin noch zu vereinbarenden Termin, an dem beide Parteien teilzunehmen haben, eine gemeinsame Abnahme statt.

2. Wird auf Verlangen einer Partei eine förmliche Abnahme durchgeführt, ist über diese eine von der Auftragnehmerin und der Auftraggeberin zu unterzeichnende Niederschrift (Abnahmeprotokoll) anzufertigen.

§ 13 Skonto

1. Die Auftragnehmerin gewährt auf die vereinbarte Bruttovergütung ... % Skonto, sofern die vertragsgemäß gestellte Rechnung innerhalb der hierfür geltenden Frist vollständig bezahlt wird.

2. Die Skontierungsfrist beträgt ... Wochen. Die Frist beginnt mit Eingang der Rechnung bei dem Architekten.

3. Eine Zahlung ist rechtzeitig geleistet, wenn Bargeld innerhalb der Skontierungsfrist der Auftragnehmerin zugegangen ist oder wenn eine Gutschrift des überwiesenen Betrags auf dem Konto der Auftragnehmerin innerhalb der Frist erfolgt.

§ 14 Sicherheitsleistung

1. Die Auftraggeberin ist berechtigt, für die Dauer der Haftung für Mängelansprüche 5 % der Brutto-Schlussrechnungssumme als Sicherheitsleistung einzubehalten. Die Auftraggeberin ist berechtigt, die von ihr zu leistenden Abschlagszahlungen jeweils bis zu 10 % der Abschlagszahlungen zu kürzen, bis die Sicherungssumme erreicht ist.

2. Die Auftragnehmerin ist berechtigt, den Sicherheitseinbehalt durch Übergabe einer unbedingten, unbefristeten, unwiderruflichen und selbstschuldnerischen Bürgschaft eines in den Europäischen

Gemeinschaften zugelassenen Kreditinstituts oder Kreditversicherers abzulösen. Die Kosten der Bürgschaft trägt die Auftragnehmerin.

Die Bürgschaftsurkunde muss also die Verpflichtung enthalten, auf die Einrede der Anfechtung und Aufrechnung sowie der Vorausklage nach §§ 770 und 771 BGB zu verzichten.

3. Die Auftraggeberin hat die Bürgschaft nach Ablauf der vertraglich vereinbarten Verjährungsfrist für Mängelansprüche zurückzugeben.

§ 15 Bauwesenversicherung

1. Von der Auftraggeberin wird eine Bauwesenversicherung abgeschlossen, mit der die von der Auftragnehmerin zu erbringenden Leistungen ebenfalls versichert werden. Die Selbstbeteiligung der Auftraggeberin an jedem Schaden beträgt ... EUR.

2. Die Auftragnehmerin beteiligt sich an der Versicherungsprämie pauschal mit einem Anteil von ... % der Abrechnungssumme (netto).

3. Die oben genannten Kosten kann die Auftraggeberin von der Schlusszahlung in Abzug bringen.

§ 16 Baustrom und Bauwasser

1. Die Auftragnehmerin beteiligt sich an den Kosten für Baustrom und Bauwasser sowie der sonstigen Gemeinschaftseinrichtungen, die von der Auftraggeberin zu tragen sind, mit ... % der Abrechnungssumme (netto).

2. Die oben genannten Kosten kann die Auftraggeberin von der Schlusszahlung in Abzug bringen.

§ 17 Baureinigung

1. Die Baureinigung, insbesondere die Beseitigung des von ihr verursachten Bauschutts, hat die Auftragnehmerin selbst vorzunehmen.

2. Erfüllt die Auftragnehmerin diese Verpflichtung trotz entsprechender Aufforderung mit Fristsetzung durch die Auftraggeberin nicht, kann die Auftraggeberin die Baureinigung auf Kosten der Auftragnehmerin selbst vornehmen oder ein Drittunternehmen damit beauftragen.

3. Die oben genannten Kosten kann die Auftraggeberin von der Schlusszahlung in Abzug bringen.

§ 18 Vertragsstrafe

1. Kommt es zu einer durch die Auftragnehmerin schuldhaft verursachten Überschreitung einer Vertragsfrist und gerät die Auftragnehmerin mit ihrer vertraglichen Leistung in Verzug, kann die Auftraggeberin eine Vertragsstrafe in Höhe von ... % der Brutto-Schlussrechnungssumme pro Werktag geltend machen.

2. Betrifft die Überschreitung nur einen Teil der Leistung, durch den die restliche Fertigstellung bzw. Inbetriebnahme des geschuldeten Werks nicht beeinträchtigt wird, so ist die Vertragsstrafe nur anteilig nach dem Wert der Teilleistung zu berechnen.

3. Die anfallenden Vertragsstrafen sind insgesamt der Höhe nach auf höchstens ... % der Brutto-Schlussrechnungssumme begrenzt.

4. Die Auftraggeberin ist berechtigt, die Vertragsstrafe unabhängig von einer Abnahme der Werkleistungen bis zur Schlusszahlung geltend zu machen. Vertragsstrafenansprüche bleiben selbst dann bestehen, wenn die Auftraggeberin sich diese bei Durchführung einer Ersatzvornahme oder bei Erklärung einer Abnahmeverweigerung nicht vorbehält. Auch in diesen Fällen kann ein Vorbehalt bis zur Schlusszahlung erklärt werden.

5. Die Geltendmachung eines weitergehenden Schadensersatzanspruchs bleibt unberührt. In diesem Fall kann die verwirkte Vertragsstrafe als Mindestbetrag des Schadensersatzanspruchs verlangt werden.

§ 19 Schiedsgutachten

1. Soweit zwischen den Vertragsparteien während der Bauzeit oder der Dauer der Verjährungsfrist für Mängelansprüche Uneinigkeit darüber besteht, ob und gegebenenfalls welche Mängel am Bauwerk vorhanden sind, ist ein öffentlich bestellter und vereidigter Sachverständiger zur Entscheidung zwischen den Parteien zu beauftragen.
2. Das Ergebnis des Sachverständigengutachtens ist für die Vertragsparteien verbindlich.
3. Die Parteien haben sich innerhalb von einer Woche für einen Sachverständigen zu entscheiden. Kommt eine Einigung über die Person des Sachverständigen zwischen den Parteien nicht zustande, so wird der Sachverständige auf Antrag einer Partei von der zuständigen Industrie- und Handelskammer mit verbindlicher Wirkung für die Vertragsparteien bestimmt.
4. Die Kosten des Sachverständigengutachtens trägt die nach dem Ergebnis des Gutachtens unterlegene Partei. Bei teilweisem Unterliegen erfolgt entsprechende Quotierung.

§ 20 Erfüllungsort und Gerichtsstand

Soweit es sich bei beiden Parteien um Kaufleute handelt, vereinbaren die Parteien als Erfüllungsort und Gerichtsstand für Streitigkeiten aus diesem Vertrag ...

§ 21 Schiedsgericht

Über Streitigkeiten, die zwischen den Vertragsparteien aufgrund dieses Vertrags entstehen, entscheidet unter Ausschluss des ordentlichen Rechtswegs ein Schiedsgericht nach Maßgabe des diesem Vertrag beigefügten Schiedsvertrags.

§ 22 Schlussbestimmungen

1. Eine etwaige Unwirksamkeit einzelner Vertragsbestimmungen berührt die Wirksamkeit der übrigen Bestimmungen nicht.
2. Änderungen oder Ergänzungen dieses Vertrags bedürfen zu ihrer Wirksamkeit der Schriftform. Dieses Schriftformerfordernis kann ebenfalls nur schriftlich abbedungen werden.

..., den ...

Unterschriften

1.2 BGB-Bauwerkvertrag

Zwischen

Herrn ...

– im Folgenden Auftraggeber genannt –

und

Herrn ...

– im Folgenden Auftragnehmer genannt –

wird folgender

Bauvertrag

geschlossen:

§ 1 Vertragsgegenstand

Der Auftraggeber überträgt dem Auftragnehmer die Ausführung der Arbeiten entsprechend dem Angebot des Auftragnehmers vom ... mit folgenden Änderungen:

...

§ 2 Ausführungsfrist

Der Auftragnehmer beginnt die Arbeiten am ... und stellt die Bauleistung bis zum ... fertig.

§ 3 Abnahme

Innerhalb von ... Tagen nach der unter § 2 genannten Ausführungszeit oder der Anzeige des Auftragnehmers von der Fertigstellung der gesamten Bauleistung findet zu einem zwischen dem Auftragnehmer und dem Auftraggeber noch zu vereinbarenden Termin, an dem beide Parteien teilzunehmen haben, eine gemeinsame Abnahme statt.

§ 4 Vergütung

1. Der vereinbarte Einheitspreis beträgt ... EUR pro Kubikmeter.

2. Die Vergütung wird nach dem Einheitspreis und den tatsächlich angefallenen Massen bzw. Mengen berechnet. Die geschätzten Massen bzw. Mengen im Angebot vom ... stellen unverbindliche Kalkulationshilfen dar.

§ 5 Fälligkeit der Vergütung

Die Vergütung ist nach Anzeige der Beendigung der Arbeiten durch den Auftragnehmer und erfolgter Abnahme fällig.

§ 6 Gewährleistung

1. Der Auftragnehmer übernimmt die Gewährleistung für das Gewerk für die Dauer von ... Jahren (mindestens gesetzlich Gewährleistungsfrist).

2. Der Lauf der Verjährungsfrist für Mängelansprüche beginnt mit der Abnahme der Werkleistung.

§ 7 Vorschriften des BGB

Im Übrigen finden die gesetzlichen Vorschriften des BGB Anwendung.

§ 8 Vertragsänderungen/Nebenabreden

Änderungen oder Ergänzungen dieses Vertrags bedürfen zu ihrer Wirksamkeit der Schriftform. Dieses Schriftformerfordernis kann ebenfalls nur schriftlich abbedungen werden.

§ 9 Salvatorische Klausel

Eine etwaige Unwirksamkeit einzelner Vertragsbestimmungen berührt die Wirksamkeit der übrigen Bestimmungen nicht.

..., den ...

Unterschriften

1.3 Subunternehmervertrag

Zwischen

Firma ...

– im Folgenden Auftraggeberin genannt –,

vertreten durch ...,

und

Firma ... GmbH

– im Folgenden Subunternehmerin genannt –,

vertreten durch ...,

wird folgender

Bauvertrag

geschlossen:

§ 1 Vertragsgegenstand

Die Auftraggeberin überträgt ... als Subunternehmerin die Ausführung der Arbeiten entsprechend dem Leistungsverzeichnis vom ... mit folgenden Änderungen:

....

§ 2 Vertragsgrundlagen

1. Ergänzend zu diesem Vertrag sind Vertragsbestandteil die nachfolgend näher bezeichneten Anlagen zu diesem Vertrag in der angegebenen Reihenfolge:

Baubesprechungsprotokoll vom ...

Leistungsverzeichnis vom ...

Angebotsschreiben vom ...

Bauzeichnungen vom ...

Zahlungsplan vom ...

Bauzeitenplan vom ...

2. Ergänzend zu diesem Vertrag sind außerdem die Vorschriften der anliegenden Allgemeinen Vertragsbedingungen für die Ausführung von Bauleistungen (VOB/B) in der zum Zeitpunkt des Vertragsabschlusses geltenden Fassung 2002 Vertragsbestandteil. Diese Vorschriften gelten auch für etwaige geänderte oder zusätzliche Leistungen sowie Nachtragsaufträge, die im Zusammenhang mit der Durchführung dieses Vertrags stehen.

3. Weiterer Vertragsbestandteil sind die Allgemeinen Technischen Vertragsbedingungen für Bauleistungen (VOB/C) in der zum Zeitpunkt des Vertragsschlusses geltenden Fassung 2002.

§ 3 Vergütung

1. Für die Ausführung der unter § 1 vereinbarten Bauleistungen erhält die Subunternehmerin eine Vergütung von ... EUR.

2. Sie wird als Pauschalpreis vereinbart, auf den Änderungen der im Leistungsverzeichnis vom ... geschätzten Massen keinen Einfluss haben.

§ 4 Abschlagszahlungen

Die Subunternehmerin hat Anspruch auf Abschlagszahlungen entsprechend § 16 Nr. 1 VOB/B. Die Abschlagszahlungen werden fällig 18 Tage nach Zugang einer prüfbaren Aufstellung in dreifacher Ausfertigung bei der Auftraggeberin.

§ 5 Schlussrechnung

Die Schlussrechnung ist gemäß § 16 Nr. 3 VOB/B spätestens innerhalb von zwei Monaten nach Fertigstellung der gesamten Bauleistung und Zugang einer prüfbaren Schlussrechnung bei der Auftraggeberin auszugleichen. Der Schlussrechnung sind gemäß § 14 Nr. 1 VOB/B die zum Nachweis von Art und Umfang der Leistungen erforderlichen Belege beizufügen.

§ 6 Steuerabzug

Die Auftraggeberin wird von jeder Zahlung an die Subunternehmerin 15 % einbehalten, wenn nicht die Subunternehmerin spätestens mit Zugang der ersten Rechnung bei der Auftraggeberin eine Freistellungsbescheinigung ihres zuständigen Finanzamts vorgelegt hat. Die Subunternehmerin ist verpflichtet, der Auftraggeberin das für sie zuständige Finanzamt sowie ihre dortige Steuernummer spätestens mit Einreichung der ersten Rechnung bekannt zu geben.

§ 7 Ausführungsfrist

1. Die Subunternehmerin verpflichtet sich, die Arbeiten gemäß dem diesem Vertrag als Anlage beigefügten Bauzeitenplan auszuführen und fertigzustellen.

2. Als verbindliche Fristen (Vertragsfristen) werden vereinbart:

Bauabschnitt	Ausführungsdatum
...	...

§ 8 Ausführung der Leistungen

Die Subunternehmerin hat die sich aus § 1 und § 2 ergebenden Leistungen im eigenen Betrieb auszuführen. Die Vergabe der vorgenannten Leistungen auch teilweise an Nachunternehmer ist ausgeschlossen.

§ 9 Mängelansprüche

1. Die Subunternehmerin haftet für Mängelansprüche hinsichtlich ihrer Bauleistungen wie folgt:

Bauleistung	Verjährungsfrist
...	...

2. Im Übrigen richtet sich die Haftung für Mängelansprüche nach § 13 VOB/B.

§ 10 Kündigung

1. Dieser Vertrag ist entsprechend der Regelungen der §§ 8, 9 VOB/B kündbar.

2. Das Recht der Parteien, den Vertrag aus wichtigem Grund außerordentlich zu kündigen, bleibt unbenommen. Insbesondere kann jede Partei den Vertrag kündigen, wenn durch ein schuldhaftes Verhalten der anderen Partei die Durchführung des Vertrags oder der Vertragszweck so gefährdet ist, dass es der kündigenden Partei nicht mehr zugemutet werden kann, das Vertragsverhältnis aufrecht zu erhalten.

3. Im Falle einer vorzeitigen Vertragsbeendigung durch Kündigung oder aus anderen Gründen hat die Subunternehmerin Anspruch auf die Bezahlung des Werklohns für die von ihr ausgeführten Werkleistungen. Sie hat diese darzulegen, zu bewerten und von den nicht ausgeführten Leistungen abzugrenzen.

4. Macht die Subunternehmerin darüber hinaus Ansprüche auf Vergütung für nicht erbrachte Leistungen geltend, hat sie auch diese darzulegen und anzugeben, ob und gegebenenfalls welche Aufwendungen sie aufgrund der Beendigung des Vertrags erspart hat. Sie hat weiter darzulegen, ob und gegebenenfalls welche Einnahmen sie durch eine anderweitige Verwendung ihrer Arbeitskraft erzielt oder böswillig zu erzielen unterlassen hat.

5. Die Subunternehmerin ist insoweit verpflichtet, die Grundlage ihrer Preiskalkulation für die vertraglich vereinbarten Leistungen der Auftraggeberin bekannt zu geben.

6. Sollte die Subunternehmerin die Kalkulation der Vertragspreise nicht in schriftlicher Form vor Vertragsbeginn niedergelegt haben, hat sie die maßgebenden Grundlagen ihrer Kalkulation nachträglich zusammenzustellen und die infolge der Vertragsbeendigung ersparten Aufwendungen konkret darzutun.

7. Von den vorstehenden Regelungen bleibt die gesetzliche Beweislastverteilung unberührt.

§ 11 Teilabnahme

1. Innerhalb von ... Tagen nach der Anzeige der Subunternehmerin von der Fertigstellung einer Teilleistung findet zu einem zwischen der Subunternehmerin und der Auftraggeberin noch zu vereinbarenden Termin, an dem beide Parteien teilzunehmen haben, eine förmliche Abnahme statt.

2. Wird auf Verlangen einer Partei eine förmliche Abnahme durchgeführt, ist über diese eine von der Subunternehmerin und der Auftraggeberin zu unterzeichnende Niederschrift (Abnahmeprotokoll) anzufertigen.

§ 12 Schlussabnahme

1. Innerhalb von ... Tagen nach der unter § 7 genannten Ausführungszeit oder der Anzeige der Subunternehmerin von der Fertigstellung der gesamten Bauleistung findet zu einem zwischen der Subunternehmerin und der Auftraggeberin noch zu vereinbarenden Termin, an dem beide Parteien teilzunehmen haben, eine gemeinsame Abnahme statt.

2. Wird auf Verlangen einer Partei eine förmliche Abnahme durchgeführt, ist über diese eine von der Subunternehmerin und der Auftraggeberin zu unterzeichnende Niederschrift (Abnahmeprotokoll) anzufertigen.

§ 13 Skonto

1. Die Subunternehmerin gewährt auf die vereinbarte Bruttovergütung ... % Skonto, sofern die vertragsgemäß gestellte Rechnung innerhalb der hierfür geltenden Frist vollständig bezahlt wird.

2. Die Skontierungsfrist beträgt ... Werktage. Die Frist beginnt mit Eingang der Rechnung bei der Auftraggeberin.

3. Eine Zahlung ist rechtzeitig geleistet, wenn Bargeld innerhalb der Skontierungsfrist der Subunternehmerin zugegangen ist oder wenn eine Gutschrift des überwiesenen Betrags auf dem Konto der Subunternehmerin innerhalb der Frist erfolgt.

§ 14 Sicherheitsleistung

1. Die Auftraggeberin ist berechtigt, für die Dauer der Haftung für Mängelansprüche 5 % der Brutto-Schlussrechnungssumme als Sicherheitsleistung einzubehalten. Die Auftraggeberin ist berechtigt, die von ihr zu leistenden Abschlagszahlungen jeweils bis zu 10 % der Abschlagszahlungen zu kürzen, bis die Sicherungssumme erreicht ist.

2. Die Subunternehmerin ist berechtigt, den Sicherheitseinbehalt durch Übergabe einer unbedingten, unbefristeten, unwiderruflichen und selbstschuldnerischen Bürgschaft eines in den Europäischen Gemeinschaften zugelassenen Kreditinstituts oder Kreditversicherers abzulösen. Die Kosten der Bürgschaft trägt die Subunternehmerin.

3. Die Bürgschaftsurkunde muss also die Verpflichtung enthalten, auf die Einrede der Anfechtung und Aufrechnung sowie der Vorausklage nach § 770 und § 771 BGB zu verzichten.

4. Die Auftraggeberin hat die Bürgschaft nach Ablauf der Verjährungsfrist für Mängelansprüche zurückzugeben.

§ 15 Bauwesenversicherung

1. Von der Auftraggeberin wird eine Bauwesenversicherung abgeschlossen, mit der die von der Subunternehmerin zu erbringenden Leistungen ebenfalls versichert werden. Die Selbstbeteiligung an jedem Schaden beträgt ... EUR.

2. Die Subunternehmerin beteiligt sich an der Versicherungsprämie pauschal mit einem Anteil von ... % der Abrechnungssumme (netto).

3. Die oben genannten Kosten kann die Auftraggeberin von der Schlusszahlung in Abzug bringen.

§ 16 Baustrom und Bauwasser

1. Die Subunternehmerin beteiligt sich an den Kosten für Baustrom und Bauwasser sowie der sonstigen Gemeinschaftseinrichtungen, die von der Auftraggeberin zu tragen sind, mit ...% der Abrechnungssumme (netto).

2. Die oben genannten Kosten kann die Auftraggeberin von der Schlusszahlung in Abzug bringen.

§ 17 Baureinigung

1. Die Baureinigung, insbesondere die Beseitigung des von ihr verursachten Bauschutts, hat die Subunternehmerin selbst vorzunehmen.

2. Erfüllt die Subunternehmerin diese Verpflichtung trotz entsprechender Aufforderung durch die Auftraggeberin nicht, kann die Auftraggeberin die Baureinigung auf Kosten der Subunternehmerin selbst vornehmen oder ein Drittunternehmen damit beauftragen.

3. Die oben genannten Kosten kann die Auftraggeberin von der Schlusszahlung in Abzug bringen.

§ 18 Vertragsstrafe

1. Kommt es zu einer durch die Subunternehmerin schuldhaft verursachten Überschreitung einer Vertragsfrist und gerät die Subunternehmerin mit ihrer vertraglichen Leistung in Verzug, kann die Auftraggeberin eine Vertragsstrafe in Höhe von ...% der Brutto-Schlussrechnungssumme pro Werktag geltend machen.

2. Betrifft die Überschreitung nur einen Teil der Leistung, durch den die restliche Fertigstellung bzw. Inbetriebnahme des geschuldeten Werks nicht beeinträchtigt wird, so ist die Vertragsstrafe nur anteilig nach dem Wert der Teilleistung zu berechnen. Die anfallende Vertragsstrafe ist der Höhe nach auf höchstens 10 % der Brutto-Schlussrechnungssumme begrenzt.

3. Die Auftraggeberin ist berechtigt, die Vertragsstrafe unabhängig von einer Abnahme der Werkleistungen bis zur Schlusszahlung geltend zu machen. Vertragsstrafenansprüche bleiben selbst dann bestehen, wenn die Auftraggeberin sich diese bei Durchführung einer Ersatzvornahme oder bei Erklärung einer Abnahmeverweigerung nicht vorbehält. Auch in diesen Fällen kann ein Vorbehalt bis zur Schlusszahlung erklärt werden.

4. Die Geltendmachung eines weitergehenden Schadensersatzanspruchs bleibt unberührt. In diesem Fall kann die verwirkte Vertragsstrafe als Mindestbetrag des Schadensersatzanspruchs verlangt werden.

§ 19 Nachunternehmererklärung

1. Die Subunternehmerin versichert, dass sie auf den Baustellen, die Gegenstand dieses Vertrags sind, nur Arbeitnehmer beschäftigt, die ausschließlich die Staatsangehörigkeit eines Landes der Europäischen Union besitzen und daher keine Arbeitserlaubnis benötigen oder, soweit die Arbeitneh-

mer aus Drittstaaten außerhalb der Europäischen Union stammen, im Besitz einer ordnungsgemäßen, gültigen Arbeitserlaubnis sind.

2. Die Subunternehmerin versichert ebenfalls, dass alle eingesetzten Mitarbeiter ordnungsgemäß sozialversichert sind und sie die in Deutschland geltenden Rechtsvorschriften, insbesondere des Gesetzes zur Bekämpfung der Schwarzarbeit, des AÜG und des Entsendegesetzes beachtet. Die Subunternehmerin verpflichtet sich weiter, für alle von ihr beschäftigten und eingesetzten Arbeitnehmer die Lohnsteuerbeträge, gegebenenfalls Kirchensteuer, Solidaritätszuschlag und sonstigen gesetzlichen Abgaben wie Sozialversicherungsbeiträge vollständig und fristgerecht abzuführen und notwendige Anmeldungen vorzunehmen.

3. Die Subunternehmerin hat dafür Sorge zu tragen, dass alle von ihr auf den vertragsgegenständlichen Baustellen eingesetzten Mitarbeiter einen Sozialversicherungs- bzw. Sozialversicherungsersatzausweis und den Personalausweis oder ein entsprechendes Dokument mit Lichtbild jederzeit bei sich führen.

4. Die Subunternehmerin verpflichtet sich, Beitrags- bzw. Unbedenklichkeitsbescheinigungen des Finanzamtes, der Gemeinde, der Berufsgenossenschaft, der Krankenkassen und eine Kopie der Gewerbeanmeldung sowie einen ersten aktuellen Auszug aus dem Gewerbezentralregister, soweit diese der Auftraggeberin noch nicht vorliegen, der Auftraggeberin vor Beginn der Arbeiten/vor Einreichung der ersten Abschlagsrechnung vorzulegen.

§ 20 Schiedsgutachten

1. Soweit zwischen den Vertragsparteien während der Bauzeit oder der Dauer der Verjährungsfrist für Mängelansprüche Uneinigkeit darüber besteht, ob und gegebenenfalls welche Mängel am Bauwerk vorhanden sind, ist ein öffentlich bestellter und vereidigter Sachverständiger zur Entscheidung zwischen den Parteien zu beauftragen.

2. Das Ergebnis des Sachverständigengutachtens ist für die Vertragsparteien verbindlich.

3. Die Parteien haben sich innerhalb von einer Woche für einen Sachverständigen zu entscheiden. Kommt eine Einigung über die Person des Sachverständigen zwischen den Parteien nicht zustande, so wird der Sachverständige auf Antrag einer Partei von der zuständigen Industrie- und Handelskammer mit verbindlicher Wirkung für die Vertragsparteien bestimmt.

4. Die Kosten des Sachverständigengutachtens trägt die nach dem Ergebnis des Gutachtens unterlegene Partei. Bei teilweise Unterliegen erfolgt entsprechende Quotierung.

§ 21 Erfüllungsort und Gerichtsstand

Soweit es sich bei den Parteien um Kaufleute handelt, ist Erfüllungsort und Gerichtsstand für Streitigkeiten aus diesem Vertrag ...

§ 22 Schiedsgericht

Über Streitigkeiten, die zwischen den Vertragsparteien aufgrund dieses Vertrags entstehen, entscheidet unter Ausschluss des ordentlichen Rechtswegs ein Schiedsgericht nach Maßgabe des diesem Vertrag beigefügten Schiedsvertrags.

§ 23 Schlussbestimmungen

1. Eine etwaige Unwirksamkeit einzelner Vertragsbestimmungen berührt die Wirksamkeit der übrigen Bestimmungen nicht.

2. Änderungen oder Ergänzungen dieses Vertrags bedürfen zu ihrer Wirksamkeit der Schriftform. Dieses Schriftformerfordernis kann ebenfalls nur schriftlich abbedungen werden.

..., den ...

Unterschriften

1.4 Generalunternehmervertrag

Zwischen

Firma ...

– im Folgenden Auftraggeberin genannt –,

vertreten durch ...,

und

Firma ...

– im Folgenden Generalunternehmerin genannt –,

vertreten durch ...,

wird folgender

Generalunternehmervertrag

geschlossen:

§ 1 Vertragsgegenstand

Die Auftraggeberin beauftragt die Generalunternehmerin mit der Errichtung und Herstellung des Bauvorhabens ... Inhalt und Umfang der von der Generalunternehmerin zu erbringenden Leistungen bestimmen sich nach diesem Vertrag sowie den folgenden ergänzenden Vertragsgrundlagen.

§ 2 Vertragsgrundlagen

Vertragsgrundlagen sind ergänzend zu diesem Vertrag in der nachfolgenden Reihenfolge:

das ausgeführte Leistungsverzeichnis/Angebot des Auftragnehmers vom ...
– Anlage 1 zu diesem Vertrag –
die anliegenden Pläne des Architekturbüros ...
– Anlage 2 zu diesem Vertrag –
die Baugenehmigung der ... vom ...
– Anlage 3 zu diesem Vertrag –
der Bauzeitenplan vom ...
– Anlage 4 zu diesem Vertrag –
der Zahlungsplan vom ...
– Anlage 5 zu diesem Vertrag –
die Bestimmungen der VOB Teil B in der aktuellen Fassung 2002
die Allgemeinen Technischen Vorschriften für Leistungen, insbesondere die einschlägigen DIN-Vorschriften ... (z.B. Bodengutachten)

§ 3 Vergütung

1. Für die nach diesem Vertrag vereinbarten Leistungen erhält die Generalunternehmerin eine Pauschalvergütung in Höhe von ... EUR zuzüglich der zum Zeitpunkt der Schlussrechnungsstellung geltenden Mehrwertsteuer.

2. Der Pauschalpreis versteht sich für die fertige Leistung nach diesem Vertrag einschließlich aller Nebenleistungen. Insbesondere Änderungen der im Leistungsverzeichnis bzw. Angebot vom ... der Generalunternehmerin geschätzten Massen führen nicht zu einer Anpassung des Pauschalpreises.

3. § 2 Nr. 7 VOB/B bleibt von dieser Regelung unberührt.

§ 4 Abschlagszahlungen/Schlusszahlung

1. Die Generalunternehmerin hat Anspruch auf Abschlagszahlungen gemäß § 16 VOB/B.

2. Die Abschlagszahlungen werden fällig 18 Werktage nach Zugang einer prüfbaren Aufstellung bzw. Abschlagsrechnung bei der Auftraggeberin.

3. Die Schlussrechnung ist gemäß § 16 Nr. 3 VOB/B spätestens innerhalb von 2 Monaten nach Fertigstellung der gesamten Bauleistung und Zugang einer prüfbaren Schlussrechnung bei der Auftraggeberin bzw. bei dem von der Auftraggeberin mit der Prüfung der Rechnungen beauftragten Architekten ... auszugleichen. Der Schlussrechnung sind gemäß § 14 Nr. 1 VOB/B die zum Nachweis von Art und Umfang der Leistungen erforderlichen Mengenberechnungen, Zeichnungen und anderen Belege beizufügen.

§ 5 Steuerabzug

Die Auftraggeberin wird von jeder Zahlung an die Generalunternehmerin 15 % einbehalten, wenn nicht die Generalunternehmerin spätestens mit Zugang der ersten Rechnung der Auftraggeberin eine Freistellungsbescheinigung ihres zuständigen Finanzamts vorgelegt hat. Die Generalunternehmerin ist verpflichtet, der Auftraggeberin das für sie zuständige Finanzamt sowie ihre dortige Steuernummer spätestens mit Einreichung der ersten Rechnung bekannt zu geben.

§ 6 Skonto

1. Die Generalunternehmerin gewährt auf die vereinbarte Bruttovergütung ... % Skonto, sofern alle vertragsgemäß gestellten Rechnungen innerhalb der hierfür geltenden Skontierungsfrist vollständig bezahlt werden.

2. Die Skontierungsfristen betragen für Abschlagszahlungen ... Werktage, für die Schlusszahlung ... Werktage.

3. Die Skontierungsfristen beginnen jeweils mit dem Eingang der prüfbaren Abschlags-/Schlussrechnung bei der Auftraggeberin.

§ 7 Ausführungsfrist

1. Die Generalunternehmerin verpflichtet sich, mit den vertraglichen Leistungen am ... zu beginnen.

2. Verbindlicher Fertigstellungstermin für sämtliche Leistungen ist der ...

3. Folgende, im Bauzeitenplan ausgewiesene Fristen bzw. Zwischenfertigstellungstermine sind als Vertragsfristen i.S. des § 5 Nr. 1 VOB/B zu betrachten:

Fristen und Termine	Leistungen
...	...

4. Der Fertigstellungstermin verlängert sich um die Schlechtwettertage gemäß den Aufzeichnungen des zuständigen Arbeitsamts. Diese sind von der Generalunternehmerin regelmäßig monatlich zu melden.

5. Sieht die Generalunternehmerin die Einhaltung eines Zwischenfertigstellungstermins oder des Gesamtfertigstellungstermins gefährdet, hat sie dies der Auftraggeberin unverzüglich unter Nennung der Gründe anzuzeigen.

6. Glaubt sich die Generalunternehmerin in der Ausführung ihrer Leistungen behindert, hat sie einen Anspruch auf Berücksichtigung der Behinderung oder Unterbrechung ihrer Bauleistungen nur, wenn sie dies der Auftraggeberin unverzüglich nach § 6 Nr. 1 VOB/B schriftlich anzeigt. Versäumt die Generalunternehmerin diese Anzeige, hat sie nur dann Anspruch auf Berücksichtigung der behindernden Umstände, wenn diese der Auftraggeberin offenkundig und deren hindernde Wirkung bekannt waren.

§ 8 Vertragsstrafe

1. Gerät die Generalunternehmerin mit der Gesamtfertigstellung schuldhaft in Verzug, so hat sie der Auftraggeberin eine Vertragsstrafe in Höhe von ... EUR pro Werktag der Terminüberschreitung, maximal jedoch 5 % der Netto-Auftragssumme als Vertragsstrafe zu zahlen.

2. Überschreitet die Generalunternehmerin aus von ihr zu vertretenden Gründen die unter § 6 vereinbarten Zwischentermine, so hat sie der Auftraggeberin eine Vertragsstrafe in Höhe von ... EUR zu zahlen. Auch bei mehrfacher Überschreitung von Zwischenterminen ist die Vertragsstrafe für die Nichteinhaltung von Zwischenterminen auf maximal ... EUR begrenzt.

3. Gelingt es der Generalunternehmerin, trotz Überschreitung von Zwischenterminen den Gesamtfertigstellungstermin einzuhalten, verzichtet die Auftraggeberin, etwaig verfallene Vertragsstrafen aus der Überschreitung von Zwischenterminen geltend zu machen.

4. Die Auftraggeberin kann Vertragsstrafenansprüche bis zur Schlusszahlung auch dann geltend machen, wenn ein entsprechender Vorbehalt bei der Abnahme nicht erfolgt ist.

5. Weitergehende Schadensersatzansprüche der Auftraggeberin bleiben unberührt. Die Vertragsstrafe wird jedoch auf etwaige weitergehende Schadensersatzansprüche der Auftraggeberin wegen einer von der Generalunternehmerin verschuldeten Überschreitung des Gesamtfertigstellungstermins bzw. von Zwischenfristen als Mindestschaden angerechnet.

§ 9 Abnahme

1. Die Auftraggeberin ist zur Abnahme der Leistungen der Generalunternehmerin verpflichtet, sobald die Leistung der Generalunternehmerin insgesamt fertig gestellt ist und keine wesentlichen Mängel aufweist.

2. In sich abgeschlossene Teile der Leistung sind auf Verlangen besonders abzunehmen. Auf Verlangen der Generalunternehmerin sind auch Teile der Leistung, die durch die weitere Ausführung des Bauvorhabens einer Prüfung und Feststellung entzogen werden, besonders abzunehmen.

3. Die Abnahme findet innerhalb von ... Tagen nach der Anzeige der Generalunternehmerin von der Fertigstellung der Teilleistung zu einem zwischen der Generalunternehmerin und der Auftraggeberin noch zu vereinbarenden Termin, an dem die Generalunternehmerin und die Auftraggeberin teilzunehmen haben, statt.

4. Innerhalb von ... Tagen nach der unter § 6 genannten Ausführungszeit oder der Anzeige der Generalunternehmerin von der Fertigstellung der gesamten Bauleistung findet zu einem zwischen der Generalunternehmerin und der Auftraggeberin noch zu vereinbarenden Termin, an dem die Generalunternehmerin und die Auftraggeberin teilzunehmen haben, eine gemeinsame Abnahme statt.

5. Wird auf Verlangen einer Partei eine förmliche Abnahme durchgeführt, ist über diese eine von der Generalunternehmerin und der Auftraggeberin zu unterzeichnende Niederschrift (Abnahmeprotokoll) anzufertigen.

§ 10 Sicherheitsleistungen

1. Die Generalunternehmerin verpflichtet sich, der Auftraggeberin innerhalb von 14 Kalendertagen nach Abschluss dieses Vertrags eine Urkunde über eine unbefristete selbstschuldnerische Bürgschaft einer deutschen Großbank oder Versicherung in Höhe von 10 % des vereinbarten Pauschalfestpreises ohne Mehrwertsteuer, also in Höhe von ... EUR, zur Absicherung aller sich aus diesem Vertrag ergebenden Leistungspflichten der Generalunternehmerin zu übergeben. Die Kosten für die Bürgschaft, in welcher der Bürge auf die Rechte aus §§ 768, 770 und 771 BGB sowie auf das Recht der Hinterlegung verzichten muss, trägt die Generalunternehmerin.

2. Kommt die Generalunternehmerin ihrer Verpflichtung zur Übergabe der Bürgschaftsurkunde nicht nach, kann die Auftraggeberin ihr insoweit eine angemessene Nachfrist setzen und ist berechtigt, bis zur Übergabe der Bürgschaftsurkunde von Abschlagsrechnungen der Generalunternehmerin den vorgenannten Betrag zurückzuhalten.

3. Die Auftraggeberin und die Generalunternehmerin vereinbaren zur Absicherung der Haftung für Mängelansprüche der Generalunternehmerin einen Sicherheitseinbehalt in Höhe von 5 % der Brutto-Abschlussrechnungssumme für die Dauer der vertraglich vereinbarten Verjährungsfrist für Mängelansprüche. Die Auftraggeberin ist berechtigt, von den der Generalunternehmerin zustehenden Abschlagszahlungen jeweils 10 % einzubehalten, bis ein Betrag in Höhe von 5 % des vereinbarten Pauschalfestpreises erreicht ist.

4. Die Einbehalte der Auftraggeberin von den der Generalunternehmerin zustehenden Abschlagszahlungen sind gemäß § 17 VOB/B auf einem Sperrkonto zu hinterlegen. Die Vertragsparteien vereinbaren, dass das Sperrkonto bei folgendem Kreditinstitut einzurichten ist: ...

5. Die Generalunternehmerin ist berechtigt, den Sicherheitseinbehalt durch Übernahme einer unbedingten, unbefristeten, unwiderruflichen und selbstschuldnerischen Bürgschaft eines in den Europäischen Gemeinschaften zugelassenen Kreditinstituts oder Kreditversicherers abzulösen. In der Bürgschaftsurkunde muss auf die Rechte aus den §§ 768, 770 und 771 BGB sowie auf das Recht zur Hinterlegung verzichtet werden. Die Bürgschaft für Mängelansprüche hat sämtliche ab Abnahme entstehenden Rechte der Auftraggeberin aus § 13 VOB/B abzusichern.

§ 11 Schutz- und Sicherungsmaßnahmen

1. Die Generalunternehmerin hat die Baustelle zu sichern. Sie hat die nach den gesetzlichen, polizeilichen und Unfallverhütungsvorschriften erforderlichen Maßnahmen unter eigener Verantwortung auszuführen oder zu veranlassen. Die Generalunternehmerin haftet für alle aus der Unterlassung solcher Maßnahmen der Auftraggeberin oder Dritten entstehende Schäden.

2. Darüber hinaus hat die Generalunternehmerin die zur Sicherung der baulichen Anlage und ihrer Einrichtung erforderlichen Schutzeinrichtungen anzubringen. Sie hat diese so lange aufrecht zu erhalten, bis eine Gefährdung von Personen oder Sachen vollständig ausgeschlossen ist. Die verkehrspolizeilichen, baupolizeilichen und feuerpolizeilichen Sicherungsvorschriften sind besonders zu beachten. Die Generalunternehmerin hat für alle Schäden, die Dritten eventuell dadurch zugefügt werden, dass sie behördliche oder gesetzliche Vorschriften nicht beachtet, einzustehen und die Auftraggeberin von allen eventuellen Schadensersatzansprüchen Dritter hieraus freizustellen.

§ 12 Versicherung

1. Die Generalunternehmerin ist verpflichtet, noch vor Baubeginn den Abschluss oder das Bestehen einer ausreichenden Bauleistungs- und Betriebshaftpflichtversicherung auf eigene Rechnung nachzuweisen.

2. Die Unterhaltung der vorgenannten Versicherung bis zum Abschluss des Bauvorhabens ist der Auftraggeberin auf Verlangen nachzuweisen.

Die Versicherung muss folgende Mindestdeckungssummen je Schadensereignis aufweisen:

Schadensart	Deckungshöhe in EUR
Personenschäden	...
Sachschäden	...
Vermögensschäden	...

§ 13 Mängelansprüche

Die Verjährungsfrist für Mängelansprüche hinsichtlich aller Leistungen der Generalunternehmerin beträgt einheitlich fünf Jahre. Die Verjährungsfrist für Mängelansprüche beginnt mit der Abnahme. Im Übrigen richtet sich die Gewährleistung nach § 13 VOB/B.

§ 14 Bauwesenversicherung, Baustrom/-wasser, Baureinigung

1. Von der Auftraggeberin wird eine Bauwesenversicherung abgeschlossen, mit der die von der Generalunternehmerin zu erbringenden Leistungen ebenfalls versichert werden. Die Selbstbeteiligung der Auftraggeberin für jeden Schaden beträgt ... EUR.

2. Die Generalunternehmerin beteiligt sich an der Versicherungsprämie pauschal mit einem Anteil von ... % der Abrechnungssumme (netto).

3. Die Generalunternehmerin beteiligt sich an den Kosten für Baustrom und Bauwasser sowie der sonstigen Gemeinschaftseinrichtungen, die von der Auftraggeberin zu tragen sind, mit ... % der Abrechnungssumme (netto).

4. Die Baureinigung, insbesondere die Beseitigung des von ihr verursachten Bauschutts, hat die Generalunternehmerin selbst vorzunehmen. Erfüllt die Generalunternehmerin diese Verpflichtung trotz entsprechender Aufforderung mit Fristsetzung durch die Auftraggeberin nicht, kann die Auftraggeberin die Baureinigung auf Kosten der Generalunternehmerin selbst vornehmen oder ein Drittunternehmen damit beauftragen.

5. Die vorgenannten Kosten kann die Auftraggeberin von der Schlusszahlung in Abzug bringen.

§ 15 Änderungen des Bauentwurfs

1. Die Generalunternehmerin ist verpflichtet, bei Änderungen des Bauentwurfs und der Planung auch geänderte und/oder zusätzliche Leistungen auf Verlangen der Auftraggeberin auszuführen, soweit ihr dies technisch möglich und zumutbar ist. Die Vergütung der Generalunternehmerin richtet sich in diesen Fällen nach § 2 Nr. 5 und 6 VOB/B.

2. Nach § 1 Nr. 3 VOB/B bleibt es der Auftraggeberin vorbehalten, den Bauentwurf zu ändern. Nach § 1 Nr. 4 VOB/B hat die Generalunternehmerin auch nicht vereinbarte Leistungen, die zur Ausführung der vertraglichen Leistungen erforderlich werden, auf Verlangen der Auftraggeberin mit auszuführen, wenn ihr Betrieb darauf eingestellt ist. Andere Leistungen können der Generalunternehmerin nur mit ihrer Zustimmung übertragen werden.

§ 16 Bauleitung

Die Generalunternehmerin ist verpflichtet, einen während der Ausführungszeit ständig auf der Baustelle anwesenden, verantwortlichen, der deutschen Sprache mächtigen Vertreter als verantwortlichen Bauleiter zu bestimmen. Dieser muss entsprechend von der Generalunternehmerin bevollmächtigt und verpflichtet sein, auf Verlangen der Auftraggeberin an Baubesprechungen teilzunehmen und verbindliche Anweisungen der Auftraggeberin entgegenzunehmen.

§ 17 Unbedenklichkeitsbescheinigung

1. Die Generalunternehmerin verpflichtet sich, auf Verlangen der Auftraggeberin durch Vorlage entsprechender Beitragserfüllungs- bzw. Unbedenklichkeitsbescheinigungen die Erfüllung ihrer laufenden Verpflichtungen gegenüber den Sozialversicherungsträgern und Steuerbehörden nachzuweisen. Sie verpflichtet sich weiterhin, keine Leiharbeiter i.S. des Arbeitnehmerüberlassungsgesetzes und/oder keine Mitarbeiter aus Drittländern einzusetzen, die nicht im Besitz einer gültigen Arbeitserlaubnis und/oder eines gültigen Sozialversicherungsausweises sind. Insoweit ist die Auftraggeberin berechtigt, gegebenenfalls Kontrollen durchzuführen, um festzustellen, ob die von der Generalunternehmerin eingesetzten Arbeitnehmer im Besitz der vorgenannten Unterlagen sind.

2. Verstößt die Generalunternehmerin gegen eine oder mehrere der vorstehenden Verpflichtungen, ist die Auftraggeberin berechtigt, ihr eine angemessene Nachfrist zur Erfüllung der betreffenden Verpflichtung, verbunden mit einer Ankündigung, dass nach fristlosem Ablauf der Auftrag entzogen wird, zu setzen. Sollte die angemessene Nachfrist fruchtlos verstreichen, ist die Auftraggeberin berechtigt, der Generalunternehmerin entsprechend § 8 Nr. 3, 5 und 6 VOB/B den Auftrag zu entziehen.

§ 18 Nachunternehmer

1. Die Generalunternehmerin ist berechtigt, die beauftragten Leistungen teilweise durch Nachunternehmer ausführen zu lassen.

2. Sie hat ihren Verträgen mit Nachunternehmern die VOB/B zugrunde zu legen. Die Nachunternehmer sind der Auftraggeberin spätestens zehn Kalendertage vor Aufnahme der Arbeiten durch den jeweiligen Nachunternehmer bekannt zu machen.

3. Die Generalunternehmerin ist verpflichtet, nur solche Nachunternehmer einzusetzen, die keine Leiharbeiter i.S. des Arbeitnehmerüberlassungsgesetzes sind, und/oder keine Mitarbeiter aus Drittländern einzusetzen, die nicht im Besitz einer gültigen Arbeitserlaubnis und/oder eines gültigen Sozialversicherungsausweises sind. Bei einem Verstoß der Generalunternehmerin gegen die vorgenannte Verpflichtung steht der Auftraggeberin ebenfalls das Recht zu, der Generalunternehmerin eine entsprechende angemessene Nachfrist zur Erfüllung der vorgenannten Pflichten mit der Ankündigung, dass nach fruchtlosem Fristablauf der Auftrag entzogen werde, zu setzen. Sollte diese angemessene Nachfrist fruchtlos verstreichen, ist die Auftraggeberin ebenfalls berechtigt, der Generalunternehmerin den Auftrag fristlos entsprechend § 8 Nr. 3, 5 und 6 VOB/B zu entziehen.

4. Die Generalunternehmerin hat sicherzustellen, dass der Nachunternehmer seinen Zahlungsverpflichtungen gegenüber den Finanzbehörden, der zuständigen Berufsgenossenschaft sowie dem Sozialversicherungsträger nachkommt, und hat sich vor Beauftragung der Nachunternehmer eine entsprechende Bescheinigung der Berufsgenossenschaft und des Sozialversicherungsträgers sowie der Steuerbehörden vorlegen zu lassen.

5. Die Generalunternehmerin verpflichtet sich, die Auftraggeberin von etwaigen Ansprüchen, insbesondere nach § 1a Arbeitnehmerentsendegesetz, aus der Verletzung der unter § 17 und § 18 genannten Pflichten auch seiner Subunternehmer freizustellen.

§ 19 Kündigung

1. Dieser Vertrag ist entsprechend den Regelungen der §§ 8, 9 VOB/B kündbar. Das Recht der Parteien, den Vertrag aus wichtigem Grund außerordentlich zu kündigen, bleibt unbenommen. Insbesondere kann jede Partei den Vertrag kündigen, wenn durch ein schuldhaftes Verhalten der anderen Partei die Durchführung des Vertrags oder der Vertragszweck so gefährdet ist, dass es der kündigenden Partei nicht mehr zugemutet werden kann, das Vertragsverhältnis aufrecht zu erhalten.

2. Im Falle einer vorzeitigen Vertragsbeendigung durch Kündigung oder aus anderen Gründen hat die Generalunternehmerin Anspruch auf die Bezahlung des Werklohns für die von ihr ausgeführten Werkleistungen. Sie hat diese darzulegen, zu bewerten und von den nicht ausgeführten Leistungen abzugrenzen. Verlangt die Generalunternehmerin darüber hinaus Vergütung für nicht erbrachte Leistungen, hat sie auch diese darzulegen und anzugeben, ob und gegebenenfalls welche Aufwendungen sie aufgrund der Beendigung des Vertrags erspart hat. Sie hat weiter darzulegen, ob und gegebenenfalls welche Einnahmen sie durch eine anderweitige Verwendung ihrer Arbeitskraft erzielt oder böswillig zu erzielen unterlassen hat. Die Generalunternehmerin ist insoweit verpflichtet, die Grundlage ihrer Preiskalkulation für die vertraglich vereinbarten Leistungen der Auftraggeberin bekannt zu geben. Sollte die Generalunternehmerin ihre Kalkulation der Vertragspreise nicht in schriftlicher Form vor Vertragsbeginn niedergelegt haben, hat sie die maßgebenden Grundlagen

ihrer Kalkulation nachträglich zusammenzustellen und die infolge der Vertragsbeendigung ersparten Aufwendungen konkret darzulegen.

3. Von den vorstehenden Regelungen bleibt die gesetzliche Beweislastverteilung unberührt.

§ 20 Schiedsgutachten

1. Soweit zwischen den Parteien während der Bauzeit oder der Dauer der Verjährungsfrist für Mängelansprüche Uneinigkeit darüber besteht, ob und gegebenenfalls welche Mängel am Bauwerk vorhanden sind, ist ein öffentlich bestellter und vereidigter Sachverständiger zur Entscheidung mit verbindlicher Wirkung zwischen den Parteien zu beauftragen. Das Ergebnis des Sachverständigengutachtens erkennen die Vertragsparteien als für sich verbindlich an.

2. Die Parteien haben sich innerhalb einer Woche für den Sachverständigen zu entscheiden. Kommt eine Einigung über die Person des Sachverständigen zwischen den Parteien nicht zustande, so wird der Sachverständige auf Antrag einer Partei von der zuständigen Industrie- und Handelskammer mit verbindlicher Wirkung für die Vertragsparteien bestimmt.

3. Die Kosten des Sachverständigengutachtens trägt die nach dem Ergebnis des Gutachters unterlegene Partei. Bei teilweisem Unterliegen erfolgt eine Quotelung.

§ 21 Schlussbestimmungen

1. Soweit es sich bei beiden Parteien um Kaufleute handelt, vereinbaren die Parteien hiermit für sämtliche Streitigkeiten aus diesem Vertrag ... als Gerichtsstand.

2. Änderungen und Ergänzungen dieses Vertrags bedürfen der Schriftform. Von diesem Schriftformerfordernis kann ebenfalls nur durch schriftliche Vereinbarung abgewichen werden.

3. Sollten einzelne Bestimmungen dieses Vertrags oder der in Bezug genommenen Unterlagen unwirksam sein, so berührt dies die Wirksamkeit der übrigen Bestimmungen nicht.

..., den ...

Unterschriften

_____

2 Formulare für den Auftraggeber

2.1 Verspäteter Baubeginn/Nachfristsetzung

An

Firma ... GmbH

– zu Händen Herrn ... –

..., den ...

Bauvorhaben: ...

Verspäteter Baubeginn/Nachfristsetzung gemäß § 5 Nr. 4 VOB/B

Sehr geehrte Damen und Herren,

zu vorgenanntem Bauvorhaben ist vertraglich zwischen uns vereinbart, dass Sie mit Ihren vertraglich geschuldeten Bauleistungen am ... beginnen. Bislang sind Sie jedoch trotz der eindeutigen Frist Ihrer vertraglichen Verpflichtung nicht nachgekommen.

Wir fordern Sie daher hiermit auf, bis spätestens zum

...

die bei Ihnen beauftragten Bauleistungen zu beginnen. Sollten Sie die vorstehende Frist unbeachtet lassen und bis zu vorgenanntem Zeitpunkt nicht tätig geworden sein, sehen wir uns gezwungen, Ihnen den Auftrag gemäß § 8 Nr. 3 VOB/B zu entziehen.

Mit freundlichen Grüßen

Durchschrift erhält der bauleitende Architekt mit gleicher Post.

2.2 Nachfristsetzung mit Kündigungsandrohung

An

Firma ... GmbH

– zu Händen Herrn ... –

..., den ...

Bauvorhaben: ...

Nachfristsetzung mit Kündigungsandrohung

Sehr geehrte Damen und Herren,

nach dem zwischen uns geschlossenen Bauvertrag hätten Sie Ihre Bauleistungen entsprechend der vertraglich vereinbarten Frist bis zum ... fertig stellen müssen. Leider haben Sie die vertraglich vereinbarte Frist zur Fertigstellung der beauftragten Bauleistungen nicht eingehalten und Ihre Leistungen nicht fertig gestellt. Wir haben Sie daher hiermit aufzufordern, bis spätestens zum

...

die beauftragten Bauleistungen sach- und fachgerecht fertig zu stellen.

Sollte eine Fertigstellung der Bauleistungen nicht innerhalb der gesetzten Nachfrist erfolgen, müssten wir Ihnen den Auftrag gemäß § 8 Nr. 3 VOB/B entziehen.

Wir machen darauf aufmerksam, dass Sie wegen der Überschreitung der vertraglich vereinbarten Fertigstellungsfrist bereits eine Vertragsstrafe verwirkt haben. Die Nachfristsetzung erfolgt unbeachtlich der bereits geschuldeten Strafe und stellt keine Verlängerung der vertraglich vereinbarten Fertigstellungsfrist dar.

Uns aus Ihrem Verzug entstehende Kosten und Schäden behalten wir uns vor, an Sie weiterzugeben.

Mit freundlichen Grüßen

Durchschrift erhält der bauleitende Architekt mit gleicher Post.

2.3 Aufforderung zur ausreichenden Besetzung der Baustelle

An

Firma ... GmbH

– zu Händen Herrn ... –

..., den ...

Bauvorhaben: ...

Aufforderung zur ausreichenden Besetzung der Baustelle gemäß § 5 Nr. 3 VOB/B

Sehr geehrte Damen und Herren,

leider mussten wir feststellen, dass Ihrerseits stets zu wenig Arbeitskräfte auf der Baustelle eingesetzt werden. Bereits heute ist absehbar, dass Sie die Baustelle nicht ausreichend mit Personal besetzen, um die vertraglich vereinbarten Ausführungsfristen einhalten zu können. Sie haben daher gemäß § 5 Nr. 3 VOB/B unverzüglich Abhilfe zu schaffen und den Personaleinsatz zu erhöhen.

Bereits jetzt sind die vertraglich vereinbarten Zwischenfristen von Ihnen überschritten worden.

Sollten Sie Ihren Baustelleneinsatz nicht bis spätestens zum ... so weit verstärken, dass die vertraglich vereinbarte Fertigstellungsfrist eingehalten werden kann, sehen wir uns gezwungen, Ihnen den Auftrag gemäß § 5 Nr. 4 VOB/B i.V.m. § 8 Nr. 3 VOB/B zu entziehen.

Mit freundlichen Grüßen

Durchschrift erhält der bauleitende Architekt mit gleicher Post.

2.4 Mängelbeseitigungsverlangen nach Abnahme

An

Firma ... GmbH

– zu Händen Herrn ... –

..., den ...

Bauvorhaben: ...

Mängelbeseitigungsverlangen

Sehr geehrte Damen und Herren,

an Ihren Werkleistungen zu o.g. Bauvorhaben sind Mängel aufgetreten. Im Einzelnen wurden folgende Mängel festgestellt:

Werkleistung	Festgestellter Mangel
1. ...	...
2. ...	...
3. ...	...

Wir fordern Sie hiermit auf, die Mängel bis spätestens zum ... zu beseitigen und bitten um telefonische Terminabsprache, damit Ihnen das Baugelände/Bauobjekt rechtzeitig zur Verfügung gestellt wird.

Mit freundlichen Grüßen

Durchschrift erhält der bauleitende Architekt mit gleicher Post.

2.5 Mängelbeseitigungsverlangen vor Abnahme

An

Firma ... GmbH

– zu Händen Herrn ... –

..., den ...

Bauvorhaben: ...

Mängelbeseitigungsverlangen gemäß § 4 Nr. 7 VOB/B

Sehr geehrte Damen und Herren,

bei der Überprüfung Ihrer Werkleistung mussten wir feststellen, dass folgende Leistungen Mängel aufweisen:

Werkleistung	Festgestellter Mangel
1. ...	...
2. ...	...
3. ...	...

Wir fordern Sie hiermit auf, die vorgenannten Mängel bis spätestens zum ... zu beseitigen.

Bekanntlich hat der Auftraggeber gemäß § 4 Nr. 7 VOB/B bereits während der Ausführung das Recht, Mängel der Werkleistungen des Auftragnehmers anzuzeigen und innerhalb einer angemessenen Frist die Beseitigung derselben zu verlangen. Sollten Sie Ihrer Mängelbeseitigungsverpflichtung nicht fristgerecht nachkommen, sehen wir uns gezwungen, Ihnen den Auftrag gemäß § 8 Nr. 3 VOB/B zu entziehen und die Mängelbeseitigung durch ein Drittunternehmen durchführen zu lassen. Falls uns Mehrkosten oder Schäden entstehen, behalten wir uns vor, diese Ihnen gegenüber geltend zu machen.

Mit freundlichen Grüßen

Durchschrift erhält der bauleitende Architekt mit gleicher Post.

2.6 Letzte Aufforderung zur Mängelbeseitigung

An

Firma ... GmbH

– zu Händen Herrn ... –

..., den ...

Bauvorhaben: ...

Letzte Aufforderung zur Mängelbeseitigung

Sehr geehrte Damen und Herren,

wir hatten Ihnen bereits mit unserem Schreiben vom ... angezeigt, dass an Ihren Werkleistungen zu o.g. Bauvorhaben Mängel aufgetreten sind. Bekanntlich handelt es sich um folgende Mängel:

Werkleistung	Festgestellter Mangel
1. ...	...
2. ...	...
3. ...	...

Wir setzen Ihnen hiermit eine letzte Nachfrist, Ihren Mängelbeseitigungsverpflichtungen nachzukommen. Sollten Sie die vorstehenden Mängel nicht bis spätestens zum ... beseitigt haben, sehen wir uns gezwungen, ein anderes Unternehmen mit der Mängelbeseitigung zu beauftragen und Ihnen die hierdurch bedingten Mehrkosten aufzugeben.

Mit freundlichen Grüßen

Durchschrift erhält der bauleitende Architekt mit gleicher Post.

3 Formulare für den Auftragnehmer

3.1 Anforderung einer Sicherheitsleistung

An
Firma ... GmbH
– zu Händen Herrn ... –

..., den ...

Bauvorhaben: ...
Sicherheitsleistung gemäß § 648a BGB

Sehr geehrte Damen und Herren,

Sie haben uns am ... mit der Ausführung von Bauleistungen zu o.g. Bauvorhaben beauftragt. Dazu müssten wir erhebliche Vorleistungen erbringen und ein erhebliches finanzielles Risiko eingehen.

Zur Absicherung unseres finanziellen Risikos dürfen wir Sie unter Hinweis auf § 648a BGB bitten, Sicherheit zu leisten. Als geeignete Sicherheit kommt insbesondere eine selbstschuldnerische und unbefristete Bürgschaft eines Kreditinstituts in Betracht. Selbstverständlich bleibt es Ihnen unbenommen, auch eine andere dem § 648a BGB entsprechende Sicherheit zu leisten. Nach § 648a BGB kann Sicherheit bis zur Höhe des voraussichtlichen Vergütungsanspruchs zuzüglich 10 % wegen Nebenforderungen verlangt werden, unabhängig davon, ob Bauleistungen bereits erbracht sind, solange diese nicht bereits bezahlt wurden. Da die von uns voraussichtlich zu beanspruchende Vergütung nach dem geschlossenen Bauvertrag ... EUR betragen wird, dürfen wir Sie bitten, bis zur Höhe dieses Betrags Sicherheit zu leisten.

Wir gehen davon aus, dass uns eine entsprechende Bürgschaftsurkunde oder ein sonstiger Nachweis über eine dem § 648a BGB entsprechende Sicherheit bis spätestens zum ... zugehen wird.

Sollten Sie bis zu vorgenanntem Zeitpunkt wider Erwarten keine Sicherheit leisten, müssten wir von unserem Leistungsverweigerungsrecht Gebrauch machen und die Arbeiten einstellen.

Mit freundlichen Grüßen

Durchschrift erhält der bauleitende Architekt mit gleicher Post.

3.2 Nachfristsetzung gemäß § 648a BGB

An
Firma ... GmbH
– zu Händen Herrn ... –

..., den ...

Bauvorhaben: ...
Nachfristsetzung gemäß § 648a Abs. 5 BGB

Sehr geehrte Damen und Herren,

bereits mit unserem Schreiben vom ... hatten wir Sie aufgefordert, eine Sicherheit gemäß § 648a BGB zu stellen. Der insoweit gesetzten Frist bis zum ... sind Sie nicht nachgekommen. Wir sehen uns daher hiermit gezwungen, die Arbeiten einzustellen und setzen Ihnen gemäß § 648a BGB eine Nachfrist zur Stellung der Sicherheitsleistung bis zum ...

Für den Fall, dass Sie wider Erwarten auch innerhalb der Nachfrist keine Sicherheit leisten sollten, machen wir darauf aufmerksam, dass sich unsere Rechte dann nach den § 643 und § 645 Abs. 1 BGB bestimmen und der Vertrag als aufgehoben gilt.

Mit freundlichen Grüßen

Durchschrift erhält der bauleitende Architekt mit gleicher Post.

3.3 Bedenkenanmeldung gemäß § 4 Nr. 3 VOB/B

An
Firma ... GmbH
– zu Händen Herrn ... –

..., den ...

Bauvorhaben: ...
Bedenkenanmeldung gemäß § 4 Nr. 3 VOB/B

Sehr geehrte Damen und Herren,

nach § 4 Nr. 3 VOB/B hat der Auftragnehmer Bedenken gegen die vorgesehene Art der Ausführung, gegen die Güte der vom Auftraggeber gelieferten Stoffe oder Bauteile oder die Leistungen anderer Unternehmer anzumelden. Wir sind unseren Prüfpflichten nachgekommen und haben nach Prüfung der Ausführungspläne (oder/und: des Leistungsverzeichnisses/der gelieferten Stoffe/Bauteile .../der Leistung von ...) folgende Bedenken: ...

Eine Ausführung in der von Ihnen geforderten Art und Weise könnte zu Mängeln der Werkleistungen führen. Insbesondere ist zu befürchten, dass ...
(oder/und: Bei Verwendung des von Ihnen gelieferten ... könnten sich folgende Mängel des Werks ergeben: .../Bei Überprüfung der Werkleistungen von ... OHG – auf denen wir aufbauen müssen – ergab sich Folgendes: ...)

Es besteht daher, wenn wir die Arbeiten fortsetzen, die Gefahr, dass ...

Wir bitten Sie, die vorstehend geäußerten Bedenken zu prüfen. Ferner bitten wir um Klärung zur Ausführung, insbesondere, ob Sie aufgrund der geäußerten Bedenken Änderungen veranlassen wollen.

Um Ihre Stellungnahme bitten wir bis spätestens zum ... Bis dahin werden wir die beauftragten Leistungen nur weiterführen, soweit dies für eine mängelfreie Herstellung des beauftragten Werks möglich ist. Sollte uns Ihre Entscheidung nicht bis zu vorgenanntem Zeitpunkt zugehen, müssten wir aufgrund unserer angemeldeten Bedenken und um Mängel der Werkleistungen zu vermeiden, die Arbeiten insoweit einstellen und zeigen bereits jetzt vorsorglich die voraussichtliche Behinderung ab diesem Zeitpunkt an.

In Erwartung Ihrer Stellungnahme verbleiben wir

mit freundlichen Grüßen

Durchschrift erhält der bauleitende Architekt mit gleicher Post.

3.4 Behinderungsanzeige nach Anmeldung von Bedenken

An
Firma ... GmbH
– zu Händen Herrn ...–

..., den ...

Bauvorhaben: ...

Behinderungsanzeige nach Anmeldung von Bedenken

Sehr geehrte Damen und Herren,

mit dem nochmals in Kopie anliegenden Schreiben haben wir am ... Bedenken angemeldet und um eine kurzfristige Stellungnahme zur weiteren Vorgehensweise gebeten. Leider ist bislang eine Stellungnahme nicht erfolgt. Wie mit dem in Kopie nochmals anliegenden Schreiben bereits angekündigt, können wir unsere Werkleistung nicht mehr gefahrlos fortsetzen. Mangels Weisung, ob die Arbeiten in der bedenklichen Art und Weise fortgeführt werden sollen, sehen wir uns gezwungen, um Mängel und Ihnen entstehende Schäden zu vermeiden, die Arbeiten einzustellen, bis eine Klärung auf unsere Bedenkenanmeldung vorliegt.

Wir zeigen Ihnen daher hiermit an, dass wir in der Weiterführung der Arbeiten insoweit behindert sind, und bitten nochmals um kurzfristige Stellungnahme zu den unsererseits angemeldeten Bedenken.

Auf die aus der Behinderung folgende Fristverlängerung gemäß § 6 Nr. 2 VOB/B erlauben wir uns aufmerksam zu machen.

Die uns entstehenden Mehrkosten, die Sie gemäß § 6 Nr. 6 VOB/B zu ersetzen haben, werden wir Ihnen zu gegebener Zeit mitteilen.

Mit freundlichen Grüßen

Durchschrift erhält der bauleitende Architekt mit gleicher Post.

Anlage: Bedenkenanmeldung vom ...

3.5 Behinderungsanzeige

An
Firma ... GmbH
– zu Händen Herrn ... –

..., den ...

Bauvorhaben: ...

Behinderungsanzeige

Sehr geehrte Damen und Herren,

hiermit zeigen wir an, dass wir in der Ausführung der bei uns beauftragten Werkleistungen behindert sind.

Die Behinderung ergibt sich aus folgenden Umständen:

...

Bekanntlich sollten laut Bauzeitenplan ab dem ... folgende Leistungen von uns ausgeführt werden:

...

Durch die zuvor geschilderten Umstände können wir die vorstehend aufgeführten Leistungen nicht ausführen. (oder: Durch die vorgenannten Umstände können wir die oben aufgeführten Arbeiten nicht mit der vorgesehenen Personalstärke von ... Mann ausführen./Durch die vorgenannten Umstände können wir die oben aufgeführten Arbeiten nicht mit den vorgesehenen Maschinen ... ausführen.)

Wir bitten dringend darum, die Behinderung schnellstmöglich abzustellen, und erlauben uns den Hinweis auf die Verlängerung der Ausführungsfrist gemäß § 6 Nr. 2 VOB/B.

Sollte die Behinderung in der vorstehenden Form fortdauern, ist mindestens von einer Verlängerung der Bauzeit um ... Wochen auszugehen.

Sobald die Behinderung nicht mehr besteht, werden wir selbstverständlich die Arbeiten unverzüglich fortsetzen und Sie über den Fortfall der Behinderung unterrichten. Wir machen bereits jetzt darauf aufmerksam, dass uns durch die Behinderung Mehrkosten entstehen, die wir zu gegebener Zeit im Einzelnen darstellen werden.

Mit freundlichen Grüßen

Durchschrift erhält der bauleitende Architekt mit gleicher Post.

3.6 Fristverlängerung wegen Behinderung

An
Firma ... GmbH
– zu Händen Herrn ... –

..., den ...

Bauvorhaben: ...
Fristverlängerung wegen Behinderung

Sehr geehrte Damen und Herren,

wir hatten Sie bereits mit unserem Schreiben vom ... darüber in Kenntnis gesetzt, dass wir in der Ausführung der bei uns beauftragten Werkleistungen behindert wurden. Die Behinderung wurde gestern abgestellt.

Gemäß § 6 Nr. 2 VOB/B haben wir einen Anspruch auf Verlängerung der vertraglich vereinbarten Bauzeit.

Die Behinderung führt gemäß § 6 Nr. 4 VOB/B zu einer Verlängerung der Ausführungsfristen um ... Wochen.

Die Behinderung selbst dauerte ... Wochen.

Darüber hinaus wurde durch die Behinderung das Bauvorhaben in eine für die Ausführung der beauftragten Bauleistungen ungünstigere Jahreszeit verschoben. Durch die nunmehr herrschende ungünstige Witterung ist eine weitere Behinderung im Fortgang der Arbeiten nicht auszuschließen. Aufgrund der zu dieser Jahreszeit herrschenden Witterungsverhältnisse rechnen wir mit einem Produktivitätsabfall und vorläufig mit einer weiteren Verlängerung der Bauzeit um mindestens ... Wochen.

Insgesamt verlängern sich die Ausführungsfristen also um mindestens ... Wochen.

Mit freundlichen Grüßen

Durchschrift erhält der bauleitende Architekt mit gleicher Post.

3.7 Ablehnung der Haftung für Mängel

An die
Firma ... GmbH
– zu Händen Herrn ... –

..., den ...

Bauvorhaben: ...
Ablehnung der Haftung für Mängel gemäß § 13 Nr. 3 VOB/B

Sehr geehrte Damen und Herren,

mit Schreiben vom ... haben wir Bedenken angemeldet. Sie wiesen uns am ... an, dass wir trotz der geäußerten Bedenken gegen

...

ohne Änderungen und wie vertraglich vorgesehen die Arbeiten weiterführen sollen. Aufgrund der Ihnen als Auftraggeber zustehenden Weisungsbefugnisse werden wir Ihrer Anweisung selbstverständlich nachkommen.

Wir möchten jedoch nochmals darauf hinweisen, dass wir unsere vorstehend nochmals zusammengefassten Bedenken aufrecht erhalten. Sollte es später aus den mit unserer Bedenkenanmeldung ausgeführten Gründen zu Mängeln der Werkleistungen kommen oder sollten Ihnen Schäden entstehen, haften wir dafür gemäß § 13 Nr. 3 VOB/B nicht und lehnen eine Haftung insoweit hiermit nochmals ausdrücklich ab.

Mit freundlichen Grüßen

Durchschrift erhält der bauleitende Architekt mit gleicher Post.

3.8 Anmeldung von Mehrvergütungsansprüchen

An
Firma ... GmbH
– zu Händen Herrn ... –

..., den ...

Bauvorhaben: ...
Zusätzliche Vergütung gemäß § 2 Nr. 6 VOB/B

Sehr geehrte Damen und Herren,

Sie haben uns am ... beauftragt, folgende Leistungen auszuführen:
...

Diese Leistungen waren bislang nicht Gegenstand des geschlossenen Bauvertrags. Es handelt sich daher um zusätzliche Leistungen gemäß § 2 Nr. 6 VOB/B. Nach § 2 Nr. 6 VOB/B steht uns für die Ausführung dieser Leistungen eine zusätzliche Vergütung zu.

Wir haben daher das in Durchschrift anliegende Nachtragsangebot erarbeitet.

Wir bitten Sie, das Nachtragsangebot zu prüfen und dieses kurzfristig zum Zeichen Ihres Einverständnisses mit den ausgewiesenen Preisen unterzeichnet an uns zurückzusenden.

Mit freundlichen Grüßen

Durchschrift erhält der bauleitende Architekt mit gleicher Post.

Formulare Auftragnehmer

3.9 Mahnung hinsichtlich Abschlagszahlung

An
Firma ... GmbH
– zu Händen Herrn ...–

..., den ...

Bauvorhaben: ...

Mahnung

Sehr geehrte Damen und Herren,

unter dem ... haben wir Ihnen unsere Abschlagsrechnung ... übersandt. Die Abschlagsrechnung ist Ihnen auch am ... zugegangen. Gemäß § 16 Nr. 1 Abs. 3 VOB/B werden Abschlagszahlungen binnen 18 Werktagen nach Zugang der Aufstellung bzw. Abschlagsrechnung fällig. Diese Frist ist bereits seit dem ... abgelaufen.

Wir fordern Sie daher hiermit auf, die Abschlagszahlung bis spätestens zum ... nachzuholen. Sollte eine Zahlung nicht fristgerecht erfolgen, werden wir Ihnen Zinsen in Höhe von mindestens 8 Prozentpunkten über dem Basiszinssatz berechnen und sehen uns gezwungen, gemäß § 16 Nr. 5 Abs. 5 VOB/B die Arbeiten bis zur Zahlung einzustellen.

Mit freundlichen Grüßen

Durchschrift erhält der bauleitende Architekt mit gleicher Post.

3.10 Mahnung hinsichtlich Schlusszahlung

An
Firma ... GmbH
– zu Händen Herrn ... –

..., den ...

Bauvorhaben: ...

Mahnung

Sehr geehrte Damen und Herren,

bereits unter dem ... haben wir Ihnen unsere prüffähige Schlussrechnung zugesandt. Nach § 16 Nr. 3 Abs. 1 VOB/B wird die Schlusszahlung alsbald nach Prüfung und Feststellung der vom Auftragnehmer vorgelegten Schlussrechnung, spätestens innerhalb von zwei Monaten nach Zugang fällig. Die Ihnen zur Prüfung unserer Schlussrechnung längstens zustehende Zwei-Monats-Frist ist bereits seit dem ... abgelaufen, ohne dass uns ein geprüftes Exemplar der Schlussrechnung zugegangen ist. Wir fordern Sie daher auf, den in der Schlussrechnung ausgewiesenen Restwerklohn bis spätestens zum ... auf eines unserer Ihnen bekannten Konten einzuzahlen.

Sollte eine Zahlung nicht fristgerecht erfolgen, werden wir Ihnen Zinsen in Höhe von mindestens 8 Prozentpunkten über dem Basiszinssatz berechnen. Ferner weisen wir vorsorglich darauf hin, dass wir uns zur Durchsetzung unserer Forderung anwaltlicher Hilfe bedienen. Die hierbei entstehenden Kosten sind Sie verpflichtet, uns unter dem Gesichtspunkt des Verzugs zu erstatten.

Mit freundlichen Grüßen

Durchschrift erhält der bauleitende Architekt mit gleicher Post.

Teil VI

Beschlüsse des DVA zur Änderung der VOB/B

in Hinsicht auf die Novelle des BGB durch das Gesetz zur Modernisierung des Schuldrechts vom 26.11.2001 (BGBl. I S. 3138)

Ergebnisse der Sitzungen des Hauptausschusses Allgemeines des Deutschen Vergabe- und Vertragsausschusses am 2. Oktober 2001 und 4. Februar 2002

Überarbeitete Fassung auf der Basis der Sitzung vom 16. und 17. April 2002

> **Hinweis:**
> In der Überschrift des jeweiligen Änderungsvorschlages ist zur besseren Orientierung das Thema schlagwortartig angegeben. Änderungen in den §§ der VOB/A sind durch **Fettdruck und Unterstreichung** hervorgehoben.

Durch Rechtsprechung und erfolgte Gesetzesänderungen (Gesetz zur Beschleunigung fälliger Zahlungen und Schuldrechtsmodernisierungsgesetz) war die VOB Teil B zu überarbeiten. Die vom Hauptausschuss Allgemeines des DVA eingesetzte Arbeitsgruppe VOB/B hat in 8 Sitzungen der erforderlichen Änderungsbedarf erarbeitet. Die erste Sitzung erfolgte noch auf der Basis des Diskussionsentwurfs zum Schuldrechtsmodernisierungsgesetz vom 04.08.2000. Im Verlauf der Beratungen wurde der jeweilige Stand des Gesetzgebungsverfahrens berücksichtigt.

Die vorliegenden Beschlüsse berücksichtigen die im Bundesgesetzblatt Teil I vom 29.11.2001 (S. 3138) veröffentlichte Fassung des Gesetzes (das BGB in der Fassung der Neubekanntmachung vom 08.01.2002, BGBl. I S. 42 ff.), das zum 01.01.2002 in Kraft trat sowie die Hinweise aus Rechtsprechung, Literatur und Praxis.

I. Vorbemerkungen:

Die VOB/B bleibt auch nach In-Kraft-Treten des Gesetzes zur Modernisierung des Schuldrechts ein privilegiertes Regelwerk.

Nach der bis 31.12.2001 bestehenden Rechtslage ergab sich die Privilegierung der VOB/B im Gesetz zur Regelung des Rechts der Allgemeinen Geschäftsbedingungen (AGBG) für § 10 Nr. 5 AGBG alter Fassung (a.F.) (fingierte Erklärungen) und § 11 Nr. 10 f AGBG a.F. (Verkürzung von Gewährleistungsfristen) aus § 23 Abs. 2 Nr. 5 AGBG a.F. Die Konstruktion, dass die „VOB/B als Ganzes" als ausgewogene Regelung gilt und eine isolierte Inhaltskontrolle der einzelnen Klauseln der VOB/B zu unterbleiben hat, war von der Rechtsprechung entwickelt worden. Nach dieser Rechtsprechung handelt es sich bei der VOB/B um allgemeine Vertragsbedingungen, die in ihrer Gesamtheit als ausgewogen zu bezeichnen sind.

In der hierzu grundlegenden Entscheidung des BGH (BGHZ 86, 135) heißt es, dass sich die VOB/B in ihrem Inhalt wesentlich von sonstigen Allgemeinen Geschäftsbedingungen unterscheide. Die VOB/B sei gerade kein Vertragswerk, das den Vorteil einer Vertragsseite verfolge. Bei ihrer Ausarbeitung seien die Interessengruppen der Auftragnehmer und Auftraggeber beteiligt und die VOB/B könne daher nicht ohne weiteres mit einseitigen Allgemeinen Geschäftsbedingungen auf eine Stufe gestellt werden. Würden durch eine Billigkeitskontrolle nach dem AGBG die Interessen einer Vertragsseite bevorzugende Bestimmungen für unwirksam erklärt, würde der vom Vertragswerk beabsichtigte billige Ausgleich der Interessen gestört. Damit würde das Ziel der Inhaltskontrolle des AGBG verfehlt. Diese Erwägungen treffen auch heute uneingeschränkt zu.

1. Regelungen des BGB nach In-Kraft-Treten des Schuldrechtsmodernisierungsgesetzes

Mit Artikel 6 Nr. 4 des Schuldrechtsmodernisierungsgesetzes wurde das AGBG aufgehoben. Die Regelungen über die Einbeziehung und Kontrolle von Allgemeinen Geschäftsbedingungen sind nunmehr in den §§ 305 ff. BGB enthalten. Eine dem bisherigen § 23 Abs. 2 Nr. 5 AGBG a.F. entsprechende Privilegierung der VOB/B ist in den §§ 305 ff. BGB wiederzufinden. Es ist in § 308 Satz 1 Nr. 5 BGB (Regelungen über fingierte Erklärungen) und § 309 Satz 1 Nr. 8 b ff BGB (Verjährungsfrist) geregelt, dass diese Vorschriften nicht für Leistungen gelten, für die die Verdingungsordnung für Bauleistungen als Ganzes Vertragsgrundlage ist.

In der Begründung zum Gesetzesentwurf wird ausgeführt, dass im § 308 Satz 1 Nr. 5 BGB die Privilegierung für die fingierten Erklärungen aufgenommen wurde und diese Änderung rein redaktioneller Art sei, weil diese bereits in § 23 Abs. 2 Nr. 5 AGBG a.F. enthalten war. Der Gesetzgeber wollte mit der Übernahme dieser Regelungen die Rechtsprechung zur Privilegierung der VOB/B als Ganzes übernehmen (Begründung des Gesetzesentwurfs der Regierungsfraktionen vom 14.05.2001, nachfolgend: Begr., BT-Drs. 14/6040, S. 154, 158).

2. Auswirkungen

Die Entscheidung des Gesetzgebers, den Gesetzesentwurf in dieser Form zu beschließen, bedeutet, dass er die durch die Rechtsprechung entwickelte Privilegierung der „VOB als Ganzes" billigt. Hierfür spricht, dass der Gesetzgeber durch die Regelungen in § 308 Nr. 5 BGB und § 309 Nr. 8 b ff BGB die Regelungen des § 23 Abs. 2 Nr. 5 AGBG a.F. inhaltlich übernommen hat und damit die Besonderheiten des Bauwerkvertrages erkannt hat. Dem Gesetzgeber ist die Rechtsprechung des BGH zur „VOB/B als Ganzes" und die in der Literatur hieran geäußerte Kritik (vgl. z.B. Institut für Baurecht Freiburg, BauR 1999, S. 699 ff.) bekannt. Der Gesetzgeber hat gleichwohl die Regelungen des § 23 Abs. 2 Nr. 5 AGBG a.F. übernommen und auch die diesbezügliche Rechtsprechung nicht eingeschränkt, so dass er diese Rechtsprechung als zutreffend ansieht und auch mit der Gesetzesänderung übernehmen möchte. Besonders zeigt sich dieser gesetzgeberische Wille daran, dass der Antrag der PDS-Fraktion auf Streichung der die VOB/B privilegierenden Regelungen in §§ 308 und 309 BGB in der zweiten Lesung des Schuldrechtsmodernisierungsgesetzes vom Deutschen Bundestag abgelehnt wurde (BT-Drs. 14/7080, Protokoll vom 11.10.2001, S. 18765).

Hätte der Gesetzgeber in Abänderung der Rechtsprechung die VOB/B wie jede andere Allgemeine Geschäftsbedingung stellen wollen, hätte er die Privilegierungen entfallen lassen und dies in der Begründung entsprechend klar gestellt.

Auch eine Beschränkung der Privilegierung der VOB/B auf die Regelungen zur Verjährung und zu fingierten Erklärungen

Beschlüsse des DVA

ist vom Gesetzgeber nicht beabsichtigt. Die Formulierung der Privilegierung der „VOB/B als Ganzes" in den §§ 308 und 309 BGB und nicht an einer gesonderten Stelle hatte lediglich den Zweck, dem Rechtsanwender die Zuordnung zu erleichtern, nicht aber die bestehende Rechtsprechung des BGH einzugrenzen (Begr. BT-Drs. 14/6040, S. 154).

Öffentliche Auftraggeber sind außerdem aufgrund der Verweisungen in der VgV auf die VOB/A, die ihrerseits die Verwendung der VOB/B vorschreibt (§ 10 Nr. 1 Abs. 2 VOB/A), gezwungen, in ihren Verträgen die VOB/B zu vereinbaren. Es widerspräche der Einheit der Rechtsordnung, wenn die den öffentlichen Auftraggebern auf diese Weise vorgegebenen Regelungen voll als AGB zu überprüfen wären. Dies würde nämlich zu dem unhaltbaren Ergebnis führen, dass die in der VOB/B enthaltenen und den öffentlichen Auftraggebern zwingend vorgeschriebenen Regelungen teilweise unwirksam wären, ohne dass die öffentlichen Auftraggeber die Möglichkeit hätten, wirksame Regelungen zu vereinbaren.

Beratung des HAA am 02.10.2001:
Einstimmig beschlossen.

II. Zu den Änderungen der VOB/B im Einzelnen:

In der Überschrift des jeweiligen Änderungsvorschlages ist zur besseren Orientierung das Thema schlagwortartig angegeben. Änderungen gegenüber den geltenden Vorschriften der VOB/B sind durch Fettdruck und Unterstreichung hervorgehoben.

1. §§ 4 Nr. 7, 4 Nr. 8, 5 Nr. 4, 8 Nr. 2 und 8 Nr. 3 VOB/B (Kündigungsrecht)

Eine Änderung der §§ 4 Nr. 7, 4 Nr. 8, 5 Nr. 4, 8 Nr. 2 und 8 Nr. 3 VOB/B ist nicht erforderlich.

Begründung:
Die Regelungen in der VOB/B können auch nach der Gesetzesänderung auf eine Kündigung statt auf einen Rücktritt abstellen.

Nach §§ 281 Abs. 1 Satz 1 und 323 Abs. 1 BGB kann der Gläubiger, wenn der Schuldner nicht oder nicht wie geschuldet im Zeitpunkt der Fälligkeit leistet, eine angemessene Frist zur Leistungserbringung oder Nacherfüllung setzen. Nach erfolglosem Ablauf dieser Frist kann der Gläubiger statt der Leistung Schadensersatz verlangen bzw. vom Vertrag zurücktreten. Damit begründen Verzug, mangelhafte Erfüllung oder Nichterfüllung ein Rücktrittsrecht. Das Kündigungsrecht im Werkvertragsrecht nach § 649 BGB bleibt unverändert.

Nach §§ 281 Abs. 1 Satz 1 und 323 Abs. 1 BGB kann der Gläubiger, wenn der Schuldner nicht oder nicht wie geschuldet im Zeitpunkt der Fälligkeit leistet, eine angemessene Frist zur Leistungserbringung oder Nacherfüllung setzen. Nach erfolglosem Ablauf dieser Frist kann der Gläubiger statt der Leistung Schadensersatz verlangen bzw. vom Vertrag zurücktreten. Damit begründen Verzug, mangelhafte Erfüllung oder Nichterfüllung ein Rücktrittsrecht. Das Kündigungsrecht im Werkvertragsrecht nach § 649 BGB bleibt unverändert.

Im Falle eines Rücktritts erfolgt gemäß § 346 Abs. 1 BGB eine Rückabwicklung. Soweit diese ausgeschlossen ist, erfolgt Wertersatz, ggf. durch die Gegenleistung (§ 346 Abs. 2 Satz 2 BGB). Schadensersatz kann auf der Grundlage des § 325 BGB verlangt werden.

Die Vorschriften der VOB/B sehen für den Fall der Leistungsstörung (nach Fristsetzung mit Leistungsablehnungsandrohung) Kündigung und Schadensersatz vor.

Das Regelungsziel, Lösung des Vertrages und Abrechnung der erbrachten Leistungen auf der Basis der Vertragspreise, ist in beiden Systemen identisch.

Da auch nach der Gesetzesänderung im Werkvertragsrecht das Kündigungsrecht des Bestellers im BGB enthalten ist, kann es nicht gegen Leitgedanken des neuen BGB verstoßen, wenn die Regelungen der VOB/B auf eine Kündigungssystematik abstellen.

Die in diesen Vorschriften enthaltene Leistungsablehnungsandrohung kann ebenfalls erhalten bleiben.

Nach §§ 281 Abs. 1 Satz 1 und 323 Abs. 1 BGB kann der Gläubiger, wenn der Schuldner nicht oder nicht wie geschuldet im Zeitpunkt der Fälligkeit leistet, eine angemessene Frist zur Leistungserbringung oder Nacherfüllung setzen. Nach erfolglosem Ablauf dieser Frist kann der Gläubiger statt der Leistung Schadensersatz verlangen bzw. vom Vertrag zurücktreten. Lediglich in den Ausnahmefällen, in denen der Schuldner nicht mit dem Rücktritt rechnen musste, ist dieses Recht unter Heranziehung des Grundsatzes von Treu und Glauben ausgeschlossen (vgl. Beschlussempfehlung des Rechtsausschusses des Deutschen Bundestages, BT-Drs. 14/7052, S. 185).

Die Kündigungsvorschriften der §§ 4 Nr. 7, 4 Nr. 8, 5 Nr. 4 VOB/B sehen inhaltlich eine „Leistungsablehnungsandrohung" vor der Kündigung vor. Die Beibehaltung dieser Regelung verstößt nicht gegen die gesetzliche Regelung. Die Regelung der „Leistungsablehnungsandrohung" ist die Umsetzung des im Bauvertragsrecht geltenden Grundsatzes von Treu und Glauben, nachdem vor einer Auftragskündigung eine Nachfrist zur Leistungserbringung mit der Androhung der Auftragsentziehung zu setzen ist. Das Erfordernis einer Kündigungsandrohung ist außerdem Ausdruck des im Bauwerkvertragsrecht zwischen den Parteien bestehenden Kooperationsverhältnisses (vgl. Ingenstau/Korbion-Vygen, 14. Auflage 2001, § 8 Rnr. 4).

Beratung des HAA am 16./17.04.2002:
Einstimmig beschlossen.

2. § 10 Nr. 2 Abs. 2 VOB/B (Haftung und genehmigte Allgemeine Versicherungsbedingungen)

„(2) Der Auftragnehmer trägt den Schaden allein, soweit er ihn durch Versicherung seiner gesetzlichen Haftpflicht gedeckt hat oder **durch eine solche** innerhalb der von der Versicherungsaufsichtsbehörde genehmigten Allgemeinen Versicherungsbedingungen zu tarifmäßigen, nicht auf außergewöhnliche Verhältnisse abgestellten Prämien und Prämienzuschlägen bei einem im Inland zum Geschäftsbetrieb zugelassenen Versicherer hätte decken können."

Begründung:
Nach § 5 Abs. 3 Nr. 2 Versicherungsaufsichtsgesetz (VAG) a.F. waren die Allgemeinen Versicherungsbedingungen im Rahmen der Betriebserlaubnis für das Versicherungsunternehmen durch die Aufsichtsbehörden zu genehmigen. Mit dem 3. Gesetz zur Durchführung der versicherungsrechtlichen Richtlinien des Rates der EG vom 21.07.1994 (BGBl. I S. 1630) wurde diese Vorschrift des VAG neu gefasst. Die Versicherungsbedingungen sind nach dieser Neufassung nicht mehr vorzulegen und damit auch nicht mehr zu genehmigen. Daher ist die Bezugnahme auf von den Versicherungsaufsichtsbehörden genehmigte Allgemeine Versicherungsbedingungen zu streichen.

Als Maßstab dafür, ob der Schaden durch eine Haftpflichtversicherung hätte gedeckt werden können, kommt es auf den „im Inland zum Geschäftsbetrieb zugelassenen Versicherer" an. Dies stellt keine Diskriminierung ausländischer Versicherer dar, da lediglich auf die Zulassung zum Geschäftsbetrieb abgestellt wird. Zudem wird auf den im Inland zugelassenen Versicherer nur im Rahmen einer hypothetischen Betrachtung abgestellt, um die Frage zu beantworten, ob der Auftragnehmer den Schaden hätte versichern können. Daher kann der letzte Halbsatz des § 10 Nr. 2 Abs. 2 VOB/B unverändert bleiben.

Beratung im HAA am 04.02.2002:
Einstimmig beschlossen.

3. § 12 Nr. 3 VOB/B (Verweigerung der Abnahme bei wesentlichen Mängeln)

Eine Änderung des § 12 Nr. 3 VOB/B ist nicht erforderlich.

Begründung:
Mit dem Gesetz zur Beschleunigung fälliger Zahlungen wurde an § 640 Abs. 1 BGB ein Satz 2 angefügt, nachdem wegen unwesentlicher Mängel die Abnahme nicht verweigert werden kann. Demgegenüber heißt es in § 12 Nr. 3 VOB/B, wegen wesentlicher Mängel kann die Abnahme verweigert werden. Trotz der unterschiedlichen Formulierung beider Vorschriften ist keine voneinander abweichende Beweislastverteilung gegeben.

Bei den Beratungen zum Zahlungsbeschleunigungsgesetz sollte nach den Vorstellungen des Rechtsausschusses des Deutschen Bundestages die Änderung in § 640 Abs. 1 Satz 2 BGB in Anlehnung an § 12 Nr. 3 VOB/B erfolgen und daher das Wort „geringfügige" (Mängel) durch „unwesentliche" ersetzt werden (Beschlussempfehlung des Rechtsausschusses, BT-Drs. 14/2752, S. 12). Um eine nicht beabsichtigte Beweislastumkehr zu Lasten des Bestellers zu vermeiden, wurde die im Gesetz vorgenommene negative Formulierung gewählt. Auch die überwiegende Literatur geht davon aus, dass mit der Formulierung des Gesetzes keine Änderung der Beweislastverteilung verbunden ist (Kniffka, ZfBR 2000, 227, 230; Motzke, NZBau 2000, 489, 494).

Die Beweislast dafür, dass es sich um einen unwesentlichen Mangel handelt, liegt nach den Regelungen des § 12 Nr. 3 VOB/B beim Unternehmer (Ingenstau/Korbion-Oppler, 14. Aufl. 2001, § 12 Rnr. 104), so dass keine Änderung der Vorschrift erforderlich ist.

Beratung des HAA am 02.10.2001:
Einstimmig beschlossen.

4. § 12 Nr. 5 VOB/B (Abnahmefiktion)

„5. (1) Wird keine Abnahme verlangt, so gilt die Leistung als abgenommen mit Ablauf von 12 Werktagen nach schriftlicher Mitteilung über die Fertigstellung der Leistung.
(2) **Wird keine Abnahme verlangt und h**H**at** der Auftraggeber die Leistung oder einen Teil der Leistung in Benutzung genommen, so gilt die Abnahme nach Ablauf von 6 Werktagen nach Beginn der Benutzung als erfolgt, wenn nichts anderes vereinbart ist. Die Benutzung von Teilen einer baulichen Anlage zur Weiterführung der Arbeiten gilt nicht als Abnahme.
(3) Vorbehalte wegen bekannter Mängel oder wegen Vertragsstrafen hat der Auftraggeber spätestens zu den in den Absätzen 1 und 2 bezeichneten Zeitpunkten geltend zu machen."

Begründung:
a. Die Änderung in Abs. 2 dient der Klarstellung, dass § 12 Nr. 5 Abs. 2 VOB/B wie § 12 Nr. 5 Abs. 1 VOB/B nur eingreift, wenn keine Abnahme verlangt wird (vgl. Ingenstau/Korbion-Oppler, 14. Aufl. 2001, § 12 VOB/B Rnr. 157).

b. Der mit dem Gesetz zur Beschleunigung fälliger Zahlungen geänderte § 640 Abs. 1 BGB erfordert keine Änderung des § 12 Nr. 5 VOB/B.

§ 640 Abs. 1 BGB wurde mit dem Gesetz zur Beschleunigung fälliger Zahlungen um einen Satz 3 ergänzt. Nach § 640 Abs. 1 Satz 3 BGB steht es der Abnahme gleich, wenn der Besteller das Werk nicht innerhalb einer vom Unternehmer bestimmten angemessenen Frist abnimmt, obwohl er dazu verpflichtet ist. Die Abnahmefiktion des § 640 Abs. 1 Satz 3 BGB hat in erster Linie prozessuale Funktion. Durch diese Neuregelung sollte eine unklare prozessuale Rechtslage gestaltet werden. Die Schlüssigkeitsvoraussetzungen für eine Werklohnklage sollten klargestellt werden (BT-Drs. 14/1246, S. 6 f.). Die Werklohnklage ist nach § 640 Abs. 1 Satz 3 BGB schlüssig, wenn der Auftragnehmer die Abnahmereife und den Ablauf der Abnahmefrist vorträgt. Es treten also nach § 640 Abs. 1 Satz 3 BGB materiellrechtlich die Abnahmewirkungen ein, wenn das Werk abnahmereif war.

§ 12 Nr. 5 Abs. 1 VOB/B regelt die Fiktion der Abnahme nach Ablauf einer Frist von 12 Werktagen nach schriftlicher Fertigstellungsmitteilung. Außerdem wird die Abnahme nach § 12 Nr. 5 Abs. 2 VOB/B fingiert, wenn das Werk in Benutzung genommen wurde und 6 Werktage nach Beginn der Benutzung vergangen sind. In beiden Fällen ist Voraussetzung, dass von beiden Parteien keine Abnahme verlangt wird (vgl. Ingenstau/Korbion-Oppler, 14. Aufl. 2001, § 12 VOB/B Rnr. 157). Auf die Abnahmereife kommt es in beiden Fällen nicht an. Sie wird aufgrund der Fertigstellung bzw. Benutzung unterstellt.

Damit regeln § 640 Abs. 1 Satz 3 BGB und § 12 Nr. 5 Absätze 1 und 2 VOB/B unterschiedliche Sachverhalte. § 640 Abs. 1 Satz 3 BGB setzt voraus, dass das Werk abnahmereif ist und die vom Unternehmer unter Fristsetzung verlangte Abnahme nicht stattfindet. § 12 Nr. 5 Abs. 1 VOB/B regelt demgegenüber die Fiktion der Abnahme für den Fall, dass die Parteien keine Abnahme des Werkes verlangen.

Der Wortlaut des § 12 VOB/B schließt die Anwendung des § 640 Abs. 1 Satz 3 BGB nicht aus. Es wäre nur möglich, im Wege der Auslegung in § 12 VOB/B eine abschließende, den § 640 Abs. 1 Satz 3 BGB ausschließende Regelung zu sehen.

Beschlüsse des DVA

Der Ausschluss des § 640 Abs. 1 Satz 3 BGB im VOB-Vertrag hätte folgende Konsequenz: Verlangt der Auftragnehmer im VOB-Vertrag die Abnahme, so scheidet die Fiktion jedenfalls nach § 12 Nr. 5 Abs. 1 VOB/B aus. Gleiches gilt, wenn eine förmliche Abnahme vereinbart ist. Dann kommt überhaupt keine Fiktion in Betracht. Die Abnahmewirkungen könnten dann auch bei ordnungsgemäßer Leistung nicht eintreten, es sei denn, sie träten über den Annahme-/Schuldnerverzug oder nach Treu und Glauben ein. Der Auftraggeber könnte also durch eine unberechtigte Abnahmeverweigerung oder auch nur durch Untätigkeit den Eintritt der Abnahmewirkungen verhindern; gerade dieses Ergebnis soll mit § 640 Abs. 1 Satz 3 BGB gesetzlich verhindert werden bzw. es sollte Rechtsklarheit geschaffen werden.

Daher ist § 640 Abs. 1 Satz 3 BGB neben § 12 VOB/B anwendbar.

Der Regelungsgehalt des § 12 Nr. 5 VOB/B wird aber auch durch § 640 Abs. 1 Satz 3 BGB nicht eingeschränkt. Die Regelung des § 640 Abs. 1 Satz 3 BGB bleibt hinter der VOB-Regelung zurück, als sie Abnahmereife voraussetzt. Das fordert die VOB-Regelung nicht.

Die Regelung des § 12 Nr. 5 VOB/B hat auch nach Einführung des § 640 Abs. 1 Satz 3 BGB einen Sinn. So dürfte eine Abnahmefiktion nach § 12 Nr. 5 VOB/B jedenfalls dann greifen, wenn das Werk im Wesentlichen fertiggestellt ist und keine erkennbaren Mängel hat. Tauchen Mängel erst später auf, bleibt es bei der Fiktion. § 640 Abs. 1 Satz 3 BGB regelt dies anders und lässt im Falle eines Mangels die Abnahmewirkung nicht eintreten.

Um sich diesen Vorteil zu erhalten, kann der Auftragnehmer den Weg des § 12 Nr. 5 VOB/B wählen und in den Fällen, in denen keine förmliche Abnahme vereinbart ist, die Schlussrechnung stellen oder warten bis das Werk genutzt wird. Dann hat er eine weitergehende Wirkung als in § 640 Abs. 1 Satz 3 BGB.

Beratung des HAA am 16./17.04.2002:
Einstimmig beschlossen.

5. § 13 Nr. 1 VOB/B (Gewährleistungsrecht – Mangelbegriff)

Überschrift zu § 13 VOB/B:
„~~Gewährleistung~~ Mängelansprüche"

„1. ~~Der Auftragnehmer übernimmt die Gewähr, dass seine Leistung zur Zeit der Abnahme die vertraglich zugesicherten Eigenschaften hat, den anerkannten Regeln der Technik entspricht und nicht mit Fehlern behaftet ist, die den Wert oder die Tauglichkeit zu dem gewöhnlichen oder dem nach dem Vertrag vorausgesetzten Gebrauch aufheben oder mindern.~~
Der Auftragnehmer hat dem Auftraggeber seine Leistung zum Zeitpunkt der Abnahme frei von Sachmängeln zu verschaffen. Die Leistung ist zur Zeit der Abnahme frei von Sachmängeln, wenn sie die vereinbarte Beschaffenheit hat und den anerkannten Regeln der Technik entspricht. Ist die Beschaffenheit nicht vereinbart, so ist die Leistung zur Zeit der Abnahme frei von Sachmängeln,
 a. wenn sie sich für die nach dem Vertrag vorausgesetzte,
 sonst
 b. für die gewöhnliche Verwendung eignet und eine Beschaffenheit aufweist, die bei Werken der gleichen Art üblich ist und die der Auftraggeber nach der Art der Leistung erwarten kann."

Begründung:
a. Zur Überschrift:
Mit der Anpassung des § 13 Nr. 1 VOB/B an den Wortlaut des § 633 BGB ist der Begriff der Gewährleistung entfallen. In Anpassung an die Diktion des BGB ist es daher zweckmäßig, die Überschrift des § 13 VOB/B auf „Mängelansprüche" zu ändern.

b. Zu § 13 Nr. 1 Sätze 1 bis 3:
Der bisherige Mangelbegriff in § 13 Nr. 1 VOB/B deckte sich in seinem Tatbestand mit der gesetzlichen Regelung des Mangelbegriffes in § 633 Abs. 1 BGB a.F. Diese Übereinstimmung wird durch die in § 13 Nr. 1 VOB/B zusätzlich geschriebenen Tatbestandsmerkmale „zur Zeit der Abnahme" und „anerkannte Regeln der Technik" nicht gestört, da beide Tatbestandsmerkmale ungeschriebene Tatbestandsmerkmale des § 633 Abs. 1 BGB sind (Palandt-Sprau, § 633, Rnr. 1 und 2c).

Die von Korbion (Ingenstau/Korbion, 13. Aufl. 1996, § 13 Rnr. 102 a) geäußerten Bedenken, die den Mangelbegriff in § 633 Abs. 1 BGB a.F./§ 13 Nr. 1 VOB/B betreffen (Mangelbegriff zu sehr an den kaufvertraglichen Mangelbegriff angelehnt und zu wenig an die Erfolgshaftung des Werkunternehmers), werden in Zukunft nicht mehr diese Bedeutung haben, da
– auch beim Stückkauf sich die Pflicht des Verkäufers auf die Sachmangelfreiheit erstreckt (Begr., BT-Drs. 14/6040, S. 209) und
– sich dieses von Korbion angesprochene Problem an den Gesetzgeber richtet, ob er den Mangelbegriff im Werkvertragsrecht analog dem des Kaufvertragsrecht festlegt oder darüber hinaus die Erfolgshaftung im Tatbestand des § 633 BGB festlegt. Dieses Problem ist nicht vom Regelgeber der VOB/B zu entscheiden.

Aus Gründen der Parallelität und der daraus abzuleitenden Legitimation war der Mangelbegriff des § 13 Nr. 1 VOB/B an den Mangelbegriff des § 633 BGB anzupassen.

Für das Tatbestandsmerkmal der „zugesicherten Eigenschaften" des § 13 Nr. 1 VOB/B geltender Fassung besteht kein Regelungsbedarf. Die alte gesetzliche Regelung des § 633 Abs. 1 BGB a.F., die ebenfalls den Begriff der zugesicherten Eigenschaft kannte, wurde mit § 633 Abs. 2 BGB neu formuliert. Die neue Regelung des § 633 Abs. 2 BGB stellt mit Satz 1 bei der Frage, wann ein Werk mangelfrei ist, primär auf die vertraglich vereinbarte Beschaffenheit ab. Der Begriff der „zugesicherten Eigenschaft" ist entfallen. Der geltende § 13 Nr. 1 VOB/B versteht unter der zugesicherten Eigenschaft die im Vertrag, in erster Linie in der Leistungsbeschreibung, vereinbarte Beschaffenheit der Leistung (Ingenstau/Korbion-Wirth, 14. Aufl. 2001, Rnr. 116–121). Die mit der „zugesicherten Eigenschaft" gemeinte vertraglich vereinbarte Beschaffenheit ist also im Wortlaut des § 633 BGB bereits enthalten. Da die Formulierung des § 633 BGB in § 13 Nr. 1 VOB/B übernommen wird, kann auch in § 13 Nr. 1 VOB/B auf den Begriff der „zugesicherten Eigenschaft" verzichtet werden.

Um eine vollständige Angleichung an § 633 Abs. 2 BGB zu erreichen, wurde außerdem erwogen, einen neuen Satz folgenden Inhalts anzufügen:
„Einem Sachmangel steht es gleich, wenn der Unternehmer ein anderes als das bestellte Werk oder das Werk in zu geringer Menge herstellt."

Fraglich ist jedoch, ob Fallgestaltungen, dass ein anderes als das bestellte Werk oder ein Werk in zu geringer Menge erstellt wird, im Bauvertragsrecht in der Praxis vorkommen, so dass von der Anfügung dieses Satzes abgesehen wurde.

c. Überlegungen zur Regelungen über Verschleiß und Abnutzung in einem § 13 Nr. 1 Satz 4:
Um klarzustellen, dass bei vertragsgemäßen Gebrauch der mangelfreien Leistung eintretender Verschleiß oder entsprechende Abnutzung keinen Sachmangel darstellen und auch keine Mängelansprüche begründen können, wurde erwogen, folgenden Satz 4 anzufügen:

„Verschleiß und Abnutzung durch vertragsgemäßen Gebrauch stellen bei mangelfrei hergestellten Leistungen keinen Sachmangel dar."

Insbesondere bei maschinellen und elektrotechnischen/elektronischen Anlagen handelt es sich im Gegensatz zu klassischen Bauleistungen um mechanische Produkte mit drehenden und beweglichen Teilen. Erhöhte Abnutzung und Verschleiß können die Sicherheit und Funktion der Anlage nachhaltig stören. Außerdem sind die raschen technischen Innovationszyklen im Zusammenspiel mit anderen Systemen zu berücksichtigen. Eine Wartung der Anlage durch den Hersteller innerhalb der Gewährleistungsfrist, in der eine Überprüfung der Anlage und gegebenenfalls Ausbesserungen und Erneuerungen erfolgen, wahren Funktion und Sicherheit (s. auch VHB Richtlinien zu § 10 A Ziffer 12 und § 25 A Ziffer 3.5).

Allerdings kann nach Auffassung des HAA die Aufnahme eines solchen Satzes in § 13 Nr. 1 VOB/B zu dem Missverständnis führen, dass dieser Satz über seine Klarstellungsfunktion hinausgeht.

So ist zu berücksichtigen, dass ein Sachmangel vorliegt, wenn das Werk im Zeitpunkt der Abnahme von der vertraglich vereinbarten Beschaffenheit abweicht. Treten nach Abnahme des Werkes Mängel auf, ist zu prüfen ob diese auf eine im Zeitpunkt der Abnahme vorliegende Abweichung von der vertraglich vereinbarten Beschaffenheit zurückzuführen sind. Sind Abnutzung oder Verschleiß mängelbedingt, so stellen sie einen Sachmangel dar. Beruhen Abnutzung oder Verschleiß dagegen ausschließlich auf dem vertragsgerechten Gebrauch (natürliche Abnutzung) oder auf einem außergewöhnlichen (überobligatorischen/unsachgemäßen) Gebrauch, handelt es sich um Verschleiß- und Abnutzungserscheinungen, die nicht auf Mängeln des Werkes im Zeitpunkt der Abnahme beruhen und damit keinen Sachmangel darstellen. Dies stellt zwar im Tatsächlichen ein Problem der Abgrenzung dar, die sich häufig nur durch Sachverständigenbeweis klären lässt, doch ist die Unterscheidung juristisch klar vorzunehmen, so dass es einer klarstellenden Rechtsnorm nicht bedarf.

Zu erwägen ist vielmehr, die Abgrenzung zwischen Verschleiß/Abnutzung einerseits und Sachmangel andererseits als Detailfrage in den Allgemeinen Technischen Vertragsbedingungen zu regeln, da diese dort auf das Gewerk abgestellt zutreffender geregelt werden kann.

<u>Beratung des HAA am 16./17.04.2002:</u>
Einstimmig beschlossen.

6. § 13 Nr. 2 VOB/B (Zugesicherte Eigenschaften bei Leistungen nach Probe)

„2. Bei Leistungen nach Probe gelten die Eigenschaften der Probe als ~~zugesichert~~ <u>vereinbarte Beschaffenheit</u>, soweit nicht Abweichungen nach der Verkehrssitte als bedeutungslos anzusehen sind. Dies gilt auch für Proben, die erst nach Vertragsabschluß als solche anerkannt sind."

Begründung:
Im Werkvertragsrecht gibt es keine dem § 13 Nr. 2 VOB/B entsprechende Regelung. In der Grundstruktur entspricht § 13 Nr. 2 VOB/B dem § 494 BGB a.F., lediglich die Vertragstypen sind anders, mit darauf zurückzuführenden Unterschieden. Grundsätzlich ergeben sich aus § 494 BGB a.F. (Kauf auf Probe) und § 13 Nr. 2 VOB/B (Leistungen nach Probe) dieselben Folgen – die Eigenschaften der Probe gelten als zugesichert. Es handelt sich um einen Unterfall einer vertraglich zugesicherten Eigenschaft (Ingenstau/Korbion-Wirth, 14. Aufl. 2001, § 13 Rnr. 168).

Wegen Wegfalls des Tatbestandsmerkmals „zugesicherte Eigenschaften" in § 633 BGB und in § 13 Nr. 1 VOB/B zukünftiger Fassung muss § 13 Nr. 2 VOB/B angepasst werden. Eine Anlehnung an § 494 BGB a.F. kommt nicht mehr in Betracht, da diese Vorschrift gestrichen wurde. Ausweislich der Begründung zum Gesetzesentwurf (Begr., BT-Drs. 14/6040, S. 207) ist der Fall, dass ein Kaufgegenstand nicht der Probe entspricht, unter die Fallgestaltung der nicht erfüllten vereinbarten Beschaffenheit zu subsumieren. Daher kann für den Fall der Leistung auf Probe vorgesehen werden, dass die Eigenschaften der Probe als vereinbarte Beschaffenheit anzusehen sind.

<u>Beratung des HAA am 02.10.2001:</u>
Einstimmig beschlossen.

7. § 13 Nr. 3 VOB/B (Redaktionelle Änderung)

„3. Ist ein Mangel zurückzuführen auf die Leistungsbeschreibung oder auf Anordnungen des Auftraggebers, auf die von diesem gelieferten oder vorgeschriebenen Stoffe oder Bauteile oder die Beschaffenheit der Vorleistung eines anderen Unternehmers, **~~so ist der Auftragnehmer von der Gewährleistung für diese Mängel frei~~** <u>haftet der Auftragnehmer</u>, ~~außer wenn er~~ <u>es sei denn, er hat</u> die ihm nach § 4 Nr. 3 obliegende Mitteilung ~~über die zu befürchtenden Mängel unterlassen hat~~ <u>gemacht</u>."

Begründung:
Mit der Anpassung des § 13 Nr. 1 an den Wortlaut des § 633 BGB ist der Begriff der Gewährleistung entfallen. Daher ist § 13 Nr. 3 VOB/B redaktionell anzupassen.

Sprachlich wurde Nr. 3 letzter Halbsatz umgestellt, um die Beweislastverteilung zu verdeutlichen. Eine inhaltliche Änderung ist damit nicht verbunden.

Der Auftraggeber trägt die Beweislast dafür, dass überhaupt die Voraussetzungen für die Prüf- und Hinweispflicht des Auftragnehmers vorgelegen haben. Der Auftragnehmer hingegen hat zu beweisen, dass er seiner Prüfungs- und Hinweispflicht nachgekommen ist, er trägt also die Beweislast für die Erfüllung einer bestehenden Prüf- und Hinweispflicht (vgl. Werner/Pastor, Der Bauprozess, 9. Aufl., Rnr. 1519; Ingenstau/Korbion-Wirth, 14. Aufl. 2001, § 13 Rnr. 201).

<u>Beratung des HAA am 16./17.04.2002:</u>
Einstimmig beschlossen.

Beschlüsse des DVA

8. § 13 Nr. 4 VOB/B (Gewährleistungsfrist)

„4. (1) Ist für ~~die Gewährleistung~~ **Mängelansprüche** keine Verjährungsfrist im Vertrag vereinbart, so beträgt sie für Bauwerke ~~und für Holzerkrankungen 2 Jahre~~ **4 Jahre**, für Arbeiten an einem Grundstück und für die vom Feuer berührten Teile von Feuerungsanlagen ~~ein Jahr~~ **2 Jahre**. **Abweichend von Satz 1 beträgt die Verjährungsfrist für feuerberührte und abgasdämmende Teile von industriellen Feuerungsanlagen 1 Jahr.**
(2) Bei maschinellen und elektrotechnischen/elektronischen Anlagen oder Teilen davon, bei denen die Wartung Einfluss auf die Sicherheit und Funktionsfähigkeit hat, beträgt die Verjährungsfrist für ~~die Gewährleistungsansprüche~~ **Mängelansprüche** abweichend von Absatz 1 ~~ein Jahr~~ **2 Jahre**, wenn der Auftraggeber sich dafür entschieden hat, dem Auftragnehmer die Wartung für die Dauer der Verjährungsfrist nicht zu übertragen.
(3) Die Frist beginnt mit der Abnahme der gesamten Leistung; nur für in sich abgeschlossene Teile der Leistung beginnt sie mit der Teilabnahme (§ 12 Nr. 2)."

Begründung:
a. Vorbemerkung:
Im HAA und in der von ihm eingesetzten Arbeitsgruppe sind verschiedene Regelungsmodelle diskutiert worden, die von einer Anpassung an die gesetzlichen Regelungen (5 Jahre Gewährleistung für alle Gewerke, Aufgabe der Quasiunterbrechung, Gewährleistungssicherheit für gesamte Gewährleistungszeit) bis zur Beibehaltung der bisherigen Regelungen der VOB/B reichten. Aufgrund der in der Literatur geäußerten Kritik an der 2-jährigen Gewährleistungsfrist des § 13 Nr. 4 VOB/B und vor dem Hintergrund der Änderungen des BGB durch das Schuldrechtsmodernisierungsgesetz wurde die Notwendigkeit gesehen, die Verjährungsfristen des § 13 Nr. 4 VOB/B zu verlängern. Allerdings wurde es auch für erforderlich gehalten, unter Ausnutzung der im neuen Recht in § 309 Nr. 8 b ff BGB enthaltenen Privilegierung die gesetzlichen Verjährungsfristen des BGB in den Regelungen des § 13 VOB/B zu unterschreiten, um den spezifischen baufachlichen Anforderungen gerecht zu werden und eine ausgewogene Regelung zu erreichen. Nach intensiven Diskussionen wurde ein Kompromissvorschlag zur gemeinsamen Änderung des § 13 Nr. 4 und Nr. 5 (Ziffer 10) sowie des § 17 Nr. 4 (Ziffer 21) und Nr. 8 (Ziffer 22) einstimmig beschlossen.

b. Zu § 13 Nr. 4 VOB/B:
Das Wort „Gewährleistung" wurde durch „Mängelansprüche" ersetzt, da § 13 Nr. 1 VOB/B mit der Anpassung an den Wortlaut des § 633 BGB eine Neufassung erhalten hat.

Die Worte „und für Holzerkrankungen" sind ersatzlos gestrichen worden. Sind Bauwerke oder Teile davon aus Holz gefertigt und weist dieses Holz Erkrankungen auf, wird stets auch eine Abweichung von der vertraglich vereinbarten Beschaffenheit des Bauwerkes vorliegen. Damit bedürfen Holzerkrankungen keiner besonderen Erwähnung. Auch in der Kommentarliteratur sind keine herausragenden Fälle der Rechtsprechung genannt, die eine gesonderte Erwähnung der Holzerkrankungen rechtfertigen würde (Ingenstau/Korbion-Wirth, 14. Aufl. 2001, § 13 Rnr. 248).

Die Verjährungsfristen des § 13 Nr. 4 VOB/B sind verlängert worden, um eine ausgewogene Regelung zu erreichen.

Manche Baumängel treten häufig erst nach mehreren Jahren auf. Dies hatte den Gesetzgeber veranlasst, in § 638 BGB a.F. für Mängel an Bauwerken eine fünfjährige Gewährleistungsfrist vorzusehen (vgl. BGH, NJW 1984, 1750, 1751 m.w.N.). Die Diskrepanz zwischen der gesetzlichen Regelung und der zwei- bzw. einjährigen Gewährleistungsfristen des § 13 Nr. 4 VOB/B und der dadurch in der Vergangenheit häufig formulierten Kritik an der VOB/B (vgl. Institut für Baurecht Freiburg e.V., BauR 1999, 699, 704; Siegburg, BauR 1993, 9, 19) veranlassen den DVA, die Verjährungsfristen deutlich zu erhöhen.

Außerdem ist zu berücksichtigen, dass ein Grund der kurzen Verjährungsfristen des § 13 Nr. 4 VOB/B darin lag, dass in den Fällen, in denen der Mangel am Bauwerk auf einen Mangel am Baustoff zurückzuführen ist, der Werkunternehmer wegen § 477 Abs. 1 BGB a.F. (kaufrechtliche Verjährungsfrist von 6 Monaten) nur innerhalb von sechs Monaten Regress beim Baustoffhändler nehmen konnte (Heiermann, 50 Jahre VOB, S. 60). Dieser Gesichtspunkt hat angesichts der Regelung des § 438 Abs. 2 Buchst. b BGB (der eine fünfjährige Gewährleistungsfrist für Baustoffe, die für ein Bauwerk verwendet werden, regelt) nicht mehr die entscheidende Bedeutung. Aus Sicht des DVA dürfte eine Verkürzung dieser Gewährleistungsfristen – auch zwischen Kaufleuten – einer AGB-Kontrolle nach § 307 BGB nicht standhalten. Hierfür spricht insbesondere der Wortlaut des § 309 Nr. 8 Buchst. b ff BGB sowie die Rechtsprechung des BGH, die auch zwischen Kaufleuten eine Verkürzung der Gewährleistungsfrist des § 638 BGB a.F. bei Bauwerkverträgen nicht zulässt (BGH, NJW 1984, 1750).

Eine Sonderstellung nehmen die feuerberührten und abgasdämmenden Teile von industriellen Feuerungsanlagen ein. Von dieser Ausnahmeregelung in § 13 Nr. 4 Abs. 1 Satz 2 VOB/B sind Anlagen der Industriebereiche Stahl, Eisen, Nichteisenmetalle, Chemie, Petrochemie, Kohletechnologie, Kraftwerke, Umwelttechnologie, Zement, Kalk, Glas, Keramik, Gips, Magnesit, Holz, Biomassen und Nahrungsmittel sowie Krematorien betroffen. An den vom Feuer berührten Teilen werden feuerfeste Werkstoffe eingesetzt, die wegen der entstehenden Belastungen aus dem Gebrauch meist eine kürzere Lebensdauer als ein Jahr aufweisen. Zudem sind die in diesen Anlagen entstehenden Belastungen auf die feuerfeste Auskleidung entweder nicht bekannt oder nicht abschätzbar.

Beratung des HAA am 16./17.04.2002:
Einstimmig beschlossen.

9. § 13 Nr. 5 Abs. 1 S. 1 und Nr. 6 S. 1, 1. HS VOB/B (Nachbesserungsrecht)

Der bisherige Regelungsgehalt des § 13 Nr. 5 Abs. 1 S. 1 und Nr. 6 S. 1, 1. HS VOB/B kann im Hinblick auf das neu formulierte gesetzliche Nachbesserungsrecht weiterhin beibehalten werden.

Begründung:
Nach der bis 31.12.2001 geltenden Rechtslage hat der Besteller bis zur Abnahme den ursprünglichen Erfüllungsanspruch, nach der Abnahme grundsätzlich nur den Mängelbeseitigungsanspruch, der jedoch kein Gewährleistungsanspruch, sondern ein modifizierter Erfüllungsanspruch ist. Während der ursprüngliche Erfüllungsanspruch auf Herstellung des fehlerfreien Werkes geht, konkretisiert und beschränkt sich der Mängelbeseitigungsanspruch von der Abnahme an auf das her-

gestellte und bereits als Erfüllung angenommene Werk, also auf Beseitigung der Mängel. Das schließt einen Anspruch auf Neuherstellung nicht aus, wenn der Mangel auf andere Weise nicht zu beseitigen ist (Palandt-Sprau, Vor § 633 Rnr. 3, 4). Die Rechtsprechung geht also davon aus, dass eine umfassende Mängelbeseitigung auch zu einem vollständigen Ersatz der bisher mangelhaft erbrachten Leistungen durch eine neue, mangelfreie führen kann, wenn anders der mit der Mängelbeseitigung verfolgte Zweck verfehlt würde (BGHZ 96, 111; Begr., BT-Drs. 14/6040, S. 264 f.).

Dieser durch die Rechtsprechung geprägten Rechtslage will die Regelung zum Nacherfüllungsanspruch in § 635 BGB nur nachkommen. Verlangt der Besteller Nacherfüllung, so hat der Unternehmer nach seiner Wahl das Werk nachzubessern oder ein neues Werk herzustellen. Der Nacherfüllungsanspruch bringt inhaltlich keine Erweiterung der Rechte des Bestellers.

Art und Umfang des Nachbesserungsanspruches erfassen sowohl die Nachbesserung im eigentlichen Sinne (Umgestaltung der bisher mangelhaften Leistung in eine vertragsgerechte, ordnungsgemäße) als auch eine völlige Neuerstellung des mangelhaften Leistungsteils (Ingenstau/Korbion-Wirth, 14. Aufl. 2001, § 13 Rnrn. 479).

Da schon nach der bisherigen Regelung des § 13 Nr. 5 Abs. 1 S. 1 VOB/B der Nachbesserungsanspruch in bestimmten Fällen auf Neuherstellung geht, entspricht die bestehende VOB/B-Regelung weitestgehend der Neuregelung des § 635 BGB, zumal die Neuregelung das Wahlrecht dem Unternehmer gibt.

Beratung des HAA am 02.10.2001:
Einstimmig beschlossen.

10. § 13 Nr. 5 Abs. 1 Sätze 2 und 3 VOB/B (Neubeginn der Verjährung)

„(1) Der Auftragnehmer ist verpflichtet, alle während der Verjährungsfrist hervortretenden Mängel, die auf vertragswidrige Leistung zurückzuführen sind, auf seine Kosten zu beseitigen, wenn es der Auftraggeber vor Ablauf der Frist schriftlich verlangt. Der Anspruch auf Beseitigung der gerügten Mängel verjährt **mit Ablauf der Regelfristen der Nummer 4 in 2 Jahren**, gerechnet vom Zugang des schriftlichen Verlangens an, jedoch nicht vor Ablauf **der Regelfristen nach Nummer 4 oder** der **an ihrer Stelle** vereinbarten Frist. Nach Abnahme der Mängelbeseitigungsleistung **beginnen beginnt** für diese Leistung **die Regelfristen der Nummer 4, wenn nichts anderes vereinbart ist eine Verjährungsfrist von 2 Jahren neu, die jedoch nicht vor Ablauf der Regelfristen nach Nummer 4 oder der an ihrer Stelle vereinbarten Frist endet.**"

Begründung:
Die Länge der Verjährungsfrist nach der Unterbrechung der Verjährung durch schriftliches Mangelbeseitigungsverlangen bzw. Mangelbeseitigung ist auf 2 Jahre begrenzt, wenn nicht die Regelfrist des § 13 Nr. 4 VOB/B oder die vereinbarte Verjährungsfrist die Verjährung später enden lässt. Die Begrenzung auf zwei Jahre erfolgte, um einen Ausgleich zur verlängerten Verjährungsfrist in § 13 Nr. 4 VOB/B zu schaffen. Hierbei wurde berücksichtigt, dass auch nach der bestehenden Rechtsprechung des BGH (BGHZ 66, 142 ff.), z.B. bei einer von § 13 Nr. 4 Abs. 1 VOB/B abweichend vereinbarten 5-jährigen Verjährungsfrist, die Verjährungsunterbrechung nach § 13 Nr. 5 VOB/B nur zu einer Verjährungsverlängerung um 2 Jahre führen kann. Der vom BGH entwickelte Rechtsgedanke, dass eine darüber hinausgehende Verlängerung der Verjährungsfrist zu einer Härte für den Auftragnehmer führen kann, wurde auch bei der Ausgestaltung des § 13 Nr. 5 VOB/B berücksichtigt.

Das Wort „neu" in Satz 3 dient der Klarstellung und erfolgt in Anlehnung an die Terminologie des § 212 BGB.

Beratung des HAA am 16./17.04.2002:
Einstimmig beschlossen.

11. § 13 Nr. 5 Abs. 2 i.V.m. Nr. 6 S. 1, 1. HS VOB/B (Ersatzvornahme)

Die bisherige Regelung kann beibehalten werden.

Begründung:
Die Regelung des § 633 Abs. 3 BGB a.F. sah vor, dass der Besteller sein Selbstbeseitigungsrecht erst dann wahrnehmen kann, wenn der Unternehmer durch eine Mahnung, die nach dem Eintritt der Fälligkeit erfolgt ist, in Verzug gerät.

§ 637 BGB gibt das Selbstbeseitigungsrecht schon nach erfolglosem Ablauf einer vom Besteller gesetzten angemessenen Frist zur Nacherfüllung (Begr., BT-Drs. 14/6040, S. 266). Wegen Wegfalls der Mahnung zur Verzugsbegründung sowie wegen Wegfalls der Frage, ob die ausgebliebene Nacherfüllung vom Werkunternehmer zu vertreten ist oder nicht, tritt eine Erleichterung auf Seiten des Bestellers ein.

Der bisher geltende § 13 Nr. 5 Abs. 2 VOB/B enthält bereits die Regelung, wie sie im neuen § 637 Abs. 1 BGB enthalten ist. § 13 Nr. 5 Abs. 2 VOB/B stellt darauf ab, dass der Auftraggeber zur Mängelbeseitigung auffordert, eine angemessene Frist setzt und diese erfolglos abgelaufen ist.

Die Leistungsverweigerungsrechte des Auftragnehmers enthält Nr. 6 Satz 1, 1. HS. Diese Bestimmung muss nicht erweitert werden. Ein etwa bestehendes Recht des Unternehmers, die Nacherfüllung zu verweigern, ist im letzten Halbsatz des § 635 Abs. 1 BGB geregelt, so dass die entsprechende Regelung in § 13 Nr. 6 VOB/B eine gesetzliche Grundlage hat. Die Gründe für den Wegfall einer Fristsetzung sind in § 637 Abs. 2 BGB durch Verweisung auf § 323 Abs. 2 BGB kodifiziert.

Beratung des HAA am 02.10.2001:
Einstimmig beschlossen.

12. § 13 Nr. 6 VOB/B (Minderung)

„6. Ist die Beseitigung des Mangels **für den Auftraggeber unzumutbar oder ist sie** unmöglich oder würde sie einen unverhältnismäßig hohen Aufwand erfordern und wird sie deshalb vom Auftragnehmer verweigert, so kann der Auftraggeber **Minderung der Vergütung verlangen (§ 634 Abs. 4, § 472 BGB) durch Erklärung gegenüber dem Auftragnehmer die Vergütung mindern (§ 638 BGB). Der Auftraggeber kann ausnahmsweise auch dann Minderung der Vergütung verlangen, wenn die Beseitigung des Mangels für ihn unzumutbar ist.**"

Begründung:
a. Zu Satz 1:
Der bisherige Satz 1 wird inhaltlich übernommen. Es wird sprachlich herausgestellt, dass die Minderung als Gestaltungsakt durch Erklärung erfolgt. Ein Minderungsanspruch kommt nur

unter den in Satz 1 festgelegten Voraussetzungen in Betracht. Gegenüber den Bestimmungen des BGB-Werkvertragsrechts, die eine Minderung im weiteren Umfang zulassen, ist die Einschränkung aus den Besonderheiten des Bauvertrags zu erklären (Ingenstau/Korbion-Wirth, 14. Aufl. 2001, § 13 Rnr. 608). Zur Berechnung der Minderung wurde bisher auf §§ 634 Abs. 4, 472 BGB a.F. verwiesen. In der Neufassung der VOB/B wird auf den überarbeiteten § 638 BGB verwiesen, die diese Frage regelt.

b. Zu Satz 2:
Der bisherige Satz 2 ist zur sprachlichen Vereinfachung in Satz 1 eingearbeitet worden und konnte daher gestrichen werden.

c. Eine Änderung der Regelungen des § 13 Nr. 6 VOB/B zum ausdrücklichen Ausschluss des Rücktrittsrechts erfolgt nicht.
Die Frage, ob das gesetzliche Rücktrittsrecht neben der VOB/B besteht, ist nicht eindeutig geklärt.

Nach der Rechtsprechung des BGH (BGHZ 42, 232 f.) zur Wandlung kann der Besteller auch im Wege der Minderung die Herausgabe des gesamten Werklohnes verlangen, wenn das gelieferte Werk bei der Abnahme schlechthin wertlos ist. In seiner Urteilsbegründung lässt der BGH die Frage, ob die Wandlung (§ 634 BGB a.F.) auch in einem VOB/B-Vertrag zur Anwendung kommt, ausdrücklich offen. Er bejaht die Zulässigkeit der Minderung (bis 100 % des Werklohnes) auch dann, wenn angenommen werde, dass die VOB im Übrigen das Recht auf Wandlung ausschließt. In der Literatur wird ebenfalls überwiegend angenommen, dass die Wandlung hier nicht zulässig sei (Staudinger/Peters, Anh. I zu § 635 Rnr. 43; Ingenstau/Korbion-Wirth, 14. Aufl. 2001, § 13 Rnr. 657; Nicklisch-Weick, § 13 Rnr. 218; Locher, Das private Baurecht, 165; a.A. Kuhn, NJW 1955, 412). Die wirtschaftlichen Effekte einer Wandlung kann der Besteller auch bei Vereinbarung der VOB/B in Extremfällen im Wege der Minderung erreichen, ggf. auch als Schadensersatz nach § 13 Nr. 7 Abs. 1 VOB/B (vgl. OLG Hamm, NJW 1978, 1060; LG in Nürnberg-Fürth, NJW-RR 1986, 1466), so dass auch für ihn kein praktisches Bedürfnis für die Wandlung besteht.

Das zur Wandlung Gesagte wird auf den Rücktritt des § 634 Nr. 3 BGB zu übertragen sein. Daher wird auch der Rücktritt in der VOB/B wirksam abbedungen werden können.

Ein Rücktritt ist häufig auch nicht durchführbar. Eine Rückgewähr in Natur zu vollziehen ist häufig nicht durchführbar, ohne wirtschaftliche Werte, nämlich die bis dahin erbrachte Bauleistung, zu zerstören. Man wird daher grundsätzlich ein vertragliches Rücktrittsrecht als gegen Treu und Glauben verstoßend ansehen müssen, wenn im Falle seiner Ausübung die Rückgewähr nur mit der Vernichtung wirtschaftlicher Werte verbunden ist (Ingenstau/Korbion-Vygen, 14. Aufl. 2001, Vor §§ 8 und 9 Rnr. 30). Ausnahmsweise ist ein vereinbarter Rücktritt zulässig, wenn die Gefahr der Zerstörung oder Beschädigung wirtschaftlicher Werte im Einzelfall nicht besteht (Ingenstau/Korbion-Vygen, 14. Aufl. 2001, Vor §§ 8 und 9 Rnr. 31).

Gemäß § 309 Nr. 8 b), bb) BGB (§ 11 Nr. 10 b AGBG a.F.) ist in Allgemeinen Geschäftsbedingungen eine Bestimmung unwirksam, durch die bei Verträgen über Lieferungen neu hergestellter Sachen oder Leistungen die Gewährleistungsansprüche gegen den Verwender insgesamt oder bezüglich einzelner Teile auf ein Recht auf Nachbesserung oder Ersatzlieferung beschränkt werden, sofern dem anderen Vertragsteil nicht ausdrücklich das Recht vorbehalten wird, bei Fehlschlagen der Nachbesserung oder Ersatzlieferung Herabsetzung der Vergütung oder, wenn nicht eine Bauleistung Gegenstand der Gewährleistung ist, nach seiner Wahl Rückgängigmachung des Vertrages zu verlangen.

Mit § 309 Nr. 8 b), bb) BGB wurde der bisherige § 11 Nr. 10 b AGBG a.F. mit nur redaktionellen Anpassungen übernommen (Begr., BT-Drs. 14/6040, S. 158). Die in § 11 Nr. 10 b AGBG a.F. enthaltene Ausnahme für Bauleistungen wurde in den neuen § 309 Nr. 8 b bb BGB übernommen. Zweck des § 11 Nr. 10 b AGBG a.F. war es, dem Besteller die Wahlmöglichkeit zwischen Wandlung und Minderung zu gewährleisten. Lediglich bei Bauleistungen sollte der andere Vertragsteil auf die Minderung beschränkt werden, weil sich Bauleistungen ihrer Natur nach häufig einer Rückgewähr entziehen (BT-Drucks. 7/3919, S. 34; Wolf, § 11 AGBG Nr. 10 b Rnr. 1). Dies gilt auch nach dem neuen Recht.

Der Rücktritt ist somit mittels AGB ausschließbar, so dass die VOB/B (als AGB) den Rücktritt wirksam ausschließen kann. Da die bestehende Rechtsprechung übernommen werden soll, besteht insoweit kein Änderungsbedarf.

Beratung des HAA am 16./17.04.2002:
Einstimmig beschlossen.

13. § 13 Nr. 7 VOB/B (Haftung)

„7. ~~(1) Ist ein wesentlicher Mangel, der die Gebrauchsfähigkeit erheblich beeinträchtigt, auf ein Verschulden des Auftragnehmers oder seiner Erfüllungsgehilfen zurückzuführen, so ist der Auftragnehmer außerdem verpflichtet, dem Auftraggeber den Schaden an der baulichen Anlage zu ersetzen, zu deren Herstellung, Instandhaltung oder Änderung die Leistung dient.~~
(1) Der Auftragnehmer haftet bei schuldhaft verursachten Mängeln für Schäden aus der Verletzung des Lebens, des Körpers oder der Gesundheit.
(2) Bei vorsätzlich oder grob fahrlässig verursachten Mängeln haftet er für alle Schäden.
(3) Im übrigen ist dem Auftraggeber der Schaden an der baulichen Anlage zu ersetzen, zu deren Herstellung, Instandhaltung oder Änderung die Leistung dient, wenn ein wesentlicher Mangel vorliegt, der die Gebrauchsfähigkeit erheblich beeinträchtigt und auf ein Verschulden des Auftragnehmers zurückzuführen ist. ~~(2) Den~~ Einen darüber hinausgehenden Schaden hat ~~er~~ der Auftragnehmer nur dann zu ersetzen,

a) ~~wenn der Mangel auf Vorsatz oder grober Fahrlässigkeit beruht,~~
a) wenn der Mangel auf einem Verstoß gegen die anerkannten Regeln der Technik beruht,
b) wenn der Mangel in dem Fehlen einer vertraglich ~~zugesicherten Eigenschaft~~ vereinbarten Beschaffenheit besteht oder
c) soweit der Auftragnehmer den Schaden durch Versicherung seiner gesetzlichen Haftpflicht gedeckt hat oder durch eine solche ~~innerhalb der von der Versicherungsaufsichtsbehörde genehmigten Allgemeinen Versicherungsbedingungen~~ zu tarifmäßigen, nicht auf außergewöhnliche Verhältnisse abgestellten Prämien und Prämienzuschlägen bei einem im Inland zum Geschäftsbetrieb zugelassenen Versicherer hätte decken können.
(4) Abweichend von Nummer 4 gelten die gesetzlichen Verjährungsfristen, soweit sich der Auftragnehmer nach Absatz 2̶ 3 durch Versicherung geschützt hat oder

hätte schützen können oder soweit ein besonderer Versicherungsschutz vereinbart ist.

(5) Eine Einschränkung oder Erweiterung der Haftung kann in begründeten Sonderfällen vereinbart werden.

Begründung:

a. Zum geltenden Absatz 1:
Die haftungsbegrenzende Regelung des geltenden Abs. 1 ist in den neuen Abs. 3 S. 1 eingeflossen.

b. Zum neuen Absatz 1:
Gemäß § 309 Nr. 7 Buchst. a BGB ist in Allgemeinen Geschäftsbedingungen ein Ausschluss oder eine Begrenzung der Haftung für Schäden aus der Verletzung des Lebens, des Körpers oder der Gesundheit, die auf einer fahrlässigen Pflichtverletzung des Verwenders oder einer vorsätzlichen oder fahrlässigen Pflichtverletzung eines gesetzlichen Vertreters oder Erfüllungsgehilfen des Verwenders beruhen, unwirksam. Insofern sind sowohl die Haftungsbeschränkungen in § 13 Nr. 7 Abs. 2 VOB/B als auch die Beschränkung der Haftung in § 13 Nr. 7 Abs. 1 VOB/B auf wesentliche Mängel, die die Gebrauchsfähigkeit erheblich beeinträchtigen, unwirksam. Deshalb sollte der Regelung des geltenden § 13 Nr. 7 Abs. 1 VOB/B ein neuer Abs. 1 vorangestellt werden, der für die in § 309 Nr. 7 Buchst. a BGB genannten Fälle eine insoweit unbeschränkte Haftung vorsieht.

c. Zum neuen Absatz 2:
Nach § 309 Nr. 7 BGB ist in Allgemeinen Geschäftsbedingungen ein Haftungsausschluss nicht nur im Falle der Verletzung der Rechtsgüter Leben, Körper oder Gesundheit unwirksam, sondern auch ein Haftungsausschluss grob fahrlässiges oder vorsätzliches Verhalten. Daher ist eine Anknüpfung an den wesentlichen Mangel im geltenden § 13 Nr. 7 VOB/B mit § 309 Nr. 7 Buchst. b BGB für die dort genannten Fallgestaltungen nicht vereinbar. Diese Haftungsfälle sollten in einem neuen Abs. 2 vor den Haftungsbeschränkungen des geltenden § 13 Nr. 7 Abs. 1 und 2 VOB/B geregelt werden.

d. Zum neuen Absatz 3:
Im neuen Abs. 3 des § 13 Nr. 7 sind die beiden haftungsbeschränkenden Regelungen des geltenden § 13 Nr. 7 Abs. 1 und 2 zusammengefasst.

Satz 1 der Vorschrift enthält die Regelung des geltenden Abs. 1. Inhaltlich ist die Regelung unverändert, sie wurde nur sprachlich neu gefasst. Mit den einleitenden Worten „im übrigen" wird das Verhältnis zu den Haftungsnormen der Abs. 1 und 2 klargestellt.

Satz 2 der Vorschrift enthält die Regelung des geltenden Abs. 2. Er wurde nur sprachlich an Satz 1 angepasst.

In Satz 2 kann die Regelung des geltenden Buchst. a gestrichen werden, da die unbeschränkte Haftung für Vorsatz und grobe Fahrlässigkeit bereits im neuen Abs. 2 geregelt ist. Die Aufzählung der Ausnahmen von Satz 1 ändert sich hierdurch.

In Abs. 3 Satz 2 Buchst. b ist gegenüber dem geltenden Abs. 2 Buchst. c eine Korrektur erforderlich, da die Haftungsbegrenzung des geltenden Buchst. c an die zugesicherte Eigenschaft anknüpft. Der Begriff der zugesicherten Eigenschaft ist in § 633 BGB jedoch entfallen, so dass in § 13 Nr. 7 VOB/B entsprechend der Diktion des in Anlehnung an § 633 BGB neu formulierten § 13 Nr. 1 VOB/B ebenfalls auf die vereinbarte Beschaffenheit abzustellen ist. Der geltende § 13 Nr. 1 VOB/B sieht die zugesicherte Eigenschaft ohnehin als die im Vertrag, in erster Linie in der Leistungsbeschreibung, vereinbarte Beschaffenheit der Leistung (z.B. Materialien) an (Ingenstau/Korbion-Wirth, 14. Aufl. 2001, Rnrn. 116–121). Damit ist in § 13 Nr. 7 Buchst. b VOB/B wie im neuen § 13 Nr. 1 VOB/B auf die vereinbarte Beschaffenheit abzustellen.

Der geltende Buchst. d ist in Buchst. c zu ändern. Zudem ist in dieser Vorschrift eine inhaltliche Änderung erforderlich. Nach § 5 Abs. 3 Nr. 2 Versicherungsaufsichtsgesetz (VAG) a.F. waren die Allgemeinen Versicherungsbedingungen im Rahmen der Betriebserlaubnis für das Versicherungsunternehmen durch die Aufsichtsbehörden zu genehmigen. Mit dem 3. Gesetz zur Durchführung der versicherungsrechtlichen Richtlinien des Rates der EG vom 21.07.1994 (BGBl. I S. 1630) wurde diese Vorschrift des VAG neu gefasst. Die Versicherungsbedingungen sind nach dieser Neufassung nicht mehr vorzulegen und damit auch nicht mehr zu genehmigen. Daher ist die Bezugnahme auf von den Versicherungsaufsichtsbehörden genehmigte Allgemeine Versicherungsbedingungen zu streichen (vgl. Ziffer 2).

e. Zu den geltenden Absätzen 3 und 4:
Durch die Neuregelung der Abs. 1 bis 3 sind die geltenden Abs. 3 und 4 redaktionell anzupassen. Es ändert sich lediglich die Nummerierung.

Beratung des HAA am 16./17.04.2002:
Einstimmig beschlossen.

14. § 16 Nr. 1 Abs. 3 VOB/B (Fälligkeit)

„(3) **Ansprüche auf** Abschlagszahlungen ~~sind~~ **werden** binnen 18 Werktagen nach Zugang der Aufstellung ~~zu leisten~~ **fällig**."

Begründung:
§ 286 BGB stellt in Abs. 3 Satz 1 darauf ab, dass der Schuldner einer Geldforderung spätestens in Verzug gerät, wenn er nicht innerhalb von 30 Tagen nach Fälligkeit und Zugang einer Rechnung oder einer gleichwertigen Forderungsaufstellung leistet.

Bei Unsicherheiten über den Eingang der Rechnung/Zahlungsaufstellung kommt es statt auf den Zugang auf den Empfang der Leistung an, wie sich aus § 286 Abs. 3 Satz 2 BGB ergibt. Dieser Satz wurde eingefügt, um der EU-Zahlungsverzugsrichtlinie gerecht zu werden (Beschluss und Bericht des Rechtsausschusses des Deutschen Bundestages, BT-Drs. 14/7052, S. 186).

Der Empfang der Gegenleistung tritt nach dieser Bestimmung an die Stelle des Zugangs der Rechnung als Beginn der Frist von 30 Tagen, nicht aber an die Stelle der Fälligkeit. Ist die Erteilung einer Rechnung aufgrund einer vertraglichen Vereinbarung oder einer Rechtsnorm gleichzeitig Fälligkeitsvoraussetzung, so ändert § 286 Abs. 3 Satz 2 BGB hieran nichts (vgl. Gegenäußerung der Bundesregierung zur Stellungnahme des Bundesrates [BR-Drs. 338/01], BT-Drs. 14/6857, S. 51). Die Bestimmung betrifft nämlich den Eintritt des Verzugs, der seinerseits die Fälligkeit voraussetzt, deren Voraussetzungen wiederum aber an anderer Stelle geregelt sind (s. etwa § 271 BGB).

Im Hinblick auf diese Vorschrift ist es sinnvoll herauszustellen, dass der Zugang der Aufstellung für die Abschlagszahlung (bzw. der Schlussrechnung im Falle des § 16 Nr. 3 Abs. 1 Satz 1 VOB/B) sowie Prüfung der Rechnung oder der Ablauf der Prüffrist Fälligkeitsvoraussetzung ist. Mit der Aufnahme des Wortes „fällig" und der Umstellung des Wortlautes soll betont werden, dass die Ansprüche auf Abschlagszahlungen binnen 18 Werktagen nach Zugang der Aufstellung fällig werden. Dadurch wird auch deutlich, dass § 286 Abs. 3 Satz 2 BGB im VOB/B-Vertrag praktisch keine Anwendung finden kann. Dies ist auch gerechtfertigt, da im Regelfall des Einheitspreisvertrages der Auftraggeber erst nach Zugang und Prüfung der Aufstellung bzw. Rechnung (die die ausgeführten Massen und Mengen enthält) Kenntnis vom geschuldeten Betrag hat.

Die o.g. Vorschriften sind nach allgemeiner Auffassung Fälligkeitsregel (Ingenstau/Korbion-Locher § 16 Rnr. 10,12). Daher tritt keine inhaltliche Änderung ein, wenn in diesen Regelungen auch im Wortlaut ausdrücklich auf die Fälligkeit abgestellt wird.

Beratung des HAA am 16./17.04.2002:
Bei einer Gegenstimme (BSHK) beschlossen.

15. § 16 Nr. 1 Abs. 4 VOB/B (Redaktionelle Änderung)

„(4) Die Abschlagszahlungen sind ohne Einfluss auf die Haftung ~~und Gewährleistung~~ des Auftragnehmers; sie gelten nicht als Abnahme von Teilen der Leistung."

Begründung:
Der Begriff der Gewährleistung wird in BGB und VOB/B nicht mehr verwendet. Daher kann er auch in § 16 Nr. 1 Abs. 4 VOB/B gestrichen werden. Das Wort Haftung ist ausreichend, da damit sowohl die Sachmängelhaftung wie auch die Haftung aus sonstigen Rechtsgründen umfasst ist.

Beratung des HAA am 04.02.2002:
Einstimmig beschlossen.

16. § 16 Nr. 2 Abs. 1 VOB/B (Zinssatz-Vorauszahlungen)

„**2.** (1) Vorauszahlungen können auch nach Vertragsabschluss vereinbart werden; hierfür ist auf Verlangen des Auftraggebers ausreichende Sicherheit zu leisten. Diese Vorauszahlungen sind, sofern nichts anderes vereinbart wird, mit ~~1 v.H. über dem Zinssatz der Spitzenrefinanzierungsfazilität der Europäischen Zentralbank~~ **3 v.H. über dem Basiszinssatz des § 247 BGB** zu verzinsen."

Begründung:
Der gesetzliche Zinssatz im BGB stellt auf den Basiszinssatz der Deutschen Bundesbank ab, während die Regelungen der VOB/B auf den Spitzenrefinanzierungssatz der Europäischen Zentralbank (als Nachfolger des Lombardsatzes) abstellen. Um ein Arbeiten mit unterschiedlichen Bezugsgrößen zu vermeiden, soll auf einen einheitlichen Zinssatz abgestellt werden. Zu berücksichtigen ist aber, dass Basiszinssatz und Spitzenrefinanzierungssatz in der Höhe unterschiedlich sind und in unterschiedlichen Rhythmen angepasst werden (vgl. Anlage 1).

Wenn im BGB auf den Basiszinssatz der Deutschen Bundesbank und in der VOB/B auf den Spitzenrefinanzierungssatz abgestellt wird, kann es in der Praxis zu unnötigen Umrechnungsschwierigkeiten führen. Diese können vermieden werden, wenn auch in der VOB/B auf den Basiszinssatz abgestellt wird. Angesichts des bislang stets niedrigeren Basiszinssatzes (zzt. 2,57 % gegenüber 4,25 %) ist in § 16 Nr. 2 Abs. 1 VOB/B die Höhe des Zuschlags zum Zinssatz des Basiszinssatzes zu erhöhen. Im statistischen Mittel liegt die Abweichung bei 2,59 % (vgl. Anlage 2). Der Zinszuschlag wird daher zur Vereinfachung aufgerundet und beträgt damit 3 % über dem Basiszinssatz.

Beratung des HAA am 02.10.2001:
Einstimmig beschlossen.

Anlage 1: Zinssätze seit 1.1.1999 (mitgeteilt von der Deutschen Bundesbank)

Gültig ab	Satz der Einlagefazilität	Satz der Hauptrefinanzierungsgeschäfte	Satz der Spitzenrefinanzierungsfazilität	Basiszinssatz
15.05.2001		4,50%		
11.05.2001	3,50%		5,50%	
01.05.2001				4,26%
01.01.2001				4,26%
11.10.2000		4,75%		
06.10.2000	3,75%		5,75%	
06.09.2000		4,50%		
01.09.2000	3,50%		5,50%	
01.09.2000				4,26%
28.06.2000		4,25%		
15.06.2000		4,25%		
09.06.2000	3,25%		5,25%	
04.05.2000		3,75%		
01.05.2000				3,42%
28.04.2000	2,75%		4,75%	
22.03.2000		3,50%		
17.03.2000	2,50%		4,50%	
09.02.2000		3,25%		
04.02.2000	2,25%		4,25%	
01.01.2000				2,68%
10.11.1999		3,00%		
05.11.1999	2,00%		4,00%	
01.05.1999				1,95%
14.04.1999		2.50%		
09.04.1999	1,50%		3,50%	
22.01.1999	2,00%		4,50%	
07.01.1999		3,00%		
04.01.1999	2,75%		3,25%	
01.01.1999	2,00%		4,50%	2,50%

Anlage 2: Zinsvergleich für § 16 Nr. 2 Abs. 1

VOB/B	SRF	Basiszins	Differenz	Basiszins zzgl. Differenz	Abweichung
6,5	5,5	4,26	2,24	6,5	0
6,75	5,75	4,26	2,24	6,5	-0,25
6,5	5,5	4,26	2,24	6,5	0
6,25	5,25	3,42	2,24	5,66	-0,59
5,75	4,75	2,68	2,24	4,92	-0,83
5,5	4,5	2,68	2,24	4,92	-0,58
5,25	4,25	2,68	2,24	4,92	-0,33
5	4	1,95	2,24	4,19	-0,81
4,5	3,5	2,5	2,24	4,74	0,24
5,5	4,5	2,5	2,24	4,74	-0,76
4,25	3,25	2,5	2,24	4,74	0,49
5,5	4,5	2,5	2,24	4,74	-0,76
				Mittelwert:	**2,59**

17. § 16 Nr. 3 Abs. 1 Satz 1 VOB/B (Zahlungsverzug)

„(1) **Der Anspruch auf d**D**ie** Schlusszahlung ~~ist~~ **wird** alsbald nach Prüfung und Feststellung der vom Auftragnehmer vorgelegten Schlussrechnung ~~zu leisten~~ **fällig**, spätestens innerhalb von 2 Monaten nach Zugang."

Begründung:
§ 286 BGB stellt in Abs. 3 Satz 1 darauf ab, dass der Schuldner einer Geldforderung spätestens in Verzug gerät, wenn er nicht innerhalb von 30 Tagen nach Fälligkeit und Zugang einer Rechnung oder einer gleichwertigen Forderungsaufstellung leistet.

Im Hinblick auf diese Vorschrift ist es sinnvoll herauszustellen, dass der Zugang der Schlussrechnung sowie der Ablauf der Prüffrist Fälligkeitsvoraussetzung ist. Daher wird Satz 1 entsprechend angepasst (vgl. Ziffer 14).

Beratung des HAA am 16./17.04.2002:
Bei einer Gegenstimme (BSHK) beschlossen.

18. § 16 Nr. 5 Abs. 3 VOB/B (Verzug und Verzugszinssatz)

„(3) Zahlt der Auftraggeber bei Fälligkeit nicht, so kann ihm der Auftragnehmer eine angemessene Nachfrist setzen. Zahlt er auch innerhalb der Nachfrist nicht, so hat der Auftragnehmer vom Ende der Nachfrist an Anspruch auf Zinsen in Höhe ~~von 5 v. H. über dem Zinssatz der Spitzenrefinanzierungsfazilität der Europäischen Zentralbank~~ **der in § 288 BGB angegebenen Zinssätze**, wenn er nicht einen höheren Verzugsschaden nachweist. ~~Außerdem darf er die Arbeiten bis zur Zahlung einstellen.~~
**(4) Zahlt der Auftraggeber das fällige unbestrittene Guthaben nicht innerhalb von 2 Monaten nach Zugang der Schlussrechnung, so hat der Auftragnehmer für dieses Guthaben abweichend von Abs. 3 (ohne Nachfristsetzung) ab diesem Zeitpunkt Anspruch auf Zinsen in Höhe der in § 288 BGB angegebenen Zinssätze, wenn er nicht einen höheren Verzugsschaden nachweist.
(5) Der Auftragnehmer darf in den Fällen der Absätze 3 und 4 die Arbeiten bis zur Zahlung einstellen, sofern eine dem Auftraggeber zuvor gesetzte angemessene Nachfrist erfolglos verstrichen ist."**

Begründung:
a. Zum Verzugszinssatz:
Nach § 288 Abs. 2 BGB beträgt bei Rechtsgeschäften, an denen ein Verbraucher nicht beteiligt ist, der gesetzliche Zinssatz 8 Prozentpunkte über dem Basiszinssatz, also 10,57 % (zzt. 2,57 % + 8 %).

Wenn man diesen gesetzlichen Zinssatz der Höhe nach in das Regelungswerk der VOB/B übernehmen will, so reicht der bislang in § 16 Nr. 5 Abs. 3 Satz 2 VOB/B geregelte Zinssatz in Höhe von 5 % über dem Spitzenrefinanzierungssatz (4,25 % + 5 % = 9,25 %) nicht aus. Im Interesse einer wirksamen Bekämpfung des Zahlungsverzuges als Leitgedanken ist es angemessen und notwendig, auf die Höhe des gesetzlichen Zinssatzes des § 288 Abs. 2 BGB abzustellen. Es wäre also ein Zinszuschlag von mindestens 6,32 % (4,25 + 6,32 = 10,57 %) aufzunehmen, wenn weiterhin auf den Spitzenrefinanzierungssatz abgestellt wird. Da aber Basiszinssatz und Spitzenrefinanzierungssatz in der Höhe unterschiedlich sind und in unterschiedlichen Rhythmen angepasst werden, hätte ein Abstellen auf den Spitzenrefinanzierungssatz gewisse Risiken. Beispielsweise hatten die Vorgänger dieser Zinssätze, nämlich Diskontsatz und Lombardsatz, in den Jahren 1967 und 1977 Zinsdifferenzen von nur 0,5 % (vgl. Anlage). Würde sich eine ähnliche Zinsentwicklung wiederholen, wäre der Zinszuschlag von 6,32 % nicht ausreichend. Es bestünde die Gefahr, dass wegen einer Unterschreitung des gesetzlichen Zinssatzes § 16 Nr. 5 Abs. 3 VOB/B AGB-widrig wäre. Insoweit müsste der Zinszuschlag mit einem „Sicherheitszuschlag" versehen werden.

Um die beschriebene Problematik zu vermeiden, ist es sinnvoll, den in § 16 Nr. 5 VOB/B geregelten Zinssatz an § 288 BGB zu koppeln. Diese Koppelung hat auch den Vorteil, dass damit auch die Differenzierung in der Höhe der Zinssätze (bei Verträgen die keine Verbraucherverträge darstellen gem. § 288 Abs. 2 BGB 8 %) übernommen wird.

b. Zur Neuformulierung der Absätze 3 bis 5:
Mit der Neuformulierung der Absätze 3 bis 5 soll erreicht werden, dass im Regelfall – wie im geltenden § 16 Nr. 5 Abs. 3 VOB/B – für einen Zahlungsverzug des Auftraggebers das Setzen einer angemessenen Nachfrist erforderlich ist. Nach erfolglosem Ablauf der Nachfrist können Verzugszinsen in der in § 288 BGB angegebenen Höhe verlangt werden. Dieser Regelfall wird von Abs. 3 erfasst.

Lediglich in den Fällen, in denen der Auftraggeber unbestrittene Guthaben aus Schlussrechnungen nicht innerhalb der 2-Monats-Frist auszahlt, kann der Auftragnehmer auch ohne Nachfristsetzung Verzugszinsen verlangen. Dieser Sonderfall ist in Abs. 4 geregelt. Unbestritten sind Guthaben dann, soweit der Auftraggeber die vorgelegte Schlussrechnung geprüft und festgestellt hat (vgl. § 16 Nr. 3 Abs. 1 VOB/B).

In Abs. 5 ist nunmehr das Recht der Arbeitseinstellung des geltenden Abs. 3 S. 2 geregelt. Die Regelung wurde im Anschluss an die Abs. 3 und 4 aufgenommen, weil sie nicht nur für Abschlagszahlungen (Abs. 3), sondern auch für Teilschlusszahlungen (Abs. 4) gilt.

Beratung des HAA am 16./17.04.2002:
Einstimmig beschlossen.

Diskont- und/oder Lombardsätze der Deutschen Bundesbank

Gültig ab		Diskontsatz	Lombardsatz
1948	01.07.	5	6
1949	27.05.	4 ½	5 ½
	14.07.	4	5
1950	27.10.	6	7
1952	29.05.	5	6
	21.08.	4 ½	5 ½
1953	08.01.	4	5
	11.06.	3 ½	4 ½
1954	20.05.	3	4
1955	04.08.	3 ½	4 ½
1956	08.03.	4 ½	5 ½
	19.05.	5 ½	6 ½
	06.09.	5	6
1957	11.01.	4 ½	5 ½
	19.09.	4	5
1958	17.01.	3 ½	4 ½
	27.06.	3	4

Jahr	Datum		
1959	10.01.	2 ¾	3 ¾
	04.09.	3	4
	23.10.	4	5
1960	03.06.	5	6
	11.11.	4	5
1961	20.01.	3 ½	4 ½
	05.05.	3	4
1965	22.01.	3 ½	4 ½
1966	27.05.	5	6 ¼
1967	06.01.	4 ½	5 ½
	17.02.	4	5
	14.04.	3 ½	4 ½
	12.05.	3	4
	11.08.	3	3 ½
1969	21.03.	3	4
	18.04.	4	5
	20.06.	5	6
	11.09.	6	7 ½
	05.12.	6	9
1970	09.03.	7 ½	9 ½
	16.07.	7	9
	18.11.	6 ½	8
	03.12.	6	7 ½
1971	01.04.	5	6 ½
	14.10.	4 ½	5 ½
	23.12.	4	5
1972	25.02.	3	4
	09.10.	3 ½	5
	03.11.	4	6
	01.12.	4 ½	6 ½
1973	12.01.	5	7
	04.05.	6	8
	01.06.	7	9
1974	25.10.	6 ½	8 ½
	20.12.	6	8

19. § 16 Nr. 6 VOB/B (Zahlung an Dritte)

„6. Der Auftraggeber ist berechtigt, zur Erfüllung seiner Verpflichtungen aus den Nummern 1 bis 5 Zahlungen an Gläubiger des Auftragnehmers zu leisten, soweit sie an der Ausführung der vertraglichen Leistung des Auftragnehmers auf Grund eines mit diesem abgeschlossenen Dienst- oder Werkvertrags beteiligt sind ~~und der Auftragnehmer in Zahlungsverzug gekommen ist~~, wegen Zahlungsverzugs des Auftragnehmers die Fortsetzung ihrer Leistung zu Recht verweigern und die Direktzahlung die Fortsetzung der Leistung sicherstellen soll. Der Auftragnehmer ist verpflichtet, sich auf Verlangen des Auftraggebers innerhalb einer von diesem gesetzten Frist darüber zu erklären, ob und inwieweit er die Forderungen seiner Gläubiger anerkennt; wird diese Erklärung nicht rechtzeitig abgegeben, so gelten die ~~Forderungen als anerkannt und der Zahlungsverzug als bestätigt~~ Voraussetzungen für die Direktzahlung als anerkannt."

Begründung:
Nach der Rechtsprechung des BGH (NJW 1990, 2384) hält § 16 Nr. 6 Satz 1 der isolierten Inhaltskontrolle nach AGB-Recht nicht stand. Nach dem gesetzlichen Leitbild befreit eine Zahlung an einen Dritten nur dann von der eigenen Schuld, wenn der Dritte vom Gläubiger zur Entgegennahme der Leistung ermächtigt ist (§§ 362 Abs. 2, 185 BGB a.F. und wortgleich n.F.). Eine vom Willen des Gläubigers abweichende Empfangszuständigkeit folgt insbesondere nicht aus dem Zahlungsverzug des Gläubigers gegenüber Drittgläubigern.

Der BGH hat zwar offen gelassen, ob ein erhebliches Interesse des Auftraggebers den Eingriff in das Recht des Auftragnehmers, die Empfangszuständigkeit für die Leistung zu bestimmen, rechtfertigen kann. Ein solches Interesse könnte aber gegeben sein, wenn die Subunternehmer oder Arbeitnehmer wegen des Verzugs des Auftragnehmers die Fortsetzung ihrer Arbeiten am Bauwerk zu Recht verweigern und die Direktzahlung die Fortsetzung des Bauwerks sicherstellen soll (so Ingenstau/Korbion, 14. Aufl. 2001, § 16 Rnr. 315; Heiermann/Riedl/Rusam, 9. Aufl., § 16 Rnr. 124). Nach dem eindeutigen Wortlaut der Vorschrift sind über diese Fälle der Sicherstellung der Baufortsetzung hinaus jedoch alle Forderungen der Drittgläubiger erfasst. Insbesondere sind auch Zahlungen auf Forderungen für bereits abgeschlossene Leistungen der Drittgläubiger erfasst. In diesen Fällen ist ein erhebliches Interesse an einer Direktzahlung an die bezeichneten Gläubiger nicht zu erkennen. Der Zweck der Regelung erschöpft sich in diesen Fällen in einer sachlich nicht zu rechtfertigenden Begünstigung des Drittgläubigers gegenüber dem Auftragnehmer. Der dadurch dem Auftragnehmer entstehende Nachteil wird weder durch Vorteile der Gesamtregelung der Vorschrift noch durch Vorteile der sonstigen Vorschriften der VOB/B ausgeglichen (BGH, NJW 1990, 2384).

Aus diesem Grund ist die Vorschrift des § 16 Nr. 6 Satz 1 auf den Fall zu beschränken, dass die Subunternehmer oder Arbeitnehmer wegen des Verzugs des Auftragnehmers die Fortsetzung ihrer Arbeiten am Bauwerk zu Recht verweigern und die Direktzahlung die Fortsetzung des Bauwerks sicherstellen soll.

Die Erweiterung der Voraussetzungen für die Direktzahlung in Satz 1 macht in Satz 2 letzter Halbsatz eine entsprechende Erweiterung der Fiktion für den Fall erforderlich, dass der Auftragnehmer keine entsprechende Erklärung abgibt.

<u>Beratung des HAA am 16./17.04.2002:</u>
Bei vier Enthaltungen (ZVSHK, BHKS, VDMA, DSTB) beschlossen.

20. § 17 Nr. 1 VOB/B (Redaktionelle Änderung)

„1. (1) Wenn Sicherheitsleistung vereinbart ist, gelten die §§ 232 bis 240 BGB, soweit sich aus den nachstehenden Bestimmungen nichts anderes ergibt.
(2) Die Sicherheit dient dazu, die vertragsgemäße Ausführung der Leistung und die **Mängelansprüche** ~~Gewährleistung~~ sicherzustellen."

Begründung:
Da der Wortlaut des § 13 Nr. 1 VOB/B umgestellt wurde und dort in Anpassung an das BGB der Begriff Mängelansprüche verwendet wird, sollte § 17 Nr. 1 Abs. 2 VOB/B angepasst werden.

<u>Beratung des HAA am 04.02.2002:</u>
Einstimmig beschlossen.

21. § 17 Nr. 4 VOB/B (Ausschluss der Bürgschaft auf erstes Anfordern)

„4. Bei Sicherheitsleistung durch Bürgschaft ist Voraussetzung, dass der Auftraggeber den Bürgen als tauglich anerkannt hat. Die Bürgschaftserklärung ist schriftlich unter Verzicht auf die Einrede der Vorausklage abzugeben (§ 771 BGB); sie darf nicht auf bestimmte Zeit begrenzt und muss nach Vorschrift des Auftraggebers ausgestellt sein. **Der Auftraggeber kann als Sicherheit keine Bürgschaft fordern, die den Bürgen zur Zahlung auf erstes Anfordern verpflichtet.**"

Begründung:
Nach § 17 Nr. 2 VOB/B kann Sicherheit durch Einbehalt, Hinterlegung von Geld oder durch Bürgschaft eines Kreditinstituts/Kreditversicherers zugelassen werden, wenn nichts anderes vereinbart ist. Wird Sicherheit durch Bürgschaft geleistet, kann nach § 17 Nr. 4 VOB/B eine schriftliche Bürgschaftserklärung verlangt werden, in der der Bürge auf die Einrede der Vorausklage verzichtet. Im Falle eines Mangels kann der Auftraggeber z.B. zur Realisierung der Selbstvornahmekosten unmittelbar den Bürgen in Anspruch nehmen. Der Bürge kann nicht einwenden, der Auftraggeber solle zunächst gegen den Auftragnehmer (Hauptschuldner) klagen und vollstrecken (§ 771 BGB). Die Vereinbarung des Erfordernisses einer selbstschuldnerischen Bürgschaft (ohne Recht zum ersten Anfordern) in AGB eines Bauwerkvertrages wird in der Rechtsprechung nicht beanstandet (BGHZ 136, 27).

Eine Bürgschaft auf erstes Anfordern ist gesetzlich nicht geregelt. Inhalt einer solchen Bürgschaft ist es, dass der Bürge bereits auf eine (meist formalisierte) Zahlungsaufforderung zu zahlen hat. Anders als nach dem gesetzlich geregeltem Bürgschaftsrecht können Einwendungen gegen die Hauptschuld (z.B. Mangel wird bestritten) nicht geltend gemacht werden. Erst in einem Rückforderungsprozess können solche Einwendungen vorgetragen werden. Die Vereinbarung des Erfordernisses einer Gewährleistungsbürgschaft auf erstes Anfordern in AGB wird von der Rechtsprechung in einigen Fallgestaltungen als unzulässig angesehen (BGHZ 136, 27; Thode, ZfBR 2002, 4 ff.).

Bürgschaften auf erstes Anfordern schränken den Kreditrahmen der Auftragnehmer ein. Um dies zu berücksichtigen, soll vorgesehen werden, dass die Vereinbarung einer Vertragserfüllungsbürgschaft auf erstes Anfordern nicht möglich ist. Daher soll in § 17 Nr. 4 VOB/B ein neuer Satz 3 aufgenommen werden, dass eine Bürgschaft auf erstes Anfordern nicht verlangt werden kann.

Beratung des HAA am 16./17.04.2002:
Bei drei Enthaltungen (DB AG, DStGB, DStT) beschlossen.

22. § 17 Nr. 6 VOB/B (Keine Verzinsung beim Öffentlichen Auftraggeber)

Eine Änderung des § 17 Nr. 6 VOB/B ist nicht erforderlich.

Begründung:
§ 17 Nr. 6 Abs. 4 bleibt auch nach einer Überarbeitung des § 17 unverändert. Diese Vertragsklausel hat einen haushälterischen Hintergrund. Dem öffentlichen Auftraggeber ist es durch § 8 Bundeshaushaltsordnung (BHO) untersagt, Gelder mit einer Verzinsung für einen anderen anzulegen. Zinsgewinne aus z.B. als Sparanlage angelegten Sicherheitsbeträgen wären als Einnahmen im Sinne des Art. 110 Abs. 1 GG anzusehen (vgl. Piduch, Bundeshaushaltsrecht, Art. 110 GG Rnr. 41). Diese Einnahmen wären als Deckungsmittel für den gesamten Ausgabenbedarf des Bundes zur Verfügung zu stellen. Eine Zweckbindung (Verzinsung des konkreten Sicherheitsbetrages) wäre nur durch eine gesetzliche Regelung oder durch einen Zweckbindungsvermerk im Haushaltsplan möglich (vgl. Piduch, Bundeshaushaltsrecht, § 8 BHO Rnr. 3 f). Da weder gesetzliche Regelungen noch Zweckbindungsvermerke bestehen und dieses Gesetzesrecht vom öffentlichen Auftraggeber einzuhalten ist, ist es auch gerechtfertigt, das Unterbleiben der Verzinsung in der VOB/B (die in erster Linie für den öffentlichen Auftraggeber geschaffen wurde) zu regeln. Außerdem besteht ein Wahlrecht zwischen den Arten der Sicherheitsleistung. Hierdurch ist eine Ausgewogenheit der Regelung gegeben (Ingenstau/Korbion-Joussen, 14. Aufl. 2001, § 17 Rnrn. 96).

Beratung des HAA am 16./17.04.2002:
Einstimmig beschlossen.

23. § 17 Nr. 8 VOB/B (Rückgabe der Sicherheiten)

„8. **(1)** Der Auftraggeber hat eine nicht verwertete Sicherheit **für die Vertragserfüllung** zum vereinbarten Zeitpunkt, spätestens ~~nach Ablauf der Verjährungsfrist für die Gewährleistung~~ **nach Abnahme und Stellung der Sicherheit für Mängelansprüche**, zurückzugeben~~, es sei denn, daß Ansprüche des Auftraggebers, die nicht von der gestellten Sicherheit für Mängelansprüche umfaßt sind, noch nicht erfüllt sind. Dann darf er für diese Vertragserfüllungsansprüche einen entsprechenden Teil der Sicherheit zurückhalten.~~ ~~Soweit jedoch zu dieser Zeit seine Ansprüche noch nicht erfüllt sind, darf er einen entsprechenden Teil der Sicherheit zurückhalten.~~
(2) Der Auftraggeber hat eine nicht verwertete Sicherheit für Mängelansprüche nach Ablauf von 2 Jahren zurückzugeben, sofern kein anderer Rückgabezeitpunkt vereinbart worden ist. Soweit jedoch zu diesem Zeitpunkt seine geltend gemachten Ansprüche noch nicht erfüllt sind, darf er einen entsprechenden Teil der Sicherheit zurückhalten."

Begründung:
In Zusammenhang mit der Änderung der Fristen in § 13 Nr. 4 VOB/B soll auch eine Änderung des § 17 Nr. 8 VOB/B erfolgen. Ziel der Änderung ist es, den Zeitraum, für den eine Sicherheit für Mängelansprüche zu stellen ist, im Regelfall zu begrenzen. Dies setzt gegenüber dem geltenden § 17 Nr. 8 VOB/B eine Differenzierung zwischen Sicherheiten für die Vertragserfüllung und Sicherheiten für Mängelansprüche voraus. Dieser will die neue Aufteilung in zwei Absätze nachkommen.

Mit Abs. 1 wird die Verpflichtung zur Rückgabe der nicht verwerteten Vertragserfüllungssicherheit geregelt. Abs. 1 S. 1 letzter Halbsatz der Vorschrift dient der Klarstellung, dass die Sicherheit trotz Abnahme und Stellung der Sicherheit für Mängelansprüche nicht zurückgegeben werden muss, wenn noch Ansprüche des Auftraggebers, etwa aus Verzug, bestehen. Mit Abs. 1 S. 2 wird klargestellt, dass der Auftraggeber dann einen entsprechenden Teil der Sicherheit zurückhalten darf. Im Gegensatz zu Abs. 2 kommt es bei Abs. 1 nicht auf die Geltendmachung der Ansprüche an, da es sich hierbei um die primären Erfüllungsansprüche des Auftraggebers handelt.

Abs. 2 der Vorschrift enthält eine gesonderte Regelung zur Rückgabe der nicht verwerteten Sicherheit für Mängelansprüche. Nach Abs. 2 ist die Sicherheit in der Regel nach Ablauf von 2 Jahren zurückzugeben. Bei dieser Regelung steht die Erwägung im Hintergrund, dass es meist eine starke Belastung für den Auftragnehmer darstellt, wenn er für die gesamte 4-jährige Regelverjährungsfrist für Mängelansprüche die Sicherheit vorhalten muss.

Die Worte „geltend gemachten" im Abs. 2 Satz 2 dienen der Klarstellung, dass der Auftraggeber Sicherheiten nur zurückhalten darf für Mängelansprüche, die er vor Ablauf der 2 Jahre bzw. vor dem vereinbarten Rückgabezeitpunkt geltend gemacht hat. Die Klarstellung ist notwendig, da die Rechtsprechung dieses Erfordernis früher aus einer Analogie zu § 478 BGB ableitete, indem sie die Sicherheiten dem Zurückbehaltungsrecht am Kaufpreis gleichstellte. Nach Wegfall des § 478 BGB ist diese Rechtsprechung nicht mehr aufrechtzuerhalten. Es muss jedoch vermieden werden, dass der Auftraggeber eine Sicherheit länger als vereinbart bzw. länger als zwei Jahre behält und für nach diesem Zeitpunkt auftretende Mängel verwertet. Der Auftraggeber, der die Sicherheit länger als vereinbart behält, soll aus diesem vertragswidrigen Verhalten keinen Vorteil ziehen können, wenn später noch Mängel auftreten.

Der letzte Satz des geltenden § 17 Nr. 8 VOB/B ist in seinem Regelungsgehalt in der jeweils relevanten Formulierung an die Abs. 1 und 2 angehängt und bedarf dadurch keiner zusätzlichen Erwähnung mehr. Der geltende § 17 Nr. 8 letzter Satz VOB/B kann daher entfallen.

Beratung des HAA am 16./17.04.2002:
Bei zwei Enthaltungen (DStGB, DStT) beschlossen.

24. § 18 Nr. 2 VOB/B (Hemmung der Verjährung für die Dauer des Verfahrens)

„2. (1) Entstehen bei Verträgen mit Behörden Meinungsverschiedenheiten, so soll der Auftragnehmer zunächst die der auftraggebenden Stelle unmittelbar vorgesetzte Stelle anrufen. Diese soll dem Auftragnehmer Gelegenheit zur mündlichen Aussprache geben und ihn möglichst innerhalb von 2 Monaten nach der Anrufung schriftlich bescheiden und dabei auf die Rechtsfolgen des Satzes 3 hinweisen. Die Entscheidung gilt als anerkannt, wenn der Auftragnehmer nicht innerhalb von 23 Monaten nach Eingang des Bescheides schriftlich Einspruch beim Auftraggeber erhebt und dieser ihn auf die Ausschlussfrist hingewiesen hat.
(2) Mit dem Eingang des schriftlichen Antrages auf Durchführung eines Verfahrens nach Nr. 2 Abs. 1 wird die Verjährung des in diesem Antrag geltend gemachten Anspruchs gehemmt. Wollen Auftraggeber oder Auftragnehmer das Verfahren nicht weiter betreiben, teilen sie dies dem jeweils anderen Teil schriftlich mit. Die Hemmung endet 3 Monate nach Zugang des schriftlichen Bescheides oder der Mitteilung nach Satz 2."

Begründung:
a. Vorbemerkung:
§ 18 Nr. 2 VOB/B enthält Regelungen zur außergerichtlichen Streitbeilegung bei Meinungsverschiedenheiten aus Verträgen, bei denen die öffentliche Hand Auftraggeber ist. Es handelt sich um eine Sollvorschrift, die die Anrufung der unmittelbar vorgesetzten Stelle nicht zwingend vorschreibt. Sie räumt dem Auftragnehmer ein Recht ein, von dem dieser Gebrauch machen kann, aber nicht Gebrauch machen muss. Es steht dem Auftragnehmer frei, sofort den Klageweg zu beschreiten. Gleiches gilt für die vorgesetzte Stelle. Auch diese trifft keine Verpflichtung, ein Schlichtungsverfahren durchzuführen. Rechtsnachteile entstehen dadurch keiner der Parteien.

Es ist fraglich, ob die Durchführung eines Schlichtungsverfahrens nach § 18 Nr. 2 VOB/B die Verjährung hemmt. § 18 Nr. 2 VOB/B wird in der Literatur wenig behandelt. Auch finden sich lediglich drei veröffentlichte Urteile (LG Bonn, NJW-RR 1995, S. 1487 ff; OLG Düsseldorf, NJW-RR 1995, S. 535 ff. und OLG Köln, IBR 2000, S. 529), wovon sich jedoch nur das OLG Köln mit der Frage der Hemmung der Verjährung befasst.

Nach Heiermann/Riedl/Rusam, Kommentar zur VOB, 9. Auflage, § 18 VOB/B, Rnr. 13 a.E. hat das Schlichtungsverfahren nach § 18 Nr. 2 VOB/B auf den Lauf der Verjährung grundsätzlich keinen Einfluss, außer es liegen die Voraussetzungen für eine Hemmung oder eine Unterbrechung vor.

Ähnlich die Entscheidung des OLG Köln (IBR 2000, S. 529), das entschieden hat, dass ein Verfahren nach § 18 Nr. 2 VOB/B in der Regel keinen Einfluss auf die Verjährung habe. Nach Treu und Glauben sei es dem Auftraggeber lediglich verwehrt, sich während der Dauer des Verfahrens und einer kurzen Überlegungsfrist danach auf die Verjährung zu berufen.

Ingenstau/Korbion-Joussen vertreten im Kommentar zur VOB, 14. Auflage, § 18 VOB/B Rnr. 71 die Auffassung, dass in § 18 Nr. 2 VOB/B zugleich die Absprache eines „pactum de non petendo" mit der Wirkung der Hemmung der Verjährung liege.

Die Aufnahme einer Regelung, nach der während der Schlichtung die Verjährung gehemmt ist, erscheint sinnvoll, um keinen unnötigen Zeitdruck entstehen zu lassen und das Risiko auszuschließen, dass sofort der Weg zu den ordentlichen Gerichten gesucht wird. Andererseits darf die Hemmung auch nicht dazu führen, dass ein Verfahren nach § 18 Nr. 2 VOB/B nicht mit der notwendigen Zügigkeit und Ernsthaftigkeit betrieben wird. Dementsprechend soll die Hemmung der Verjährungsfrist zeitlich präzisiert werden, z.B. bis zum Ablauf von drei Monaten nach Zugang des schriftlichen Bescheides der vorgesetzten Behörde bzw. nach schriftlicher Mitteilung einer der Parteien, das Verfahren nicht weiter betreiben zu wollen.

b. Zu Absatz 2 Satz 1:
Auch wenn das Verfahren nach § 18 Nr. 2 VOB/B kein schiedsgerichtliches Verfahren darstellt, erscheint es angebracht, den Beginn der Hemmung wie im schiedsgerichtlichen Verfahren zu regeln. Der Beginn der Hemmung knüpft im Formulierungsvorschlag zu § 18 Nr. 2 Abs. 2 an den Eingang des schriftlichen Antrages auf Durchführung des Verfahrens bei der vorgesetzten Dienststelle an. Damit kann ein Zeitpunkt des Beginns der Hemmung regelmäßig objektiv festgestellt werden.

c. Zu Absatz 2 Sätze 2 und 3:
Dieser Vorschlag berücksichtigt einerseits die im „Gesetz zur Modernisierung des Schuldrechts" vorgesehene Hemmung bei laufenden Verhandlungen in § 203 BGB, bringt aber andererseits aufgrund der Schriftform mehr Rechtssicherheit, da die in § 203 BGB vorgesehene Regelung mangels Schriftform zu erheblichen Beweisschwierigkeiten führen wird, wann denn nun die Verhandlungen tatsächlich abgebrochen wurden, mit der Folge, dass die Berechnung der Verjährung nur mit äußersten Schwierigkeiten möglich ist.

Die Nachlauffrist des § 203 Satz 2 BGB beträgt drei Monate. Daher soll die Frist für das Ende der Hemmung entsprechend der gesetzlichen Regelung 3 Monate betragen. Um einen Gleichlauf der Fristen in § 18 Nr. 2 Abs. 1 letzter Satz und Abs. 3 letzter Satz VOB/B zu erreichen, sollte auch in § 18 Nr. 2 Abs. 1 VOB/B die Frist auf 3 Monate angehoben werden.

Beratung des HAA am 16./17.04.2002:
Einstimmig beschlossen.

25. § 18 Nr. 3 VOB/B (Einschaltung einer staatlich anerkannten Materialprüfstelle)

Eine Änderung des § 18 Nr. 3 VOB/B ist nicht erforderlich.

Begründung:
Eine Ersetzung der „staatlich oder staatlich anerkannten Materialprüfstelle" durch eine „in der Bauregelliste für den Stoff oder das Bauteil benannte Prüfstelle oder ein nach DIN EN ISO/IEC 17025 akkreditiertes Prüflabor" wurde nicht für erforderlich gehalten.

Beratung des HAA am 16./17.04.2002:
Einstimmig beschlossen.

Teil VII

Gesetze und Vorschriften

1 Synoptische Darstellung der Gesetzesänderungen VOB Verdingungsordnung für Bauleistungen Teil B

Bisherige Rechtslage	Neue Rechtslage
§ 10 Haftung der Vertragsparteien 1. Die Vertragsparteien haften einander für eigenes Verschulden sowie für das Verschulden ihrer gesetzlichen Vertreter und der Personen, deren sie sich zur Erfüllung ihrer Verbindlichkeiten bedienen (§§ 276, 278 BGB). 2. (1) Entsteht einem Dritten im Zusammenhang mit der Leistung ein Schaden, für den auf Grund gesetzlicher Haftpflichtbestimmungen beide Vertragsparteien haften, so gelten für den Ausgleich zwischen den Vertragsparteien die allgemeinen gesetzlichen Bestimmungen, soweit im Einzelfall nichts anderes vereinbart ist. Soweit der Schaden des Dritten nur die Folge einer Maßnahme ist, die der Auftraggeber in dieser Form angeordnet hat, trägt er den Schaden allein, wenn ihn der Auftragnehmer auf die mit der angeordneten Ausführung verbundene Gefahr nach § 4 Nr. 3 hingewiesen hat. (2) Der Auftragnehmer trägt den Schaden allein, soweit er ihn durch Versicherung seiner gesetzlichen Haftpflicht gedeckt hat oder innerhalb der von der Versicherungsaufsichtsbehörde genehmigten Allgemeinen Versicherungsbedingungen zu tarifmäßigen, nicht auf außergewöhnliche Verhältnisse abgestellten Prämien und Prämienzuschlägen bei einem im Inland zum Geschäftsbetrieb zugelassenen Versicherer hätte decken können. 3. Ist der Auftragnehmer einem Dritten nach den §§ 823 ff. BGB zu Schadenersatz verpflichtet wegen unbefugten Betretens oder Beschädigung angrenzender Grundstücke, wegen Entnahme oder Auflagerung von Boden oder anderen Gegenständen außerhalb der vom Auftraggeber dazu angewiesenen Flächen oder wegen der Folgen eigenmächtiger Versperrung von Wegen oder Wasserläufen, so trägt er im Verhältnis zum Auftraggeber den Schaden allein. 4. Für die Verletzung gewerblicher Schutzrechte haftet im Verhältnis der Vertragsparteien zueinander der Auftragnehmer allein, wenn er selbst das geschützte Verfahren oder die Verwendung geschützter Gegenstände angeboten oder wenn der Auftraggeber die Verwendung vorgeschrieben und auf das Schutzrecht hingewiesen hat. 5. Ist eine Vertragspartei gegenüber der anderen nach den Nummern 2, 3 oder 4 von der Ausgleichspflicht befreit, so gilt diese Befreiung auch zugunsten ihrer gesetzlichen Vertreter und Erfüllungsgehilfen, wenn sie nicht vorsätzlich oder grob fahrlässig gehandelt haben. 6. Soweit eine Vertragspartei von dem Dritten für einen Schaden in Anspruch genommen wird, den nach den Nummern 2, 3 oder 4 die andere Vertragspartei zu tragen hat, kann sie verlangen, daß ihre Vertragspartei sie von der Verbindlichkeit gegenüber dem Dritten befreit. Sie darf den Anspruch des Dritten nicht anerkennen oder befriedigen, ohne der anderen Vertragspartei vorher Gelegenheit zur Äußerung gegeben zu haben.	**§ 10 Haftung der Vertragsparteien** 1. Die Vertragsparteien haften einander für eigenes Verschulden sowie für das Verschulden ihrer gesetzlichen Vertreter und der Personen, deren sie sich zur Erfüllung ihrer Verbindlichkeiten bedienen (§§ 276, 278 BGB). 2. (1) Entsteht einem Dritten im Zusammenhang mit der Leistung ein Schaden, für den auf Grund gesetzlicher Haftpflichtbestimmungen beide Vertragsparteien haften, so gelten für den Ausgleich zwischen den Vertragsparteien die allgemeinen gesetzlichen Bestimmungen, soweit im Einzelfall nichts anderes vereinbart ist. Soweit der Schaden des Dritten nur die Folge einer Maßnahme ist, die der Auftraggeber in dieser Form angeordnet hat, trägt er den Schaden allein, wenn ihn der Auftragnehmer auf die mit der angeordneten Ausführung verbundene Gefahr nach § 4 Nr. 3 hingewiesen hat. (2) Der Auftragnehmer trägt den Schaden allein, soweit er ihn durch Versicherung seiner gesetzlichen Haftpflicht gedeckt hat oder **durch eine solche** zu tarifmäßigen, nicht auf außergewöhnliche Verhältnisse abgestellten Prämien und Prämienzuschlägen bei einem im Inland zum Geschäftsbetrieb zugelassenen Versicherer hätte decken können. 3. Ist der Auftragnehmer einem Dritten nach den §§ 823 ff. BGB zu Schadenersatz verpflichtet wegen unbefugten Betretens oder Beschädigung angrenzender Grundstücke, wegen Entnahme oder Auflagerung von Boden oder anderen Gegenständen außerhalb der vom Auftraggeber dazu angewiesenen Flächen oder wegen der Folgen eigenmächtiger Versperrung von Wegen oder Wasserläufen, so trägt er im Verhältnis zum Auftraggeber den Schaden allein. 4. Für die Verletzung gewerblicher Schutzrechte haftet im Verhältnis der Vertragsparteien zueinander der Auftragnehmer allein, wenn er selbst das geschützte Verfahren oder die Verwendung geschützter Gegenstände angeboten oder wenn der Auftraggeber die Verwendung vorgeschrieben und auf das Schutzrecht hingewiesen hat. 5. Ist eine Vertragspartei gegenüber der anderen nach den Nummern 2, 3 oder 4 von der Ausgleichspflicht befreit, so gilt diese Befreiung auch zugunsten ihrer gesetzlichen Vertreter und Erfüllungsgehilfen, wenn sie nicht vorsätzlich oder grob fahrlässig gehandelt haben. 6. Soweit eine Vertragspartei von dem Dritten für einen Schaden in Anspruch genommen wird, den nach den Nummern 2, 3 oder 4 die andere Vertragspartei zu tragen hat, kann sie verlangen, daß ihre Vertragspartei sie von der Verbindlichkeit gegenüber dem Dritten befreit. Sie darf den Anspruch des Dritten nicht anerkennen oder befriedigen, ohne der anderen Vertragspartei vorher Gelegenheit zur Äußerung gegeben zu haben.
§ 12 Abnahme 1. Verlangt der Auftragnehmer nach der Fertigstellung – gegebenenfalls auch vor Ablauf der vereinbarten Ausführungsfrist – die Abnahme der Leistung, so hat sie der Auftraggeber binnen 12 Werktagen durchzuführen; eine andere Frist kann vereinbart werden. 2. Auf Verlangen sind in sich abgeschlossene Teile der Leistung besonders abzunehmen. 3. Wegen wesentlicher Mängel kann die Abnahme bis zur Beseitigung verweigert werden.	**§ 12 Abnahme** 1. Verlangt der Auftragnehmer nach der Fertigstellung – gegebenenfalls auch vor Ablauf der vereinbarten Ausführungsfrist – die Abnahme der Leistung, so hat sie der Auftraggeber binnen 12 Werktagen durchzuführen; eine andere Frist kann vereinbart werden. 2. Auf Verlangen sind in sich abgeschlossene Teile der Leistung besonders abzunehmen. 3. Wegen wesentlicher Mängel kann die Abnahme bis zur Beseitigung verweigert werden.

Bisherige Rechtslage

4. (1) Eine förmliche Abnahme hat stattzufinden, wenn eine Vertragspartei es verlangt. Jede Partei kann auf ihre Kosten einen Sachverständigen zuziehen. Der Befund ist in gemeinsamer Verhandlung schriftlich niederzulegen. In die Niederschrift sind etwaige Vorbehalte wegen bekannter Mängel und wegen Vertragsstrafen aufzunehmen, ebenso etwaige Einwendungen des Auftragnehmers. Jede Partei erhält eine Ausfertigung.
(2) Die förmliche Abnahme kann in Abwesenheit des Auftragnehmers stattfinden, wenn der Termin vereinbart war oder der Auftraggeber mit genügender Frist dazu eingeladen hatte. Das Ergebnis der Abnahme ist dem Auftragnehmer alsbald mitzuteilen.
5. (1) Wird keine Abnahme verlangt, so gilt die Leistung als abgenommen mit Ablauf von 12 Werktagen nach schriftlicher Mitteilung über die Fertigstellung der Leistung.
(2) Hat der Auftraggeber die Leistung oder einen Teil der Leistung in Benutzung genommen, so gilt die Abnahme nach Ablauf von 6 Werktagen nach Beginn der Benutzung als erfolgt, wenn nichts anderes vereinbart ist. Die Benutzung von Teilen einer baulichen Anlage zur Weiterführung der Arbeiten gilt nicht als Abnahme.
(3) Vorbehalte wegen bekannter Mängel oder wegen Vertragsstrafen hat der Auftraggeber spätestens zu den in den Absätzen 1 und 2 bezeichneten Zeitpunkten geltend zu machen.
6. Mit der Abnahme geht die Gefahr auf den Auftraggeber über, soweit er sie nicht schon nach § 7 trägt.

§ 13 Gewährleistung

1. Der Auftragnehmer übernimmt die Gewähr, dass seine Leistung zur Zeit der Abnahme die vertraglich zugesicherten Eigenschaften hat, den anerkannten Regeln der Technik entspricht und nicht mit Fehlern behaftet ist, die den Wert oder die Tauglichkeit zu dem gewöhnlichen oder dem nach dem Vertrag vorausgesetzten Gebrauch aufheben oder mindern.

2. Bei Leistungen nach Probe gelten die Eigenschaften der Probe als zugesichert, soweit nicht Abweichungen nach der Verkehrssitte als bedeutungslos anzusehen sind. Dies gilt auch für Proben, die erst nach Vertragsabschluß als solche anerkannt sind.
3. Ist ein Mangel zurückzuführen auf die Leistungsbeschreibung oder auf Anordnungen des Auftraggebers, auf die von diesem gelieferten oder vorgeschriebenen Stoffe oder Bauteile oder die Beschaffenheit der Vorleistung eines anderen Unternehmers, so ist der Auftragnehmer von der Gewährleistung für diese Mängel frei, außer wenn er die ihm nach § 4 Nr. 3 obliegende Mitteilung über die zu befürchtenden Mängel unterlassen hat.
4. (1) Ist für die Gewährleistung keine Verjährungsfrist im Vertrag vereinbart, so beträgt sie für Bauwerke und für Holzerkrankungen 2 Jahre, für Arbeiten an einem Grundstück und für die vom Feuer berührten Teile von Feuerungsanlagen ein Jahr.
(2) Bei maschinellen und elektrotechnischen/elektronischen Anlagen oder Teilen davon, bei denen die Wartung Einfluss auf die Sicherheit und Funktionsfähigkeit hat, beträgt die Verjährungsfrist für die Gewährleistungsansprüche abweichend von Absatz 1 ein Jahr, wenn der Auftraggeber sich dafür entschieden hat, dem Auftragnehmer die Wartung für die Dauer der Verjährungsfrist nicht zu übertragen.
(3) Die Frist beginnt mit der Abnahme der gesamten Leistung; nur für in sich abgeschlossene Teile der Leistung beginnt sie mit der Teilabnahme (§ 12 Nr. 2).

Neue Rechtslage

4. (1) Eine förmliche Abnahme hat stattzufinden, wenn eine Vertragspartei es verlangt. Jede Partei kann auf ihre Kosten einen Sachverständigen zuziehen. Der Befund ist in gemeinsamer Verhandlung schriftlich niederzulegen. In die Niederschrift sind etwaige Vorbehalte wegen bekannter Mängel und wegen Vertragsstrafen aufzunehmen, ebenso etwaige Einwendungen des Auftragnehmers. Jede Partei erhält eine Ausfertigung.
(2) Die förmliche Abnahme kann in Abwesenheit des Auftragnehmers stattfinden, wenn der Termin vereinbart war oder der Auftraggeber mit genügender Frist dazu eingeladen hatte. Das Ergebnis der Abnahme ist dem Auftragnehmer alsbald mitzuteilen.
5. (1) Wird keine Abnahme verlangt, so gilt die Leistung als abgenommen mit Ablauf von 12 Werktagen nach schriftlicher Mitteilung über die Fertigstellung der Leistung.
(2) **Wird keine Abnahme verlangt und hat** der Auftraggeber die Leistung oder einen Teil der Leistung in Benutzung genommen, so gilt die Abnahme nach Ablauf von 6 Werktagen nach Beginn der Benutzung als erfolgt, wenn nichts anderes vereinbart ist. Die Benutzung von Teilen einer baulichen Anlage zur Weiterführung der Arbeiten gilt nicht als Abnahme.
(3) Vorbehalte wegen bekannter Mängel oder wegen Vertragsstrafen hat der Auftraggeber spätestens zu den in den Absätzen 1 und 2 bezeichneten Zeitpunkten geltend zu machen.
6. Mit der Abnahme geht die Gefahr auf den Auftraggeber über, soweit er sie nicht schon nach § 7 trägt.

§ 13 Mängelansprüche

1. **Der Auftragnehmer hat dem Auftraggeber seine Leistung zum Zeitpunkt der Abnahme frei von Sachmängeln zu verschaffen. Die Leistung ist zur Zeit der Abnahme frei von Sachmängeln, wenn sie die vereinbarte Beschaffenheit hat und den anerkannten Regeln der Technik entspricht. Ist die Beschaffenheit nicht vereinbart, so ist die Leistung zur Zeit der Abnahme frei von Sachmängeln,**
   a. **wenn sie sich für die nach dem Vertrag vorausgesetzte, sonst**
   b. **für die gewöhnliche Verwendung eignet und eine Beschaffenheit aufweist, die bei Werken der gleichen Art üblich ist und die der Auftraggeber nach der Art der Leistung erwarten kann.**
2. Bei Leistungen nach Probe gelten die Eigenschaften der Probe als **vereinbarte Beschaffenheit**, soweit nicht Abweichungen nach der Verkehrssitte als bedeutungslos anzusehen sind. Dies gilt auch für Proben, die erst nach Vertragsabschluss als solche anerkannt sind.
3. Ist ein Mangel zurückzuführen auf die Leistungsbeschreibung oder auf Anordnungen des Auftraggebers, auf die von diesem gelieferten oder vorgeschriebenen Stoffe oder Bauteile oder die Beschaffenheit der Vorleistung eines anderen Unternehmers, **haftet der Auftragnehmer, es sei denn, er hat** die ihm nach § 4 Nr. 3 obliegende Mitteilung gemacht.
4. (1) Ist für **Mängelansprüche** keine Verjährungsfrist im Vertrag vereinbart, so beträgt sie für Bauwerke **4 Jahre, für Arbeiten an einem Grundstück** und für die vom Feuer berührten Teile von Feuerungsanlagen **2 Jahre. Abweichend von Satz 1 beträgt die Verjährungsfrist für feuerberührte und abgasdämmende Teile von industriellen Feuerungsanlagen 1 Jahr**.
(2) Bei maschinellen und elektrotechnischen/elektronischen Anlagen oder Teilen davon, bei denen die Wartung Einfluss auf die Sicherheit und Funktionsfähigkeit hat, beträgt die Verjährungsfrist für **Mängelansprüche** abweichend von Absatz 1 **2 Jahre**, wenn der Auftraggeber sich dafür entschieden hat, dem Auftragnehmer die Wartung für die Dauer der Verjährungsfrist nicht zu übertragen.
(3) Die Frist beginnt mit der Abnahme der gesamten Leistung; nur für in sich abgeschlossene Teile der Leistung beginnt sie mit der Teilabnahme (§ 12 Nr. 2).

Synopse

| **Bisherige Rechtslage** | **Neue Rechtslage** |

5. (1) Der Auftragnehmer ist verpflichtet, alle während der Verjährungsfrist hervortretenden Mängel, die auf vertragswidrige Leistung zurückzuführen sind, auf seine Kosten zu beseitigen, wenn es der Auftraggeber vor Ablauf der Frist schriftlich verlangt. Der Anspruch auf Beseitigung der gerügten Mängel verjährt mit Ablauf der Regelfristen der Nummer 4, gerechnet vom Zugang des schriftlichen Verlangens an, jedoch nicht vor Ablauf der vereinbarten Frist. Nach Abnahme der Mängelbeseitigungsleistung beginnen für diese Leistung die Regelfristen der Nummer 4, wenn nichts anderes vereinbart ist.
(2) Kommt der Auftragnehmer der Aufforderung zur Mängelbeseitigung in einer vom Auftraggeber gesetzten angemessenen Frist nicht nach, so kann der Auftraggeber die Mängel auf Kosten des Auftragnehmers beseitigen lassen.

6. Ist die Beseitigung des Mangels unmöglich oder würde sie einen unverhältnismäßig hohen Aufwand erfordern und wird sie deshalb vom Auftragnehmer verweigert, so kann der Auftraggeber Minderung der Vergütung verlangen (§ 634 Abs. 4, § 472 BGB). Der Auftraggeber kann ausnahmsweise auch dann Minderung der Vergütung verlangen, wenn die Beseitigung des Mangels für ihn unzumutbar ist.

7. (1) Ist ein wesentlicher Mangel, der die Gebrauchsfähigkeit erheblich beeinträchtigt, auf ein Verschulden des Auftragnehmers oder seiner Erfüllungsgehilfen zurückzuführen, so ist der Auftragnehmer außerdem verpflichtet, dem Auftraggeber den Schaden an der baulichen Anlage zu ersetzen, zu deren Herstellung, Instandhaltung oder Änderung die Leistung dient.
(2) Den darüber hinausgehenden Schaden hat er nur dann zu ersetzen,
a) wenn der Mangel auf Vorsatz oder grober Fahrlässigkeit beruht,
b) wenn der Mangel auf einem Verstoß gegen die anerkannten Regeln der Technik beruht,
c) wenn der Mangel in dem Fehlen einer vertraglich zugesicherten Eigenschaft besteht oder
d) soweit der Auftragnehmer den Schaden durch Versicherung seiner gesetzlichen Haftpflicht gedeckt hat oder innerhalb der von der Versicherungsaufsichtsbehörde genehmigten Allgemeinen Versicherungsbedingungen zu tarifmäßigen, nicht auf außergewöhnliche Verhältnisse abgestellten Prämien und Prämienzuschlägen bei einem im Inland zum Geschäftsbetrieb zugelassenen Versicherer hätte decken können.
(3) Abweichend von Nummer 4 gelten die gesetzlichen Verjährungsfristen, soweit sich der Auftragnehmer nach Absatz 2 durch Versicherung geschützt hat oder hätte schützen können oder soweit ein besonderer Versicherungsschutz vereinbart ist.
(4) Eine Einschränkung oder Erweiterung der Haftung kann in begründeten Sonderfällen vereinbart werden.

§ 16 Zahlung

1. (1) Abschlagszahlungen sind auf Antrag in Höhe des Wertes der jeweils nachgewiesenen vertragsgemäßen Leistungen einschließlich des ausgewiesenen, darauf entfallenden Umsatzsteuerbetrags in möglichst kurzen Zeitabständen zu gewähren. Die Leistungen sind durch eine prüfbare Aufstellung nachzuweisen, die eine rasche und sichere Beurteilung der Leistungen ermöglichen muss. Als Leistungen gelten hierbei auch die für die geforderte Leistung eigens angefertigten und bereitgestellten Bauteile sowie die auf der Baustelle angelieferten Stoffe und Bauteile, wenn dem Auftraggeber nach seiner Wahl das Eigentum an ihnen übertragen ist oder entsprechende Sicherheit gegeben wird.
(2) Gegenforderungen können einbehalten werden. Andere Einbehalte sind nur in den im Vertrag und in den gesetzlichen Bestimmungen vorgesehenen Fällen zulässig.
(3) Abschlagszahlungen sind binnen 18 Werktagen nach Zugang der Aufstellung zu leisten.

---

5. (1) Der Auftragnehmer ist verpflichtet, alle während der Verjährungsfrist hervortretenden Mängel, die auf vertragswidrige Leistung zurückzuführen sind, auf seine Kosten zu beseitigen, wenn es der Auftraggeber vor Ablauf der Frist schriftlich verlangt. Der Anspruch auf Beseitigung der gerügten Mängel verjährt **in 2 Jahren**, gerechnet vom Zugang des schriftlichen Verlangens an, jedoch nicht vor **Ablauf** der **Regelfristen nach Nummer 4 oder der an ihrer Stelle vereinbarten Frist**. Nach Abnahme der Mängelbeseitigungsleistung **beginnt** für diese Leistung **eine Verjährungsfrist von 2 Jahren neu, die jedoch nicht vor Ablauf der Regelfristen nach Nummer 4 oder der an ihrer Stelle vereinbarten Frist endet**.
(2) Kommt der Auftragnehmer der Aufforderung zur Mängelbeseitigung in einer vom Auftraggeber gesetzten angemessenen Frist nicht nach, so kann der Auftraggeber die Mängel auf Kosten des Auftragnehmers beseitigen lassen.

6. Ist die Beseitigung des Mangels **für den Auftraggeber unzumutbar oder ist** sie unmöglich oder würde sie einen unverhältnismäßig hohen Aufwand erfordern und wird sie deshalb vom Auftragnehmer verweigert, so kann der Auftraggeber **durch Erklärung gegenüber dem Auftragnehmer die Vergütung mindern (§ 638 BGB)**.

7. **(1) Der Auftragnehmer haftet bei schuldhaft verursachten Mängeln für Schäden aus der Verletzung des Lebens, des Körpers oder der Gesundheit.
(2) Bei vorsätzlich oder grob fahrlässig verursachten Mängeln haftet er für alle Schäden.
(3) Im übrigen ist dem Auftraggeber der Schaden an der baulichen Anlage zu ersetzen, zu deren Herstellung, Instandhaltung oder Änderung die Leistung dient, wenn ein wesentlicher Mangel vorliegt, der die Gebrauchsfähigkeit erheblich beeinträchtigt und auf ein Verschulden des Auftragnehmers zurückzuführen ist.** Einen darüber hinausgehenden Schaden hat der Auftragnehmer nur dann zu ersetzen,
a) wenn der Mangel auf einem Verstoß gegen die anerkannten Regeln der Technik beruht,
b) wenn der Mangel in dem Fehlen einer vertraglich **vereinbarten Beschaffenheit** besteht oder
c) soweit der Auftragnehmer den Schaden durch Versicherung seiner gesetzlichen Haftpflicht gedeckt hat oder **durch eine solche** zu tarifmäßigen, nicht auf außergewöhnliche Verhältnisse abgestellten Prämien und Prämienzuschlägen bei einem im Inland zum Geschäftsbetrieb zugelassenen Versicherer hätte decken können.
(4) Abweichend von Nummer 4 gelten die gesetzlichen Verjährungsfristen, soweit sich der Auftragnehmer nach Absatz 3 durch Versicherung geschützt hat oder hätte schützen können oder soweit ein besonderer Versicherungsschutz vereinbart ist.
(5) Eine Einschränkung oder Erweiterung der Haftung kann in begründeten Sonderfällen vereinbart werden.

§ 16 Zahlung

1. (1) Abschlagszahlungen sind auf Antrag in Höhe des Wertes der jeweils nachgewiesenen vertragsgemäßen Leistungen einschließlich des ausgewiesenen, darauf entfallenden Umsatzsteuerbetrags in möglichst kurzen Zeitabständen zu gewähren. Die Leistungen sind durch eine prüfbare Aufstellung nachzuweisen, die eine rasche und sichere Beurteilung der Leistungen ermöglichen muss. Als Leistungen gelten hierbei auch die für die geforderte Leistung eigens angefertigten und bereitgestellten Bauteile sowie die auf der Baustelle angelieferten Stoffe und Bauteile, wenn dem Auftraggeber nach seiner Wahl das Eigentum an ihnen übertragen ist oder entsprechende Sicherheit gegeben wird.
(2) Gegenforderungen können einbehalten werden. Andere Einbehalte sind nur in den im Vertrag und in den gesetzlichen Bestimmungen vorgesehenen Fällen zulässig.
(3) **Ansprüche auf** Abschlagszahlungen **werden** binnen 18 Werktagen nach Zugang der Aufstellung **fällig**.

Bisherige Rechtslage	Neue Rechtslage
(4) Die Abschlagszahlungen sind ohne Einfluss auf die Haftung und Gewährleistung des Auftragnehmers; sie gelten nicht als Abnahme von Teilen der Leistung. 2. (1) Vorauszahlungen können auch nach Vertragsabschluss vereinbart werden; hierfür ist auf Verlangen des Auftraggebers ausreichende Sicherheit zu leisten. Diese Vorauszahlungen sind, sofern nichts anderes vereinbart wird, mit 1 v. H. über dem Zinssatz der Spitzenrefinanzierungsfazilität der Europäischen Zentralbank zu verzinsen. (2) Vorauszahlungen sind auf die nächstfälligen Zahlungen anzurechnen, soweit damit Leistungen abgegolten sind, für welche die Vorauszahlungen gewährt worden sind. 3. (1) Die Schlusszahlung ist alsbald nach Prüfung und Feststellung der vom Auftragnehmer vorgelegten Schlussrechnung zu leisten, spätestens innerhalb von 2 Monaten nach Zugang. Die Prüfung der Schlussrechnung ist nach Möglichkeit zu beschleunigen. Verzögert sie sich, so ist das unbestrittene Guthaben als Abschlagszahlung sofort zu zahlen. (2) Die vorbehaltlose Annahme der Schlusszahlung schließt Nachforderungen aus, wenn der Auftragnehmer über die Schlusszahlung schriftlich unterrichtet und auf die Ausschlusswirkung hingewiesen wurde. (3) Einer Schlusszahlung steht es gleich, wenn der Auftraggeber unter Hinweis auf geleistete Zahlungen weitere Zahlungen endgültig und schriftlich ablehnt. (4) Auch früher gestellte, aber unerledigte Forderungen werden ausgeschlossen, wenn sie nicht nochmals vorbehalten werden. (5) Ein Vorbehalt ist innerhalb von 24 Werktagen nach Zugang der Mitteilung nach den Absätzen 2 und 3 über die Schlusszahlung zu erklären. Er wird hinfällig, wenn nicht innerhalb von weiteren 24 Werktagen eine prüfbare Rechnung über die vorbehaltenen Forderungen eingereicht oder, wenn das nicht möglich ist, der Vorbehalt eingehend begründet wird. (6) Die Ausschlussfristen gelten nicht für ein Verlangen nach Richtigstellung der Schlussrechnung und -zahlung wegen Aufmaß-, Rechen- und Übertragungsfehlern. 4. In sich abgeschlossene Teile der Leistung können nach Teilabnahme ohne Rücksicht auf die Vollendung der übrigen Leistungen endgültig festgestellt und bezahlt werden. 5. (1) Alle Zahlungen sind aufs äußerste zu beschleunigen. (2) Nicht vereinbarte Skontoabzüge sind unzulässig. (3) Zahlt der Auftraggeber bei Fälligkeit nicht, so kann ihm der Auftragnehmer eine angemessene Nachfrist setzen. Zahlt er auch innerhalb der Nachfrist nicht, so hat der Auftragnehmer vom Ende der Nachfrist an Anspruch auf Zinsen in Höhe von 1 v. H. über dem Zinssatz der Spitzenrefinanzierungsfazilität der Europäischen Zentralbank, wenn er nicht einen höheren Verzugsschaden nachweist. Außerdem darf er die Arbeiten bis zur Zahlung einstellen. 6. Der Auftraggeber ist berechtigt, zur Erfüllung seiner Verpflichtungen aus den Nummern 1 bis 5 Zahlungen an Gläubiger des Auftragnehmers zu leisten, soweit sie an der Ausführung der vertraglichen Leistung des Auftragnehmers aufgrund eines mit diesem abgeschlossenen Dienst- oder Werkvertrags beteiligt sind und der Auftragnehmer in Zahlungsverzug gekommen ist. Der Auftragnehmer ist verpflichtet, sich auf Verlangen des Auftraggebers innerhalb einer von diesem gesetzten Frist darüber zu erklären, ob und inwieweit er die Forderungen seiner Gläubiger anerkennt; wird diese Erklärung nicht rechtzeitig abgegeben, so gelten die Forderungen als anerkannt und der Zahlungsverzug als bestätigt.	(4) Die Abschlagszahlungen sind ohne Einfluss auf die **Haftung des Auftragnehmers**; sie gelten nicht als Abnahme von Teilen der Leistung. 2. (1) Vorauszahlungen können auch nach Vertragsabschluss vereinbart werden; hierfür ist auf Verlangen des Auftraggebers ausreichende Sicherheit zu leisten. Diese Vorauszahlungen sind, sofern nichts anderes vereinbart wird, mit **3 v. H. über dem Basiszinssatz des § 247 BGB** zu verzinsen. (2) Vorauszahlungen sind auf die nächstfälligen Zahlungen anzurechnen, soweit damit Leistungen abgegolten sind, für welche die Vorauszahlungen gewährt worden sind. 3. (1) **Der Anspruch auf** die Schlusszahlung **wird** alsbald nach Prüfung und Feststellung der vom Auftragnehmer vorgelegten Schlussrechnung **fällig**, spätestens innerhalb von 2 Monaten nach Zugang. Die Prüfung der Schlussrechnung ist nach Möglichkeit zu beschleunigen. Verzögert sie sich, so ist das unbestrittene Guthaben als Abschlagszahlung sofort zu zahlen. (2) Die vorbehaltlose Annahme der Schlusszahlung schließt Nachforderungen aus, wenn der Auftragnehmer über die Schlusszahlung schriftlich unterrichtet und auf die Ausschlusswirkung hingewiesen wurde. (3) Einer Schlusszahlung steht es gleich, wenn der Auftraggeber unter Hinweis auf geleistete Zahlungen weitere Zahlungen endgültig und schriftlich ablehnt. (4) Auch früher gestellte, aber unerledigte Forderungen werden ausgeschlossen, wenn sie nicht nochmals vorbehalten werden. (5) Ein Vorbehalt ist innerhalb von 24 Werktagen nach Zugang der Mitteilung nach den Absätzen 2 und 3 über die Schlusszahlung zu erklären. Er wird hinfällig, wenn nicht innerhalb von weiteren 24 Werktagen eine prüfbare Rechnung über die vorbehaltenen Forderungen eingereicht oder, wenn das nicht möglich ist, der Vorbehalt eingehend begründet wird. (6) Die Ausschlussfristen gelten nicht für ein Verlangen nach Richtigstellung der Schlussrechnung und -zahlung wegen Aufmaß-, Rechen- und Übertragungsfehlern. 4. In sich abgeschlossene Teile der Leistung können nach Teilabnahme ohne Rücksicht auf die Vollendung der übrigen Leistungen endgültig festgestellt und bezahlt werden. 5. (1) Alle Zahlungen sind aufs äußerste zu beschleunigen. (2) Nicht vereinbarte Skontoabzüge sind unzulässig. (3) Zahlt der Auftraggeber bei Fälligkeit nicht, so kann ihm der Auftragnehmer eine angemessene Nachfrist setzen. Zahlt er auch innerhalb der Nachfrist nicht, so hat der Auftragnehmer vom Ende der Nachfrist an Anspruch auf Zinsen in Höhe **der in § 288 BGB angegebenen Zinssätze**, wenn er nicht einen höheren Verzugsschaden nachweist. **(4) Zahlt der Auftraggeber das fällige unbestrittene Guthaben nicht innerhalb von 2 Monaten nach Zugang der Schlussrechnung, so hat der Auftragnehmer für dieses Guthaben abweichend von Abs. 3 (ohne Nachfristsetzung) ab diesem Zeitpunkt Anspruch auf Zinsen in Höhe der in § 288 BGB angegebenen Zinssätze, wenn er nicht einen höheren Verzugsschaden nachweist.** **(5) Der Auftragnehmer darf in den Fällen der Absätze 3 und 4 die Arbeiten bis zur Zahlung einstellen, sofern eine dem Auftraggeber zuvor gesetzte angemessene Nachfrist erfolglos verstrichen ist.** 6. Der Auftraggeber ist berechtigt, zur Erfüllung seiner Verpflichtungen aus den Nummern 1 bis 5 Zahlungen an Gläubiger des Auftragnehmers zu leisten, soweit sie an der Ausführung der vertraglichen Leistung des Auftragnehmers auf Grund eines mit diesem abgeschlossenen Dienst- oder Werkvertrags beteiligt sind, **wegen Zahlungsverzugs des Auftragnehmers die Fortsetzung ihrer Leistung zu Recht verweigern und die Direktzahlung die Fortsetzung der Leistung sicherstellen soll.** Der Auftragnehmer ist verpflichtet, sich auf Verlangen des Auftraggebers innerhalb einer von diesem gesetzten Frist darüber zu erklären, ob und inwieweit er die Forderungen seiner Gläubiger anerkennt; wird diese Erklärung nicht rechtzeitig abgegeben, so gelten **die Voraussetzungen für die Direktzahlung als anerkannt.**

Bisherige Rechtslage	**Neue Rechtslage**

§ 17 Sicherheitsleistung

1. (1) Wenn Sicherheitsleistung vereinbart ist, gelten die §§ 232 bis 240 BGB, soweit sich aus den nachstehenden Bestimmungen nichts anderes ergibt.
(2) Die Sicherheit dient dazu, die vertragsgemäße Ausführung der Leistung und die Gewährleistung sicherzustellen.
2. Wenn im Vertrag nichts anderes vereinbart ist, kann Sicherheit durch Einbehalt oder Hinterlegung von Geld oder durch Bürgschaft eines Kreditinstituts oder Kreditversicherers geleistet werden, sofern das Kreditinstitut oder der Kreditversicherer
   – in der Europäischen Gemeinschaft oder
   – in einem Staat der Vertragsparteien des Abkommens über den Europäischen Wirtschaftsraum oder
   – in einem Staat der Vertragsparteien des WTO-Übereinkommens über das öffentliche Beschaffungswesen
   zugelassen ist.
3. Der Auftragnehmer hat die Wahl unter den verschiedenen Arten der Sicherheit; er kann eine Sicherheit durch eine andere ersetzen.
4. Bei Sicherheitsleistung durch Bürgschaft ist Voraussetzung, dass der Auftraggeber den Bürgen als tauglich anerkannt hat. Die Bürgschaftserklärung ist schriftlich unter Verzicht auf die Einrede der Vorausklage abzugeben (§ 771 BGB); sie darf nicht auf bestimmte Zeit begrenzt und muss nach Vorschrift des Auftraggebers ausgestellt sein.
5. Wird Sicherheit durch Hinterlegung von Geld geleistet, so hat der Auftragnehmer den Betrag bei einem zu vereinbarenden Geldinstitut auf ein Sperrkonto einzuzahlen, über das beide Parteien nur gemeinsam verfügen können. Etwaige Zinsen stehen dem Auftragnehmer zu.
6. (1) Soll der Auftraggeber vereinbarungsgemäß die Sicherheit in Teilbeträgen von seinen Zahlungen einbehalten, so darf er jeweils die Zahlung um höchstens 10 v. H. kürzen, bis die vereinbarte Sicherheitssumme erreicht ist. Den jeweils einbehaltenen Betrag hat er dem Auftragnehmer mitzuteilen und binnen 18 Werktagen nach dieser Mitteilung auf ein Sperrkonto bei dem vereinbarten Geldinstitut einzuzahlen. Gleichzeitig muss er veranlassen, dass dieses Geldinstitut den Auftragnehmer von der Einzahlung des Sicherheitsbetrags benachrichtigt. Nummer 5 gilt entsprechend.
(2) Bei kleineren oder kurzfristigen Aufträgen ist es zulässig, dass der Auftraggeber den einbehaltenen Sicherheitsbetrag erst bei der Schlusszahlung auf ein Sperrkonto einzahlt.
(3) Zahlt der Auftraggeber den einbehaltenen Betrag nicht rechtzeitig ein, so kann ihm der Auftragnehmer hierfür eine angemessene Nachfrist setzen. Lässt der Auftraggeber auch diese verstreichen, so kann der Auftragnehmer die sofortige Auszahlung des einbehaltenen Betrags verlangen und braucht dann keine Sicherheit mehr zu leisten.
(4) Öffentliche Auftraggeber sind berechtigt, den als Sicherheit einbehaltenen Betrag auf eigenes Verwahrgeldkonto zu nehmen; der Betrag wird nicht verzinst.
7. Der Auftragnehmer hat die Sicherheit binnen 18 Werktagen nach Vertragsabschluss zu leisten, wenn nichts anderes vereinbart ist. Soweit er diese Verpflichtung nicht erfüllt hat, ist der Auftraggeber berechtigt, vom Guthaben des Auftragnehmers einen Betrag in Höhe der vereinbarten Sicherheit einzubehalten. Im Übrigen gelten die Nummern 5 und 6 außer Abs. 1 Satz 1 entsprechend.
8. Der Auftraggeber hat eine nicht verwertete Sicherheit zum vereinbarten Zeitpunkt, spätestens nach Ablauf der Verjährungsfrist für die Gewährleistung, zurückzugeben. Soweit jedoch zu dieser Zeit seine Ansprüche noch nicht erfüllt sind, darf er einen entsprechenden Teil der Sicherheit zurückhalten.

§ 17 Sicherheitsleistung

1. (1) Wenn Sicherheitsleistung vereinbart ist, gelten die §§ 232 bis 240 BGB, soweit sich aus den nachstehenden Bestimmungen nichts anderes ergibt.
(2) Die Sicherheit dient dazu, die vertragsgemäße Ausführung der Leistung und die **Mängelansprüche** sicherzustellen.
2. Wenn im Vertrag nichts anderes vereinbart ist, kann Sicherheit durch Einbehalt oder Hinterlegung von Geld oder durch Bürgschaft eines Kreditinstituts oder Kreditversicherers geleistet werden, sofern das Kreditinstitut oder der Kreditversicherer
   – in der Europäischen Gemeinschaft oder
   – in einem Staat der Vertragsparteien des Abkommens über den Europäischen Wirtschaftsraum oder
   – in einem Staat der Vertragsparteien des WTO-Übereinkommens über das öffentliche Beschaffungswesen
   zugelassen ist.
3. Der Auftragnehmer hat die Wahl unter den verschiedenen Arten der Sicherheit; er kann eine Sicherheit durch eine andere ersetzen.
4. Bei Sicherheitsleistung durch Bürgschaft ist Voraussetzung, dass der Auftraggeber den Bürgen als tauglich anerkannt hat. Die Bürgschaftserklärung ist schriftlich unter Verzicht auf die Einrede der Vorausklage abzugeben (§ 771 BGB); sie darf nicht auf bestimmte Zeit begrenzt und muss nach Vorschrift des Auftraggebers ausgestellt sein. **Der Auftraggeber kann als Sicherheit keine Bürgschaft fordern, die den Bürgen zur Zahlung auf erstes Anfordern verpflichtet.**
5. Wird Sicherheit durch Hinterlegung von Geld geleistet, so hat der Auftragnehmer den Betrag bei einem zu vereinbarenden Geldinstitut auf ein Sperrkonto einzuzahlen, über das beide Parteien nur gemeinsam verfügen können. Etwaige Zinsen stehen dem Auftragnehmer zu.
6. (1) Soll der Auftraggeber vereinbarungsgemäß die Sicherheit in Teilbeträgen von seinen Zahlungen einbehalten, so darf er jeweils die Zahlung um höchstens 10 v.H. kürzen, bis die vereinbarte Sicherheitssumme erreicht ist. Den jeweils einbehaltenen Betrag hat er dem Auftragnehmer mitzuteilen und binnen 18 Werktagen nach dieser Mitteilung auf ein Sperrkonto bei dem vereinbarten Geldinstitut einzuzahlen. Gleichzeitig muss er veranlassen, dass dieses Geldinstitut den Auftragnehmer von der Einzahlung des Sicherheitsbetrags benachrichtigt. Nummer 5 gilt entsprechend.
(2) Bei kleineren oder kurzfristigen Aufträgen ist es zulässig, dass der Auftraggeber den einbehaltenen Sicherheitsbetrag erst bei der Schlusszahlung auf ein Sperrkonto einzahlt.
(3) Zahlt der Auftraggeber den einbehaltenen Betrag nicht rechtzeitig ein, so kann ihm der Auftragnehmer hierfür eine angemessene Nachfrist setzen. Lässt der Auftraggeber auch diese verstreichen, so kann der Auftragnehmer die sofortige Auszahlung des einbehaltenen Betrags verlangen und braucht dann keine Sicherheit mehr zu leisten.
(4) Öffentliche Auftraggeber sind berechtigt, den als Sicherheit einbehaltenen Betrag auf eigenes Verwahrgeldkonto zu nehmen; der Betrag wird nicht verzinst.
7. Der Auftragnehmer hat die Sicherheit binnen 18 Werktagen nach Vertragsabschluss zu leisten, wenn nichts anderes vereinbart ist. Soweit er diese Verpflichtung nicht erfüllt hat, ist der Auftraggeber berechtigt, vom Guthaben des Auftragnehmers einen Betrag in Höhe der vereinbarten Sicherheit einzubehalten. Im Übrigen gelten die Nummern 5 und 6 außer Abs. 1 Satz 1 entsprechend.
8. (1) Der Auftraggeber hat eine nicht verwertete Sicherheit **für die Vertragserfüllung** zum vereinbarten Zeitpunkt, spätestens **nach Abnahme und Stellung der Sicherheit für Mängelansprüche**, zurückzugeben, es sei denn, dass Ansprüche des Auftraggebers, die nicht von der gestellten Sicherheit für Mängelansprüche umfasst sind, noch nicht erfüllt sind. Dann darf er für diese Vertragserfüllungsansprüche einen entsprechenden Teil der Sicherheit zurückhalten.
(2) Der Auftraggeber hat eine nicht verwertete Sicherheit für Mängelansprüche nach Ablauf von 2 Jahren zurückzugeben, sofern kein anderer Rückgabezeitpunkt vereinbart worden ist. Soweit jedoch zu diesem Zeitpunkt seine geltend gemachten Ansprüche noch nicht erfüllt sind, darf er einen entsprechenden Teil der Sicherheit zurückhalten.

Bisherige Rechtslage	Neue Rechtslage
§ 18 Streitigkeiten	**§ 18 Streitigkeiten**
1. Liegen die Voraussetzungen für eine Gerichtsstandvereinbarung nach § 38 Zivilprozessordnung vor, richtet sich der Gerichtsstand für Streitigkeiten aus dem Vertrag nach dem Sitz der für die Prozessvertretung des Auftraggebers zuständigen Stelle, wenn nichts anderes vereinbart ist. Sie ist dem Auftragnehmer auf Verlangen mitzuteilen.	1. Liegen die Voraussetzungen für eine Gerichtsstandvereinbarung nach § 38 Zivilprozessordnung vor, richtet sich der Gerichtsstand für Streitigkeiten aus dem Vertrag nach dem Sitz der für die Prozessvertretung des Auftraggebers zuständigen Stelle, wenn nichts anderes vereinbart ist. Sie ist dem Auftragnehmer auf Verlangen mitzuteilen.
2. Entstehen bei Verträgen mit Behörden Meinungsverschiedenheiten, so soll der Auftragnehmer zunächst die der auftraggebenden Stelle unmittelbar vorgesetzte Stelle anrufen. Diese soll dem Auftragnehmer Gelegenheit zur mündlichen Aussprache geben und ihn möglichst innerhalb von 2 Monaten nach der Anrufung schriftlich bescheiden und dabei auf die Rechtsfolgen des Satzes 3 hinweisen. Die Entscheidung gilt als anerkannt, wenn der Auftragnehmer nicht innerhalb von 2 Monaten nach Eingang des Bescheides schriftlich Einspruch beim Auftraggeber erhebt und dieser ihn auf die Ausschlussfrist hingewiesen hat.	2. **(1)** Entstehen bei Verträgen mit Behörden Meinungsverschiedenheiten, so soll der Auftragnehmer zunächst die der auftraggebenden Stelle unmittelbar vorgesetzte Stelle anrufen. Diese soll dem Auftragnehmer Gelegenheit zur mündlichen Aussprache geben und ihn möglichst innerhalb von 2 Monaten nach der Anrufung schriftlich bescheiden und dabei auf die Rechtsfolgen des Satzes 3 hinweisen. Die Entscheidung gilt als anerkannt, wenn der Auftragnehmer nicht innerhalb von **3** Monaten nach Eingang des Bescheides schriftlich Einspruch beim Auftraggeber erhebt und dieser ihn auf die Ausschlussfrist hingewiesen hat. **(2) Mit dem Eingang des schriftlichen Antrages auf Durchführung eines Verfahrens nach Nr. 2 Abs. 1 wird die Verjährung des in diesem Antrag geltend gemachten Anspruchs gehemmt. Wollen Auftraggeber oder Auftragnehmer das Verfahren nicht weiter betreiben, teilen sie dies dem jeweils anderen Teil schriftlich mit. Die Hemmung endet 3 Monate nach Zugang des schriftlichen Bescheides oder der Mitteilung nach Satz 2.**
3. Bei Meinungsverschiedenheiten über die Eigenschaft von Stoffen und Bauteilen, für die allgemeingültige Prüfungsverfahren bestehen, und über die Zulässigkeit oder Zuverlässigkeit der bei der Prüfung verwendeten Maschinen oder angewendeten Prüfungsverfahren kann jede Vertragspartei nach vorheriger Benachrichtigung der anderen Vertragspartei die materialtechnische Untersuchung durch eine staatliche oder staatlich anerkannte Materialprüfungsstelle vornehmen lassen; deren Feststellungen sind verbindlich. Die Kosten trägt der unterliegende Teil.	3. Bei Meinungsverschiedenheiten über die Eigenschaft von Stoffen und Bauteilen, für die allgemeingültige Prüfungsverfahren bestehen, und über die Zulässigkeit oder Zuverlässigkeit der bei der Prüfung verwendeten Maschinen oder angewendeten Prüfungsverfahren kann jede Vertragspartei nach vorheriger Benachrichtigung der anderen Vertragspartei die materialtechnische Untersuchung durch eine staatliche oder staatlich anerkannte Materialprüfungsstelle vornehmen lassen; deren Feststellungen sind verbindlich. Die Kosten trägt der unterliegende Teil.
4. Streitfälle berechtigen den Auftragnehmer nicht, die Arbeiten einzustellen.	4. Streitfälle berechtigen den Auftragnehmer nicht, die Arbeiten einzustellen.

2 Bürgerliches Gesetzbuch – Auszug –

vom 18. August 1896 (RGBl. S. 195), zuletzt geändert durch Drittes Gesetz zur Änderung der Gewerbeordnung und sonstiger gewerberechtlicher Vorschriften vom 24. August 2002 (BGBl. I S. 3412)

Titel 9 Werkvertrag und ähnliche Verträge

Untertitel 1 Werkvertrag

§ 631 Vertragstypische Pflichten beim Werkvertrag

(1) Durch den Werkvertrag wird der Unternehmer zur Herstellung des versprochenen Werkes, der Besteller zur Entrichtung der vereinbarten Vergütung verpflichtet.
(2) Gegenstand des Werkvertrags kann sowohl die Herstellung oder Veränderung einer Sache als auch ein anderer durch Arbeit oder Dienstleistung herbeizuführender Erfolg sein.

§ 632 Vergütung

(1) Eine Vergütung gilt als stillschweigend vereinbart, wenn die Herstellung des Werkes den Umständen nach nur gegen eine Vergütung zu erwarten ist.
(2) Ist die Höhe der Vergütung nicht bestimmt, so ist bei dem Bestehen einer Taxe die taxmäßige Vergütung, in Ermangelung einer Taxe die übliche Vergütung als vereinbart anzusehen.
(3) Ein Kostenanschlag ist im Zweifel nicht zu vergüten.

§ 632a Abschlagszahlungen

Der Unternehmer kann von dem Besteller für in sich abgeschlossene Teile des Werkes Abschlagszahlungen für die erbrachten vertragsmäßigen Leistungen verlangen. Dies gilt auch für erforderliche Stoffe oder Bauteile, die eigens angefertigt oder angeliefert sind. Der Anspruch besteht nur, wenn dem Besteller Eigentum an den Teilen des Werkes, an den Stoffen oder Bauteilen übertragen oder Sicherheit hierfür geleistet wird.

§ 633 Sach- und Rechtsmangel

(1) Der Unternehmer hat dem Besteller das Werk frei von Sach- und Rechtsmängeln zu verschaffen.
(2) Das Werk ist frei von Sachmängeln, wenn es die vereinbarte Beschaffenheit hat. Soweit die Beschaffenheit nicht vereinbart ist, ist das Werk frei von Sachmängeln,
1. wenn es sich für die nach dem Vertrag vorausgesetzte, sonst
2. für die gewöhnliche Verwendung eignet und eine Beschaffenheit aufweist, die bei Werken der gleichen Art üblich ist und die der Besteller nach der Art des Werks erwarten kann.

Einem Sachmangel steht es gleich, wenn der Unternehmer ein anderes als das bestellte Werk oder das Werk in zu geringer Menge herstellt.

(3) Das Werk ist frei von Rechtsmängeln, wenn Dritte in Bezug auf das Werk keine oder nur die im Vertrag übernommenen Rechte gegen den Besteller geltend machen können.

§ 634 Rechte des Bestellers bei Mängeln

Ist das Werk mangelhaft, kann der Besteller, wenn die Voraussetzungen der folgenden Vorschriften vorliegen und soweit nicht ein anderes bestimmt ist,
1. nach § 635 Nacherfüllung verlangen,
2. nach § 637 den Mangel selbst beseitigen und Ersatz der erforderlichen Aufwendungen verlangen,
3. nach den §§ 636, 323 und 326 Abs. 5 von dem Vertrag zurücktreten oder nach § 638 die Vergütung mindern und
4. nach den §§ 636, 280, 281, 283 und 311a Schadensersatz oder nach § 284 Ersatz vergeblicher Aufwendungen verlangen.

§ 634a Verjährung der Mängelansprüche

(1) Die in § 634 Nr. 1, 2 und 4 bezeichneten Ansprüche verjähren
1. vorbehaltlich der Nummer 2 in zwei Jahren bei einem Werk, dessen Erfolg in der Herstellung, Wartung oder Veränderung einer Sache oder in der Erbringung von Planungs- oder Überwachungsleistungen hierfür besteht,
2. in fünf Jahren bei einem Bauwerk und einem Werk, dessen Erfolg in der Erbringung von Planungs- oder Überwachungsleistungen hierfür besteht, und
3. im Übrigen in der regelmäßigen Verjährungsfrist.

(2) Die Verjährung beginnt in den Fällen des Absatzes 1 Nr. 1 und 2 mit der Abnahme.
(3) Abweichend von Absatz 1 Nr. 1 und 2 und Absatz 2 verjähren die Ansprüche in der regelmäßigen Verjährungsfrist, wenn der Unternehmer den Mangel arglistig verschwiegen hat. Im Fall des Absatzes 1 Nr. 2 tritt die Verjährung jedoch nicht vor Ablauf der dort bestimmten Frist ein.
(4) Für das in § 634 bezeichnete Rücktrittsrecht gilt § 218. Der Besteller kann trotz einer Unwirksamkeit des Rücktritts nach § 218 Abs. 1 die Zahlung der Vergütung insoweit verweigern, als er auf Grund des Rücktritts dazu berechtigt sein würde. Macht er von diesem Recht Gebrauch, kann der Unternehmer vom Vertrag zurücktreten.
(5) Auf das in § 634 bezeichnete Minderungsrecht finden § 218 und Absatz 4 Satz 2 entsprechende Anwendung.

§ 635 Nacherfüllung

(1) Verlangt der Besteller Nacherfüllung, so kann der Unternehmer nach seiner Wahl den Mangel beseitigen oder ein neues Werk herstellen.
(2) Der Unternehmer hat die zum Zweck der Nacherfüllung erforderlichen Aufwendungen, insbesondere Transport-, Wege-, Arbeits- und Materialkosten zu tragen.
(3) Der Unternehmer kann die Nacherfüllung unbeschadet des § 275 Abs. 2 und 3 verweigern, wenn sie nur mit unverhältnismäßigen Kosten möglich ist.
(4) Stellt der Unternehmer ein neues Werk her, so kann er vom Besteller Rückgewähr des mangelhaften Werks nach Maßgabe der §§ 346 bis 348 verlangen.

§ 636 Besondere Bestimmungen für Rücktritt und Schadensersatz

Außer in den Fällen der §§ 281 Abs. 2 und 323 Abs. 2 bedarf es der Fristsetzung auch dann nicht, wenn der Unternehmer die Nacherfüllung gemäß § 635 Abs. 3 verweigert oder wenn die Nacherfüllung fehlgeschlagen oder dem Besteller unzumutbar ist.

§ 637 Selbstvornahme

(1) Der Besteller kann wegen eines Mangels des Werks nach erfolglosem Ablauf einer von ihm zur Nacherfüllung bestimmten angemessenen Frist den Mangel selbst beseitigen und Ersatz der erforderlichen Aufwendungen verlangen, wenn nicht der Unternehmer die Nacherfüllung zu Recht verweigert.
(2) § 323 Abs. 2 findet entsprechende Anwendung. Der Bestimmung einer Frist bedarf es auch dann nicht, wenn die Nacherfüllung fehlgeschlagen oder dem Besteller unzumutbar ist.
(3) Der Besteller kann von dem Unternehmer für die zur Beseitigung des Mangels erforderlichen Aufwendungen Vorschuss verlangen.

§ 638 Minderung

(1) Statt zurückzutreten, kann der Besteller die Vergütung durch Erklärung gegenüber dem Unternehmer mindern. Der Ausschlussgrund des § 323 Abs. 5 Satz 2 findet keine Anwendung.
(2) Sind auf der Seite des Bestellers oder auf der Seite des Unternehmers mehrere beteiligt, so kann die Minderung nur von allen oder gegen alle erklärt werden.
(3) Bei der Minderung ist die Vergütung in dem Verhältnis herabzusetzen, in welchem zur Zeit des Vertragsschlusses der Wert des Werks in mangelfreiem Zustand zu dem wirklichen Wert gestanden haben würde. Die Minderung ist, soweit erforderlich, durch Schätzung zu ermitteln.
(4) Hat der Besteller mehr als die geminderte Vergütung gezahlt, so ist der Mehrbetrag vom Unternehmer zu erstatten. § 346 Abs. 1 und § 347 Abs. 1 finden entsprechende Anwendung.

§ 639 Haftungsausschluss

Auf eine Vereinbarung, durch welche die Rechte des Bestellers wegen eines Mangels ausgeschlossen oder beschränkt werden, kann sich der Unternehmer nicht berufen, wenn er den Mangel arglistig verschwiegen oder eine Garantie für die Beschaffenheit des Werks übernommen hat.

§ 640 Abnahme

(1) Der Besteller ist verpflichtet, das vertragsmäßig hergestellte Werk abzunehmen, sofern nicht nach der Beschaffenheit des Werkes die Abnahme ausgeschlossen ist. Wegen unwesentlicher Mängel kann die Abnahme nicht verweigert werden. Der Abnahme steht es gleich, wenn der Besteller das Werk nicht innerhalb einer ihm vom Unternehmer bestimmten angemessenen Frist abnimmt, obwohl er dazu verpflichtet ist.
(2) Nimmt der Besteller ein mangelhaftes Werk gemäß Absatz 1 Satz 1 ab, obschon er den Mangel kennt, so stehen ihm die in § 634 Nr. 1 bis 3 bezeichneten Rechte nur zu, wenn er sich seine Rechte wegen des Mangels bei der Abnahme vorbehält.

§ 641 Fälligkeit der Vergütung

(1) Die Vergütung ist bei der Abnahme des Werkes zu entrichten. Ist das Werk in Teilen abzunehmen und die Vergütung für die einzelnen Teile bestimmt, so ist die Vergütung für jeden Teil bei dessen Abnahme zu entrichten.
(2) Die Vergütung des Unternehmers für ein Werk, dessen Herstellung der Besteller einem Dritten versprochen hat, wird spätestens fällig, wenn und soweit der Besteller von dem Dritten für das versprochene Werk wegen dessen Herstellung seine Vergütung oder Teile davon erhalten hat. Hat der Besteller dem Dritten wegen möglicher Mängel des Werkes Sicherheit geleistet, gilt dies nur, wenn der Unternehmer dem Besteller Sicherheit in entsprechender Höhe leistet.
(3) Kann der Besteller die Beseitigung eines Mangels verlangen, so kann er nach der Abnahme die Zahlung eines angemessenen Teils der Vergütung verweigern, mindestens in Höhe des Dreifachen der für die Beseitigung des Mangels erforderlichen Kosten.
(4) Eine in Geld festgesetzte Vergütung hat der Besteller von der Abnahme des Werkes an zu verzinsen, sofern nicht die Vergütung gestundet ist.

§ 641a Fertigstellungsbescheinigung

(1) Der Abnahme steht es gleich, wenn dem Unternehmer von einem Gutachter eine Bescheinigung darüber erteilt wird, dass
1. das versprochene Werk, im Falle des § 641 Abs. 1 Satz 2 auch ein Teil desselben, hergestellt ist und
2. das Werk frei von Mängeln ist, die der Besteller gegenüber dem Gutachter behauptet hat oder die für den Gutachter bei einer Besichtigung feststellbar sind,

(Fertigstellungsbescheinigung). Das gilt nicht, wenn das Verfahren nach den Absätzen 2 bis 4 nicht eingehalten worden ist oder wenn die Voraussetzungen des § 640 Abs. 1 Satz 1 und 2 nicht gegeben waren; im Streitfall hat dies der Besteller zu beweisen. § 640 Abs. 2 ist nicht anzuwenden. Es wird vermutet, dass ein Aufmaß oder eine Stundenlohnabrechnung, die der Unternehmer seiner Rechnung zugrunde legt, zutreffen, wenn der Gutachter dies in der Fertigstellungsbescheinigung bestätigt.
(2) Gutachter kann sein
1. ein Sachverständiger, auf den sich Unternehmer und Besteller verständigt haben, oder
2. ein auf Antrag des Unternehmers durch eine Industrie- und Handelskammer, eine Handwerkskammer, eine Architektenkammer oder eine Ingenieurkammer bestimmter öffentlich bestellter und vereidigter Sachverständiger.

Der Gutachter wird vom Unternehmer beauftragt. Er ist diesem und dem Besteller des zu begutachtenden Werkes gegenüber verpflichtet, die Bescheinigung unparteiisch und nach bestem Wissen und Gewissen zu erteilen.
(3) Der Gutachter muss mindestens einen Besichtigungstermin abhalten; eine Einladung hierzu unter Angabe des Anlasses muss dem Besteller mindestens zwei Wochen vorher zugehen. Ob das Werk frei von Mängeln ist, beurteilt der Gutachter nach einem schriftlichen Vertrag, den ihm der Unternehmer vorzulegen hat. Änderungen dieses Vertrags sind dabei nur zu berücksichtigen, wenn sie schriftlich vereinbart sind oder von den Vertragsteilen übereinstimmend gegenüber dem Gutachter vorgebracht werden. Wenn der Vertrag entsprechende Angaben nicht enthält, sind die allgemein aner-

BGB – Auszug –

kannten Regeln der Technik zugrunde zu legen. Vom Besteller geltend gemachte Mängel bleiben bei der Erteilung der Bescheinigung unberücksichtigt, wenn sie nach Abschluss der Besichtigung vorgebracht werden.

(4) Der Besteller ist verpflichtet, eine Untersuchung des Werkes oder von Teilen desselben durch den Gutachter zu gestatten. Verweigert er die Untersuchung, wird vermutet, dass das zu untersuchende Werk vertragsgemäß hergestellt worden ist; die Bescheinigung nach Absatz 1 ist zu erteilen.

(5) Dem Besteller ist vom Gutachter eine Abschrift der Bescheinigung zu erteilen. In Ansehung von Fristen, Zinsen und Gefahrübergang treten die Wirkungen der Bescheinigung erst mit ihrem Zugang beim Besteller ein.

§ 642 Mitwirkung des Bestellers

(1) Ist bei der Herstellung des Werkes eine Handlung des Bestellers erforderlich, so kann der Unternehmer, wenn der Besteller durch das Unterlassen der Handlung in Verzug der Annahme kommt, eine angemessene Entschädigung verlangen.

(2) Die Höhe der Entschädigung bestimmt sich einerseits nach der Dauer des Verzugs und der Höhe der vereinbarten Vergütung, andererseits nach demjenigen, was der Unternehmer infolge des Verzugs an Aufwendungen erspart oder durch anderweitige Verwendung seiner Arbeitskraft erwerben kann.

§ 643 Kündigung bei unterlassener Mitwirkung

Der Unternehmer ist im Falle des § 642 berechtigt, dem Besteller zur Nachholung der Handlung eine angemessene Frist mit der Erklärung zu bestimmen, dass er den Vertrag kündige, wenn die Handlung nicht bis zum Ablauf der Frist vorgenommen werde. Der Vertrag gilt als aufgehoben, wenn nicht die Nachholung bis zum Ablauf der Frist erfolgt.

§ 644 Gefahrtragung

(1) Der Unternehmer trägt die Gefahr bis zur Abnahme des Werkes. Kommt der Besteller in Verzug der Annahme, so geht die Gefahr auf ihn über. Für den zufälligen Untergang und eine zufällige Verschlechterung des von dem Besteller gelieferten Stoffes ist der Unternehmer nicht verantwortlich.

(2) Versendet der Unternehmer das Werk auf Verlangen des Bestellers nach einem anderen Ort als dem Erfüllungsort, so findet die für den Kauf geltende Vorschrift des § 447 entsprechende Anwendung.

§ 645 Verantwortlichkeit des Bestellers

(1) Ist das Werk vor der Abnahme infolge eines Mangels des von dem Besteller gelieferten Stoffes oder infolge einer von dem Besteller für die Ausführung erteilten Anweisung untergegangen, verschlechtert oder unausführbar geworden, ohne dass ein Umstand mitgewirkt hat, den der Unternehmer zu vertreten hat, so kann der Unternehmer einen der geleisteten Arbeit entsprechenden Teil der Vergütung und Ersatz der in der Vergütung nicht inbegriffenen Auslagen verlangen. Das Gleiche gilt, wenn der Vertrag in Gemäßheit des § 643 aufgehoben wird.

(2) Eine weitergehende Haftung des Bestellers wegen Verschuldens bleibt unberührt.

§ 646 Vollendung statt Abnahme

Ist nach der Beschaffenheit des Werkes die Abnahme ausgeschlossen, so tritt in den Fällen des § 634a Abs. 2 und der §§ 641, 644, 645 an die Stelle der Abnahme die Vollendung des Werkes.

§ 647 Unternehmerpfandrecht

Der Unternehmer hat für seine Forderungen aus dem Vertrag ein Pfandrecht an den von ihm hergestellten oder ausgebesserten beweglichen Sachen des Bestellers, wenn sie bei der Herstellung oder zum Zwecke der Ausbesserung in seinen Besitz gelangt sind.

§ 648 Sicherungshypothek des Bauunternehmers

(1) Der Unternehmer eines Bauwerks oder eines einzelnen Teiles eines Bauwerks kann für seine Forderungen aus dem Vertrag die Einräumung einer Sicherungshypothek an dem Baugrundstücke des Bestellers verlangen. Ist das Werk noch nicht vollendet, so kann er die Einräumung der Sicherungshypothek für einen der geleisteten Arbeit entsprechenden Teil der Vergütung und für die in der Vergütung nicht inbegriffenen Auslagen verlangen.

(2) Der Inhaber einer Schiffswerft kann für seine Forderungen aus dem Bau oder der Ausbesserung eines Schiffs die Einräumung einer Schiffshypothek an dem Schiffsbauwerk oder dem Schiff des Bestellers verlangen; Absatz 1 Satz 2 gilt sinngemäß. § 647 findet keine Anwendung.

§ 648a Bauhandwerkersicherung

(1) Der Unternehmer eines Bauwerks, einer Außenanlage oder eines Teils davon kann vom Besteller Sicherheit für die von ihm zu erbringenden Vorleistungen einschließlich dazugehöriger Nebenforderungen in der Weise verlangen, dass er dem Besteller zur Leistung der Sicherheit eine angemessene Frist mit der Erklärung bestimmt, dass er nach dem Ablauf der Frist seine Leistung verweigere. Sicherheit kann bis zur Höhe des voraussichtlichen Vergütungsanspruchs, wie er sich aus dem Vertrag oder einem nachträglichen Zusatzauftrag ergibt, sowie wegen Nebenforderungen verlangt werden; die Nebenforderungen sind mit 10 vom Hundert des zu sichernden Vergütungsanspruchs anzusetzen. Sie ist auch dann als ausreichend anzusehen, wenn sich der Sicherungsgeber das Recht vorbehält, sein Versprechen im Falle einer wesentlichen Verschlechterung der Vermögensverhältnisse des Bestellers mit Wirkung für Vergütungsansprüche aus Bauleistungen zu widerrufen, die der Unternehmer bei Zugang der Widerrufserklärung noch nicht erbracht hat.

(2) Die Sicherheit kann auch durch eine Garantie oder ein sonstiges Zahlungsversprechen eines im Geltungsbereich dieses Gesetzes zum Geschäftsbetrieb befugten Kreditinstituts oder Kreditversicherers geleistet werden. Das Kreditinstitut oder der Kreditversicherer darf Zahlungen an den Unternehmer nur leisten, soweit der Besteller den Vergütungsanspruch des Unternehmers anerkennt oder durch vorläufig vollstreckbares Urteil zur Zahlung der Vergütung verurteilt worden ist und die Voraussetzungen vorliegen, unter denen die Zwangsvollstreckung begonnen werden darf.

(3) Der Unternehmer hat dem Besteller die üblichen Kosten der Sicherheitsleistung bis zu einem Höchstsatz von 2 vom Hundert für das Jahr zu erstatten. Dies gilt nicht, soweit eine Sicherheit wegen Einwendungen des Bestellers gegen den Vergütungsanspruch des Unternehmers aufrechterhalten werden muss und die Einwendungen sich als unbegründet erweisen.

(4) Soweit der Unternehmer für seinen Vergütungsanspruch eine Sicherheit nach den Absätzen 1 oder 2 erlangt hat, ist der Anspruch auf Einräumung einer Sicherungshypothek nach § 648 Abs. 1 ausgeschlossen.

(5) Leistet der Besteller die Sicherheit nicht fristgemäß, so bestimmen sich die Rechte des Unternehmers nach den §§ 643 und 645 Abs. 1. Gilt der Vertrag danach als aufgehoben, kann der Unternehmer auch Ersatz des Schadens verlangen, den er dadurch erleidet, dass er auf die Gültigkeit des Vertrags vertraut hat. Dasselbe gilt, wenn der Besteller in zeitlichem Zusammenhang mit dem Sicherheitsverlangen gemäß Absatz 1 kündigt, es sei denn, die Kündigung ist nicht erfolgt, um der Stellung der Sicherheit zu entgehen. Es wird vermutet, dass der Schaden 5 Prozent der Vergütung beträgt.

(6) Die Vorschriften der Absätze 1 bis 5 finden keine Anwendung, wenn der Besteller
1. eine juristische Person des öffentlichen Rechts oder ein öffentlich-rechtliches Sondervermögen ist oder
2. eine natürliche Person ist und die Bauarbeiten zur Herstellung oder Instandsetzung eines Einfamilienhauses mit oder ohne Einliegerwohnung ausführen lässt; dies gilt nicht bei Betreuung des Bauvorhabens durch einen zur Verfügung über die Finanzierungsmittel des Bestellers ermächtigten Baubetreuer.

(7) Eine von den Vorschriften der Absätze 1 bis 5 abweichende Vereinbarung ist unwirksam.

§ 649 Kündigungsrecht des Bestellers

Der Besteller kann bis zur Vollendung des Werkes jederzeit den Vertrag kündigen. Kündigt der Besteller, so ist der Unternehmer berechtigt, die vereinbarte Vergütung zu verlangen; er muss sich jedoch dasjenige anrechnen lassen, was er infolge der Aufhebung des Vertrags an Aufwendungen erspart oder durch anderweitige Verwendung seiner Arbeitskraft erwirbt oder zu erwerben böswillig unterlässt.

§ 650 Kostenanschlag

(1) Ist dem Vertrag ein Kostenanschlag zugrunde gelegt worden, ohne dass der Unternehmer die Gewähr für die Richtigkeit des Anschlags übernommen hat, und ergibt sich, dass das Werk nicht ohne eine wesentliche Überschreitung des Anschlags ausführbar ist, so steht dem Unternehmer, wenn der Besteller den Vertrag aus diesem Grunde kündigt, nur der in § 645 Abs. 1 bestimmte Anspruch zu.

(2) Ist eine solche Überschreitung des Anschlags zu erwarten, so hat der Unternehmer dem Besteller unverzüglich Anzeige zu machen.

§ 651 Anwendung des Kaufrechts

Auf einen Vertrag, der die Lieferung herzustellender oder zu erzeugender beweglicher Sachen zum Gegenstand hat, finden die Vorschriften über den Kauf Anwendung. § 442 Abs. 1 Satz 1 findet bei diesen Verträgen auch Anwendung, wenn der Mangel auf den vom Besteller gelieferten Stoff zurückzuführen ist. Soweit es sich bei den herzustellenden oder zu erzeugenden beweglichen Sachen um nicht vertretbare Sachen handelt, sind auch die §§ 642, 643, 645, 649 und 650 mit der Maßgabe anzuwenden, dass an die Stelle der Abnahme der nach den §§ 446 und 447 maßgebliche Zeitpunkt tritt.

3 Verordnung über die Vergabe öffentlicher Aufträge (Vergabeverordnung – VgV)

vom 9. Januar 2001 (BGBl. I S. 110), zuletzt geändert durch Gesetz über Rahmenbedingungen für elektronische Signaturen und zur Änderung weiterer Vorschriften vom 16. Mai 2001 (BGBl. I S. 876)

Abschnitt 1
Vergabebestimmungen

§ 1 Zweck der Verordnung

Die Verordnung trifft nähere Bestimmungen über das bei der Vergabe öffentlicher Aufträge einzuhaltende Verfahren sowie über die Zuständigkeit und das Verfahren bei der Durchführung von Nachprüfungsverfahren für öffentliche Aufträge, deren geschätzte Auftragswerte die in § 2 geregelten Beträge ohne Umsatzsteuer erreichen oder übersteigen (Schwellenwerte).

§ 2 Schwellenwerte

Der Schwellenwert beträgt:
1. für Liefer- und Dienstleistungsaufträge im Bereich der Trinkwasser- oder Energieversorgung oder im Verkehrsbereich: 400 000 Euro,
2. für Liefer- und Dienstleistungsaufträge der obersten oder oberen Bundesbehörden sowie vergleichbarer Bundeseinrichtungen außer Forschungs- und Entwicklungs-Dienstleistungen und Dienstleistungen des Anhangs I B der Richtlinie 92/50/EWG des Rates über die Koordinierung der Verfahren zur Vergabe öffentlicher Dienstleistungsaufträge vom 18. Juni 1992 (ABl. EG Nr. L 209 S. 1), geändert durch die Richtlinie 97/52/EG vom 13. Oktober 1997 (ABl. EG Nr. L 328 S.1): 130 000 Euro; im Verteidigungsbereich gilt dies bei Lieferaufträgen nur für Waren, die im Anhang II der Richtlinie 93/36/EWG des Rates über die Koordinierung der Verfahren zur Vergabe öffentlicher Lieferaufträge vom 14. Juni 1993 (ABl. EG Nr. L

199 S. 1), geändert durch die Richtlinie 97/52/EG vom 13. Oktober 1997 (ABl. EG Nr. L 328 S. 1), aufgeführt sind,
3. für alle anderen Liefer- und Dienstleistungsaufträge: 200 000 Euro,
4. für Bauaufträge: 5 Millionen Euro,
5. für Auslobungsverfahren, die zu einem Dienstleistungsauftrag führen sollen, dessen Schwellenwert,
6. für die übrigen Auslobungsverfahren der Wert, der bei Dienstleistungsaufträgen gilt,
7. für Lose von Bauaufträgen nach Nummer 4: 1 Million Euro oder bei Losen unterhalb von 1 Million Euro deren addierter Wert ab 20 vom Hundert des Gesamtwertes aller Lose und
8. für Lose von Dienstleistungsaufträgen nach Nummer 2 oder 3: 80 000 Euro oder bei Losen unterhalb von 80 000 Euro deren addierter Wert ab 20 vom Hundert des Gesamtwertes aller Lose; dies gilt nicht im Sektorenbereich.

§ 3 Schätzung der Auftragswerte

(1) Bei der Schätzung des Auftragswertes ist von der geschätzten Gesamtvergütung für die vorgesehene Leistung auszugehen.

(2) Der Wert eines beabsichtigten Auftrages darf nicht in der Absicht geschätzt oder aufgeteilt werden, ihn der Anwendung dieser Bestimmungen zu entziehen.

(3) Bei zeitlich begrenzten Lieferaufträgen mit einer Laufzeit bis zu zwölf Monaten sowie bei Dienstleistungsaufträgen bis zu 48 Monaten Laufzeit, für die kein Gesamtpreis angegeben wird, ist bei der Schätzung des Auftragswertes der Gesamtwert für die Laufzeit des Vertrages zugrunde zu legen. Bei Lieferaufträgen mit einer Laufzeit von mehr als zwölf Monaten ist der Gesamtwert einschließlich des geschätzten Restwertes zugrunde zu legen. Bei unbefristeten Verträgen oder bei nicht absehbarer Vertragsdauer folgt der Vertragswert aus der monatlichen Zahlung multipliziert mit 48.

(4) Bei regelmäßigen Aufträgen oder Daueraufträgen über Lieferungen oder Dienstleistungen ist bei der Schätzung des Auftragswertes entweder der tatsächliche Gesamtauftragswert entsprechender Aufträge für ähnliche Arten von Lieferungen oder Dienstleistungen aus den vorangegangenen zwölf Monaten oder dem vorangegangenen Haushaltsjahr, unter Anpassung an voraussichtliche Änderungen bei Mengen oder Kosten während der auf die erste Lieferung oder Dienstleistung folgenden zwölf Monate oder der geschätzte Gesamtwert während der auf die erste Lieferung oder Dienstleistung folgenden zwölf Monate oder während der Laufzeit des Vertrages, soweit diese länger als zwölf Monate ist, zugrunde zu legen.

(5) Bestehen die zu vergebenden Aufträge aus mehreren Losen, für die jeweils ein gesonderter Auftrag vergeben wird, müssen bei der Schätzung alle Lose berücksichtigt werden. Bei Lieferaufträgen gilt dies nur für Lose über gleichartige Lieferungen.

(6) Sieht der beabsichtigte Auftrag über Lieferungen oder Dienstleistungen Optionsrechte vor, so ist der voraussichtliche Vertragswert aufgrund des größtmöglichen Auftragswertes unter Einbeziehung der Optionsrechte zu schätzen.

(7) Bei der Schätzung des Auftragswertes von Bauleistungen ist außer dem Auftragswert der Bauaufträge der geschätzte Wert der Lieferungen zu berücksichtigen, die für die Ausführung der Bauleistungen erforderlich sind und vom Auftraggeber zur Verfügung gestellt werden.

(8) Der Wert einer Rahmenvereinbarung wird auf der Grundlage des geschätzten Höchstwertes aller für diesen Zeitraum geplanten Aufträge berechnet. Eine Rahmenvereinbarung ist eine Vereinbarung mit einem oder mehreren Unternehmen, in der die Bedingungen für Einzelaufträge festgelegt werden, die im Laufe eines bestimmten Zeitraumes vergeben werden

sollen, insbesondere über den in Aussicht genommenen Preis und gegebenenfalls die in Aussicht genommenen Menge.

(9) Bei Auslobungsverfahren, die zu einem Dienstleistungsauftrag führen sollen, ist dessen Wert zu schätzen, bei allen übrigen Auslobungsverfahren die Summe der Preisgelder und Zahlungen an Teilnehmer.

(10) Maßgeblicher Zeitpunkt für die Schätzung des Auftragswertes ist der Tag der Absendung der Bekanntmachung der beabsichtigten Auftragsvergabe oder die sonstige Einleitung des Vergabeverfahrens.

§ 4 Vergabe von Liefer- und Dienstleistungsaufträgen

(1) Auftraggeber nach § 98 Nr. 1 bis 3 des Gesetzes gegen Wettbewerbsbeschränkungen (nachfolgend GWB) haben bei der Vergabe von Liefer- und Dienstleistungsaufträgen sowie bei der Durchführung von Auslobungsverfahren, die zu Dienstleistungen führen sollen, die Bestimmungen des 2. Abschnittes des Teiles A der Verdingungsordnung für Leistungen (VOL/A) in der Fassung der Bekanntmachung vom 17. August 2000 (BAnz. Nr. 200a vom 24. Oktober 2000) anzuwenden, wenn in den §§ 5 und 6 nichts anderes bestimmt ist. Satz 1 findet auf Aufträge im Sektorenbereich keine Anwendung.

(2) Für Auftraggeber nach § 98 Nr. 5 GWB gilt Absatz 1 hinsichtlich der Vergabe von Dienstleistungsaufträgen und für Auslobungsverfahren, die zu Dienstleistungen führen sollen.

Erste Verordnung zur Änderung der Vergabeverordnung

Auf Grund des § 97 Abs. 6 des Gesetzes gegen Wettbewerbsbeschränkungen in der Fassung der Bekanntmachung vom 26. August 1998 (BGBl. I S. 2546) verordnet die Bundesregierung:

Artikel 1

Dem § 4 der Vergabeverordnung in der Fassung der Bekanntmachung vom 9. Januar 2001 (BGBl. I S. 110), die durch Artikel 3 Abs. 1 des Gesetzes vom 16. Mai 2001 (BGBl. I S. 876) geändert worden ist, wird folgender Absatz 3 angefügt:

„(3) Bei Aufträgen, deren Gegenstand Personennahverkehrsleistungen der Kategorie Eisenbahnen sind, gilt Absatz 1 mit folgenden Maßgaben:
1. Bei Verträgen über einzelne Linien mit einer Laufzeit von bis zu drei Jahren ist einmalig auch eine freihändige Vergabe ohne sonstige Voraussetzungen zulässig.
2. Bei längerfristigen Verträgen ist eine freihändige Vergabe ohne sonstige Voraussetzungen im Rahmen des § 15 Abs. 2 des Allgemeinen Eisenbahngesetzes zulässig, wenn ein wesentlicher Teil der durch den Vertrag bestellten Leistungen während der Vertragslaufzeit ausläuft und anschließend im Wettbewerb vergeben wird. Die Laufzeit des Vertrages soll zwölf Jahre . nicht überschreiten. Der Umfang und die vorgesehenen Modalitäten des Auslaufens des Vertrages sind nach Abschluss des Vertrages in geeigneter Weise öffentlich bekannt zu machen."

Quelle: BR-Drs. 727/02, S. 1

---

§ 5 Vergabe freiberuflicher Dienstleistungen

Auftraggeber nach § 98 Nr. 1 bis 3 und 5 GWB haben bei der Vergabe von Dienstleistungen, die im Rahmen einer freiberuflichen Tätigkeit erbracht oder im Wettbewerb mit freiberuflichen Tätigen angeboten werden, sowie bei Auslobungsverfahren, die zu solchen Dienstleistungen führen sollen, die Verdingungsordnung für freiberufliche Leistungen (VOF) in der Fassung der Bekanntmachung vom 25. Juli 2000 (BAnz. Nr. 173a vom 13. September 2000) anzuwenden. Dies gilt nicht für Dienstleistungen, deren Gegenstand eine Aufgabe ist, deren Lösung vorab eindeutig und erschöpfend beschrieben werden kann. Satz 1 findet auf Aufträge im Sektorenbereich keine Anwendung.

§ 6 Vergabe von Bauleistungen

Auftraggeber nach § 98 Nr. 1 bis 3, 5 und 6 GWB haben bei der Vergabe von Bauaufträgen und Baukonzessionen die Bestimmungen des 2. Abschnittes des Teiles A der Verdingungsordnung für Bauleistungen (VOB/A) in der Fassung der Bekanntmachung vom 30. Mai 2000 (BAnz. Nr. 120a vom 30. Juni 2000, BAnz. S. 19125) anzuwenden; für die in § 98 Nr. 6 GWB genannten Auftraggeber gilt dies nur hinsichtlich der Bestimmungen, die auf diese Auftraggeber Bezug nehmen. Baukonzessionen sind Bauaufträge, bei denen die Gegenleistung für die Bauarbeiten statt in einer Vergütung in dem Recht auf Nutzung der baulichen Anlage, gegebenenfalls zuzüglich der Zahlung eines Preises besteht. Satz 1 findet auf Aufträge im Sektorenbereich keine Anwendung.

§ 7 Aufträge im Sektorenbereich

(1) Die in § 98 Nr. 1 bis 3 GWB genannten Auftraggeber, die eine Tätigkeit nach § 8 Nr. 1, Nr. 4 Buchstabe b oder Nr. 4 Buchstabe c ausüben, haben bei der Vergabe von Aufträgen die folgenden Bestimmungen anzuwenden:
1. im Fall von Liefer- und Dienstleistungsaufträgen sowie Auslobungsverfahren, die zu Dienstleistungen führen sollen, die Bestimmungen des 3. Abschnittes des Teiles A der Verdingungsordnung für Leistungen (VOL/A). Dies gilt nicht für Aufträge im Sinne des § 5;
2. im Fall von Bauaufträgen die Bestimmungen des 3. Abschnittes des Teiles A der Verdingungsordnung für Bauleistungen (VOB/A).

(2) Die in § 98 Nr. 1 bis 3 GWB genannten Auftraggeber, die eine Tätigkeit nach § 8 Nr. 2, Nr. 3 oder Nr. 4 Buchstabe a ausüben, und die in § 98 Nr. 4 GWB genannten Auftraggeber haben bei der Vergabe von Aufträgen die folgenden Bestimmungen anzuwenden:
1. im Fall von Liefer- und Dienstleistungsaufträgen sowie Auslobungsverfahren, die zu Dienstleistungen führen sollen, die Bestimmungen des 4. Abschnittes des Teiles A der Verdingungsordnung für Leistungen (VOL/A). Dies gilt nicht für Aufträge im Sinne des § 5;
2. im Fall von Bauaufträgen die Bestimmungen des 4. Abschnittes des Teiles A der Verdingungsordnung für Bauleistungen (VOB/A).

§ 8 Tätigkeit im Sektorenbereich

Tätigkeiten auf dem Gebiet der Trinkwasser- oder Energieversorgung oder im Verkehrsbereich (Sektorenbereich) sind die im Folgenden genannten Tätigkeiten:
1. Trinkwasserversorgung:
die Bereitstellung und das Betreiben fester Netze zur Versorgung der Öffentlichkeit im Zusammenhang mit der Gewinnung, dem Transport oder der Verteilung von Trinkwasser sowie die Versorgung dieser Netze mit Trinkwasser; dies gilt auch, wenn diese Tätigkeit mit der Ableitung und Klärung von Abwässern oder mit Wasserbauvorhaben sowie Vorhaben auf dem Gebiet der Bewässerung und der Entwässerung im Zusammenhang steht, sofern die zur Trinkwasserversorgung bestimmte Wassermenge mehr als 20 vom Hundert der mit dem Vorhaben oder Bewässerungs- oder Entwässerungsanlagen zur Verfügung gestellten Gesamtwassermenge ausmacht;
2. Elektrizitäts- und Gasversorgung:
die Bereitstellung und das Betreiben fester Netze zur Versorgung der Öffentlichkeit im Zusammenhang mit der Erzeugung, dem Transport oder der Verteilung von Strom oder der Gewinnung von Gas sowie die Versorgung dieser Netze mit Strom oder Gas durch Unternehmen im Sinne des § 2 Abs. 3 des Energiewirtschaftsgesetzes;
3. Wärmeversorgung:
die Bereitstellung und das Betreiben fester Netze zur Versorgung der Öffentlichkeit im Zusammenhang mit der Erzeugung, dem Transport oder der Verteilung von Wärme sowie die Versorgung dieser Netze mit Wärme;
4. Verkehrsbereich:
a) die Nutzung eines geographisch abgegrenzten Gebietes zum Zwecke der Versorgung von Beförderungsunternehmen im Luftverkehr mit Flughäfen durch Flughafenunternehmer, die eine Genehmigung nach § 38 Abs. 2 Nr. 1 der Luftverkehrs-Zulassungsordnung in der Fassung der Bekanntmachung vom 27. März 1999 (BGBl. I S. 610) erhalten haben oder einer solchen bedürfen;
b) die Nutzung eines geographisch abgegrenzten Gebietes zum Zwecke der Versorgung von Beförderungsunternehmen im See- oder Binnenschiffverkehr mit Häfen oder anderen Verkehrsendeinrichtungen;
c) das Betreiben von Netzen zur Versorgung der Öffentlichkeit im Eisenbahn-, Straßenbahn- oder sonstigen Schienenverkehr, im öffentlichen Personenverkehr auch mit Kraftomnibussen und Oberleitungsbussen, mit Seilbahnen sowie mit automatischen Systemen. Im Verkehrsbereich ist ein Netz auch vorhanden, wenn die Verkehrsleistungen auf Grund einer behördlichen Auflage erbracht werden; dazu gehören die Festlegung der Strecken, Transportkapazitäten oder Fahrpläne.

§ 9 Ausnahmen im Sektorenbereich

(1) Die Tätigkeit des Auftraggebers nach § 98 Nr. 4 GWB gilt nicht als eine Tätigkeit
1. im Sinne des § 8 Nr. 1, sofern die Gewinnung von Trinkwasser für die Ausübung einer anderen Tätigkeit als der Trinkwasserversorgung der Öffentlichkeit erforderlich ist, die Lieferung an das öffentliche Netz nur von seinem Eigenverbrauch abhängig ist und unter Zugrundelegung des Mittels der letzten drei Jahre einschließlich des laufenden Jahres nicht mehr als 30 vom Hundert seiner gesamten Trinkwassergewinnung ausmacht;
2. im Sinne des § 8 Nr. 2, sofern die Erzeugung von Strom für die Ausübung einer anderen Tätigkeit als der Versorgung der Öffentlichkeit erforderlich ist, die Lieferung von Strom an das öffentliche Netz nur von seinem Eigenverbrauch abhängig ist und unter Zugrundelegung des Mittels der letzten drei Jahre einschließlich des laufenden Jahres nicht mehr als 30 vom Hundert seiner gesamten Energieerzeugung ausmacht;
3. im Sinne des § 8 Nr. 2, sofern die Erzeugung von Gas sich zwangsläufig aus der Ausübung einer anderen Tätigkeit ergibt, die Lieferung an das öffentliche Netz nur darauf abzielt, diese Erzeugung wirtschaftlich zu nutzen und unter Zugrundelegung des Mittels der letzten drei Jahre einschließlich des laufenden Jahres nicht mehr als 20 vom Hundert des Umsatzes des betreffenden Auftraggebers ausgemacht hat;

4. im Sinne des § 8 Nr. 3, sofern die Erzeugung von Wärme sich zwangsläufig aus der Ausübung einer anderen Tätigkeit ergibt, die Lieferung an das öffentliche Netz nur darauf abzielt, diese Erzeugung wirtschaftlich zu nutzen und unter Zugrundelegung des Mittels der letzten drei Jahre einschließlich des laufenden Jahres nicht mehr als 20 vom Hundert des Umsatzes des Auftraggebers ausgemacht hat.

(2) § 7 gilt nicht für Aufträge, die anderen Zwecken als der Durchführung der in § 8 genannten Tätigkeiten dienen.

(3) § 7 gilt nicht für Aufträge, die zur Durchführung der in § 8 genannten Tätigkeiten außerhalb des Gebietes, in dem der Vertrag zur Gründung der Europäischen Gemeinschaft gilt, vergeben werden, wenn sie nicht mit der tatsächlichen Nutzung eines Netzes oder einer Anlage innerhalb dieses Gebietes verbunden sind. Die betreffenden Auftraggeber teilen der Kommission der Europäischen Gemeinschaften auf deren Anfrage alle Tätigkeiten mit, die nach ihrer Auffassung unter Satz 1 fallen. Eine Kopie des Schreibens an die Kommission übersenden sie unaufgefordert dem Bundesministerium für Wirtschaft und Technologie.

(4) § 7 gilt nicht für Aufträge, die zum Zwecke der Weiterveräußerung oder Weitervermietung an Dritte vergeben werden, vorausgesetzt, dass der Auftraggeber kein besonderes oder ausschließliches Recht zum Verkauf oder zur Vermietung des Auftragsgegenstandes besitzt und dass andere Unternehmen die Möglichkeit haben, diese Waren unter gleichen Bedingungen wie der betreffende Auftraggeber zu verkaufen oder zu vermieten. Die betreffenden Auftraggeber teilen der Kommission der Europäischen Gemeinschaften auf deren Anfrage alle Arten von Erzeugnissen mit, die nach ihrer Auffassung unter Satz 1 fallen. Eine Kopie des Schreibens an die Kommission übersenden sie unaufgefordert dem Bundesministerium für Wirtschaft und Technologie.

(5) § 7 gilt nicht für Aufträge, die
1. bei Tätigkeiten nach § 8 Nr. 1 die Beschaffung von Wasser oder
2. bei Tätigkeiten nach § 8 Nr. 2 und 3 die Beschaffung von Energie oder von Brennstoffen zum Zwecke der Energieerzeugung
zum Gegenstand haben.

§ 10 Freistellung verbundener Unternehmen

(1) § 7 gilt nicht für Dienstleistungsaufträge,
1. die ein Auftraggeber an ein mit ihm verbundenes Unternehmen vergibt,
2. die ein gemeinsames Unternehmen, das mehrere Auftraggeber zur Durchführung von Tätigkeiten im Sinne des § 8 gebildet haben, an einen dieser Auftraggeber oder an ein Unternehmen vergibt, das mit einem dieser Auftraggeber verbunden ist,

sofern mindestens 80 vom Hundert des von diesem Unternehmen während der letzten drei Jahre in der Europäischen Gemeinschaft erzielten durchschnittlichen Umsatzes im Dienstleistungssektor aus der Erbringung dieser Dienstleistungen für die mit ihm verbundenen Unternehmen stammen. Satz 1 gilt auch, sofern das Unternehmen noch keine drei Jahre besteht, wenn zu erwarten ist, dass in den ersten drei Jahren seines Bestehens mindestens 80 vom Hundert erreicht werden. Werden die gleichen oder gleichartigen Dienstleistungen von mehr als einem mit dem Auftraggeber verbundenen Unternehmen erbracht, ist der Gesamtumsatz in der Europäischen Gemeinschaft zu berücksichtigen, der sich für diese Unternehmen aus der Erbringung von Dienstleistungen ergibt. Die Auftraggeber teilen der Kommission der Europäischen Gemeinschaften auf deren Verlangen den Namen der Unternehmen, die Art und den Wert des jeweiligen Dienstleistungsauftrages und alle Angaben mit, welche die Kommission der Europäischen Gemeinschaften zur Prüfung für erforderlich hält.

(2) Ein verbundenes Unternehmen im Sinne des Absatzes 1 ist ein Unternehmen, das als Mutter- oder Tochterunternehmen im Sinne des § 290 Abs. 1 des Handelsgesetzbuches gilt, ohne dass es auf die Rechtsform und den Sitz ankommt. Im Fall von Auftraggebern, auf die § 290 Abs. 1 des Handelsgesetzbuches nicht zutrifft, sind verbundene Unternehmen diejenigen, auf die der Auftraggeber unmittelbar oder mittelbar einen beherrschenden Einfluss ausüben kann, insbesondere auf Grund der Eigentumsverhältnisse, der finanziellen Beteiligung oder der für das Unternehmen geltenden Vorschriften. Es wird vermutet, dass ein beherrschender Einfluss ausgeübt wird, wenn der Auftraggeber
1. die Mehrheit des gezeichneten Kapitals des Unternehmens besitzt oder
2. über die Mehrheit der mit den Anteilen des Unternehmens verbundenen Stimmrechte verfügt oder
3. mehr als die Hälfte der Mitglieder des Verwaltungs-, Leitungs- oder Aufsichtsorgans des Unternehmens bestellen kann.

Verbundene Unternehmen sind auch diejenigen, die einen beherrschenden Einfluss im Sinne des Satzes 3 auf den Auftraggeber ausüben können oder die ebenso wie der Auftraggeber einem beherrschenden Einfluss eines anderen Unternehmens unterliegen.

§ 11 Auftraggeber nach dem Bundesberggesetz

(1) Die in § 98 Nr. 1 bis 4 GWB genannten Auftraggeber, die nach dem Bundesberggesetz eine Berechtigung zur Aufsuchung oder Gewinnung von Erdöl, Gas, Kohle oder anderen Festbrennstoffen erhalten haben, haben bei der Vergabe von Aufträgen zum Zwecke der Durchführung der zuvor bezeichneten Tätigkeiten den Grundsatz der Nichtdiskriminierung und der wettbewerbsorientierten Auftragsvergabe zu beachten. Insbesondere haben sie Unternehmen, die ein Interesse an einem solchen Auftrag haben können, ausreichende Informationen zur Verfügung zu stellen und bei der Auftragsvergabe objektive Kriterien zugrunde zu legen. Auf Aufträge, die die Beschaffung von Energie oder Brennstoffen zur Energieerzeugung zum Gegenstand haben, sind die Sätze 1 und 2 nicht anzuwenden.

(2) Die in Absatz 1 genannten Auftraggeber erteilen der Kommission der Europäischen Gemeinschaften unter den von dieser festgelegten Bedingungen Auskunft über die Vergabe der unter diese Vorschrift fallenden Aufträge.

§ 12 Drittlandsklausel

Auftraggeber, die eine der in § 8 genannten Tätigkeiten ausüben, können bei Lieferaufträgen Angebote zurückweisen, bei denen der Warenanteil zu mehr als 50 vom Hundert des Gesamtwertes aus Ländern stammt, die nicht Vertragsparteien des Abkommens über den Europäischen Wirtschaftsraum sind und mit denen auch keine sonstigen Vereinbarungen über gegenseitigen Marktzugang bestehen. Das Bundesministerium für Wirtschaft und Technologie gibt im Bundesanzeiger bekannt, mit welchen Ländern und auf welchen Sektoren solche Vereinbarungen bestehen. Sind zwei oder mehrere Warenangebote nach den Zuschlagskriterien des § 25b Nr. 1 Abs. 1 oder § 11 SKR Nr. 1 Abs. 1 VOL/A gleichwertig, so ist das Angebot zu bevorzugen, das nicht nach Satz 1 zurückgewiesen werden kann. Die Preise sind als gleichwertig anzusehen, wenn sie um nicht mehr als 3 vom Hundert voneinander abweichen. Die Bevorzugung unterbleibt, sofern sie den Auftraggeber zum Erwerb von Ausrüstungen zwingen würde, die andere technische Merkmale als bereits genutzte Ausrüstungen haben und dadurch zu Inkompatibilität oder technischen Schwierigkeiten bei Betrieb und Wartung oder zu unverhältnismäßigen Kosten führen würden. Software, die in der Ausstattung für Telekommunikationsnetze verwendet wird, gilt als Ware im Sinne dieses Absatzes.

§ 13 Informationspflicht

Der Auftraggeber informiert die Bieter, deren Angebote nicht berücksichtigt werden sollen, über den Namen des Bieters, dessen Angebot angenommen werden soll, und über den Grund der vorgesehenen Nichtberücksichtigung ihres Angebotes. Er gibt die Information schriftlich spätestens 14 Kalendertage vor dem Vertragsabschluss ab. Ein Vertrag darf vor Ablauf der Frist oder ohne dass die Information erteilt worden und die Frist abgelaufen ist nicht geschlossen werden. Ein dennoch abgeschlossener Vertrag ist nichtig.

§ 14 Bekanntmachungen

Bei Bekanntmachungen im Amtsblatt der Europäischen Gemeinschaften nach diesen Bestimmungen sollen die Auftraggeber die Bezeichnungen des Gemeinsamen Vokabulars für das öffentliche Auftragswesen (Common Procurement Vocabulary – CPV) zur Beschreibung des Auftragsgegenstandes verwenden. Das Bundesministerium für Wirtschaft und Technologie gibt das CPV im Bundesanzeiger bekannt.

§ 15 Elektronische Angebotsabgabe

Soweit die Bestimmungen, auf die die §§ 4 bis 7 verweisen, keine Regelungen über die elektronische Angebotsabgabe enthalten, können die Auftraggeber zulassen, dass die Abgabe der Angebote in anderer Form als schriftlich per Post oder direkt erfolgen kann, sofern sie sicherstellen, dass die Vertraulichkeit der Angebote gewahrt ist. Digitale Angebote sind mit einer qualifizierten elektronischen Signatur nach dem Signaturgesetz zu versehen und zu verschlüsseln; die Verschlüsselung ist bis zum Ablauf der für die Einreichung der Angebote festgelegten Frist aufrechtzuerhalten.

§ 16 Ausgeschlossene Personen

(1) Als Organmitglied oder Mitarbeiter eines Auftraggebers oder als Beauftragter oder als Mitarbeiter eines Beauftragten eines Auftraggebers dürfen bei Entscheidungen in einem Vergabeverfahren für einen Auftraggeber als voreingenommen geltende natürliche Personen nicht mitwirken, soweit sie in diesem Verfahren:
1. Bieter oder Bewerber sind,
2. einen Bieter oder Bewerber beraten oder sonst unterstützen oder als gesetzlicher Vertreter oder nur in dem Vergabeverfahren vertreten,
3. a) bei einem Bieter oder Bewerber gegen Entgelt beschäftigt oder bei ihm als Mitglied des Vorstandes, Aufsichtsrates oder gleichartigen Organs tätig sind, oder
   b) für ein in das Vergabeverfahren eingeschaltetes Unternehmen tätig sind, wenn dieses Unternehmen zugleich geschäftliche Beziehungen zum Auftraggeber und zum Bieter oder Bewerber hat,
   es sei denn, dass dadurch für die Personen kein Interessenkonflikt besteht oder sich die Tätigkeiten nicht auf die Entscheidungen in dem Vergabeverfahren auswirken.

(2) Als voreingenommen gelten auch die Personen, deren Angehörige die Voraussetzungen nach Absatz 1 Nr. 1 bis 3 erfüllen. Angehörige sind der Verlobte, der Ehegatte, Lebenspartner, Verwandte und Verschwägerte gerader Linie, Geschwister, Kinder der Geschwister, Ehegatten und Lebenspartner der Geschwister und Geschwister der Ehegatten und Lebenspartner, Geschwister der Eltern sowie Pflegeeltern und Pflegekinder.

Abschnitt 2
Nachprüfungsbestimmungen

§ 17 Angabe der Vergabekammer

Die Auftraggeber geben in der Vergabebekanntmachung und den Vergabeunterlagen die Anschrift der Vergabekammer an, der die Nachprüfung obliegt. Soweit eine Vergabeprüfstelle gemäß § 103 GWB besteht, kann diese zusätzlich genannt werden.

§ 18 Zuständigkeit der Vergabekammern

(1) Die Vergabekammer des Bundes ist zuständig für die Nachprüfung der Vergabeverfahren des Bundes und von Auftraggebern im Sinne des § 98 Nr. 2 GWB, sofern der Bund die Beteiligung verwaltet oder die sonstige Finanzierung überwiegend gewährt hat oder der Bund über die Leitung überwiegend die Aufsicht ausübt oder die Mitglieder des zur Geschäftsführung oder zur Aufsicht berufenen Organs überwiegend bestimmt hat. Erfolgt die Beteiligung, sonstige Finanzierung oder Aufsicht über die Leitung oder Bestimmung der Mitglieder der Geschäftsführung oder des zur Aufsicht berufenen Organs durch mehrere Stellen und davon überwiegend durch den Bund, so ist die Vergabekammer des Bundes die zuständige Vergabekammer, es sei denn, die Beteiligten haben sich auf die Zuständigkeit einer anderen Vergabekammer geeinigt.
(2) Übt der Bund auf Auftraggeber im Sinne des § 98 Nr. 4 GWB einzeln einen beherrschenden Einfluss aus, ist die Vergabekammer des Bundes zuständig. Wird der beherrschende Einfluss gemeinsam mit einem anderen Auftraggeber nach § 98 Nr. 1 bis 3 GWB ausgeübt, ist die Vergabekammer des Bundes zuständig, sofern der Anteil des Bundes überwiegt. Ein beherrschender Einfluss wird angenommen, wenn die Stelle unmittelbar oder mittelbar die Mehrheit des gezeichneten Kapitals des Auftraggebers besitzt oder über die Mehrheit der mit den Anteilen des Auftraggebers verbundenen Stimmrechte verfügt oder mehr als die Hälfte der Mitglieder des Verwaltungs-, Leitungs- oder Aufsichtsorgans des Auftraggebers bestellen kann.
(3) Die Vergabekammer des Bundes ist zuständig für die Nachprüfung von Vergabeverfahren von Auftraggebern im Sinne des § 98 Nr. 5 GWB, sofern der Bund die Mittel allein oder überwiegend bewilligt hat.
(4) Ist bei Auftraggebern nach § 98 Nr. 6 GWB die Stelle, die unter § 98 Nr. 1 bis 3 GWB fällt, nach den Absätzen 1 bis 3 dem Bund zuzuordnen, ist die Vergabekammer des Bundes zuständig.
(5) Werden die Vergabeverfahren im Rahmen einer Organleihe für den Bund durchgeführt, ist die Vergabekammer des Bundes zuständig.
(6) Werden die Vergabeverfahren im Rahmen einer Auftragsverwaltung für den Bund durchgeführt, ist die Vergabekammer des jeweiligen Landes zuständig.
(7) Ist in entsprechender Anwendung der Absätze 1 bis 5 ein Auftraggeber einem Land zuzuordnen, ist die Vergabekammer des jeweiligen Landes zuständig.
(8) In allen anderen Fällen wird die Zuständigkeit der Vergabekammern nach dem Sitz des Auftraggebers bestimmt.

§ 19 Bescheinigungsverfahren

(1) Auftraggeber im Sinne von § 98 GWB, die im Sektorenbereich tätig sind, können ihre Vergabeverfahren und Vergabepraktiken regelmäßig von einem Prüfer untersuchen lassen, um eine Bescheinigung darüber zu erhalten, dass diese Verfahren und Praktiken mit den §§ 97 bis 101 GWB und den nach §§ 7 bis 16 anzuwendenden Vergabebestimmungen übereinstimmen.
(2) Für das Bescheinigungsverfahren gilt die Europäische Norm EN 45503.
(3) Akkreditierungsstelle für die Prüfer ist das Bundesamt für Wirtschaft.
(4) Die Prüfer sind unabhängig und müssen die Voraussetzungen der Europäischen Norm EN 45503 erfüllen.
(5) Die Prüfer berichten den Auftraggebern schriftlich über die Ergebnisse ihrer nach der Europäischen Norm durchgeführten Prüfung.
(6) Auftraggeber, die eine Bescheinigung erhalten haben, können im Rahmen ihrer zu veröffentlichenden Bekanntmachung im Amtsblatt der Europäischen Gemeinschaften folgende Erklärung abgeben:
„Der Auftraggeber hat gemäß der Richtlinie 92/13/EWG des Rates vom 25. Februar 1992 zur Koordinierung der Rechts- und Verwaltungsvorschriften für die Anwendung der Gemeinschaftsvorschriften über die Auftragsvergabe durch Auftraggeber im Bereich der Wasser-, Energie- und Verkehrsversorgung sowie im Telekommunikationssektor (ABl. EG Nr. L 76 S. 14) eine Bescheinigung darüber erhalten, dass seine Vergabeverfahren und -praktiken am ... mit dem Gemeinschaftsrecht über die Auftragsvergabe und den einzelstaatlichen Vorschriften zur Umsetzung des Gemeinschaftsrechts übereinstimmen."
(7) Auftraggeber können auch das von einem anderen Staat eingerichtete Bescheinigungssystem, das der Europäischen Norm EN 45503 entspricht, nutzen.

§ 20 Schlichtungsverfahren

(1) Jeder Beteiligte an einem Vergabeverfahren von Auftraggebern im Sinne von § 98 GWB, die im Sektorenbereich tätig sind, oder jeder, dem im Zusammenhang mit einem solchen Vergabeverfahren durch einen Rechtsverstoß ein Schaden entstanden ist oder zu entstehen droht, kann ein nach den Absätzen 2 bis 7 geregeltes Schlichtungsverfahren in Anspruch nehmen.
(2) Der Antrag auf ein Schlichtungsverfahren ist an das Bundesministerium für Wirtschaft und Technologie zu richten, das den Antrag unverzüglich an die Kommission der Europäischen Gemeinschaften weiterleitet.
(3) Betrifft nach Auffassung der Kommission die Streitigkeit die korrekte Anwendung des Gemeinschaftsrechtes, informiert sie den Auftraggeber und bittet ihn, an dem Schlichtungsverfahren teilzunehmen. Das Schlichtungsverfahren wird nicht durchgeführt, falls der Auftraggeber dem Schlichtungsverfahren nicht beitritt. Der Antragsteller wird darüber informiert.
(4) Tritt der Auftraggeber dem Schlichtungsverfahren bei, schlägt die Kommission einen unabhängigen Schlichter vor. Jede Partei des Schlichtungsverfahrens erklärt, ob sie den Schlichter akzeptiert, und benennt einen weiteren Schlichter. Die Schlichter können bis zu zwei Personen als Sachverständige zu ihrer Beratung hinzuziehen. Die am Schlichtungsverfahren Beteiligten können die vorgesehenen Sachverständigen ablehnen.
(5) Jeder am Schlichtungsverfahren Beteiligte erhält die Möglichkeit, sich mündlich oder schriftlich zu äußern. Die Schlichter bemühen sich, möglichst rasch eine Einigung zwischen den Beteiligten herbeizuführen.
(6) Der Antragsteller und der Auftraggeber können jederzeit das Schlichtungsverfahren beenden. Beide kommen für ihre eigenen Kosten auf; die Kosten des Verfahrens sind hälftig zu tragen.
(7) Wird ein Antrag auf Nachprüfung nach § 107 GWB gestellt und hat bereits ein Beteiligter am Vergabeverfahren ein Schlichtungsverfahren eingeleitet, so hat der Auftraggeber die am Schlichtungsverfahren beteiligten Schlichter unverzüglich darüber zu informieren. Die Schlichter bieten dem Betroffenen an, dem Schlichtungsverfahren beizutreten. Die Schlichter können, falls sie es für angemessen erachten, entscheiden, das Schlichtungsverfahren zu beenden.

§ 21 Korrekturmechanismus der Kommission

(1) Erhält die Bundesregierung im Laufe eines Vergabeverfahrens vor Abschluss des Vertrages eine Mitteilung der Kommission der Europäischen Gemeinschaften, dass sie der Auffassung ist, dass ein klarer und eindeutiger Verstoß gegen das Gemeinschaftsrecht im Bereich der öffentlichen Aufträge vorliegt, der zu beseitigen ist, teilt das Bundesministerium für Wirtschaft und Technologie dies dem Auftraggeber mit.
(2) Der Auftraggeber ist verpflichtet, innerhalb von 14 Kalendertagen nach Eingang dieser Mitteilung dem Bundesministerium für Wirtschaft und Technologie zur Weitergabe an die Kommission eine Stellungnahme zu übermitteln, die insbesondere folgende Angaben enthält:
1. die Bestätigung, dass der Verstoß beseitigt wurde, oder
2. eine Begründung, warum der Verstoß nicht beseitigt wurde, gegebenenfalls dass das Vergabeverfahren bereits Gegenstand von Nachprüfungsverfahren nach dem Vierten Teil des GWB ist, oder
3. Angabe, dass das Vergabeverfahren ausgesetzt wurde.
(3) Ist das Vergabeverfahren Gegenstand eines Nachprüfungsverfahrens nach dem Vierten Teil des GWB oder wurde es ausgesetzt, so ist der Auftraggeber verpflichtet, das Bundesministerium für Wirtschaft und Technologie zur Weiterleitung an die Kommission unverzüglich über den Ausgang des Verfahrens zu informieren.

§ 22 Statistik

Die Vergabekammern und die Oberlandesgerichte informieren das Bundesministerium für Wirtschaft und Technologie unaufgefordert bis zum 31. Januar eines jeden Jahres, erstmals bis 31. Januar 2001, über die Anzahl der Nachprüfungsverfahren des Vorjahres und deren Ergebnisse.

Abschnitt 3
Übergangs- und Schlussbestimmungen

§ 23 Übergangsbestimmungen

Bereits begonnene Vergabeverfahren werden nach dem Recht, das zum Zeitpunkt des Beginns des Verfahrens galt, beendet.

§ 24 Inkrafttreten, Außerkrafttreten

Diese Verordnung tritt am ersten Tage des auf die Verkündung folgenden Kalendermonats in Kraft. Gleichzeitig tritt die Vergabeverordnung vom 22. Februar 1994 (BGBl. I S. 321), geändert durch die Verordnung vom 29. September 1997 (BGBl. I S. 2384), außer Kraft.

4 Verdingungsordnung für Bauleistungen (VOB) Teil B: Allgemeine Vertragsbedingungen für die Ausführung von Bauleistungen (DIN 1961 – Ausgabe 2002)

(BAnz. Nr. 202/2002)

§ 1 Art und Umfang der Leistung

1. Die auszuführende Leistung wird nach Art und Umfang durch den Vertrag bestimmt. Als Bestandteil des Vertrages gelten auch die Allgemeinen Technischen Vertragsbedingungen für Bauleistungen.
2. Bei Widersprüchen im Vertrag gelten nacheinander:
    a) die Leistungsbeschreibung,
    b) die Besonderen Vertragsbedingungen,
    c) etwaige Zusätzliche Vertragsbedingungen,
    d) etwaige Zusätzliche Technische Vertragsbedingungen,
    e) die Allgemeinen Technischen Vertragsbedingungen für Bauleistungen,
    f) die Allgemeinen Vertragsbedingungen für die Ausführung von Bauleistungen.
3. Änderungen des Bauentwurfs anzuordnen, bleibt dem Auftraggeber vorbehalten.
4. Nicht vereinbarte Leistungen, die zur Ausführung der vertraglichen Leistung erforderlich werden, hat der Auftragnehmer auf Verlangen des Auftraggebers mit auszuführen, außer wenn sein Betrieb auf derartige Leistungen nicht eingerichtet ist. Andere Leistungen können dem Auftragnehmer nur mit seiner Zustimmung übertragen werden.

§ 2 Vergütung

1. Durch die vereinbarten Preise werden alle Leistungen abgegolten, die nach der Leistungsbeschreibung, den Besonderen Vertragsbedingungen, den Zusätzlichen Vertragsbedingungen, den Zusätzlichen Technischen Vertragsbedingungen, den Allgemeinen Technischen Vertragsbedingungen für Bauleistungen und der gewerblichen Verkehrssitte zur vertraglichen Leistung gehören.
2. Die Vergütung wird nach den vertraglichen Einheitspreisen und den tatsächlich ausgeführten Leistungen berechnet, wenn keine andere Berechnungsart (z.B. durch Pauschalsumme, nach Stundenlohnsätzen, nach Selbstkosten) vereinbart ist.
3. (1) Weicht die ausgeführte Menge der unter einem Einheitspreis erfaßten Leistung oder Teilleistung um nicht mehr als 10 v.H. von dem im Vertrag vorgesehenen Umfang ab, so gilt der vertragliche Einheitspreis.
    (2) Für die über 10 v.H. hinausgehende Überschreitung des Mengenansatzes ist auf Verlangen ein neuer Preis unter Berücksichtigung der Mehr- oder Minderkosten zu vereinbaren.
    (3) Bei einer über 10 v.H. hinausgehenden Unterschreitung des Mengenansatzes ist auf Verlangen der Einheitspreis für die tatsächlich ausgeführte Menge der Leistung oder Teilleistung zu erhöhen, soweit der Auftragnehmer nicht durch Erhöhung der Mengen bei anderen Ordnungszahlen (Positionen) oder in anderer Weise einen Ausgleich erhält. Die Erhöhung des Einheitspreises soll im wesentlichen dem Mehrbetrag entsprechen, der sich durch Verteilung der Baustelleneinrichtungs- und Baustellengemeinkosten und der Allgemeinen Geschäftskosten auf die verringerte Menge ergibt. Die Umsatzsteuer wird entsprechend dem neuen Preis vergütet.
    (4) Sind von der unter einem Einheitspreis erfaßten Leistung oder Teilleistung andere Leistungen abhängig, für die eine Pauschalsumme vereinbart ist, so kann mit der Änderung des Einheitspreises auch eine angemessene Änderung der Pauschalsumme gefordert werden.
4. Werden im Vertrag ausbedungene Leistungen des Auftragnehmers vom Auftraggeber selbst übernommen (z.B. Lieferung von Bau-, Bauhilfs- und Betriebsstoffen), so gilt, wenn nichts anderes vereinbart wird, § 8 Nr. 1 Abs. 2 entsprechend.
5. Werden durch Änderung des Bauentwurfs oder andere Anordnungen des Auftraggebers die Grundlagen des Preises für eine im Vertrag vorgesehene Leistung geändert, so ist ein neuer Preis unter Berücksichtigung der Mehr- oder Minderkosten zu vereinbaren. Die Vereinbarung soll vor der Ausführung getroffen werden.
6. (1) Wird eine im Vertrag nicht vorgesehene Leistung gefordert, so hat der Auftragnehmer Anspruch auf besondere Vergütung. Er muß jedoch den Anspruch dem Auftraggeber ankündigen, bevor er mit der Ausführung der Leistung beginnt.
    (2) Die Vergütung bestimmt sich nach den Grundlagen der Preisermittlung für die vertragliche Leistung und den besonderen Kosten der geforderten Leistung. Sie ist möglichst vor Beginn der Ausführung zu vereinbaren.
7. (1) Ist als Vergütung der Leistung eine Pauschalsumme vereinbart, so bleibt die Vergütung unverändert. Weicht jedoch die ausgeführte Leistung von der vertraglich vorgesehenen Leistung so erheblich ab, dass ein Festhalten an der Pauschalsumme nicht zumutbar ist (§ 242 BGB), so ist auf Verlangen ein Ausgleich unter Berücksichtigung der Mehr- oder Minderkosten zu gewähren. Für die Bemessung des Ausgleichs ist von den Grundlagen der Preisermittlung auszugehen. Nummern 4, 5 und 6 bleiben unberührt.
    (2) Wenn nichts anderes vereinbart ist, gilt Absatz 1 auch für Pauschalsummen, die für Teile der Leistung vereinbart sind; Nummer 3 Absatz 4 bleibt unberührt.
8. (1) Leistungen, die der Auftragnehmer ohne Auftrag oder unter eigenmächtiger Abweichung vom Auftrag ausführt, werden nicht vergütet. Der Auftragnehmer hat sie auf Verlangen innerhalb einer angemessenen Frist zu beseitigen; sonst kann es auf seine Kosten geschehen. Er haftet außerdem für andere Schäden, die dem Auftraggeber hieraus entstehen.
    (2) Eine Vergütung steht dem Auftragnehmer jedoch zu, wenn der Auftraggeber solche Leistungen nachträglich anerkennt. Eine Vergütung steht ihm auch zu, wenn die Leistungen für die Erfüllung des Vertrags notwendig waren, dem mutmaßlichen Willen des Auftraggebers entsprachen und ihm unverzüglich angezeigt wurden. Soweit dem Auftragnehmer eine Vergütung zusteht, gelten die Berechnungsgrundlagen für geänderte oder zusätzliche Leistungen der Nummer 5 oder 6 entsprechend.
    (3) Die Vorschriften des BGB über die Geschäftsführung ohne Auftrag (§§ 677 ff. BGB) bleiben unberührt.

9. (1) Verlangt der Auftraggeber Zeichnungen, Berechnungen oder andere Unterlagen, die der Auftragnehmer nach dem Vertrag, besonders den Technischen Vertragsbedingungen oder der gewerblichen Verkehrssitte, nicht zu beschaffen hat, so hat er sie zu vergüten.
   (2) Läßt er vom Auftragnehmer nicht aufgestellte technische Berechnungen durch den Auftragnehmer nachprüfen, so hat er die Kosten zu tragen.
10. Stundenlohnarbeiten werden nur vergütet, wenn sie als solche vor ihrem Beginn ausdrücklich vereinbart worden sind (§ 15).

§ 3 Ausführungsunterlagen

1. Die für die Ausführung nötigen Unterlagen sind dem Auftragnehmer unentgeltlich und rechtzeitig zu übergeben.
2. Das Abstecken der Hauptachsen der baulichen Anlagen, ebenso der Grenzen des Geländes, das dem Auftragnehmer zur Verfügung gestellt wird, und das Schaffen der notwendigen Höhenfestpunkte in unmittelbarer Nähe der baulichen Anlagen sind Sache des Auftraggebers.
3. Die vom Auftraggeber zur Verfügung gestellten Geländeaufnahmen und Absteckungen und die übrigen für die Ausführung übergebenen Unterlagen sind für den Auftragnehmer maßgebend. Jedoch hat er sie, soweit es zur ordnungsgemäßen Vertragserfüllung gehört, auf etwaige Unstimmigkeiten zu überprüfen und den Auftraggeber auf entdeckte oder vermutete Mängel hinzuweisen.
4. Vor Beginn der Arbeiten ist, soweit notwendig, der Zustand der Straßen und Geländeoberfläche, der Vorfluter und Vorflutleitungen, ferner der baulichen Anlagen im Baubereich in einer Niederschrift festzuhalten, die vom Auftraggeber und Auftragnehmer anzuerkennen ist.
5. Zeichnungen, Berechnungen, Nachprüfungen von Berechnungen oder andere Unterlagen, die der Auftragnehmer nach dem Vertrag, besonders den Technischen Vertragsbedingungen, oder der gewerblichen Verkehrssitte oder auf besonderes Verlangen des Auftraggebers (§ 2 Nr. 9) zu beschaffen hat, sind dem Auftraggeber nach Aufforderung rechtzeitig vorzulegen.
6. (1) Die in Nummer 5 genannten Unterlagen dürfen ohne Genehmigung ihres Urhebers nicht veröffentlicht, vervielfältigt, geändert oder für einen anderen als den vereinbarten Zweck benutzt werden.
   (2) An DV-Programmen hat der Auftraggeber das Recht zur Nutzung mit den vereinbarten Leistungsmerkmalen in unveränderter Form auf den festgelegten Geräten. Der Auftraggeber darf zum Zwecke der Datensicherung zwei Kopien herstellen. Diese müssen alle Identifikationsmerkmale enthalten. Der Verbleib der Kopien ist auf Verlangen nachzuweisen.
   (3) Der Auftragnehmer bleibt unbeschadet des Nutzungsrechts des Auftraggebers zur Nutzung der Unterlagen und der DV-Programme berechtigt.

§ 4 Ausführung

1. (1) Der Auftraggeber hat für die Aufrechterhaltung der allgemeinen Ordnung auf der Baustelle zu sorgen und das Zusammenwirken der verschiedenen Unternehmer zu regeln. Er hat die erforderlichen öffentlich-rechtlichen Genehmigungen und Erlaubnisse – z.B. nach dem Baurecht, dem Straßenverkehrsrecht, dem Wasserrecht, dem Gewerberecht – herbeizuführen.
   (2) Der Auftraggeber hat das Recht, die vertragsgemäße Ausführung der Leistung zu überwachen. Hierzu hat er Zutritt zu den Arbeitsplätzen, Werkstätten und Lagerräumen, wo die vertragliche Leistung oder Teile von ihr hergestellt oder die hierfür bestimmten Stoffe und Bauteile gelagert werden. Auf Verlangen sind ihm die Werkzeichnungen oder andere Ausführungsunterlagen sowie die Ergebnisse von Güteprüfungen zur Einsicht vorzulegen und die erforderlichen Auskünfte zu erteilen, wenn hierdurch keine Geschäftsgeheimnisse preisgegeben werden. Als Geschäftsgeheimnis bezeichnete Auskünfte und Unterlagen hat er vertraulich zu behandeln.
   (3) Der Auftraggeber ist befugt, unter Wahrung der dem Auftragnehmer zustehenden Leitung (Nummer 2) Anordnungen zu treffen, die zur vertragsgemäßen Ausführung der Leistung notwendig sind. Die Anordnungen sind grundsätzlich nur dem Auftragnehmer oder seinem für die Leitung der Ausführung bestellten Vertreter zu erteilen, außer wenn Gefahr im Verzug ist. Dem Auftraggeber ist mitzuteilen, wer jeweils als Vertreter des Auftragnehmers für die Leitung der Ausführung bestellt ist.
   (4) Hält der Auftragnehmer die Anordnungen des Auftraggebers für unberechtigt oder unzweckmäßig, so hat er seine Bedenken geltend zu machen, die Anordnungen jedoch auf Verlangen auszuführen, wenn nicht gesetzliche oder behördliche Bestimmungen entgegenstehen. Wenn dadurch eine ungerechtfertigte Erschwerung verursacht wird, hat der Auftraggeber die Mehrkosten zu tragen.
2. (1) Der Auftragnehmer hat die Leistung unter eigener Verantwortung nach dem Vertrag auszuführen. Dabei hat er die anerkannten Regeln der Technik und die gesetzlichen und behördlichen Bestimmungen zu beachten. Es ist seine Sache, die Ausführung seiner vertraglichen Leistung zu leiten und für Ordnung auf seiner Arbeitsstelle zu sorgen.
   (2) Er ist für die Erfüllung der gesetzlichen, behördlichen und berufsgenossenschaftlichen Verpflichtungen gegenüber seinen Arbeitnehmern allein verantwortlich. Es ist ausschließlich seine Aufgabe, die Vereinbarungen und Maßnahmen zu treffen, die sein Verhältnis zu den Arbeitnehmern regeln.
3. Hat der Auftragnehmer Bedenken gegen die vorgesehene Art der Ausführung (auch wegen der Sicherung gegen Unfallgefahren), gegen die Güte der vom Auftraggeber gelieferten Stoffe oder Bauteile oder gegen die Leistungen anderer Unternehmer, so hat er sie dem Auftraggeber unverzüglich – möglichst schon vor Beginn der Arbeiten – schriftlich mitzuteilen; der Auftraggeber bleibt jedoch für seine Angaben, Anordnungen oder Lieferungen verantwortlich.
4. Der Auftraggeber hat, wenn nichts anderes vereinbart ist, dem Auftragnehmer unentgeltlich zur Benutzung oder Mitbenutzung zu überlassen:
   a) die notwendigen Lager- und Arbeitsplätze auf der Baustelle,
   b) vorhandene Zufahrtswege und Anschlußgleise,
   c) vorhandene Anschlüsse für Wasser und Energie. Die Kosten für den Verbrauch und den Messer oder Zähler trägt der Auftragnehmer, mehrere Auftragnehmer tragen sie anteilig.
5. Der Auftragnehmer hat die von ihm ausgeführten Leistungen und die ihm für die Ausführung übergebenen Gegenstände bis zur Abnahme vor Beschädigung und Diebstahl zu schützen. Auf Verlangen des Auftraggebers hat er sie vor Winterschäden und Grundwasser zu schützen, ferner Schnee und Eis zu beseitigen. Obliegt ihm die Verpflichtung nach Satz 2 nicht schon nach dem Vertrag, so regelt sich die Vergütung nach § 2 Nr. 6.
6. Stoffe oder Bauteile, die dem Vertrag oder den Proben nicht entsprechen, sind auf Anordnung des Auftraggebers innerhalb einer von ihm bestimmten Frist von der Bau-

stelle zu entfernen. Geschieht es nicht, so können sie auf Kosten des Auftragnehmers entfernt oder für seine Rechnung veräußert werden.

7. Leistungen, die schon während der Ausführung als mangelhaft oder vertragswidrig erkannt werden, hat der Auftragnehmer auf eigene Kosten durch mangelfreie zu ersetzen. Hat der Auftragnehmer den Mangel oder die Vertragswidrigkeit zu vertreten, so hat er auch den daraus entstehenden Schaden zu ersetzen. Kommt der Auftragnehmer der Pflicht zur Beseitigung des Mangels nicht nach, so kann ihm der Auftraggeber eine angemessene Frist zur Beseitigung des Mangels setzen und erklären, dass er ihm nach fruchtlosem Ablauf der Frist den Auftrag entziehe (§ 8 Nr. 3).

8. (1) Der Auftragnehmer hat die Leistung im eigenen Betrieb auszuführen. Mit schriftlicher Zustimmung des Auftraggebers darf er sie an Nachunternehmer übertragen. Die Zustimmung ist nicht notwendig bei Leistungen, auf die der Betrieb des Auftragnehmers nicht eingerichtet ist. Erbringt der Auftragnehmer ohne schriftliche Zustimmung des Auftraggebers Leistungen nicht im eigenen Betrieb, obwohl sein Betrieb darauf eingerichtet ist, kann der Auftraggeber ihm eine angemessene Frist zur Aufnahme der Leistung im eigenen Betrieb setzen und erklären, dass er ihm nach fruchtlosen Ablauf der Frist den Auftrag entziehe (§ 8 Nr. 3).
(2) Der Auftragnehmer hat bei der Weitervergabe von Bauleistungen an Nachunternehmer die Verdingungsordnung für Bauleistungen zugrunde zu legen.
(3) Der Auftragnehmer hat die Nachunternehmer dem Auftraggeber auf Verlangen bekanntzugeben.

9. Werden bei Ausführung der Leistung auf einem Grundstück Gegenstände von Altertums-, Kunst- oder wissenschaftlichem Wert entdeckt, so hat der Auftragnehmer vor jedem weiteren Aufdecken oder Ändern dem Auftraggeber den Fund anzuzeigen und ihm die Gegenstände nach näherer Weisung abzuliefern. Die Vergütung etwaiger Mehrkosten regelt sich nach § 2 Nr. 6. Die Rechte des Entdeckers (§ 984 BGB) hat der Auftraggeber.

10. Der Zustand von Teilen der Leistung ist auf Verlangen gemeinsam von Auftraggeber und Auftragnehmer festzustellen, wenn diese Teile der Leistung durch die weitere Ausführung der Prüfung und Feststellung entzogen werden. Das Ergebnis ist schriftlich niederzulegen.

§ 5 Ausführungsfristen

1. Die Ausführung ist nach den verbindlichen Fristen (Vertragsfristen) zu beginnen, angemessen zu fördern und zu vollenden. In einem Bauzeitenplan enthaltene Einzelfristen gelten nur dann als Vertragsfristen, wenn dies im Vertrag ausdrücklich vereinbart ist.

2. Ist für den Beginn der Ausführung keine Frist vereinbart, so hat der Auftraggeber dem Auftragnehmer auf Verlangen Auskunft über den voraussichtlichen Beginn zu erteilen. Der Auftragnehmer hat innerhalb von 12 Werktagen nach Aufforderung zu beginnen. Der Beginn der Ausführung ist dem Auftraggeber anzuzeigen.

3. Wenn Arbeitskräfte, Geräte, Gerüste, Stoffe oder Bauteile so unzureichend sind, dass die Ausführungsfristen offenbar nicht eingehalten werden können, muß der Auftragnehmer auf Verlangen unverzüglich Abhilfe schaffen.

4. Verzögert der Auftragnehmer den Beginn der Ausführung, gerät er mit der Vollendung in Verzug oder kommt er der in Nummer 3 erwähnten Verpflichtung nicht nach, so kann der Auftraggeber bei Aufrechterhaltung des Vertrages Schadenersatz nach § 6 Nr. 6 verlangen oder dem Auftragnehmer eine angemessene Frist zur Vertragserfüllung setzen und erklären, dass er ihm nach fruchtlosem Ablauf der Frist den Auftrag entziehe (§ 8 Nr. 3).

§ 6 Behinderung und Unterbrechung der Ausführung

1. Glaubt sich der Auftragnehmer in der ordnungsgemäßen Ausführung der Leistung behindert, so hat er es dem Auftraggeber unverzüglich schriftlich anzuzeigen. Unterläßt er die Anzeige, so hat er nur dann Anspruch auf Berücksichtigung der hindernden Umstände, wenn dem Auftraggeber offenkundig die Tatsache und deren hindernde Wirkung bekannt waren.

2. (1) Ausführungsfristen werden verlängert, soweit die Behinderung verursacht ist:
a) durch einen Umstand aus dem Risikobereich des Auftraggebers,
b) durch Streik oder eine von der Berufsvertretung der Arbeitgeber angeordnete Aussperrung im Betrieb des Auftragnehmers oder in einem unmittelbar für ihn arbeitenden Betrieb,
c) durch höhere Gewalt oder andere für den Auftragnehmer unabwendbare Umstände.
(2) Witterungseinflüsse während der Ausführungszeit, mit denen bei Abgabe des Angebots normalerweise gerechnet werden mußte, gelten nicht als Behinderung.

3. Der Auftragnehmer hat alles zu tun, was ihm billigerweise zugemutet werden kann, um die Weiterführung der Arbeiten zu ermöglichen. Sobald die hindernden Umstände wegfallen, hat er ohne weiteres und unverzüglich die Arbeiten wiederaufzunehmen und den Auftraggeber davon zu benachrichtigen.

4. Die Fristverlängerung wird berechnet nach der Dauer der Behinderung mit einem Zuschlag für die Wiederaufnahme der Arbeiten und die etwaige Verschiebung in eine ungünstigere Jahreszeit.

5. Wird die Ausführung für voraussichtlich längere Dauer unterbrochen, ohne dass die Leistung dauernd unmöglich wird, so sind die ausgeführten Leistungen nach den Vertragspreisen abzurechnen und außerdem die Kosten zu vergüten, die dem Auftragnehmer bereits entstanden und in den Vertragspreisen des nicht ausgeführten Teils der Leistung enthalten sind.

6. Sind die hindernden Umstände von einem Vertragsteil zu vertreten, so hat der andere Teil Anspruch auf Ersatz des nachweislich entstandenen Schadens, des entgangenen Gewinns aber nur bei Vorsatz oder grober Fahrlässigkeit.

7. Dauert eine Unterbrechung länger als 3 Monate, so kann jeder Teil nach Ablauf dieser Zeit den Vertrag schriftlich kündigen. Die Abrechnung regelt sich nach Nummern 5 und 6; wenn der Auftragnehmer die Unterbrechung nicht zu vertreten hat, sind auch die Kosten der Baustellenräumung zu vergüten, soweit sie nicht in der Vergütung für die bereits ausgeführten Leistungen enthalten sind.

§ 7 Verteilung der Gefahr

1. Wird die ganz oder teilweise ausgeführte Leistung vor der Abnahme durch höhere Gewalt, Krieg, Aufruhr oder andere objektiv unabwendbare vom Auftragnehmer nicht zu vertretende Umstände beschädigt oder zerstört, so hat dieser für die ausgeführten Teile der Leistung die Ansprüche nach § 6 Nr. 5; für andere Schäden besteht keine gegenseitige Ersatzpflicht.

2. Zu der ganz oder teilweise ausgeführten Leistung gehören alle mit der baulichen Anlage unmittelbar verbundenen, in ihre Substanz eingegangenen Leistungen, unabhängig von deren Fertigstellungsgrad.

3. Zu der ganz oder teilweise ausgeführten Leistung gehören nicht die noch nicht eingebauten Stoffe und Bauteile so-

wie die Baustelleneinrichtung und Absteckungen. Zu der ganz oder teilweise ausgeführten Leistung gehören ebenfalls nicht Baubehelfe, z.B. Gerüste, auch wenn diese als Besondere Leistung oder selbständig vergeben sind.

§ 8 Kündigung durch den Auftraggeber

1. (1) Der Auftraggeber kann bis zur Vollendung der Leistung jederzeit den Vertrag kündigen.
   (2) Dem Auftragnehmer steht die vereinbarte Vergütung zu. Er muß sich jedoch anrechnen lassen, was er infolge der Aufhebung des Vertrags an Kosten erspart oder durch anderweitige Verwendung seiner Arbeitskraft und seines Betriebs erwirbt oder zu erwerben böswillig unterläßt (§ 649 BGB).
2. (1) Der Auftraggeber kann den Vertrag kündigen, wenn der Auftragnehmer seine Zahlungen einstellt oder das Insolvenzverfahren beziehungsweise ein vergleichbares gesetzliches Verfahren beantragt oder ein solches Verfahren eröffnet wird oder dessen Eröffnung mangels Masse abgelehnt wird.
   (2) Die ausgeführten Leistungen sind nach § 6 Nr. 5 abzurechnen. Der Auftraggeber kann Schadenersatz wegen Nichterfüllung des Restes verlangen.
3. (1) Der Auftraggeber kann den Vertrag kündigen, wenn in den Fällen des § 4 Nr. 7 und 8 Abs. 1 und des § 5 Nr. 4 die gesetzte Frist fruchtlos abgelaufen ist (Entziehung des Auftrags). Die Entziehung des Auftrags kann auf einen in sich abgeschlossenen Teil der vertraglichen Leistung beschränkt werden.
   (2) Nach der Entziehung des Auftrags ist der Auftraggeber berechtigt, den noch nicht vollendeten Teil der Leistung zu Lasten des Auftragnehmers durch einen Dritten ausführen zu lassen, doch bleiben seine Ansprüche auf Ersatz des etwa entstehenden weiteren Schadens bestehen. Er ist auch berechtigt, auf die weitere Ausführung zu verzichten und Schadenersatz wegen Nichterfüllung zu verlangen, wenn die Ausführung aus den Gründen, die zur Entziehung des Auftrags geführt haben, für ihn kein Interesse mehr hat.
   (3) Für die Weiterführung der Arbeiten kann der Auftraggeber Geräte, Gerüste, auf der Baustelle vorhandene andere Einrichtungen und angelieferte Stoffe und Bauteile gegen angemessene Vergütung in Anspruch nehmen.
   (4) Der Auftraggeber hat dem Auftragnehmer eine Aufstellung über die entstandenen Mehrkosten und über seine anderen Ansprüche spätestens binnen 12 Werktagen nach Abrechnung mit dem Dritten zuzusenden.
4. Der Auftraggeber kann den Auftrag entziehen, wenn der Auftragnehmer aus Anlaß der Vergabe eine Abrede getroffen hatte, die eine unzulässige Wettbewerbsbeschränkung darstellt. Die Kündigung ist innerhalb von 12 Werktagen nach Bekanntwerden des Kündigungsgrundes auszusprechen. Die Nummer 3 gilt entsprechend.
5. Die Kündigung ist schriftlich zu erklären.
6. Der Auftragnehmer kann Aufmaß und Abnahme der von ihm ausgeführten Leistungen alsbald nach der Kündigung verlangen; er hat unverzüglich eine prüfbare Rechnung über die ausgeführten Leistungen vorzulegen.
7. Eine wegen Verzugs verwirkte, nach Zeit bemessene Vertragsstrafe kann nur für die Zeit bis zum Tag der Kündigung des Vertrags gefordert werden.

§ 9 Kündigung durch den Auftragnehmer

1. Der Auftragnehmer kann den Vertrag kündigen:
   a) wenn der Auftraggeber eine ihm obliegende Handlung unterläßt und dadurch den Auftragnehmer außerstande setzt, die Leistung auszuführen (Annahmeverzug nach §§ 293 ff. BGB),
   b) wenn der Auftraggeber eine fällige Zahlung nicht leistet oder sonst in Schuldnerverzug gerät.
2. Die Kündigung ist schriftlich zu erklären. Sie ist erst zulässig, wenn der Auftragnehmer dem Auftraggeber ohne Erfolg eine angemessene Frist zur Vertragserfüllung gesetzt und erklärt hat, dass er nach fruchtlosem Ablauf der Frist den Vertrag kündigen werde.
3. Die bisherigen Leistungen sind nach den Vertragspreisen abzurechnen. Außerdem hat der Auftragnehmer Anspruch auf angemessene Entschädigung nach § 642 BGB; etwaige weitergehende Ansprüche des Auftragnehmers bleiben unberührt.

§ 10 Haftung der Vertragsparteien

1. Die Vertragsparteien haften einander für eigenes Verschulden sowie für das Verschulden ihrer gesetzlichen Vertreter und der Personen, deren sie sich zur Erfüllung ihrer Verbindlichkeiten bedienen (§§ 276, 278 BGB).
2. (1) Entsteht einem Dritten im Zusammenhang mit der Leistung ein Schaden, für den auf Grund gesetzlicher Haftpflichtbestimmungen beide Vertragsparteien haften, so gelten für den Ausgleich zwischen den Vertragsparteien die allgemeinen gesetzlichen Bestimmungen, soweit im Einzelfall nicht anderes vereinbart ist. Soweit der Schaden des Dritten nur die Folge einer Maßnahme ist, die der Auftraggeber in dieser Form angeordnet hat, trägt er den Schaden allein, wenn ihn der Auftragnehmer auf die mit der angeordneten Ausführung verbundene Gefahr nach § 4 Nr. 3 hingewiesen hat.
   (2) Der Auftragnehmer trägt den Schaden allein, soweit er ihn durch Versicherung seiner gesetzlichen Haftpflicht gedeckt hat oder durch eine solche zu tarifmäßigen, nicht auf außergewöhnliche Verhältnisse abgestellten Prämien und Prämienzuschlägen bei einem im Inland zum Geschäftsbetrieb zugelassenen Versicherer hätte decken können.
3. Ist der Auftragnehmer einem Dritten nach §§ 823 ff. BGB zu Schadenersatz verpflichtet wegen unbefugten Betretens oder Beschädigung angrenzender Grundstücke, wegen Entnahme oder Auflagerung von Boden oder anderen Gegenständen außerhalb der vom Auftraggeber dazu angewiesenen Flächen oder wegen der Folgen eigenmächtiger Versperrung von Wegen oder Wasserläufen, so trägt er im Verhältnis zum Auftraggeber den Schaden allein.
4. Für die Verletzung gewerblicher Schutzrechte haftet im Verhältnis der Vertragsparteien zueinander der Auftragnehmer allein, wenn er selbst das geschützte Verfahren oder die Verwendung geschützter Gegenstände angeboten oder wenn der Auftraggeber die Verwendung vorgeschrieben und auf das Schutzrecht hingewiesen hat.
5. Ist eine Vertragspartei gegenüber der anderen nach den Nummern 2, 3 oder 4 von der Ausgleichspflicht befreit, so gilt diese Befreiung auch zugunsten ihrer gesetzlichen Vertreter und Erfüllungsgehilfen, wenn sie nicht vorsätzlich oder grob fahrlässig gehandelt haben.

6. Soweit eine Vertragspartei von dem Dritten für einen Schaden in Anspruch genommen wird, den nach Nummern 2, 3 oder 4 die andere Vertragspartei zu tragen hat, kann sie verlangen, dass ihre Vertragspartei sie von der Verbindlichkeit gegenüber dem Dritten befreit. Sie darf den Anspruch des Dritten nicht anerkennen oder befriedigen, ohne der anderen Vertragspartei vorher Gelegenheit zur Äußerung gegeben zu haben.

§ 11 Vertragsstrafe

1. Wenn Vertragsstrafen vereinbart sind, gelten die §§ 339 bis 345 BGB.
2. Ist die Vertragsstrafe für den Fall vereinbart, dass der Auftragnehmer nicht in der vorgesehenen Frist erfüllt, so wird sie fällig, wenn der Auftragnehmer in Verzug gerät.
3. Ist die Vertragsstrafe nach Tagen bemessen, so zählen nur Werktage; ist sie nach Wochen bemessen, so wird jeder Werktag angefangener Wochen als 1/6 Woche gerechnet.
4. Hat der Auftraggeber die Leistung abgenommen, so kann er die Strafe nur verlangen, wenn er dies bei der Abnahme vorbehalten hat.

§ 12 Abnahme

1. Verlangt der Auftragnehmer nach der Fertigstellung – gegebenenfalls auch vor Ablauf der vereinbarten Ausführungsfrist – die Abnahme der Leistung, so hat sie der Auftraggeber binnen 12 Werktagen durchzuführen; eine andere Frist kann vereinbart werden.
2. Auf Verlangen sind in sich abgeschlossene Teile der Leistung besonders abzunehmen.
3. Wegen wesentlicher Mängel kann die Abnahme bis zur Beseitigung verweigert werden.
4. (1) Eine förmliche Abnahme hat stattzufinden, wenn eine Vertragspartei es verlangt. Jede Partei kann auf ihre Kosten einen Sachverständigen zuziehen. Der Befund ist in gemeinsamer Verhandlung schriftlich niederzulegen. In die Niederschrift sind etwaige Vorbehalte wegen bekannter Mängel und wegen Vertragsstrafen aufzunehmen, ebenso etwaige Einwendungen des Auftragnehmers. Jede Partei erhält eine Ausfertigung.
(2) Die förmliche Abnahme kann in Abwesenheit des Auftragnehmers stattfinden, wenn der Termin vereinbart war oder der Auftraggeber mit genügender Frist dazu eingeladen hatte. Das Ergebnis der Abnahme ist dem Auftragnehmer alsbald mitzuteilen.
5. (1) Wird keine Abnahme verlangt, so gilt die Leistung als abgenommen mit Ablauf von 12 Werktagen nach schriftlicher Mitteilung über die Fertigstellung der Leistung.
(2) Wird keine Abnahme verlangt und hat der Auftraggeber die Leistung oder einen Teil der Leistung in Benutzung genommen, so gilt die Abnahme nach Ablauf von 6 Werktagen nach Beginn der Benutzung als erfolgt, wenn nichts anderes vereinbart ist. Die Benutzung von Teilen einer baulichen Anlage zur Weiterführung der Arbeiten gilt nicht als Abnahme.
(3) Vorbehalte wegen bekannter Mängel oder wegen Vertragsstrafen hat der Auftraggeber spätestens zu den in den Absätzen 1 und 2 bezeichneten Zeitpunkten geltend zu machen.
6. Mit der Abnahme geht die Gefahr auf den Auftraggeber über, soweit er sie nicht schon nach § 7 trägt.

§ 13 Mängelansprüche

1. Der Auftragnehmer hat dem Auftraggeber seine Leistung zum Zeitpunkt der Abnahme frei von Sachmängeln zu verschaffen. Die Leistung ist zur Zeit der Abnahme frei von Sachmängeln, wenn sie die vereinbarte Beschaffenheit hat und den anerkannten Regeln der Technik entspricht. Ist die Beschaffenheit nicht vereinbart, so ist die Leistung zur Zeit der Abnahme frei von Sachmängeln,
   a) wenn sie sich für die nach dem Vertrag vorausgesetzte, sonst
   b) für die gewöhnliche Verwendung eignet und eine Beschaffenheit aufweist, die bei Werken der gleichen Art üblich ist und die der Auftraggeber nach der Art der Leistung erwarten kann.
2. Bei Leistungen nach Probe gelten die Eigenschaften der Probe als vereinbarte Beschaffenheit, soweit nicht Abweichungen nach der Verkehrssitte als bedeutungslos anzusehen sind. Dies gilt auch für Proben, die erst nach Vertragsabschluß als solche anerkannt sind.
3. Ist ein Mangel zurückzuführen auf die Leistungsbeschreibung oder auf Anordnungen des Auftraggebers, auf die von diesem gelieferten oder vorgeschriebenen Stoffe oder Bauteile oder die Beschaffenheit der Vorleistung eines anderen Unternehmers, so haftet der Auftragnehmer, es sei denn er hat die ihm nach § 4 Nr. 3 obliegende Mitteilung gemacht.
4. (1) Ist für die Mängelansprüche keine Verjährungsfrist im Vertrag vereinbart, so beträgt sie für Bauwerke 4 Jahre, für Arbeiten an einem Grundstück und für die vom Feuer berührten Teile von Feuerungsanlagen 2 Jahre. Abweichend von Satz 1 beträgt die Verjährungsfrist für feuerberührte und abgasdämmende Teile von industriellen Fertigungsanlagen 1 Jahr.
(2) Bei maschinellen und elektrotechnischen/elektronischen Anlagen oder Teilen davon, bei denen die Wartung Einfluß auf die Sicherheit und Funktionsfähigkeit hat, beträgt die Verjährungsfrist für die Mängelansprüche abweichend von Absatz 1 zwei Jahre, wenn der Auftraggeber sich dafür entschieden hat, dem Auftragnehmer die Wartung für die Dauer der Verjährungsfrist nicht zu übertragen.
(3) Die Frist beginnt mit der Abnahme der gesamten Leistung; nur für in sich abgeschlossene Teile der Leistung beginnt sie mit der Teilabnahme (§ 12 Nr. 2).
5. (1) Der Auftragnehmer ist verpflichtet, alle während der Verjährungsfrist hervortretenden Mängel, die auf vertragswidrige Leistung zurückzuführen sind, auf seine Kosten zu beseitigen, wenn es der Auftraggeber vor Ablauf der Frist schriftlich verlangt. Der Anspruch auf Beseitigung der gerügten Mängel verjährt in 2 Jahren, gerechnet vom Zugang des schriftlichen Verlangens an, jedoch nicht vor Ablauf der Regelfristen nach Nummer 4 oder der an ihrer Stelle vereinbarten Fristen. Nach Abnahme der Mängelbeseitigungsleistung beginnt für diese Leistung eine Verjährungsfrist von 2 Jahren neu, die jedoch nicht vor Ablauf der Regelfristen nach Nummer 4 oder der an ihrer Stelle vereinbarten Fristen endet.
(2) Kommt der Auftragnehmer der Aufforderung zur Mängelbeseitigung in einer vom Auftraggeber gesetzten angemessenen Frist nicht nach, so kann der Auftraggeber die Mängel auf Kosten des Auftragnehmers beseitigen lassen.

6. Ist die Beseitigung des Mangels für den Auftraggeber unzumutbar oder ist sie unmöglich oder würde sie einen unverhältnismäßig hohen Aufwand erfordern und wird sie deshalb vom Auftragnehmer verweigert, so kann der Auftraggeber durch Erklärung gegenüber dem Auftragnehmer die Vergütung mindern.
7. (1) Der Auftragnehmer haftet bei schuldhaft verursachten Mängeln für Schäden aus der Verletzung des Lebens, des Körpers oder der Gesundheit.
(2) Bei vorsätzlichen oder grob fahrlässig verursachten Mängeln haftet er für alle Schäden.
(3) Im übrigen ist dem Auftraggeber der Schaden an der baulichen Anlage zu ersetzen, zu deren Herstellung, Instandhaltung oder Änderung die Leistung dient, wenn ein wesentlicher Mängel vorliegt, der die Gebrauchsfähigkeit erheblich beeinträchtigt und auf ein Verschulden des Auftragnehmer zurückzuführen ist. Einen darüber hinausgehenden Schaden hat der Auftragnehmer nur dann zu ersetzen:
   a) wenn der Mangel auf einem Verstoß gegen die anerkannten Regeln der Technik beruht,
   b) wenn der Mangel in dem Fehlen einer vereinbarten Beschaffenheit besteht oder
   c) soweit der Auftragnehmer den Schaden durch Versicherung seiner gesetzlichen Haftpflicht gedeckt hat oder durch eine solche zu tarifmäßigen, nicht auf außergewöhnliche Verhältnisse abgestellten Prämien und Prämienzuschlägen bei einem im Inland zum Geschäftsbetrieb zugelassenen Versicherer hätte decken können.
(4) Abweichend von Nummer 4 gelten die gesetzlichen Verjährungsfristen, soweit sich der Auftragnehmer nach Absatz 3 durch Versicherung geschützt hat oder hätte schützen können oder soweit ein besonderer Versicherungsschutz vereinbart ist.
(5) Eine Einschränkung oder Erweiterung der Haftung kann in begründeten Sonderfällen vereinbart werden.

§ 14 Abrechnung

1. Der Auftragnehmer hat seine Leistungen prüfbar abzurechnen. Er hat die Rechnungen übersichtlich aufzustellen und dabei die Reihenfolge der Posten einzuhalten und die in den Vertragsbestandteilen enthaltenen Bezeichnungen zu verwenden. Die zum Nachweis von Art und Umfang der Leistung erforderlichen Mengenberechnungen, Zeichnungen und andere Belege sind beizufügen. Änderungen und Ergänzungen des Vertrags sind in der Rechnung besonders kenntlich zu machen; sie sind auf Verlangen getrennt abzurechnen.
2. Die für die Abrechnung notwendigen Feststellungen sind dem Fortgang der Leistung entsprechend möglichst gemeinsam vorzunehmen. Die Abrechnungsbestimmungen in den Technischen Vertragsbedingungen und den anderen Vertragsunterlagen sind zu beachten. Für Leistungen, die bei Weiterführung der Arbeiten nur schwer feststellbar sind, hat der Auftragnehmer rechtzeitig gemeinsame Feststellungen zu beantragen.
3. Die Schlußrechnung muß bei Leistungen mit einer vertraglichen Ausführungsfrist von höchstens 3 Monaten spätestens 12 Werktage nach Fertigstellung eingereicht werden, wenn nichts anderes vereinbart ist; diese Frist wird um je 6 Werktage für je weitere 3 Monate Ausführungsfrist verlängert.
4. Reicht der Auftragnehmer eine prüfbare Rechnung nicht ein, obwohl ihm der Auftraggeber dafür eine angemessene Frist gesetzt hat, so kann sie der Auftraggeber selbst auf Kosten des Auftragnehmers aufstellen.

§ 15 Stundenlohnarbeiten

1. (1) Stundenlohnarbeiten werden nach den vertraglichen Vereinbarungen abgerechnet.
(2) Soweit für die Vergütung keine Vereinbarungen getroffen worden sind, gilt die ortsübliche Vergütung. Ist diese nicht zu ermitteln, so werden die Aufwendungen des Auftragnehmers für
   – Lohn- und Gehaltsnebenkosten der Baustelle, Stoffkosten der Baustelle, Kosten der Einrichtungen, Geräte, Maschinen und maschinellen Anlagen der Baustelle, Fracht-, Fuhr- und Ladekosten, Sozialkassenbeiträge und Sonderkosten,
   – die bei wirtschaftlicher Betriebsführung entstehen, mit angemessenen Zuschlägen für Gemeinkosten und Gewinn (einschließlich allgemeinem Unternehmerwagnis) zuzüglich Umsatzsteuer vergütet.
2. Verlangt der Auftraggeber, dass die Stundenlohnarbeiten durch einen Polier oder eine andere Aufsichtsperson beaufsichtigt werden, oder ist die Aufsicht nach den einschlägigen Unfallverhütungsvorschriften notwendig, so gilt Nummer 1 entsprechend.
3. Dem Auftraggeber ist die Ausführung von Stundenlohnarbeiten vor Beginn anzuzeigen. Über die geleisteten Arbeitsstunden und den dabei erforderlichen, besonders zu vergütenden Aufwand für den Verbrauch von Stoffen, für Vorhaltung von Einrichtungen, Geräten, Maschinen und maschinellen Anlagen, für Frachten, Fuhr- und Ladeleistungen sowie etwaige Sonderkosten sind, wenn nichts anderes vereinbart ist, je nach der Verkehrssitte werktäglich oder wöchentlich Listen (Stundenlohnzettel) einzureichen. Der Auftraggeber hat die von ihm bescheinigten Stundenlohnzettel unverzüglich, spätestens jedoch innerhalb von 6 Werktagen nach Zugang, zurückzugeben. Dabei kann er Einwendungen auf den Stundenlohnzetteln oder gesondert schriftlich erheben. Nicht fristgemäß zurückgegebene Stundenlohnzettel gelten als anerkannt.
4. Stundenlohnrechnungen sind alsbald nach Abschluß der Stundenlohnarbeiten, längstens jedoch in Abständen von 4 Wochen, einzureichen. Für die Zahlung gilt § 16.
5. Wenn Stundenlohnarbeiten zwar vereinbart waren, über den Umfang der Stundenlohnleistungen aber mangels rechtzeitiger Vorlage der Stundenlohnzettel Zweifel bestehen, so kann der Auftraggeber verlangen, dass für die nachweisbar ausgeführten Leistungen eine Vergütung vereinbart wird, die nach Maßgabe von Nummer 1 Abs. 2 für einen wirtschaftlich vertretbaren Aufwand an Arbeitszeit und Verbrauch von Stoffen, für Vorhaltung von Einrichtungen, Geräten, Maschinen und maschinellen Anlagen, für Frachten, Fuhr- und Ladeleistungen sowie etwaige Sonderkosten ermittelt wird.

§ 16 Zahlung

1. (1) Abschlagszahlungen sind auf Antrag in Höhe des Wertes der jeweils nachgewiesenen vertragsgemäßen Leistungen einschließlich des ausgewiesenen, darauf entfallenden Umsatzsteuerbetrags in möglichst kurzen Zeitabständen zu gewähren. Die Leistungen sind durch eine prüfbare Aufstellung nachzuweisen, die eine rasche und sichere Beurteilung der Leistungen ermöglichen muß. Als Leistungen gelten hierbei auch die für die geforderte Leistung eigens angefertigten und bereitgestellten Bauteile sowie die auf der Baustelle angelieferten Stoffe und Bauteile, wenn dem Auftraggeber nach seiner Wahl das Eigentum an ihnen übertragen ist oder entsprechende Sicherheit gegeben wird.

(2) Gegenforderungen können einbehalten werden. Andere Einbehalte sind nur in den im Vertrag und in den gesetzlichen Bestimmungen vorgesehenen Fällen zulässig.
(3) Ansprüche auf Abschlagszahlungen werden binnen 18 Werktagen nach Zugang der Aufstellung fällig.
(4) Die Abschlagszahlungen sind ohne Einfluß auf die Haftung des Auftragnehmers; sie gelten nicht als Abnahme von Teilen der Leistung.

2. (1) Vorauszahlungen können auch nach Vertragsabschluß vereinbart werden; hierfür ist auf Verlangen des Auftraggebers ausreichende Sicherheit zu leisten. Diese Vorauszahlungen sind, sofern nichts anderes vereinbart wird, mit 3 v.H. über dem Basiszinssatz des § 247 BGB zu verzinsen.
(2) Vorauszahlungen sind auf die nächstfälligen Zahlungen anzurechnen, soweit damit Leistungen abzugelten sind, für welche die Vorauszahlungen gewährt worden sind.

3. (1) Der Anspruch auf die Schlußzahlung wird alsbald nach Prüfung und Feststellung der vom Auftragnehmer vorgelegten Schlußrechnung fällig, spätestens innerhalb von 2 Monaten nach Zugang. Die Prüfung der Schlußrechnung ist nach Möglichkeit zu beschleunigen. Verzögert sie sich, so ist das unbestrittene Guthaben als Abschlagszahlung sofort zu zahlen.
(2) Die vorbehaltlose Annahme der Schlußzahlung schließt Nachforderungen aus, wenn der Auftragnehmer über die Schlußzahlung schriftlich unterrichtet und auf die Ausschlußwirkung hingewiesen wurde.
(3) Einer Schlußzahlung steht es gleich, wenn der Auftraggeber unter Hinweis auf geleistete Zahlungen weitere Zahlungen endgültig und schriftlich ablehnt.
(4) Auch früher gestellte, aber unerledigte Forderungen werden ausgeschlossen, wenn sie nicht nochmals vorbehalten werden.
(5) Ein Vorbehalt ist innerhalb von 24 Werktagen nach Zugang der Mitteilung nach Absätzen 2 und 3 über die Schlußzahlung zu erklären. Er wird hinfällig, wenn nicht innerhalb von weiteren 24 Werktagen eine prüfbare Rechnung über die vorbehaltenen Forderungen eingereicht oder, wenn das nicht möglich ist, der Vorbehalt eingehend begründet wird.
(6) Die Abschlußfristen gelten nicht für ein Verlangen nach Richtigstellung der Schlußrechnung und -zahlung wegen Aufmaß-, Rechen- und Übertragungsfehlern.

4. In sich abgeschlossene Teile der Leistung können nach Teilabnahme ohne Rücksicht auf die Vollendung der übrigen Leistungen endgültig festgestellt und bezahlt werden.

5. (1) Alle Zahlungen sind aufs äußerste zu beschleunigen.
(2) Nicht vereinbarte Skontoabzüge sind unzulässig.
(3) Zahlt der Auftraggeber bei Fälligkeit nicht, so kann der Auftragnehmer ihm eine angemessene Nachfrist setzen. Zahlt er auch innerhalb der Nachfrist nicht, so hat der Auftragnehmer vom Ende der Nachfrist an Anspruch auf Zinsen in Höhe der in § 288 BGB angegebenen Zinssätze, wenn er nicht einen höheren Verzugsschaden nachweist.
(4) Zahlt der Auftraggeber das fällige unbestrittene Guthaben nicht innerhalb von 2 Monaten nach Zugang der Schlussrechnung, so hat der Auftragnehmer für dieses Guthaben abweichend von Abs. 3 (ohne Nachfristsetzung) ab diesem Zeitpunkt Anspruch auf Zinsen in Höhe der in § 288 BGB angegebenen Zinssätze, wenn er nicht einen höheren Verzugsschaden nachweist.
(5) Der Auftragnehmer darf in den Fällen der Absätze 3 und 4 die Arbeiten bis zur Zahlung einstellen, sofern eine dem Auftraggeber zuvor gesetzte angemessene Nachfrist erfolglos verstrichen ist.

6. Der Auftraggeber ist berechtigt, zur Erfüllung seiner Verpflichtungen aus den Nummern 1 bis 5 Zahlungen an Gläubiger des Auftragnehmers zu leisten, soweit sie an der Ausführung der vertraglichen Leistung des Auftragnehmers aufgrund eines mit diesem abgeschlossenen Dienst- oder Werkvertrags beteiligt sind wegen Zahlungsverzugs des Auftragnehmers die Fortsetzung ihrer Leistung zu Recht verweigern und die Direktzahlung die Fortsetzung der Leistung sicherstellen soll. Der Auftragnehmer ist verpflichtet, sich auf Verlangen des Auftraggebers innerhalb einer von diesem gesetzten Frist darüber zu erklären, ob und inwieweit er die Forderungen seiner Gläubiger anerkennt; wird diese Erklärung nicht rechtzeitig abgegeben, so gelten die Voraussetzungen für die Direktzahlung als bestätigt.

§ 17 Sicherheitsleistung

1. (1) Wenn Sicherheitsleistung vereinbart ist, gelten die §§ 232 bis 240 BGB, soweit sich aus den nachstehenden Bestimmungen nichts anderes ergibt.
(2) Die Sicherheit dient dazu, die vertragsgemäße Ausführung der Leistung und die Gewährleistung sicherzustellen.

2. Wenn im Vertrag nichts anderes vereinbart ist, kann Sicherheit durch Einbehalt oder Hinterlegung von Geld oder durch Bürgschaft eines Kreditinstituts oder Kreditversicherers geleistet werden, sofern das Kreditinstitut oder der Kreditversicherer
 – in der Europäischen Gemeinschaft oder
 – in einem Staat der Vertragsparteien des Abkommens über den Europäischen Wirtschaftsraum oder
 zugelassen ist.

3. Der Auftragnehmer hat die Wahl unter den verschiedenen Arten der Sicherheit; er kann eine Sicherheit durch eine andere ersetzen.

4. Bei Sicherheitsleistung durch Bürgschaft ist Voraussetzung, dass der Auftraggeber den Bürgen als tauglich anerkannt hat. Die Bürgschaftserklärung ist schriftlich unter Verzicht auf die Einrede der Vorausklage abzugeben (§ 771 BGB); sie darf nicht auf bestimmte Zeit begrenzt sein und muß nach Vorschrift des Auftraggebers ausgestellt sein. Der Auftraggeber kann als Sicherheit keine Bürgschaft fordern, die den Bürgen zur Zahlung auf erstes Anfordern verpflichtet.

5. Wird Sicherheit durch Hinterlegung von Geld geleistet, so hat der Auftragnehmer den Betrag bei einem zu vereinbarenden Geldinstitut auf ein Sperrkonto einzuzahlen, über das beide Parteien nur gemeinsam verfügen können. Etwaige Zinsen stehen dem Auftragnehmer zu.

6. (1) Soll der Auftraggeber vereinbarungsgemäß die Sicherheit in Teilbeträgen von seinen Zahlungen einbehalten, so darf er jeweils die Zahlung um höchstens 10 v.H. kürzen, bis die vereinbarte Sicherheitssumme erreicht ist. Den jeweils einbehaltenen Betrag hat er dem Auftragnehmer mitzuteilen und binnen 18 Werktagen nach dieser Mitteilung auf Sperrkonto bei dem vereinbarten Geldinstitut einzuzahlen. Gleichzeitig muß er veranlassen, dass dieses Geldinstitut den Auftragnehmer von der Einzahlung des Sicherheitsbetrags benachrichtigt. Nr. 5 gilt entsprechend.
(2) Bei kleineren oder kurzfristigen Aufträgen ist es zulässig, dass der Auftraggeber den einbehaltenen Sicherheitsbetrag erst bei der Schlußzahlung auf Sperrkonto einzahlt.
(3) Zahlt der Auftraggeber den einbehaltenen Betrag nicht rechtzeitig ein, so kann ihm der Auftragnehmer hierfür eine angemessene Nachfrist setzen. Läßt der Auftraggeber auch diese verstreichen, so kann der Auftragnehmer die sofortige Auszahlung des einbehaltenen Betrags ver-

langen und braucht dann keine Sicherheit mehr zu leisten.
(4) Öffentliche Auftraggeber sind berechtigt, den als Sicherheit einbehaltenen Betrag auf eigenes Verwahrgeldkonto zu nehmen; der Betrag wird nicht verzinst.

7. Der Auftragnehmer hat die Sicherheit binnen 18 Werktagen nach Vertragsabschluß zu leisten, wenn nichts anderes vereinbart ist. Soweit er diese Verpflichtung nicht erfüllt hat, ist der Auftraggeber berechtigt, vom Guthaben des Auftragnehmers einen Betrag in Höhe der vereinbarten Sicherheit einzubehalten. Im übrigen gelten Nummern 5 und 6 außer Absatz 1 Satz 1 entsprechend.

8. (1) Der Auftraggeber hat eine nicht verwertete Sicherheit für die Vertragserfüllung zum vereinbarten Zeitpunkt, nach Abnahme und Stellung der Sicherheit für Mängelansprüche, zurückzugeben, es sei denn, daß Ansprüche des Auftraggebers, die nicht von der gestellten Sicherheit für Mängelansprüche umfaßt sind, noch nicht erfüllt sind. Dann darf er für diese Vertragserfüllungsansprüche einen entsprechenden Teil der Sicherheit zurückhalten.
(2) Der Auftraggeber hat eine nicht verwertete Sicherheit für Mängelansprüche nach Ablauf von 2 Jahren zurückzugeben, sofern kein anderer Rückgabezeitpunkt vereinbart ist. Soweit jedoch zu diesem Zeitpunkt seine geltend gemachten Ansprüche noch nicht erfüllt sind, darf er einen entsprechenden Teil der Sicherheit zurückhalten.

§ 18 Streitigkeiten

1. Liegen die Voraussetzungen für eine Gerichtsstandsvereinbarung nach § 38 Zivilprozeßordnung vor, richtet sich der Gerichtsstand für Streitigkeiten aus dem Vertrag nach dem Sitz der für die Prozeßvertretung des Auftraggebers zuständigen Stelle, wenn nichts anderes vereinbart ist. Sie ist dem Auftragnehmer auf Verlangen mitzuteilen.

2. (1) Entstehen bei Verträgen mit Behörden Meinungsverschiedenheiten, so soll der Auftragnehmer zunächst die der auftraggebenden Stelle unmittelbar vorgesetzte Stelle anrufen. Diese soll dem Auftragnehmer Gelegenheit zur mündlichen Aussprache geben und ihn möglichst innerhalb von 3 Monaten nach der Anrufung schriftlich bescheiden und dabei auf die Rechtsfolgen des Satzes 3 hinweisen. Die Entscheidung gilt als anerkannt, wenn der Auftragnehmer nicht innerhalb von 2 Monaten nach Eingang des Bescheides schriftlich Einspruch beim Auftraggeber erhebt und dieser ihn auf die Ausschlußfrist hingewiesen hat.
(2) Mit dem Eingang des schriftlichen Antrages auf Durchführung dieses Verfahrens nach Nr. 2 Abs. 1 wird die Verjährung des in diesem Antrag geltend gemachten Anspruchs gehemmt. Wollen Auftraggeber oder Auftragnehmer das Verfahren nicht weiter betreiben, teilen sie dies dem jeweils anderen Teil schriftlich mit. Die Hemmung endet 3 Monate nach dem Zugang des schriftlichen Bescheides oder der Mitteilung nach Satz 2.

3. Bei Meinungsverschiedenheiten über die Eigenschaft von Stoffen und Bauteilen, für die allgemeingültige Prüfungsverfahren bestehen, und über die Zulässigkeit oder Zuverlässigkeit der bei der Prüfung verwendeten Maschinen oder angewendeten Prüfungsverfahren kann jede Vertragspartei nach vorheriger Benachrichtigung der anderen Vertragspartei die materialtechnische Untersuchung durch eine staatliche oder staatlich anerkannte Materialprüfungsstelle vornehmen lassen; deren Feststellungen sind verbindlich. Die Kosten trägt der unterliegende Teil.

4. Streitfälle berechtigen den Auftragnehmer nicht, die Arbeiten einzustellen.

Literaturverzeichnis

Beck'scher VOB-Kommentar Teil B, herausgegeben von Ganten, Hans/Jagenburg, Walter/Motzke, Gerd, 1997

Frikell, Michael, Mögliche Auswirkungen der Schuldrechtsreform auf die Rechtsprechung zur „VOB" als Ganzes

Heiermann, Wolfgang/Franke, Horst/Knipp, Bernd, Baubegleitende Rechtsberatung, Die Neuregelungen der VOB, 2002

Ingenstau/Korbion, herausgegeben von Locher, Horst/Vygen, Klaus, VOB Verdingungsordnung für Bauleistungen, Kommentar, 14. Aufl. 2001

Kienmoser, Klaus, Unzulässige Bauvertragsklauseln, 2. Aufl. 1999

Kiesel, Helmut, Die VOB 2002 – Änderungen, Würdigung, AGB-Problematik, NJW 2002, S. 2064

Kratzenberg, Rüdiger, Der Beschluss des DVA-Hauptausschusses zur Herausgabe der VOB 2002 (Teile A und B), NZBau 2002, S. 177

Motzke, Gerd, Neue VOB in 2002, unveröffentlichte Seminarunterlagen

Nicklisch, Fritz/Günter, Weick, VOB, Verdingungsordnung für Bauleistungen, Kommentar, 3. Aufl. 2001

Palandt, Kommentar zum BGB, 61. Aufl. 2002

Palandt-Ergänzungsband zur 61. Aufl., Gesetz zur Modernisierung des Schuldrechts, 2002

Schwenker, Hans Christian/Heinze, Florian, Die VOB/B 2002, BauR 2002, S. 1143

Tempel, Otto, Ist die VOB/B noch zeitgemäß?, Teil 1, NZBau 2002, S. 465

Thode, Reinhold, Die wichtigsten Änderungen im BGB-Werkvertragsrecht: Schuldrechtsmodernisierungsgesetz und erste Probleme, Teil 2, NZBau 2002, S. 360

von Wietersheim, Mark/Korbion, Claus-Jürgen, Basiswissen Privates Baurecht, 2002

Weyer, Friedhelm, Die Privilegierung der VOB/B: Eine – nur vorerst? – entschärfte Zeitbombe, BauR 2002, S. 857

Stichwortverzeichnis

Ablehnungsandrohung   19, 21
Abnahme   22
Abnahmefiktion   22
Abnahmefolgen   26
Abschlagszahlung   48
AGB
   Klauseln   14
Allgemeine Geschäftsbedingungen   7
Androhungspflicht   20
anerkannte Regeln
   der Technik   11
Ankündigungspflicht   15
Arbeitseinstellung   55
Auftraggeber   25
Auftragnehmer   25
Ausschlusswirkung   15

Basiszinssatz   50
Bauprotokoll   34
Baustoffe   35
Bauvertrag   7, 20, 34
Bauwerk   36
Bedenken   33
Bedenkenanmeldung   33
Behörden   67
Beschaffenheit   29, 31, 48

Direktzahlung   16, 56
Druckzuschlag   42

Eigenschaft   30, 31
Erneuerungsarbeiten   36
Ersatzvornahme   21

Fälligkeit   49
Fertigstellungsbescheinigung   22
Fertigstellungsmitteilung   22
fiktive Abnahme   25

Gebrauchsfähigkeit   48
Gefahrenübergang   25
Gewährleistungsfrist   16
Grundstück   37

Haftung   35, 49
Haftungsbefreiung   33
Haftungsbeschränkung   46

Kernbereich   49
   VOB   25
Kernbereiche   23
Kündigung   16, 18
Kündigungsandrohung   16, 20
Kündigungsrecht   17

Leistungsbeschreibung   32

Mangel   16
   Mangeldefinition   28
Mängelansprüche   8, 18
Mängelanzeige   38
Mängelbeseitigungsarbeiten   38
Mängelbeseitigungskosten   65
Mängelbeseitigungsleistung   38
Mängelbeseitigungsverlangen   38
Minderungsmöglichkeit   21
Mitwirkung   22

Nacherfüllung   42
Nachfrist   53
Nachteile   14
Nachunternehmer   56
   Subunternehmer   16

öffentlicher Auftraggeber   7, 11

Pflichtverletzung   26
Probe   31
Prüfpflicht   33

Reparaturarbeiten   36
Rücktritt   16, 18

Schaden   47
Schadensersatz   16, 18, 45
Schadensersatzansprüche   45
Schlusszahlung   51

Schlusszahlungserklärung 15
Schriftform 33
Selbstvornahme 21
Selbstvornahmerecht 17
Sicherheit/en 8, 63
Sonderregelungen 10
Spitzenrefinanzierungsfazilität 50
Streitschlichtungsverfahren 67
Subunternehmer 16

Umbauarbeiten 36

Verjährung 35, 67
Versicherung 24
    Haftpflichtversicherung 24

Vertragsaufhebung 18
Vertragserfüllung 64
Vertragsfreiheit 22
Verwender 14
Verzinsung 8, 50

Werklohn 18, 27

Zahlungen 8
Zahlungsverzug 16
Zeitpunkt
    Abnahme 30
Zinssatz 50, 53
zugesicherte Eigenschaft 30
Zurückbehaltungsrecht 42, 65